新干商代大墓

江西省博物馆
江西省文物考古研究所
新干县博物馆

文物出版社
北京·1997

（京）新登字056号

书名题签：彭适凡
责任编辑：楼宇栋
封面设计：周小玮

新 干 商 代 大 墓

江西省博物馆

江西省文物考古研究所

新干县博物馆

*

文物出版社出版发行

（北京五四大街29号）

东莞新扬印刷有限公司印刷

新 华 书 店 经 销

1997年9月第一版　　1997年9月第一次印刷

787×1092　1/16　印张：30.75　插页：1

ISBN　7－5010－0950－3/K·413　　定价：290.00元

THE LARGE SHANG TOMB IN XINGAN

(WITH AN ENGLISH ABSTRACT)

by

Jiangxi Provincial Museum

Jiangxi Provincial Institute of Cultural Relics and Archaeology

Xingan County Museum

Cultural Relics Publishing House

Beijing • 1997

1

目　　录

插 图 目 录

彩 版 目 录

图 版 目 录

第一章　墓葬的发现与发掘

　　新干大墓是 1989 年 9 月 20 日新干县大洋洲乡农民在程家村涝背沙丘取土时发现的,后经江西省文物考古研究所和新干县博物馆的考古人员进行科学发掘。

　　新干县(旧名新淦)是江西省中部吉安地区的一个古县,始建于秦,是赣省最早置县之一。今县治在鄱阳湖的干流赣江中游的东岸。涝背沙丘位于新干县城北 20 公里、樟树市(原称清江县城)南 20 公里处,属新干县大洋洲乡程家村,方圆仅数平方公里(彩版一,1)。沙丘实为赣江古河道,现西濒赣江仅 1 公里,其东南 5 公里处是牛头城商周遗址,西越赣江约 20 公里处为著名的吴城商代遗址(图一)。沙丘周围经多年垦殖,现已辟为果园、菜圃和农田。

　　墓葬位于沙丘南端。据乡农反映,并查证 80 年代初的航测资料记录,这里原有一处椭圆形的封土堆,东西径约 40 余米,南北径约 20 米,高出地面 3～4 米。土堆上丛生灌木杂草,并有一些近代的小型墓葬。由于历年在此取土护堤,地貌变化较大,数年前已将封土堆夷为平地。此次发掘的墓室,正好处于椭圆形大封土堆中央部位的下面。

　　1989 年下半年,为维修赣江大堤,当地几个村的数百名民工在涝背沙丘掘取沙土,当掘到地平面以下后(以沙丘中现存的人行道路为基准,以后测量墓室的坐标都以此为准),发现一些汉至清的小墓葬,出土墓砖、铁剪、铜钱、陶罐之类,但并未引起注意。9 月 20 日下午,当民工继续往下取土时,竟掘出了一批锈迹斑驳的青铜器,随即被群众哄抢而运回家中。傍晚,新干县政府得到逐级上报的情况,认为事关重大,立即由当时分管文化的副县长率领文化、公安两局局长和十多名干部赶赴程家村,并把当地武装基干民兵组成小分队,连夜深入各自然村追索被哄抢的文物。至 21 日晨,追回的文物集中于县文化局,后转往县武装部仓库保管。这批文物全为青铜器,人为的毁损甚为严重,经后来修复,得铙、钺、圆鼎、方鼎、甗、卣、矛等共 17 件。

　　当时,由江西省文物考古研究所詹开逊、徐长青、侯远志、刘山中和新干县博物馆杨日新同志组成的考古发掘队,正在附近的牛头城遗址进行考古发掘。21 日晨,县文化局将有关消息传到发掘队驻地,发掘队当即暂停发掘工作,全体赶赴涝背沙丘。上午 9 点许,即抵达工地。这时的出土现场已被数千人重重包围,虽然出土铜器已被抢走,但沙土中墨绿色铜锈、破碎的陶片犹存。在进行了必要的现场调查、观察和分析后,考古人员初步认定这是

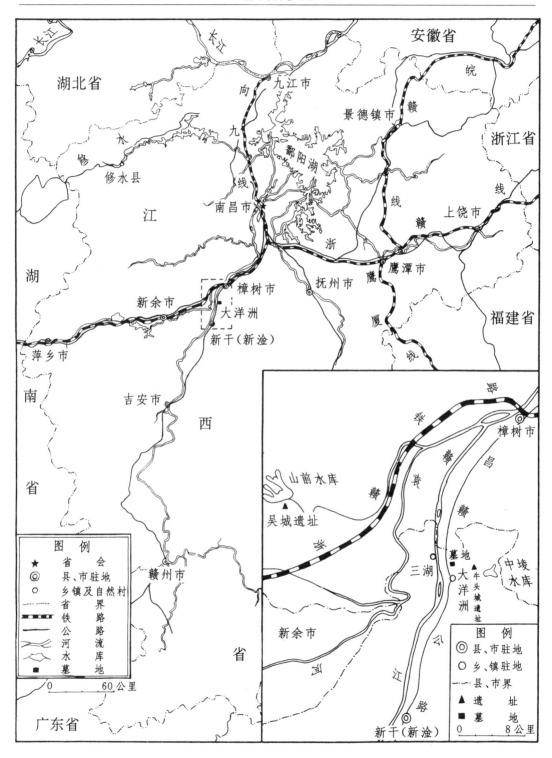

图一 新干大洋洲商代大墓位置图

一次重要的发现。由于沙质疏松,无法进行钻探,遂决定开 4×4 米的小探方进行试掘,并同时用电话向省文物主管部门汇报。试掘仅掘进 55 厘米,在小探方的东部出现一片含铜锈、碳化木质的灰褐色沙层,向东扩方后可清晰地看出,此沙层分布范围略呈长轴约 2 米的椭圆形。剔去表层沙土,即出现品字形分布的三堆器物群:一为鼎、鬲、豆、瓒等小型青铜礼器,一为剑、刀、铲、锥、刻刀等青铜兵器和工具,一为破碎的陶器。三堆器物均叠压而置,刀、剑等兵器还被折成数截,上面残留朽木、漆皮和朱红色。日后的发现证明,这是墓室西头二层台上的随葬品。这些器物的出土,更说明了遗存的重要性。考古人员准备保护现状,待主管部门来人后研讨保护、抢救方案。但顿时围观者激增,且包围圈越缩越小,数十名公安、民兵已难于维持局面。为确保文物安全,只得遵从当地县政府和文化局领导的意见,在仔细测量、记录和拍照后,取出这三堆文物,运回县城保管。就在对取出文物后的探方周边作进一步清理时,其东头又有几件大型青铜礼、乐器露出一角,这时日已西下,现场更难保卫,只得再次绘图、拍照并做好记录,取出圆鼎、方鼎、四羊罍、铙、双尾虎、羊角兽面和矛等青铜器 13 件。当晚,考古人员在宿营地研究决定,扩大探方面积,不急于发掘,以保持遗存原貌,等待上级来人,制订科学保护、发掘方案。

　　22 日,按扩大探方面积的方案布 16×12 米大方一个,并开始清除上层取土所致的扰乱部分。至中午,又有一批青铜器显露端倪。为保证发掘工作的科学性和资料的完整性,考古人员反复向地方领导解释,坚持我们的意见,试掘工作暂时停止。下午 4 时,江西省文物局、博物馆和文物考古研究所的领导带领几位多年从事田野考古工作的老同志抵达工地现场。经过实地考察和听取汇报,当晚在乡政府召开了省文物局、省文物考古研究所和县政府、县文化局、乡政府领导的联席会议,经过认真的讨论,至凌晨 2 点,作出四条决定:第一,一致认定这是一项重大的考古发现,应立即上报国家文物局,并请示保护和发掘事宜;第二,在文物出土地周围,划定 40×60 米的保护范围,然后用竹篱笆或其他方法围护起来,在围护墙未建起之前,由当地公安干警和民兵派员日夜守护,经费由省里解决;第三,中止牛头城工地的发掘,全体考古人员转到程家村,为下一步的科学发掘做准备工作;第四,在围护墙建好后,再统一组织发掘队,严格遵照考古操作规程,精心地进行科学发掘。次日,考古队员住进沙丘旁的村委会,并迅速用白灰在沙丘划出 40×60 米的保护范围,随后即着手组建"围护墙"。10 月底,高超 2 米的竹篱笆围护墙建成,新干县人民政府还在围护墙门口张贴了保护文物的布告。

　　与此同时,在向国家文物局进行汇报并取得进行科学发掘的指示后,成立了新干大洋洲考古发掘队,由江西省博物馆馆长兼文物考古研究所所长彭适凡任领队,队员由省文物考古研究所刘林、詹开逊、侯远志、刘山中和新干县博物馆杨日新等组成。

　　经过充分的准备,科学发掘工作于 1989 年 11 月 6 日正式开始。由于当时对遗存的范围及性质等方面都不清楚,故决定把探方尽量开大一点,于是,以原已出土文物的范围为中心布 20×20 米的大探方一个,方向 30°。

发掘过程中,考古队员们仔细观察,反复分析,不断探讨,随时调整发掘方案,然后精心发掘。为不放过任何一个遗迹现象,发掘以每天仅掘进 10 厘米左右。当发掘深度达 80 厘米时,发现在探方东部一片近长方形且呈南北向的范围内,沙土颜色偏褐,继续下掘,含土量略有增加,且零星地夹杂有碳化木质纤维成分。当整个探方掘进到 1.30 米深度时,东部的那块褐色沙土范围,更明显呈南北向长方形,约 1.5×4 米,且出现不少陶片和一件完整的陶范(彩版二,4)。紧靠此范围的西面,出现一片东西长近 10、南北宽达 4 米的浅褐色沙土层,其中夹有少量破碎陶片,其南侧界线尤为清晰。面对这重要迹象,经过充分讨论,大家认为可以收缩范围,因而决定缩方为(南北)10×(东西)15 米。当再往下发掘 10 厘米左右时,在出土陶范的附近出土了一批陶器群,且有一件青铜方鼎倒扣其侧。考虑到东部一侧的遗物几已全部露出,故暂时保留,保护现状,对西部继续发掘。当往下发掘 15 厘米(标高—1.6 米)许,首先在东南角露出一件倒扣的大口尊。尔后,其他陶器、青铜器等陆续出土,最后玉器也全部显现出来,这时标高为—2.1 米许。至 11 月 16 日,整个遗存已基本暴露地面。考古队员们开始了细心的测绘、记录、拍摄和录相等工作。

11 月 22 日,国家文物局副局长沈竹同志率领中国社会科学院考古研究所乌恩、殷玮璋等一批专家抵达工地,对如何进一步做好科学发掘、清理以及文物修复保护等工作做了很多重要指示。

从 11 月 23 日开始,考古队员即分区有条不紊地将遗物一件件取出来,每取一件之前,必先做好轻剔沙土、核实图纸、测量坐标等工作,在所有资料获取后才取出遗物包扎。有的取出后又发现下面还有遗物,故又进行绘图、拍照和录相工作。

12 月 4 日,田野发掘工作全部结束。

1990 年 2 月 17 日,出土器物运抵江西省博物馆,开始了修复和室内整理、研究工作。

新干大墓的发掘工作,自始至终得到各级领导和专家们的关怀、重视和支持。发掘期间,中共江西省委宣传部、江西省人大教科文委、省文化厅、省社会科学院、省文物局的领导和有关同志,多次亲临现场,及时解决工作中出现的困难和问题。特别是国家文物局副局长沈竹和文物处长李季,百忙中,先后率领专家赴赣深入工地指导,对我们做好科学发掘和文物保护、修复、研究等工作,起了重大作用。

第二章 墓室概况与随葬遗物的分布

由于新干大墓地处沙丘,沙质疏松,易于流动,加上地表多被扰乱、破坏,特别是千百年来,这一带常因洪水泛滥而被淹没于水中,所以无法确切找出墓壁。另一方面,葬具又全已腐朽不存,更给确定墓室的形制、结构带来很大困难。当全部随葬品取出后,考古人员用手铲将底层刮成平面,对平面的沙色及包含物进行细致的观察和分析。在标高—2.15米的平面上,东西向(271°)长约 8.22、宽约 3.60 米的长方形范围内,沙色带灰,内含铜锈和腐殖质较多,周边界域较为明晰(为表述方便,此范围称之为 A 区)。在 A 区的中部略偏西,又有一东西向(275°)长约 2.34、宽约 0.85 米的长方形界域(可称之为 B 区),沙色灰中带黑,腐殖质含量更多,但铜锈略少,除东、北两条边的部分段外,西、南的周边分界较明显。考虑到两区的从属关系和相对位置,以及大体一致的朝向,与一棺一椁的长方形墓室十分相像(图二)。而且,在上述两区范围的发掘过程中,不断发现有似为棺、椁腐朽后残留的朽木和漆皮。结合记录资料可知,在 A 区东西两端紧邻的外侧,在标高—1.55 米的平面上,各宽 1.20 米的范围内(分别称为东 C 区和西 C 区),沙色虽不及中部 A、B 两区的深,但也含有部分腐殖质和铜锈,不过南北两端不甚规整,长度无法确定。它们高出底部 0.60 米,分别放置铜器和陶器,很类似于一般墓葬的二层台。在上述四区之外,沙质纯净,沙色灰黄,与区内特别是 A、B 区内的呈色迥然有别。据此,我们推断,这应是一座长方形的土坑墓,上有东西长约 40、南北宽约 20、高 5～6 米的椭圆形封土堆。墓室处于封土堆下的中央部位,东西向,墓壁应有一定坡度,墓底标高—2.15 米。一棺一椁。椁室东西向,271°,长 8.22、宽 3.60 米。棺床位于椁室中部偏西,亦基本东西向,275°,长 2.34、宽 0.85 米。椁室东西两头各有宽 1.20 米的二层台,高出墓底 0.60 米。东端二层台的南北两端不甚规整,疑被乡民取土时破坏,现存长度约 4 米;西端二层台的破坏更为严重,南北残长仅 2.50米。

根据田野发掘记录和测绘资料,经室内描绘出的墓室总平面图表明,出土的所有器物均分布在上述四区的范围之内,且大都是较有规律地放置着(图二)。铜器大部分置于椁室(除 B 区棺木外)范围之内,礼乐器中大型的鼎、鬲、甗、铙等呈东西向直线布列(图版一),器物大部倾斜、扣覆,一圆鼎中放入五件铜镰,伏鸟双尾虎和羊角兽面置于反扣的四羊甗之侧。中型的鼎、鬲、壶、盘、卣和双面神人头像,以及箕形器、犁铧、锸等生活、生产工具,则被置于东南角(图版二,1)。西南侧及中部偏南一隅,则放置甗及钺、戈、矛等兵器(图版二,4)。造型小巧的礼器和铲、锥、刀之类的工具,则分两堆叠放于西侧二层台上。玉器,除虎形扁足、铲、圆形坠饰等置于中型礼器群和大型礼器群中外,余如串珠、项链、玉玦、腰带、侧身羽人佩饰、神人兽面形饰、玉蝉等各种佩饰和玉璧、玉戈等,均在棺木(B区)的范围之内(彩版一,2)。一副项链(标本XDM:641)由18块玉串成,规整地呈心形置放于棺木东部(彩版二,2)。其他几副腰带和串珠出土时,亦尚能看清基本是按质地、大小和玉料色泽不同呈南北向弧形排列。从这些串饰、项链、玉玦、腰带和佩饰等有序的排列来看,使人自然想到主人卧置的方向当为头东脚西。值得注意的是,出土的232件兵器中,惟有造型奇特、纹饰绮丽的带銎钺(标本XDM:338)和乌黑透亮、寒光闪闪的直内戈(标本XDM:117)以及精美的曲内戈(标本XDM:127)被置于棺的范围中,与曲内戈配套的还有一对玉瑒(标本XDM:631、XDM:632,图版二,4)。陶器,主要放在东侧二层台(东C区)和与此紧靠的椁室东半部(图版二,2、3)。在椁室西半部,亦有少量陶罐与铜甗、铜砧置于一起。

棺木范围中未见主人骨架,但在椁室东部分三处出土残缺的人牙24枚。经中国社会科学院考古研究所韩康信鉴定,属三个不同的个体:一个青年妇女和两个未成年的小孩(详见附录一)。另在棺床东北角,出土猪牙一排。

新干大墓的出土物中,青铜炊器底部内外多留有水垢和烟炱,少数还带有补丁,部分器物更有人为破坏痕迹。标本XDM:38四足大甗和标本XDM:8乳丁纹虎耳方鼎的腹部都被砸下一块;标本XDM:1、XDM:2两件兽面纹柱足圆鼎腹部,均被砸出直径10厘米以上的圆形窟窿;标本XDM:44四羊罍的腹部被击瘪;标本XDM:43盘的内盘中心被打掉一块;标本XDM:63镈的一面正中被敲出一洞;工具刀、兵器刀和玉戈则被折成数截,叠成一堆(图版二,5)。余如琮、璧、环、玦、柄形器等玉器,也程度不等地遭到人为破坏。部分玉器和青铜乐器,以及戈、矛、刻刀之上,涂有鲜艳的朱红色,戈、矛等兵器上的朱红色多涂于血槽部位。在西侧二层台的器物群中,还发现一块涂有朱红色的陶片和一小堆朱砂。一些铜镞、铜匕、铜刀和骨镞等器物的表面,出土时尚残留着漆皮痕迹。铜镞的铤端不同程度地残留着箭杆痕,出土时,每堆铜镞都整齐地重叠而置,前锋朝向一致,推测下葬时成组地装在漆矢箙之内,矢箙腐朽,只留下一些漆皮痕(彩版二,3)。10件铜匕也被折断叠于一堆,有的匕上留有漆皮痕迹,下葬时似亦用漆匣盛装。戈、矛等兵器出土时,矛之前锋多西向,戈的前锋多南指,矛之骹内多残留朽木,戈之阑部、内部也都留下木柲夹持的痕迹。兵器类刀之柄部,木柄虽已朽毁,但有的铜箍仍然套在短柄上。就是箕形器(标本XDM:61)的方銎中,也残留着朽木,当初应装有木把。一些戈、矛、钺、刀等兵器上,还留有明显的捆扎痕:标本XDM:110和标本XDM:126直内戈的内端,残留着固定木柲的褐色麻线;标本XDM:92和标本XDM:93两件V式长骹矛的环钮中,也保留着棕色编织麻线,麻线两端各自横向穿钮而过,然后分别斜向骹端与柲相捆。

　　与大中型礼器和玉器的人为破坏相反,较小型的青铜兵器和工具大都完整无损,不少器身至今还残留有包裹织物的印痕:标本 XDM：360 方銎铲,织物印痕布满整个器物表面;标本 XDM：121 Ⅱ式直内戈,被多层织物包裹,织物外层纬线较粗,内层较细,戈表面散布着零星的小块织物印痕;几件直内钺器表织物印痕非常清晰;标本 XDM：39 三足甗,腹部也满布块状织物印痕,且有内外几层,织纹呈明显横向条纹。经中国丝绸博物馆和浙江丝绸科学研究院的分析鉴定,这些包裹织物均为蚕丝平纹绢(详见附录八)。少数器物表面,还残留有编织的席纹印痕。可以推测,当初大多数器物都是用丝绢(少数用竹席)包裹好后再置于墓室中的。

第三章　出土遗物

第一节　概　述

新干大墓出土随葬遗物的特点是数量多,种类杂,形制异。在不到 40 平方米的墓室内,出土各种质料的遗物 1374 件(颗)(另有近千件小玉珠、玉片、玉管和大量无法拼对复原的陶片未计入)。青铜器 475 件,其中既有礼乐重器,也有工具、兵器及杂器等。礼器有鼎、鬲、甗、盘、豆、壶、卣、罍、瓿、瓒等 10 种,48 件;乐器有镈和铙 2 种,4 件;工具有农业生产工具犁铧、锸、耒、耜、铲、镬、斨、锛、镰、铚、鱼镖形器等 11 种,51 件,手工生产工具有修刀、凿、刻刀、锥、刀、砧、手斧形器等 7 种,92 件;兵器有矛、戈、勾戟、钺、镞、剑、刀、匕首、拱形镂孔锋刃器、镦和胄等 11 种,232 件;杂器有双面神人头像、伏鸟双尾虎、羊角兽面、匕、箕形器、扣形器、各类构件、环、板、管等 48 件。玉器总计为 754 件(颗),可分为礼器、仪仗器、装饰品和饰件四大类。礼器有琮、璧、环、瑗、玦和璜等 6 种,33 件;仪仗器有戈、矛、铲等 3 种,7 件;装饰品有镯、笄形坠饰、项链、腰带、串珠、水晶套环、柄形器、长条形饰、长管形饰、圆坠形饰、圆瑚、虎形扁足、镂孔扉棱片、蝉、蛙、鱼形饰、泡等 17 种 ,712 件(颗);饰件有神人兽面形饰、侧身羽人佩饰 2 种,2 件。陶、硬陶、原始瓷器 139 件。器类可分为炊器、盛食器和生产工具。炊器有鬲、鼎、釜等 3 种,28 件;盛食器有罐、瓮、大口尊、壶、盆、盘、钵、罍、簋、筒形器、豆、䍃、把手、器盖等 14 种,107 件;生产工具有纺轮、范等 2 种,4 件。还有骨镞 6 件和朱砂若干(附表一、二)。另有人齿和猪牙等。

第二节　青铜器

此墓出土青铜器 475 件,可分为礼器、乐器、兵器、工具及杂器五大类。不仅种类齐全,铸造精美,且形制古朴,纹样富丽,并出现了一些过去少见的器形和纹样。现分类介绍如下。

一、礼　器

48 件。按用途可分为炊器、食器和酒器 3 类。炊器有鼎、鬲、甗 3 种,38 件。不仅数量多,且形体都较高大,纹样都较绮丽,是这批青铜器中的精品。食器有盘和豆2种,2件。酒器只见贮酒、盛酒和注酒器,不见饮酒器,有壶、卣、罍、瓿、瓒5种,8件。除罍为高达60.5厘米的巨制外,余均为中型器,铸造、装饰工艺都较高超。

(一)鼎　30件。有圆鼎、方鼎、瓿形鼎、鬲形鼎4种。

1.圆鼎　21件。可分为柱足圆鼎、锥足圆鼎和扁足圆鼎3种。

(1)柱足圆鼎　4件。其中,兽面纹鼎3件,圆涡纹鼎1件。

兽面纹柱足圆鼎　3件。

标本XDM：1,斜折沿,方唇,口微敛,略有变形。方形圆角立耳植于口沿之上,耳外侧有深1.7厘米的槽,槽内有两道拱形凸棱状加强筋。深腹,腹壁弧形外张,下部鼓出,略呈垂腹状,下为圜底。圆柱足,中空,与腹腔通,内呈漏斗状。足立面上截呈倒锥状,中为束腰,足根微鼓。腹外壁上部饰纹带一周,由六组兽面纹构成,均为环柱角,低细鼻,近方形凸目,展体,单尾。六组纹样,三组尾上卷,三组尾下卷,相间而置;尾下卷的三组躯体较短,恰与三足在同一垂线上。足的根部饰省体式的兽面,高扉棱鼻,"臣"字目,圆睛凸出,虎耳,但两边不对称,线条宽窄不一,凸起高低不等。足的束腰部,饰二周凸弦纹。浑铸成形,铸缝明显,鼎底可见近三角形的底范遗痕。沿三足外侧中线分型,由三块侧范、一块底范和一块腹芯组成铸型。使用了芯撑,腹部三重,底部一重。倒立浇铸,三足端可见浇口。出土时外底及足部有烟炱,内底残留污垢;上腹部有砸击所致的12×5厘米长近椭圆形破洞一个,下腹近底部位粘有席痕。通高70.2、口径44.1、口沿宽3.4、唇厚1.8、耳高13.6、腹深35.7、壁厚0.35、腹最大径48.1、足高27.5、足径4.4~10.1厘米。重36公斤(图三,A、B;彩版三,1;图版三,1、2)。

标本XDM：2,斜折沿较宽,方唇,口微敛,近梯形立耳,外侧有槽,槽中充满泥芯。深腹,腹壁较直,下部微鼓,圜底近平。柱足中空,满填泥芯,立面略呈锥状,横截面近椭圆,足底微鼓。腹壁上部饰三组兽面纹带。兽面纹展体,单尾上卷,圆乳丁凸目,低鼻。每组之间以两组勾戟状的扉棱间隔。足根外侧饰外卷角省体式兽面,"臣"字目,圆睛,勾戟状扉棱为鼻,正与腹部扉棱在一条垂线上。浑铸成形,范缝明显,扉棱之上有较大错范缝,腹部可见芯撑痕迹;倒立浇铸,一足端有浇口。出土时,下腹、外底及足部满布烟炱,内底有厚厚的污垢。腹上部一侧砸击出一直径约5厘米的圆洞。通高58.6、口径42.1、口沿宽4.2、唇厚1.3、耳高9.7、腹深31.7、壁厚0.8、腹最大径41.7、足高20、足径5.4~10.4厘米。重25公斤(图四、六,1;彩版三,2;图版三,3、4)。

标本XDM：7,出土时破损严重,无法修复。斜折沿,方唇,近梯形立耳,深圆腹,圜底。柱足上粗下细,足底微鼓。腹上部饰兽面纹三组。环柱角,方形目,细棱鼻,展体,尾上卷,各组之间为十分简略的方形目兽面。足上部三分之二的部分饰一"臣"字目,大立耳,张口露三角利齿的兽面纹,省体,四勾戟高扉棱为鼻,足的束腰部有凸棱状纹二道。足高14.5

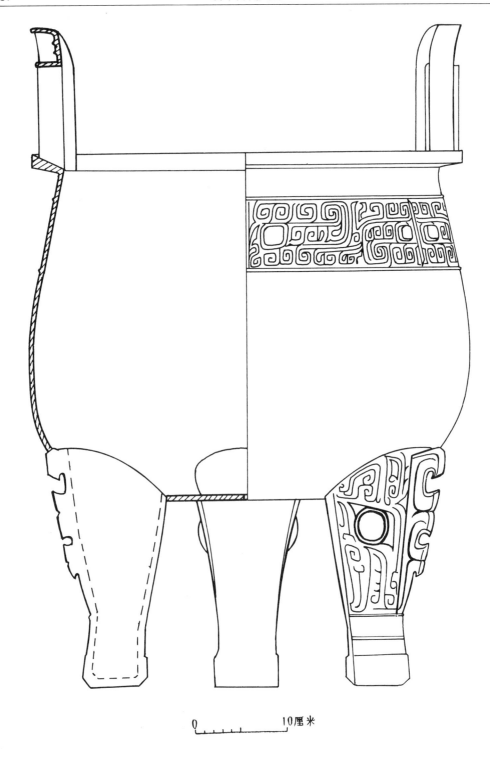

0 ⌐⌐⌐⌐⌐⌐ 10厘米

图三（A）　兽面纹柱足铜圆鼎 XDM：1

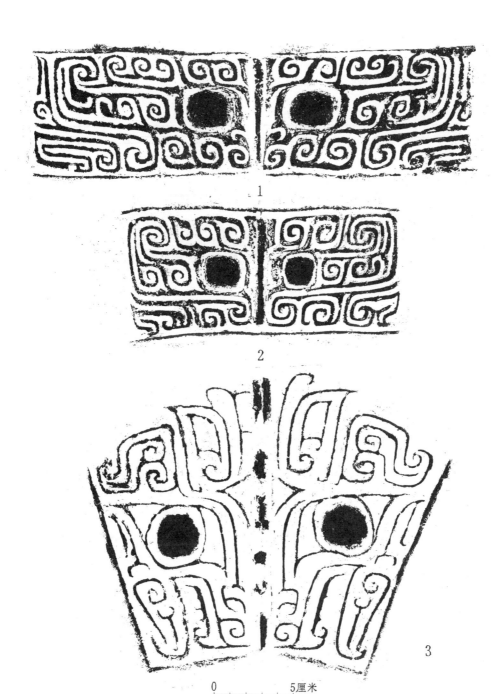

0　　　　　　　5厘米

图三(B)　兽面纹柱足铜圆鼎 XDM：1 纹样拓本

1.颈部　2.颈部　3.足根部

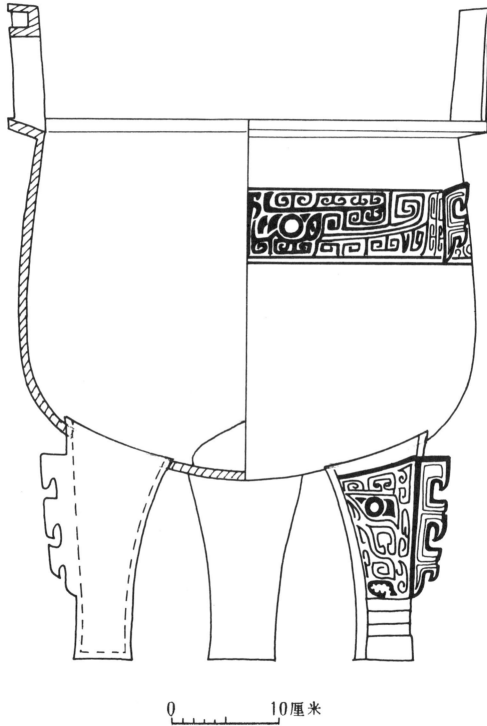

0 　　　　　　　　10厘米

图四　兽面纹柱足铜圆鼎 XDM：2

厘米。

圆涡纹柱足圆鼎　1件。

标本 XDM：3，斜折沿，薄方唇，近环状立耳。深腹，直壁，下腹略外鼓，圜底近平。柱足中空，下半部充有泥芯，上半部与腹底相接处形成下凹的圆窝，中积灰烬。足较短，立面为圆柱状，形似象鼻，足根外鼓。上腹部饰乳丁状凸起的圆涡纹一周，共 15 枚，间以四瓣目纹，上下界以凸弦纹各一周，形成宽带状；内壁对应圆涡处有凹窝。足上半部饰变体兽面纹，大立耳，圆乳丁目，躯体较短，单尾上卷。全器浑铸成形，铸型结构同标本 XDM：1，范缝明显，腹、底部均有形状不规则的铜芯撑和补块。二足端有浇铸口。出土时器表有一层厚厚的绿锈，外底满布烟炱，内底残留污垢、灰烬。上腹部有一个小砸击孔。通高 44.9、口径 32.1、口沿宽 2.2、唇厚 0.95、耳高 8.1、腹深 25.3、壁厚 0.3、腹最大径 31.6、足高 15.7、足径 4.5～8.6 厘米。重 10.5 公斤(图五、六，2、3；彩版四，1；图版四，1)。

(2)锥足圆鼎　3件。其中，兽面纹鼎 2件，弦纹鼎 1件。

兽面纹锥足圆鼎　2件。

标本 XDM：4，斜折沿，厚方唇，双环立耳微外侈，深腹，腹壁近直，下部微鼓，圜底，空锥足外撇。口沿外侧饰燕尾纹一周，双耳外侧环饰简化了的对龙纹。腹上部有纹带一周，上下界以连珠纹，中为三组外卷角兽面纹，细棱鼻，圆形凸目，展体，单尾上卷，背有羽脊。三组之间，各以乳丁作目的省体式兽面为间隔。足部外侧满饰蕉叶式兽面纹，外卷角，乳丁目。浑铸成形，但由于鼎足浇不足而再次浇铸，使空足与腹腔不通。器身范缝明显，由三块腹范和一块腹芯组成铸型，沿二足倒立浇铸。鼎腹可见一个形状不规则的铜芯撑。出土时，通体锈蚀严重，腹部破成数块。通高 37.1、口径 27、口沿宽 2、唇厚 1.8、耳高 4.7、腹深 22.6、壁厚 0.4、腹最大径 26.7、足高 13.7、足最大径 5.1 厘米。重 8.5 公斤(图七；彩版四，2；图版四，2)。

标本 XDM：5，斜折沿，方唇，高立耳略外侈，耳内侧周边有凸棱，形类内卷的加厚边，浅圆腹，圜底，空锥足与腹腔相通，足截面呈椭圆形。腹中部饰三组宽兽面纹带，兽面低细鼻，方目，内卷角，展体，上卷尾；三组之间，饰以目雷纹。浑铸成形，铸型结构同标本 XDM：4，亦由足端倒立浇铸。此器体薄，出土时破残成碎片，且满布铜锈。腹部有直径分别为 0.3 和 0.5 厘米的圆形穿孔各一个，似为人工所致。通高 23、口径 17、口沿宽 1.4、唇厚 0.3、耳高 5、腹深 8.6、壁厚 0.3、腹最大径 14.5、足高 11.7、足最大径 4.8 厘米。重 1.55 公斤(图八，1；图版四，3)。

弦纹锥足圆鼎　1件。

标本 XDM：6，斜折沿，方唇，口部变形，不甚规则。双环状立耳，较高。深腹，直壁较薄，圜底。三空锥足与腹腔通。耳足呈四点式配置。上腹部外壁有不甚规则的凸弦纹三道，余均素面。两次铸接成形，先铸鼎腹，后铸三足于鼎腹预铸的接榫上。底部和下腹部各有

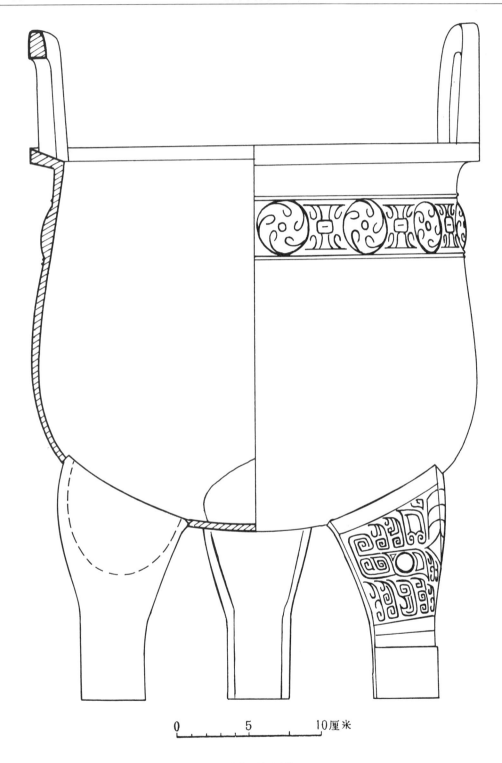

0　　　　　　5　　　　　10厘米

图五　圆涡纹柱足铜圆鼎 XDM：3

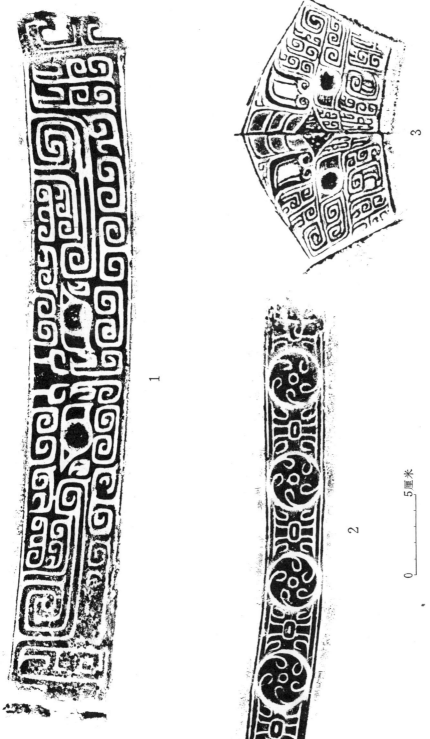

图六 铜圆鼎纹样拓本

1. 兽面纹柱足铜圆鼎 XDM：2 腹部　2. 圆涡纹柱足铜圆鼎 XDM：3 腹部　3. 圆涡纹柱足铜圆鼎 XDM：3 足根部

0　　　　　5厘米

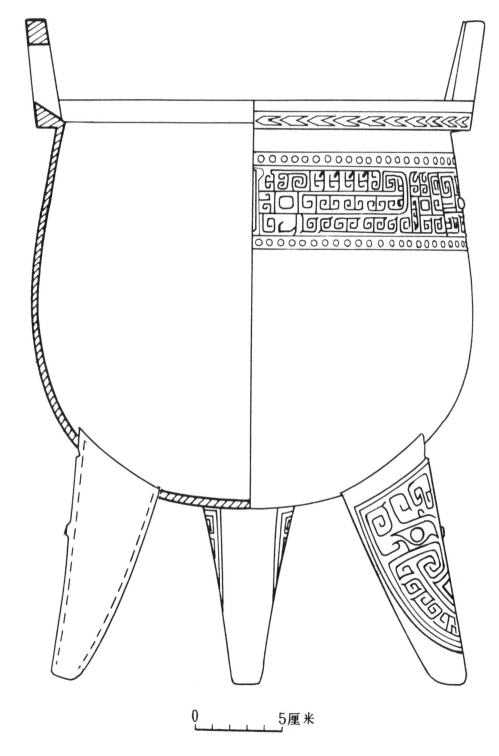

0 ————— 5厘米

图七　兽面纹锥足铜圆鼎 XDM：4

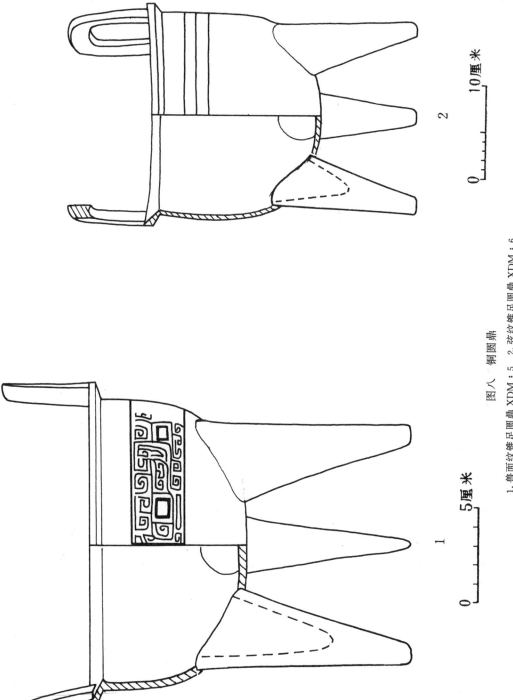

图八 铜圆鼎

1. 兽面纹锥足圆鼎 XDM：5 2. 弦纹锥足圆鼎 XDM：6

一直径1厘米左右的补块一个,突出器体0.1～0.2厘米。出土时外底及足部满布烟炱,内底残余水垢。通高40、口径25.5、口沿宽1.6、唇厚0.65、耳高8.8、腹深19.5、壁厚0.25、腹最大径22.8、足高16.5、足最大径5.6厘米。重6公斤(图八,2;图版四,4)。

(3)扁足圆鼎　14件。其中虎形扁足鼎9件,夔形扁足鼎3件和鱼形扁足鼎2件。

虎耳虎形扁足圆鼎　7件。斜折沿,方唇,口沿之上立双耳,耳上各卧一虎。浅圆腹,圜底,虎形扁足。扁足呈圆雕式的变体虎形,凸圆目,张口,露出三角形利齿,展体,曲背,屈足,尾上卷,末端收为尖钩状,背有勾戟状凸脊。虎身饰云雷纹,尾饰变形鳞片纹。

标本XDM：14,形体高大,纹样精美,是虎耳虎形扁足圆鼎中气魄最大者。口沿外侧,饰燕尾纹一周,耳外侧左右各饰龙纹一对,首上尾下,相向对饰。龙方形目,长角,弯曲身,尾上卷,背饰菱形凸块纹。腹壁上下界以连珠纹,主题纹样为三组环柱角兽面纹,高扉棱鼻,圆乳丁凸目,展体,单尾上卷,三组之间各以乳丁纹间隔。分铸铸接成形,先铸耳上卧虎和腹部扉棱,接着与鼎腹、鼎耳铸接,最后铸三扁足,先后使用二十多块泥范。此鼎系群众掘出,追回后缺二足,后修复配补。通高62.4、口径39.3、口沿宽2.5、唇厚1.6、耳高10、卧虎高5.5、腹深17.8、壁厚0.6、足高33.7厘米。重28.5公斤(图九、一三,1;图版五,1)。

标本XDM：15,小圜底。口沿外侧饰燕尾纹一周,耳外侧中铸浅凹槽,槽中有凸起的燕尾纹。腹部上、下界以连珠纹,其间饰三组环柱角兽面纹带,以勾戟状的高扉棱作鼻,圆乳丁凸目,展体,尾上卷,三组之间以高扉棱和乳丁分隔,正好与三足对应。分铸铸接成形,将分铸的三足铸于鼎底的预铸榫上,底部可见二个圆形铜芯撑。追回时失一足,后修复补配。锈蚀严重,外底有包扎遗痕。通高29、口径26.5、口沿宽2.4、唇厚1.6、耳高4.9、卧虎高3.9、腹深11.8、壁厚0.4、足高21厘米。重8.5公斤(图一〇、一三,2、3、4;图版五,2)。

标本XDM：16,唇较厚。口沿外侧饰燕尾纹一周,耳外侧亦环饰燕尾纹。腹部上下界以连珠纹,中为三组环柱角兽面纹,以高勾戟状扉棱作鼻,圆乳丁凸目,展体,单尾上卷,背有羽脊,三组之间为高扉棱和乳丁组成的省体兽面纹。分铸铸接成形,铸接工艺水平甚高,几乎不见叠压痕迹,仅在耳内侧上部发现有补铸块,当是为使卧虎连接牢固,铸接后又浇注铜液进行铸焊所致。出土时器表锈蚀严重,腹部有一直径约4.7×3.3厘米的破损处。通高38.2、口径26.4、口沿宽2.6、唇厚1.7、耳高5.1、卧虎高4.7、腹深11.4、壁厚0.5、足高21厘米。重7.3公斤(图一一、一四,1;彩版五,1;图版五,3)。

标本XDM：17,唇、耳厚重,浅腹,圜底近平。口沿外侧饰燕尾纹,耳外侧饰对龙纹,龙展体略弯曲,卷尾,方目,露齿,背饰鳞片纹。腹部上下界以连珠纹,其间等距铸六扉棱,并以此为鼻饰六组外卷角省体式兽面纹,兽面的圆乳丁凸目之下,横置露出三角利齿的大口。分铸铸接成形,耳内侧亦见补铸铜块,内底三足与腹结合处有三个铆钉,使足、腹结合更牢固。出土时器表满布铜锈,清理后全器色泽光亮。通高44.5、口径30、口沿宽1.9、唇

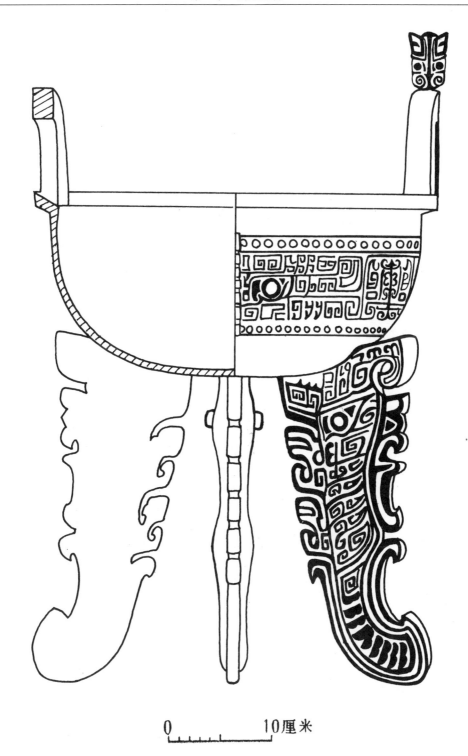

0 ⌐—————————— 10厘米

图九　虎耳虎形扁足铜圆鼎 XDM：14

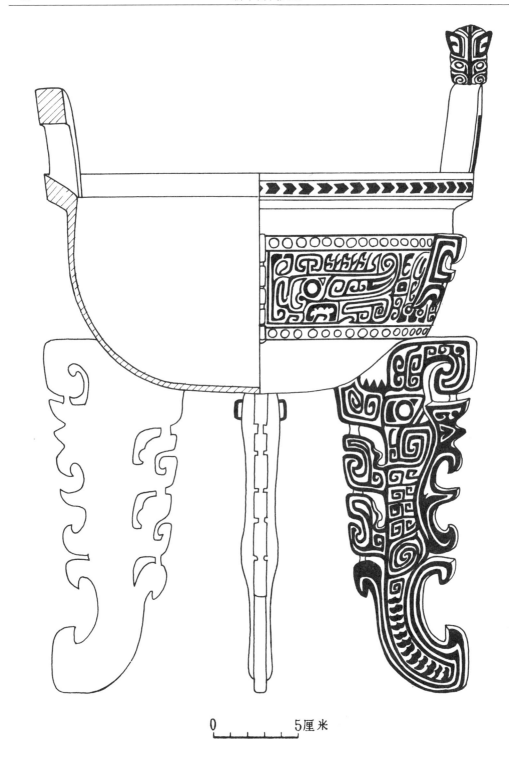

0 ⊢―⊢―⊣ 5厘米

图一〇　虎耳虎形扁足铜圆鼎 XDM：15

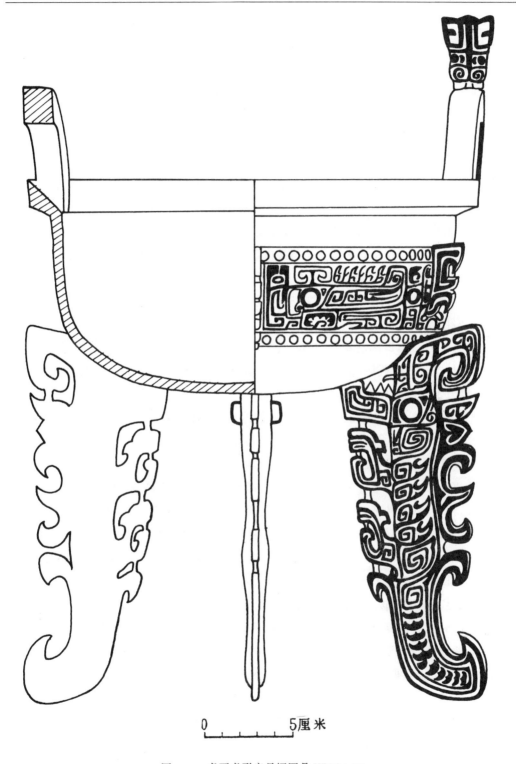

0   5厘米

图一一 虎耳虎形扁足铜圆鼎 XDM：16

厚2.05、耳高6.9、卧虎高5.8、腹深11.5、壁厚0.4、足高24厘米。重13.1公斤（图一二、一四,2、3;彩版六;图版五,4）。

标本XDM:18,器体较小且单薄。腹部纹带甚宽,上下界以一圈连珠纹,中为三组环柱角兽面纹,以勾戟状扉棱作鼻,圆乳丁凸目,展体,单尾上卷,脊上立有三支羽状纹饰,三组之间,以小乳丁二枚及简单的云雷纹分隔。分铸铸接成形,但工艺过程与以上各鼎略异:耳上卧虎后铸,铸接部分包括了耳的上半部。腹上三扉棱先铸成形,以一足端倒立浇铸,浇口所在的足端较另外二足略为宽大。出土时,通体锈蚀严重,一足严重歪斜,虎耳及鼎腹部有明显的包裹痕迹。通高25.1、口径16.4、口沿宽1.2、唇厚0.3、耳高3.5、卧虎高2.7、腹深7.3、壁厚0.3、足高14厘米。重1.6公斤（图一五;图版六,1）。

标本XDM:19,器体较厚重,虎形扁足较瘦长。腹部上下界以连珠纹,中为单线条的斜角目纹,线条宽粗,纹路清晰。分铸铸接成形,先浑铸鼎腹、鼎耳及鼎足,后铸耳上卧虎,鼎底有铜芯撑。出土时,口沿、虎头等处有一层平滑透亮的锈层。通高40.7、口径27.4、口沿宽2.3、唇厚0.85、耳高5.8、卧虎高5.4、腹深11、壁厚0.4、足高21厘米。重7.6公斤（彩版五,2;图版六,2）。

标本XDM:20,口部已变形,圆腹较深。腹部上下界以连珠纹一周,其中等距置三组兽面纹,细棱鼻,凸目,展体,上卷尾,背上有羽脊,各组之间有乳丁二枚,构成省体式兽面。分三次铸接成形,卧虎先铸,然后与鼎耳、鼎腹铸接,三足后铸,底部中央有补丁一枚。出土时,锈蚀严重。通高31、口径21、口沿宽1.7、唇厚0.95、耳高4、卧虎高3.5、腹深9.6、壁厚0.4、足高17.5厘米。重3.6公斤（图一六,1;图版六,3）。

立耳虎形扁足圆鼎　2件。

标本XDM:21,形制小矮,立耳近环状,耳上无卧虎,圆腹略深。腹部满饰三组环柱角兽面纹,细棱鼻,圆乳丁凸目,展体,尾上卷。鼎与鼎耳一次铸造成形,然后铸接已铸好的三足,底部发现有铜芯撑痕迹。出土时,严重变形。通高21、口径15.8、口沿宽1.1、唇厚0.6、耳高3.1、腹深7.5、壁厚0.3、足高12.1厘米。重1.4公斤（图一六,2;图版六,4）。

标本XDM:22,形体较小,立耳近环状,耳上无卧虎,腹上半部壁较直,下半部微外鼓,虎形扁足甚扁平。腹上部饰一周曲折纹,以下饰三组兽面纹,倒向的环柱形角,细凸棱作鼻,乳丁凸目,展体,单尾上卷,三组之间以羽脊状纹分隔。铸造方法同标本XDM:21,但未见芯撑痕迹。出土时,通体内外一层厚厚的疏松绿锈,足部严重变形。通高19.4、口径14.3、口沿宽0.9、唇厚0.5、耳高2.2、腹深6.8、壁厚0.5、足高11.5厘米。重1公斤（图版七,1）。

夔形扁足圆鼎　3件。其中,二件双耳上各伏一凤鸟。

立耳夔形扁足圆鼎　1件。

标本XDM:23,斜折沿,方唇,双环耳,浅腹,圜底,腹部微鼓,三刀状夔形扁平足,目

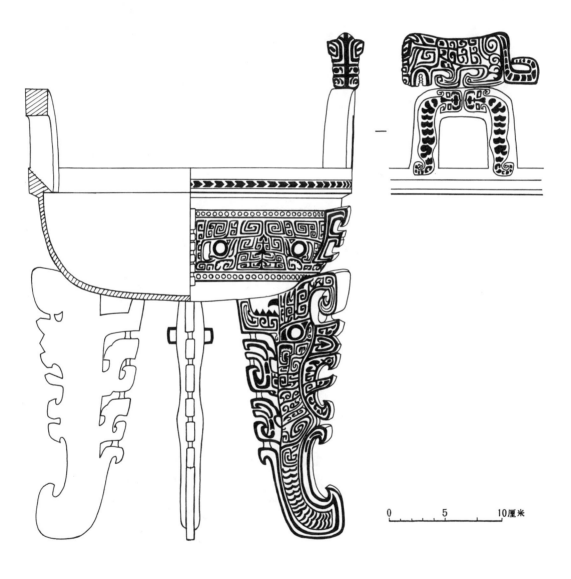

0　　　　　5　　　　　10厘米

图一二　虎耳虎形扁足铜圆鼎 XDM：17

1

2

3

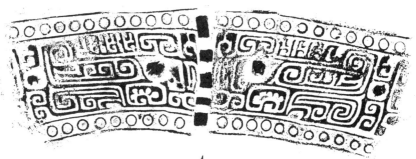

4

0 　　　　　　　　 5厘米

图一三　虎耳虎形扁足铜圆鼎纹样拓本

1. XDM：14 耳外侧部　2. XDM：15 耳外侧部　3. XDM：15 足部　4. XDM：15 腹部

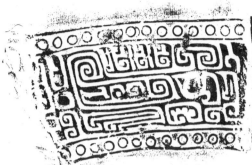
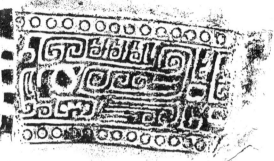

1

2

3

0　　　　　　　5厘米

图一四　虎耳虎形扁足铜圆鼎纹样拓本

1. XDM：16腹部　2. XDM：17耳外侧及口沿外侧部　3. XDM：17腹部

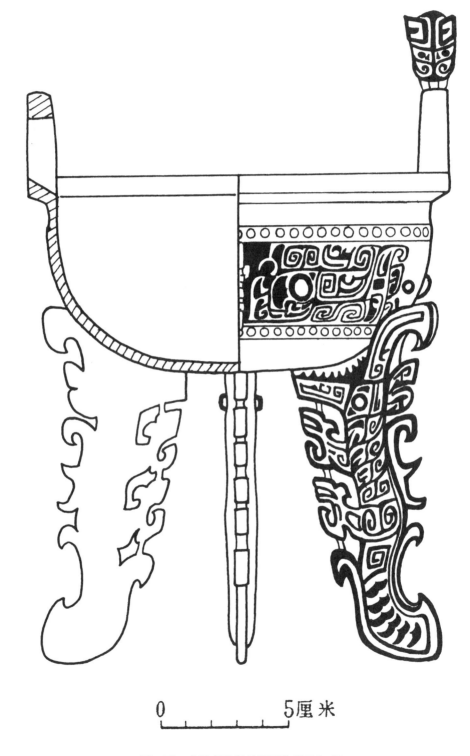

0 _____ 5厘米

图一五　虎耳虎形扁足铜圆鼎 XDM：18

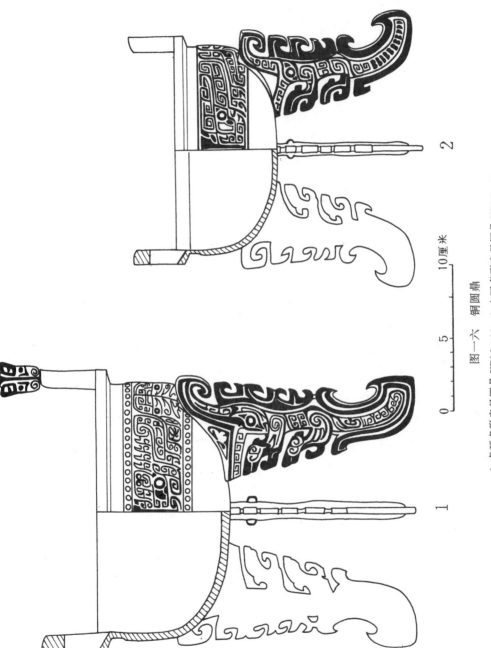

图一六　铜圆鼎

1.虎耳虎形扁足圆鼎 XDM：20　2.立耳虎形扁足圆鼎 XDM：21

作夔形,宽尾,尾尖外撇。腹部饰夔纹方目,宽尾,线条流畅。鼎一次浑铸成形,底部有芯撑。形制规整,表面平滑光亮。出土时,器体局部有绿锈,底部中央有补丁一枚。通高11、口径10.5、口沿宽0.5、唇厚0.35、耳高2、腹深4.7、壁厚0.2、足高5.8厘米。重0.44公斤(图一七,1、一九,1;图版七,2)。

鸟耳夔形扁足圆鼎　2件。

标本XDM：26,斜折沿,方唇,近环状立耳,耳上各伏一凤鸟。深腹,腹壁较直,圜底。三夔形扁足与双耳呈四点配置。凤鸟凸目,尖喙,花冠,敛翅,短尾,身饰状若环柱形的雷纹和燕尾纹。腹部纹带上下以连珠纹为边,中为三组单线条的环柱角兽面纹,细棱鼻较低,抹角长方形凸目,分尾,卷上尾。分铸铸接成形,先铸鼎腹,从底中倒立浇铸,三分范,底部能见"Y"形范缝;后铸接分别铸好的三足。通高27.4、口径16.7、口沿宽1.5、唇厚0.45、耳高3.2(连鸟7.9)、腹深10.1、壁厚0.62、足高13.3厘米。重1.3公斤(图一七,2、一九,2、3;图版七,3)。

标本XDM：27,形制与标本XDM：26基本相同,但腹较浅。耳上凤鸟亦花冠,尖喙,敛翅,短尾。身饰云雷纹和燕尾纹。鼎腹部纹带为上下界以连珠纹的目雷纹,目作近椭圆的长方形乳丁状,目两侧引长作平行直线,两端分别向上、下作卷尾状,直线上下隙处填以环柱角状卷云纹和折线。夔张口,展体,上卷尾状,圆乳丁目,夔身饰云雷纹。铸造方法与标本XDM：26基本相同,但鼎腹为二分范。出土时锈蚀、破损严重。修复后,通高25.8、口径16、口沿宽1.2、唇厚0.5、耳高3、鸟高4.9、腹深8.2、壁厚0.3、足高13.4厘米。重2.2公斤(彩版七,1;图版七,4)。

鱼形扁足圆鼎　2件。皆为耳上无饰的立耳鼎,耳足呈四点配置。下支三条鱼形扁足,张口露齿,圆目稍凸,身上遍布类鳞片纹,背有脊,尾端收尖,作为支点。

标本XDM：24,斜折沿,方尖唇,立耳略带环状。浅圆腹,呈半球状,器壁较薄,圜底,三鱼形扁足。腹壁上部纹带由三组外卷角兽面纹构成,圆凸目,细棱鼻,展体,上卷尾。纹样线条较粗。浑铸成形,鼎腹三分范,腹壁内侧可见铜芯撑。出土时,破损严重,修复后口腹部仍有变形,但器表平滑,泛青光。通高26.7、口径22.4、口沿宽0.8、唇厚0.6、耳高3.8、腹深10、壁厚0.15～0.2、足高19厘米。重2.1公斤(图一八、一九,4、5;彩版七,2;图版八,1)。

标本XDM：25,形制与标本XDM：24相同,破损更为严重。盘口,斜折沿,立耳,浅圆腹,圜底,三鱼形扁足。腹部纹带为粗细线条相间的外卷角兽面纹三组,乳丁凸目,略凸起的鳞片纹状鼻,展体,上卷尾。三组之间,以省体式夔纹分隔。修复后,通高30、口径23.5、口沿宽1.4、唇厚0.5、耳高5、腹深11.5、壁厚0.2、足高3.5厘米。重3.9公斤(图版八,2)。

2.方鼎　6件。可分为虎耳方鼎、立耳方鼎和双层底方鼎三种。

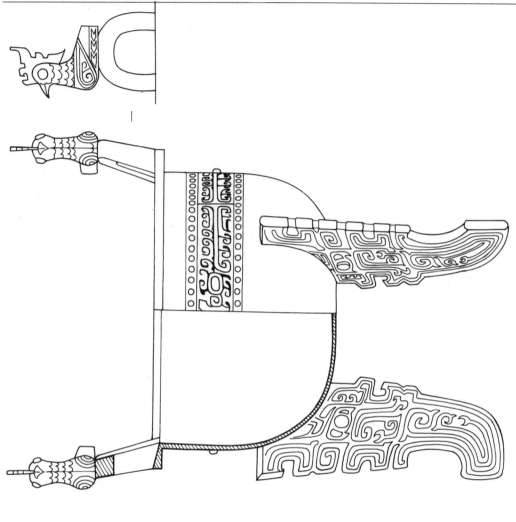

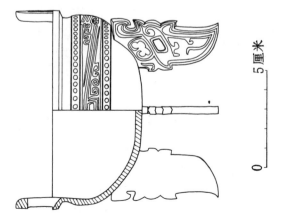

图一七　铜圆鼎

1. 立耳夔形扁足圆鼎 XDM：23

2. 鸟耳夔形扁足圆鼎 XDM：26

0　　　　　5厘米

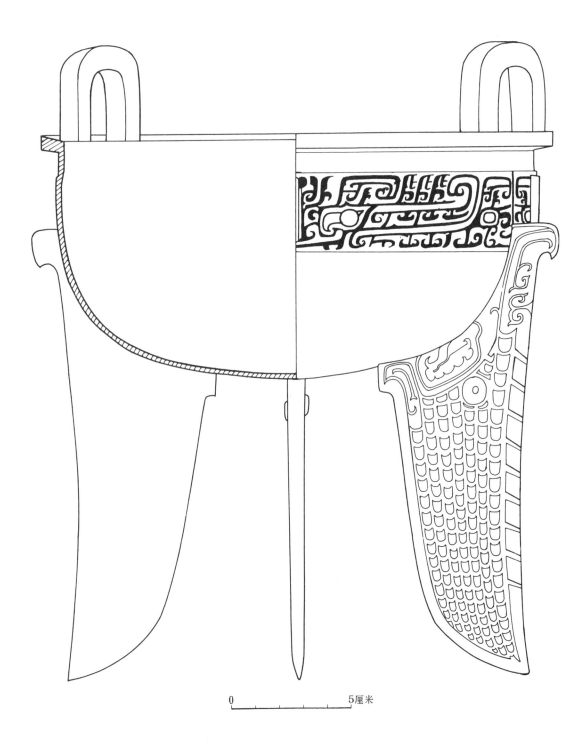

0　　　　　　　　5厘米

图一八　立耳鱼形扁足铜圆鼎 XDM：24

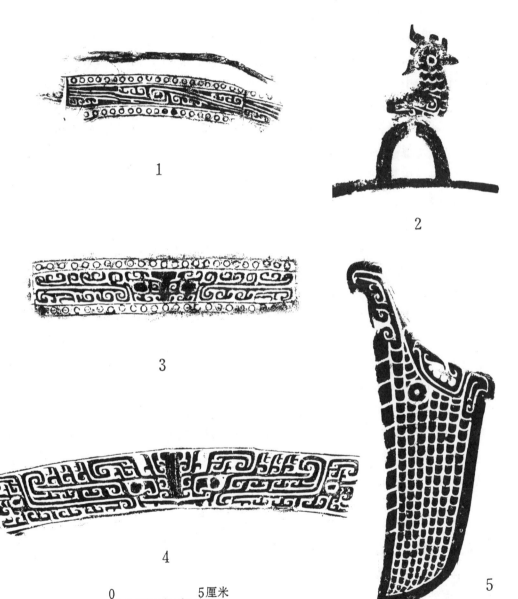

0 ——————— 5厘米

图一九 铜圆鼎纹样拓本

1.立耳夔形扁足圆鼎 XDM：23 腹部   2.鸟耳夔形扁足圆鼎 XDM：26 耳部

3.鸟耳夔形扁足圆鼎 XDM：26 腹部   4.立耳鱼形扁足圆鼎 XDM：24 腹部

5.立耳鱼形扁足圆鼎 XDM：24 足部

（1）虎耳方鼎　3件。其中，乳丁纹虎耳方鼎1件，兽面纹虎耳方鼎2件。

乳丁纹虎耳方鼎　1件。

标本XDM：8，斜折沿，方唇，口沿之上立微侈的圆拱形外槽式立耳，槽内有一道凸弦纹状的加强筋，耳上各卧一虎，竖耳，凸目，口略张，露三角利齿，曲背，屈足，尾上卷，身饰连续式云雷纹，尾饰变形的鳞片纹。腹呈仰斗状，平底，外底有"十"字形加强筋。柱足中空与腹通，上粗中细，近足根处微鼓。鼎腹四外壁，除中间部位素面外，两侧边和下部饰排状乳丁纹，两侧边各三行，下部为四行，上部则各饰一组兽面纹，环柱角，平鼻，方目，展体，尾上卷；四个转角处各饰一组省体兽面，外卷角，方目。鼎足上半部铸成浮雕式的羊角兽面，以勾戟状高扉棱为鼻。此鼎形体高大，系多次铸接成形：先铸出鼎腹四壁；再向鼎底铸四足，四足既叠压鼎底，又叠压四壁对鼎底的包边；最后铸耳上卧虎。全鼎铸造过程中，共使用泥范30块。出土时，口、腹部严重破裂变形，外底有烟炱。通高97、口纵49.3、口横58、口沿宽3、唇厚1.4、耳高17.5（连虎27）、腹深41、壁厚0.4、内底纵43.5、横50.1、足高28.3、足径9.1～11厘米。重49公斤（图二〇，A～D；彩版八；图版九，1，2）。

兽面纹虎耳方鼎　2件。

标本XDM：11，斜折沿，方唇，双环状立耳，耳上各卧一虎。长方腹，直壁微收，平底。四柱足中空，与腹通，足端外鼓。四壁的主体纹样和布局相同。四周以连珠纹为框，内为一周卷龙纹，均"臣"字目，圆乳丁凸睛，上层正中以勾戟状的高扉棱为鼻，下层为低细鼻。腹壁正中为一组环柱角、尾上卷的展体式兽面纹，细棱鼻，"臣"字目，圆睛。足的三分之二部位，满饰一组外卷角省体式兽面纹，以勾戟状高扉棱作鼻，"臣"字目，足下部有凸弦纹二道。铸造方法同于标本XDM：10，但加铸了耳上的卧虎，并以"捆绑"结构联接，即在铸造鼎耳时，在耳内外侧与卧虎结合处铸出凹槽，中间铸出预铸孔，以便后来加铸卧虎时用，这样虎足对鼎耳形成"捆绑"。底部可见铜芯撑，芯撑较大，以带花纹的旧铜片为之。通高29、口纵18、口横19.8、口沿宽0.9、唇厚1.1、耳高3.8、卧虎高2.7、腹深12.6、壁厚0.3、内底纵14.9、横17.7、足高8.8、足径2.7～3.8厘米。重4.5公斤（图二一；彩版九，1；图版一〇，1）

标本XDM：12，造型与标本XDM：11大致相同。斜折沿，盘口，方唇，双环状立耳，耳上各卧一虎。长方形腹，直壁下收。柱足中空。口沿饰燕尾纹一周，双耳外侧有"u"字形浅槽，槽内外均环饰燕尾纹，耳周边饰单线条的共目夔纹。腹壁四面满布纹样：每面四周均以连珠纹为框，框内一周卷龙纹，上、下各四，左、右各一，正中一对分别组成兽面，上以高扉棱为鼻，下以细线条为鼻；壁中央部位环以连珠纹的兽面纹，环柱角，"臣"字目，圆眼作乳丁状凸出，展体，分尾，细棱鼻。足之三分之二部位饰外卷角兽面纹，高扉棱鼻，足下部有凸弦纹。铸造方法与标本XDM：11同，亦以旧铜片作芯撑。通高39.5、口纵24.2、口横28.7、口沿宽1.3、唇厚1.2、耳高6.5、卧虎高3.3、腹深17.8、壁厚5、内底纵19.9、横25、

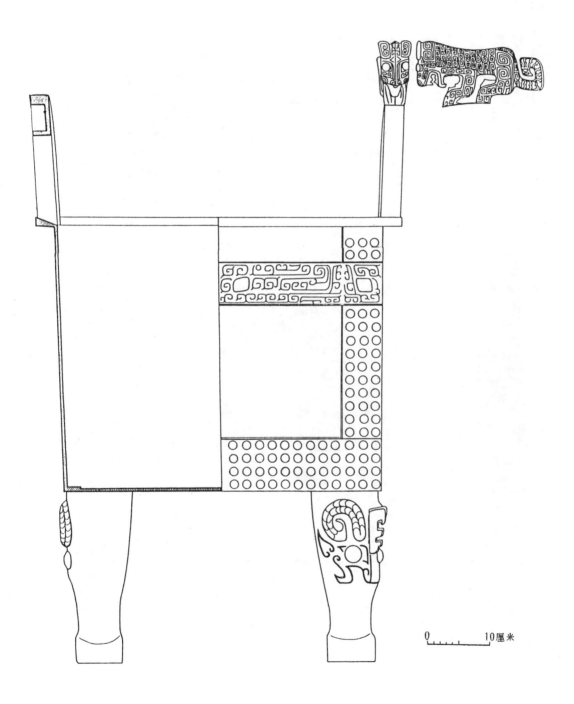

图二〇（A）　乳丁纹虎耳铜方鼎 XDM：8

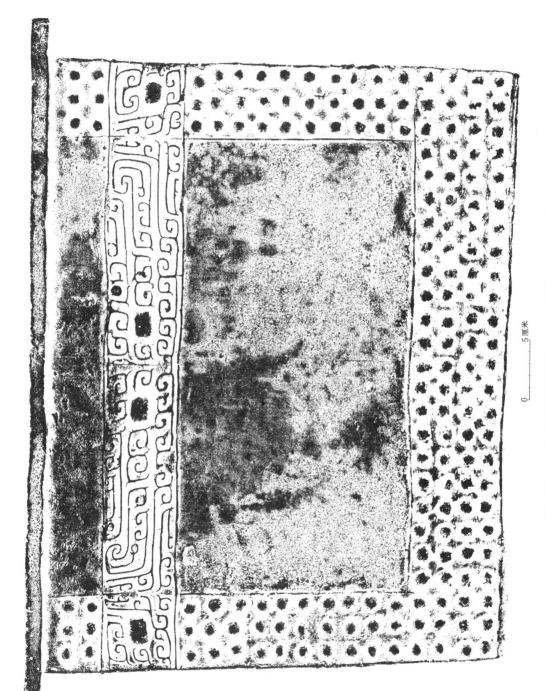

图二〇（B）　乳丁纹虎耳铜方鼎 XDM∶8 鼎体正面纹样拓本

0 _____ 5厘米

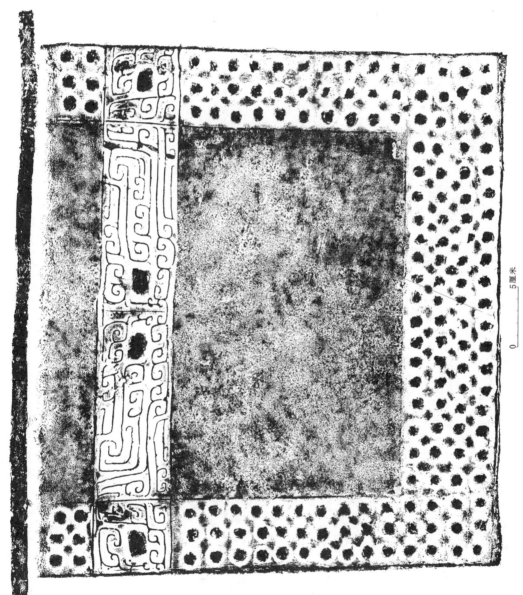

0　　　　5厘米

图二〇（C）　乳丁纹虎耳铜方鼎 XDM∶8 鼎体侧面纹样拓本

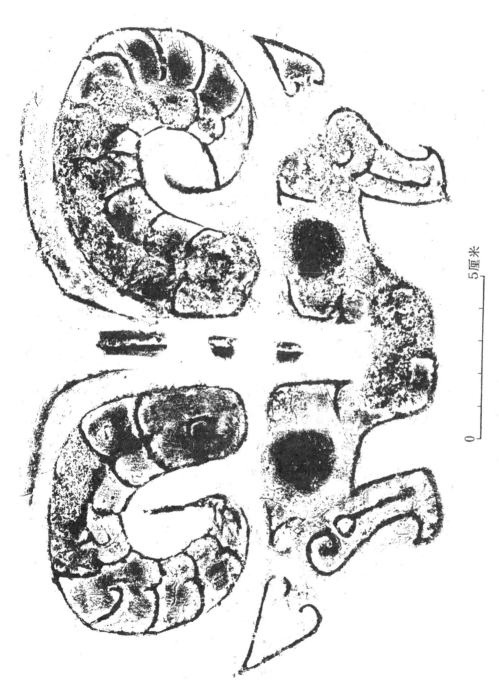

图二〇(D)　乳丁纹虎耳铜方鼎 XDM：8 足根纹样拓本

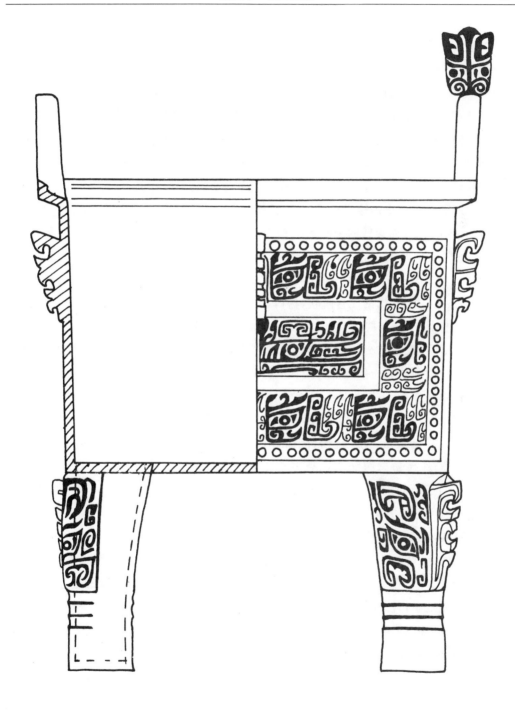

0 |_____| 5厘米

图二一　兽面纹虎耳铜方鼎 XDM：11

足高12.1、足径4.1～5.5厘米。重11.5公斤(图二二,A～D;彩版九,2;图版一〇,1)。

(2)立耳方鼎　2件。

兽面纹立耳方鼎　2件。

标本XDM:9,斜折沿,方唇,双环立耳高大厚实。仰斗状深腹,平底,矮柱足中空,与腹通,足底部微鼓。四面腹壁除中央部位素面外,四周均饰以双重细线条纹样。外圈为分解的单边兽面,环柱角,圆乳丁凸目;上、下各六组(纵向者各四组),中间两组合成省体兽面纹;两侧各一组,形近雷纹。内圈为方目的目雷纹,每边一组。二周纹样之间及内、外侧,共饰连珠纹三周。鼎足上半部饰浮雕式的羊角兽面,高扉棱作鼻,下有凸弦纹二道。鼎体分铸痕迹明显,系多次铸接成形,铸造方法大体与标本XDM:8相同,四周以"铆"卡与鼎底联接。出土时,一面腹壁的中间部位有三角形破洞一个。通高54、口纵35、口横37、口沿宽2.1、唇厚0.5、耳高12.5、腹深25、壁厚0.4、内底纵69.5、横32、足高17.5、足径4.5～7.1厘米。重10.1公斤(图版一一,1)。

标本XDM:10,斜折沿成台阶状,盘口,方唇,双环立耳略外侈,植于盘口之上。长方腹,直壁。四柱足中空,与腹通,足底外鼓。四面腹壁均满布纹样:两横向四周以连珠纹为框,中部为上、下两层展体分尾的变形兽面纹,"臣"字目,圆睛作乳丁状,上层以凸扉棱作鼻,之间横置一素面的宽长条相隔。两纵向四周亦以连珠纹为框,其中是两层简体式兽面纹,上层以凸扉棱作鼻,下层为低细鼻;之间亦以一素面的宽长条相隔。足之四分之三部位饰外卷角省体式兽面,以勾戟状的高扉棱作鼻,下有二道凸弦纹。此鼎形制小巧,除腹壁四扉棱先铸外,余浑铸成形,倒立浇铸,浇铸口在足端。通高13、口纵7.8、口横10、口沿宽1.2、唇厚0.65、耳高2.5、腹深5.6、壁厚0.4、内底纵6.65、横9.1、足高4.8、足径1.6～3.1厘米。重1公斤(图二三,A、B;彩版一〇,1;图版一一,2)。

(3)兽面纹双层底方鼎　1件。

标本XDM:13,斜折沿,盘口,方唇,双环立耳外侈。鼎腹近仰斗状。双层平底,中为5.5厘米高的内空的夹层,正面横开一门,有轴,可以启动,并有钮状插销眼。圆柱足上粗下细,足底端又微鼓。腹壁四周均有纹样,上下为环柱角兽面纹,细棱鼻,椭圆形乳丁凸目,展体,正面者尾上卷,背面及两纵向者为分尾,左右两侧饰单行式目纹。足饰环柱角省体式兽面纹,宽平鼻,椭圆形乳丁凸目,足下部有二道凸弦纹。两次铸接成形,活门先铸,鼎体浑铸,并与活门联接,横向下腹部和鼎底可见铜芯撑,足底有浇铸口。出土时器表锈蚀严重,足部有织物包扎痕迹。通高27、口纵18、口横21.4、口沿宽1.6、唇厚1.1、耳高4、腹深10(连夹腹15.3)、壁厚0.3、底纵14.5、横17.7、足高8、足径2.85～3.95、门高4.3、宽6.8厘米。重4.5公斤(图二四,A～E;彩版一〇,2;图版一二)。

3.瓶形鼎　2件。形制基本相同。圆唇,窄沿,双立耳,短颈,弧形溜肩,鼓腹,近平底,三蹄足外观若柱形,断面呈半环状,内侧空为凹槽,中尚留有泥芯,足根部稍粗,下端向外

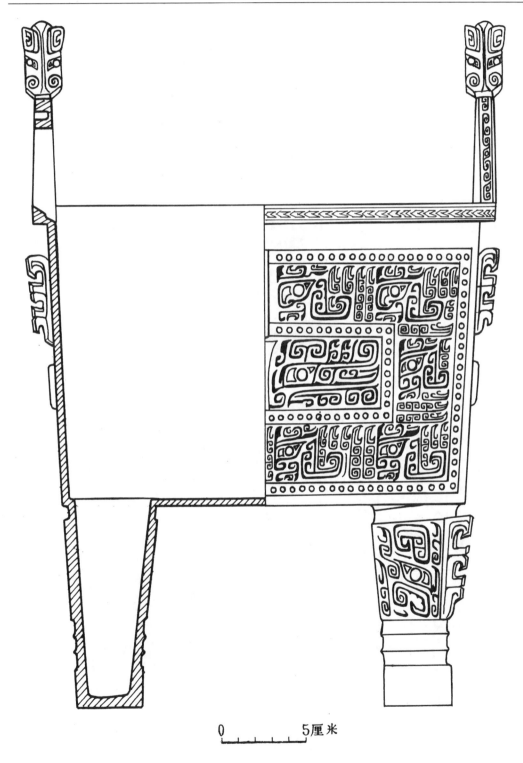

0 |___|___|___|___|___|___| 5厘米

图二二（A）　兽面纹虎耳铜方鼎 XDM：12

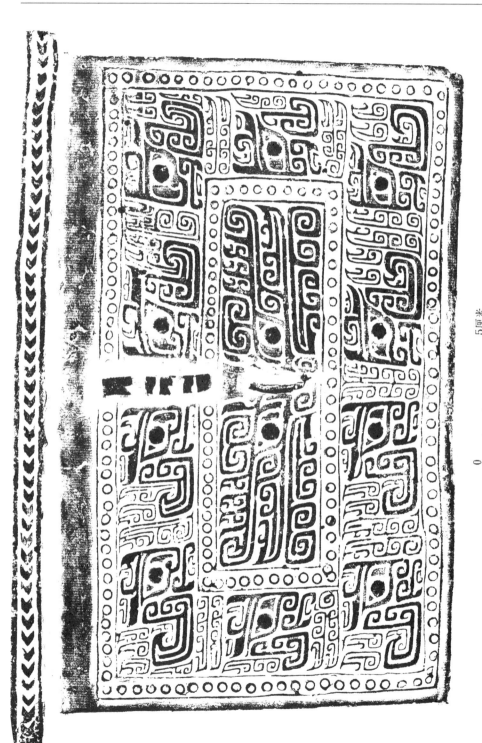

图二二（B）　兽面纹虎耳铜方鼎 XDM：12 鼎体正面纹样拓本

0 ├──┴──┴──┴──┴──┤ 5厘米

0　　　　5厘米

图二二（C）　兽面纹虎耳铜方鼎 XDM：12 鼎体侧面纹样拓本

1

2

0   5厘米

图二二(D) 兽面纹虎耳铜方鼎 XDM：12 鼎耳、足根纹样拓本

1.鼎耳外侧部 2.足根部

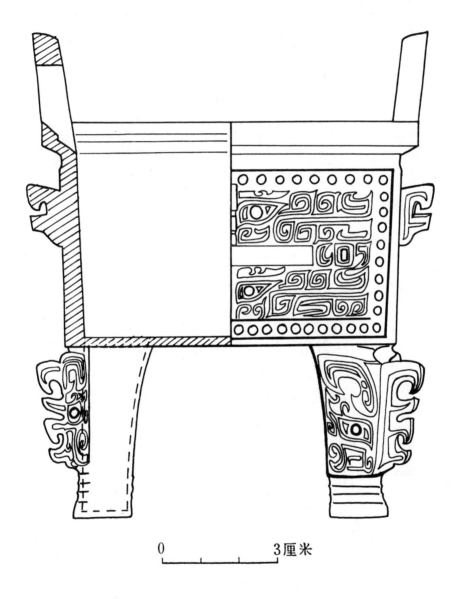

0 ⊢――――――――⊣ 3厘米

图二三（A）　兽面纹立耳铜方鼎 XDM：10

图二三（B）　兽面纹立耳铜方鼎 XDM：10 纹样拓本

1. 鼎体正面　2. 鼎体侧面

0　　　　　5厘米

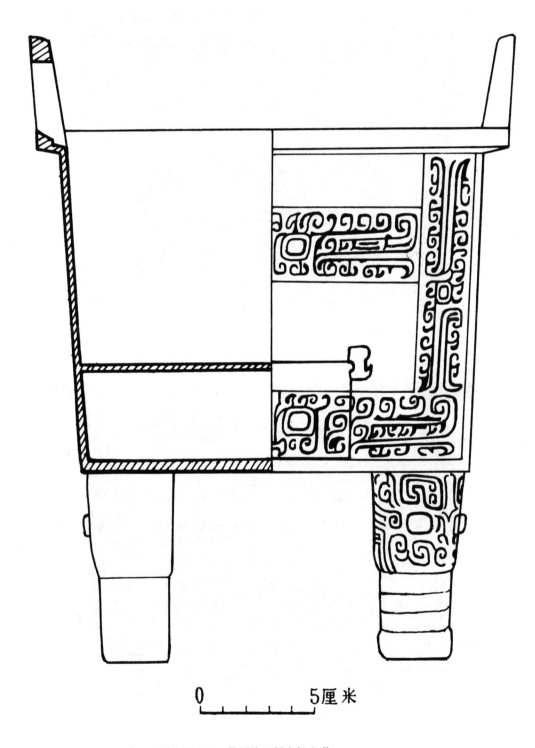

0 —————————— 5厘米

图二四（A） 兽面纹双层底铜方鼎 XDM∶13

0 ————————— 5厘米

图二四(B)　兽面纹双层底铜方鼎 XDM：13 鼎体正面纹样拓本

0 ————————— 5厘米

图二四(C)　兽面纹双层底铜方鼎 XDM：13 鼎体背面纹样拓本

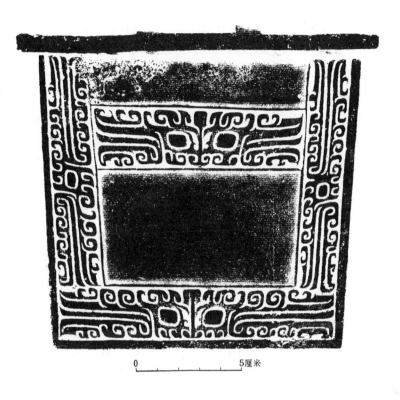

0　　　　　　　　5厘米

图二四（D）　兽面纹双层底铜方鼎 XDM：13 鼎体侧面纹样拓本

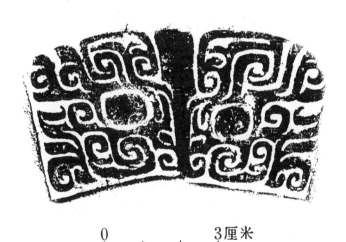

0　　　　　　　3厘米

图二四（E）　兽面纹双层底铜方鼎 XDM：13 足根部纹样拓本

撤出。出土时残破,变形严重。

标本 XDM:30,比较完整。器身纹样,除颈部为二道凸弦纹外,肩部纹带以云雷纹作地,衬托着九组展体夔纹,圆乳丁凸目,上卷尾。上腹部纹带较窄,中饰十四条双尾鱼,圆乳丁目,显得大而凸出,鱼与鱼之间,填以横向的云雷纹。下腹部纹带甚宽,满饰重回字、编织纹组成的几何形图案。足外侧饰省体兽面,环柱角,"臣"字目眶,线条粗犷,具浅浮雕效果。此鼎底部残留一周凸沿,植于口沿部的耳根也有明显接痕,推测原系圈足瓿,后因足部损坏或其他原因而去掉,重新铸接三足,并加铸双耳。从断面观察,双耳、三足的铜质铜色与器身有明显区别。通高 29.3、口径 16.6、耳高 3.2、足高 10.5 厘米。重 4 公斤。

标本 XDM:31,残损变形更为严重,锈蚀十分厉害。颈部饰凸弦纹二道,其下有二层纹带:肩部纹带较窄,腹部甚宽。纹样为横竖短线构成,中有突出圆乳丁的斜方格雷纹。三足外侧饰粗线条的环柱角省体式兽面纹。耳根及外底有改造痕迹。通高 30.5、口径 19、耳高 3.1、足高 11 厘米。重 3.95 公斤(图二五;彩版一一,1;图版一三,1)。

4. 鬲形鼎 1 件。

标本 XDM:36,侈口,方唇,双立耳,高束领。分裆,裆较低,足作实心圆柱形。颈部饰带衬地的鱼纹一周,凸目,展体,首尾相衔,同向而游。腹部铸三叠花纹:云雷纹衬地;主体纹饰为曲折角省体兽面三组,均以自肩至足的长条高扉棱作鼻,粗眉,圆睛,其侧为竖置的简体夔纹;在主纹之上阴刻雷纹,同时还穿插以乳丁纹。内壁对应主纹的部分,有外向的凹窝。浑铸成形,以一足倒立浇铸,袋足上可见铜芯撑。出土时,通体绿锈,口部略有变形,鼎身有几处很小的破洞。通高 27.3、耳高 3.9、颈高 2.8、口径 17.3～18、唇厚 0.1～0.3、颈径 14.5、腹径 18.5、腹深 15.8、壁厚 0.3～0.4、裆高 7.15、足高 5.75 厘米。重 3.08 公斤(图二六,A、B;彩版一一,2;图版一三,2)。

(二)鬲 5 件。有圆肩鬲和折肩鬲二种。

1. 圆肩鬲 4 件。可分为分裆圆肩鬲和联裆圆肩鬲二种。

(1)分裆圆肩鬲 3 件。

标本 XDM:32,盘口,斜折沿,方唇,立耳,束领,鼓腹,分裆,羊乳状三袋足,足根部圆锥形,器身最大径在下腹部。肩颈部饰一周斜角目雷纹,腹部为三组外卷角省体兽面纹,圆睛凸出作乳丁状,状类鳞片纹的平鼻;三组之间满饰羽脊状纹。所有纹样线条,均为凸出的阳线条。浑铸而成,三分范沿三足外侧中线分型。出土时,腹足部遍布烟炱,口沿及足部有编织席包裹印痕。通高 16、耳高 2.9、口径 13.3、唇厚 0.5、颈径 11.2、腹径 14.7、腹深 8.6、壁厚 0.3、裆高 4.3 厘米。重 0.74 公斤(图二七,1、2;彩版一二,1;图版一四,1)。

标本 XDM:33,侈口,斜折沿,方唇,高立耳略外侈,束颈,分裆,空袋足下尖,立面呈倒置的三角形,最大径在腹下部。肩颈部饰凸弦纹二道,足腹部以三腿的中线为中心,饰三组环柱角兽面纹,圆乳丁目凸出,宽鼻,口长而尖,展体式躯干为单尾。纹样线条甚粗,但流

图二五　瓿形铜鼎 XDM：30

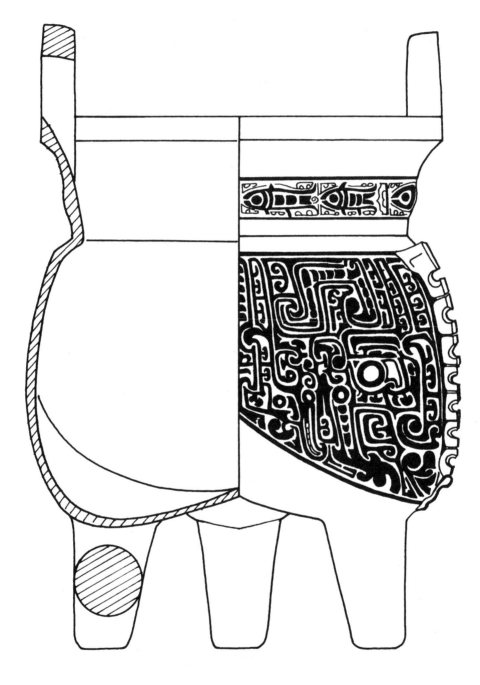

0　　　　　　　　5厘米

图二六（A）　鬲形铜鼎 XDM：36

1

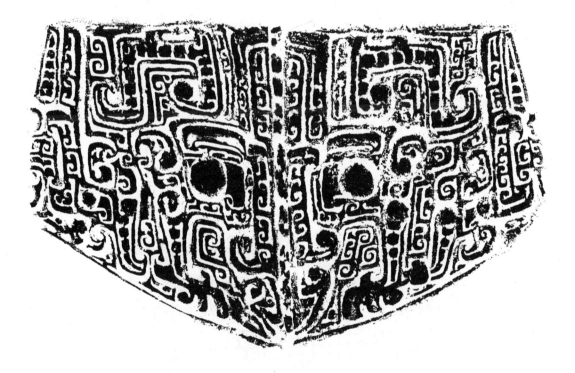

2

0 ——————————— 5厘米

图二六(B)　鬲形铜鼎 XDM：36 纹样拓本

1.颈部　2.腹部

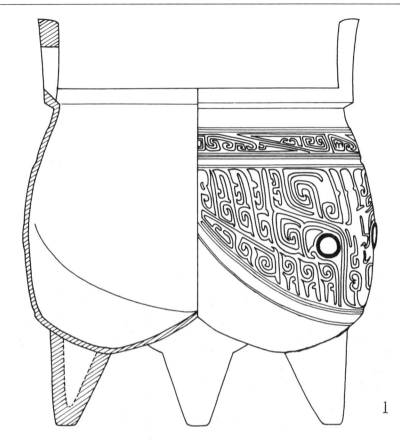

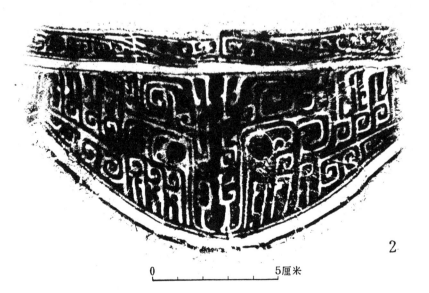

0　　　　　　　　　5厘米

图二七　分裆圆肩铜鬲 XDM：32

1.XDM：32　2.XDM：32 鼎腹部纹样拓本

畅。此鬲形制规整,色泽光亮,为三分范浑铸成形,正立浇铸,底中央有自带泥芯撑。出土时,完好无损,器身大部分有绿锈,去锈后通体透亮。通高9.6、耳高1.9、口径8、唇厚0.5、颈径6.95、腹径8.8、腹深5.1、壁厚0.3、档高2.9厘米。重0.48公斤(图二八,1;彩版一二,2;图版一四,2)。

标本 XDM:34,形制、装饰与标本 XDM:33大致相同。斜折沿,方唇,立耳甚厚,束颈,分档,空袋足下尖。肩部饰连珠纹一周,以三腿的中线为中心,足腹部饰三组环柱角兽面纹,圆乳丁目特别凸出,宽鼻,口长而尖,展体式躯干为单层。浑铸成形,从鬲档中央倒立浇铸,底心有较平的补丁状铸口遗痕,底部可见铜芯撑。出土时,器表大部分有一层薄锈,去锈后通体光亮,颜色呈金黄。通高11.4、耳高2.1、口径9.6、唇厚0.4、颈径8.2、腹径9.8、腹深6.9、壁厚0.4、档高2.6厘米。重0.68公斤(图二八,2,二九;彩版一二,3;图版一四,4)。

(2)联档圆肩鬲　1件。

标本 XDM:35,造型低矮,胎体甚薄。微侈口,斜折沿,方唇,两立耳较矮,近环状,略外撇。束颈,直腹,袋足,联档,空足立面呈三角形。腹上部饰二层由云雷纹组成的纹带,上下界以连珠纹,纹样线条较细。从纹带上的范缝可知,为三分范浑铸成形。出土时,器体满布绿锈。通高10.1、耳高1.6、口径9.5、唇厚0.35、颈径8.1、腹径9.5、腹深5.95、壁厚0.2、档高2.55厘米。重0.15公斤(图三〇,1,2;彩版一三,1;图版一五,1)。

2.折肩鬲　1件。

标本 XDM:37,侈口,斜折沿,方唇,两方形立耳略外侈,植于口沿,但外侧延连颈部。广弧折肩,直腹下收,分档,三柱足,全器最大径在肩部。颈、肩交接处饰连珠纹一周,折肩上下的肩、腹部各饰连珠纹一周,腿档部饰"Λ"形燕尾纹。浑铸成形,从足端倒立浇铸。出土时,器身满布绿锈,口沿部有破裂。通高39、耳高3.1、颈高5.0、口径19、唇厚0.7、颈径16.1、肩径31.1、腹深24.4、壁厚0.4、档高11.5厘米。重23.6公斤(图三〇,3;彩版一三,2;图版一五,2)。

(三)甗　3件。可分为四足甗和三足甗二种。

1.四足甗　1件。

标本 XDM:38,器体庞大,气魄雄伟,系目前已发现形制最大者。甑、鬲连体。甑盘口,呈台阶状,圆唇,宽沿,大方形立耳,植于盘口上。深斜腹,腹内不见箅,但甑、鬲相接处有箅托一周。鬲分档较高,四足中空,足上部呈袋状,下为圆柱形,足底外鼓。双耳外侧环饰双重燕尾纹,耳上各立一幼鹿,一雄一雌,竖角较短,短尾上卷,回首相向而顾。鹿身饰类鳞片纹,腿足饰类云雷纹。口沿外侧饰斜角式目纹一周。甑腹上部饰四组上下界以连珠纹的环柱角兽面纹,以细棱作鼻,圆角方形乳丁突目,展体,尾上卷,背脊上饰刀羽状纹,三组兽面纹之间,以勾戟状凸扉棱为界,下腹部素面。鬲通体饰四组浮雕式牛角兽面纹,"臣"字

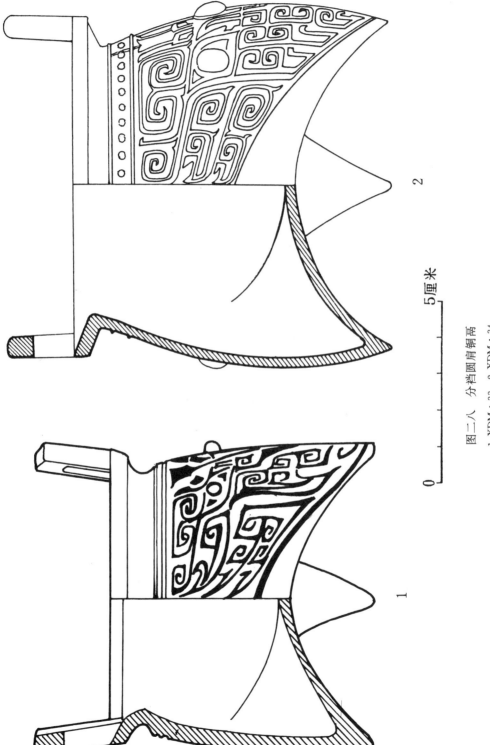

图二八　分档圆肩铜鬲
1. XDM : 33　2. XDM : 34

5厘米

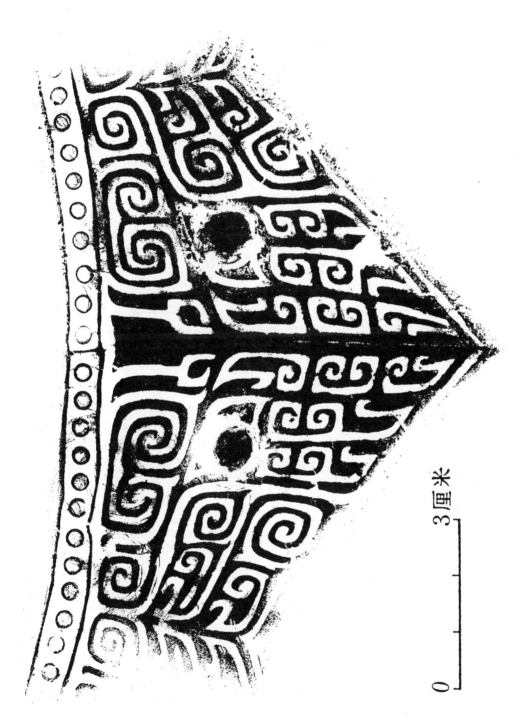

图二九　分裆圆肩铜鬲 XDM：34 腹部纹样拓本

3厘米

0

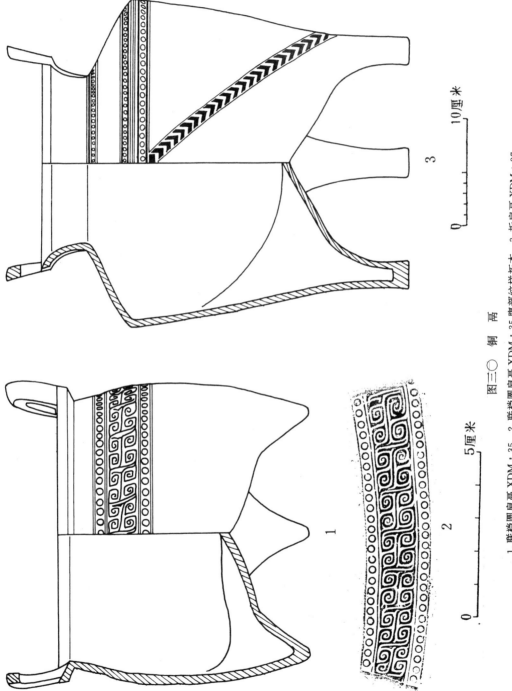

图三〇　铜　鬲

1. 联裆圆肩鬲 XDM∶35　2. 联裆圆肩鬲 XDM∶35 腹部纹样拓本　3. 折肩鬲 XDM∶37

目,长扁棱鼻,一对横向牛角,阔嘴,无身躯,双牛角上饰鳞片纹,作鼻子的长扁棱与甑体所饰扁棱在同一垂线上。足中部有凸弦纹二道。通体纹样线条粗犷而流畅。除耳上双鹿先铸外,全器一次浑铸成形,四分范,沿甑、鬲部位的扁棱中线分型,从足端倒立浇铸,甑收腹处有规律地安置铜芯撑二周,每周十六枚,鬲足之间有自带泥芯二处。出土时,器身遍布一层薄锈,甑部破损严重,外底部和足内侧有厚厚的烟炱。通高105、甑口径61.2、耳高16、鹿高14、沿高5.4、唇厚0.85、壁厚0.8、鬲高39.5、鬲口径34.1、裆高71.5、足底径7.4厘米。重78.5公斤(图三一、三二,1;彩版一四;图版一六,1)。

2.三足甗 2件。

标本XDM:39,甑、鬲连体。盘口,圆唇,环状立耳植于盘口之上。甑腹部较深,且自上而下渐收。鬲部较小,高裆,空柱足偏瘦,截面近菱形,足底一周外鼓。器内不见箅或箅托,但甑、鬲连接处内收,可以置箅。器体较薄,通体素面,唯足之下部有凸弦纹二道。浑铸成形,三分范倒立浇铸。出土时,略有变形,器身满布绿锈,底部烟炱甚厚,甑部有未穿透的砸击痕,器表包裹的织物印痕清晰。通高36.4、甑口径23～24、沿高1.6、唇厚0.2、鬲高17.5、鬲口径12.6、壁厚0.25、裆高11.6、足底径2.9厘米。重3.4公斤(图三二,2;图版一六,2)。

标本XDM:40,甑、鬲连体,形制与标本XDM:39相同。全器被压瘪,未能修复。

(四)盘 1件。

标本XDM:43,为假腹盘。平折沿,方唇,外腹圆而微鼓,内明底为圜底,近平,甚浅;外腹下暗底亦为圜底,但外底被高圈足所遮,圈足自上而下略外撇。因有明、暗两底,对暗底来说,为深腹,对明露的浅底来说,腹是假的,故称假腹盘。一对平鋬状环耳,一端平接于唇,另一端接于腹下部。明底中央饰一阴刻龟纹,一头四足,身作正圆形,中央为圆涡纹,余满填卷云纹。环耳外表饰浅浮雕状牛角兽面纹,上为外卷的双牛角,中为"臣"字目,下部左右有二个突出的螺旋纹圈,似虎之鼻孔,余则饰以阴线纹。外腹部以二耳和二个扁棱为中心,构成四组外卷角兽面纹,鋬下二组低鼻,余二组则以高扁棱作鼻,"臣"字目,展体,单尾,尾上卷,背有羽脊,四组兽面之间的下部,再饰以无身躯的简体兽面纹,方形目,宽鼻。纹带甚宽,上下界以连珠纹。外腹下部与圈足交接处等距置四个十字镂孔,并有凸弦纹一周,圈足部等距饰四个勾戟状凸扁棱。并以此作鼻,饰阴线兽面纹四组,角作倒置的环柱角状,方乳丁凸目,展体,尾上卷,上下界以连珠纹,足底一周鼓起。器厚重,形制规整。分铸成形,先铸双耳和各扁棱,然后与器体铸接。盘底可见基本对称分布的铜芯撑四个。腹足交接处自带泥芯撑,留下十字镂孔。出土时,器表满布绿锈,内明底中部有一个10×10厘米左右的穿洞,修复时已补配。通高17.4、口径33.1、沿宽1.9、唇厚1.1、腹径28.1、盘深6.4、壁厚0.6、圈足高6.4、足径26.6厘米。重10.4公斤(图三三,A、B;彩版一五,1;图版一七,1)。

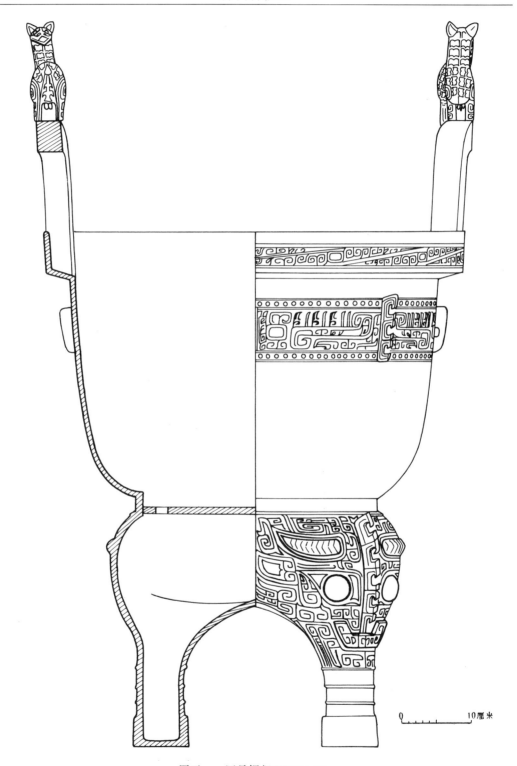

图三一　四足铜甗 XDM：38

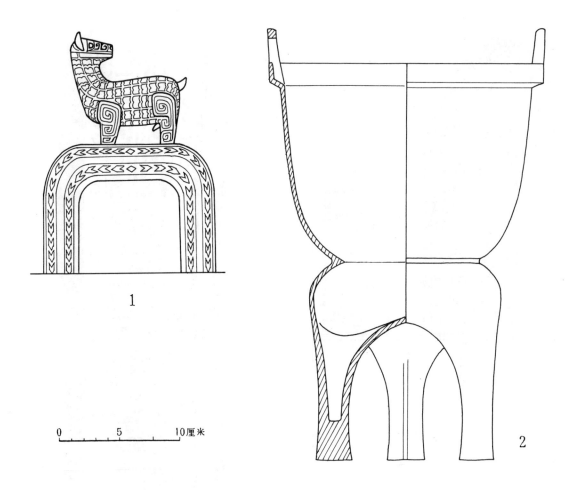

图三二 铜甗

1.四足铜甗 XDM：38 耳部　2.三足铜甗 XDM：39

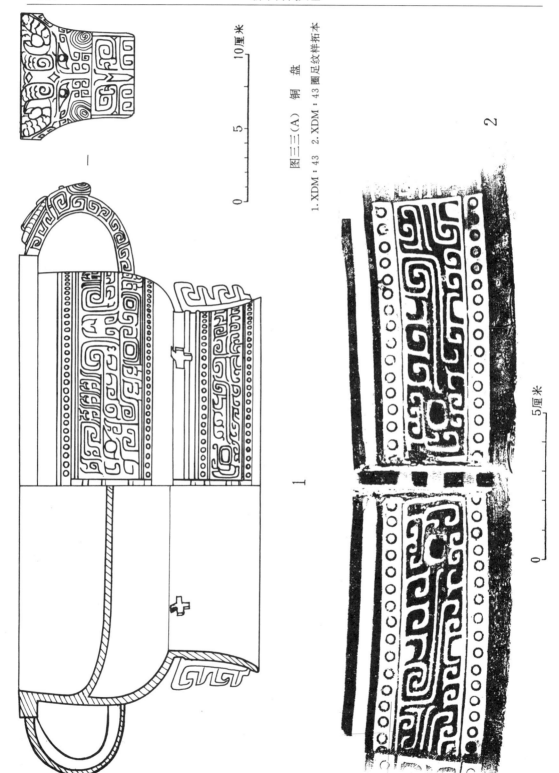

图三三（A）　铜　盘

1. XDM∶43　2. XDM∶43 圈足纹样拓本

1

2

3

0　　　　　5厘米

图三三(B)　铜盘 XDM：43 纹样拓本

1.腹部　2.盘内底　3.鋬耳外侧

（五）豆　1件。

标本 XDM：42,假腹豆。平折沿,方唇,浅盘,假腹微鼓,喇叭状高圈足。器表满布纹样:平口沿部饰一周云雷纹,浅盘底中心饰一圆涡纹,盘内壁环饰一周斜角式目雷纹。腹部饰三组内卷角兽面纹,细棱鼻,方形凸目,展体,分尾,全由云雷纹构成。高圈足上部以等距排列的三个勾戟状扉棱为鼻,组成三组内卷角省体式兽面,亦方形凸目,展体,分尾,隙处填以刀羽状纹;中部饰凸弦纹二道,并等距置十字镂孔三个;下部饰三组目雷纹带,之间以三个凸扉棱为间隔。全部纹样除盘中心圆涡纹阴刻外,余均为凸线条的阳文。分铸铸接成形,六扉棱先铸,然后与豆体铸接,盘底有铜芯撑,十字镂孔为自带泥芯的遗痕。器内部假腹处,铸有四个支撑豆盘的凸棱,加强了盘体的承受强度。出土时,器形完整,保存完好,器表一层薄薄的绿锈,去锈后,通体平滑,闪亮。通高13.6、口径15.2、口沿宽1.4、唇厚0.6、盘深2.2、足径9.7厘米。重1.72公斤(图三四,A、B;彩版一五,2;图版一七,2)。

（六）壶　2件。均为无盖的椭圆形壶。

标本 XDM：45,直口,圆唇,口沿加厚一周,直颈,下部略外张,无明显肩部,腹稍鼓,略近垂腹状,圜底近平,以下为稍高的圈足,略外撇。颈部饰三道凸弦纹,横向两侧各置一贯耳。弦纹之下(即腹上部)为一较宽的环柱角兽面纹带,细棱鼻,圆乳丁凸目,展体,尾上卷,纹饰线条纤细,上下界以连珠纹。之间,隔以两乳丁和云雷纹。腹部饰三叠花纹:以云雷纹和羽脊状纹作地;两面为浅浮雕状的主题纹样,由外卷角省体兽面纹构成,圆乳丁凸目,粗眉上卷,隆鼻卷齿,肢体分解;主体纹样之上,饰以阴刻雷纹。腹部上下界以连珠纹。腹内壁的主纹相应部位有凹窝。圈足下部饰蕉叶纹一周,上部横向各有一方形镂孔。全器浑铸成形,对开二分范,圈足底沿倒立浇铸,底部可见铜芯撑。出土时,器体变形严重,器表满布绿锈,修复后仍不甚规整。通高34.8、口纵12、口横17.7、底足纵径14、底足横径17厘米。重2.96公斤(图三五,A、B;彩版一六,1;图版一七,3)。

标本 XDM：46,直口,圆唇,口部鼓起一周,颈腹不分,壁斜向外张,最大径在近底部,以下急收成平底,矮圈足,微向外撇。颈部横向对称置二贯耳,上饰蝉纹。颈上部饰二道凸弦纹,颈部饰二组外卷角兽面纹带,细棱鼻,圆乳丁目,展尾,尾上卷,隙处填以云雷纹。腹部以下以连珠纹为边,中间两面各饰一组简体兽面纹,长长的细棱鼻,巨大的圆乳丁凸目,双抵角竖立外卷,下露勾状齿,主体纹样由凸起的平面和粗犷的阳线条构成,隙处则以纤细的阴线云雷纹衬地。躯体简略,主纹下部两侧各饰一龙纹相配。圈足下部有纤细的带状云纹,横向两侧近底部各有一方形镂孔。对开分范,浑铸成形。出土时,口部略有变形。通高30.4、口径10.8、口横15.3、唇厚0.2、腹深25.7、壁厚0.25、足高4.4、足底纵径11.6、足底横径15.8厘米。重2.57公斤(图三六,A、B;彩版一六,2;图版一七,4)。

（七）卣　3件。有方卣和圆卣二种。

1.方卣　1件。

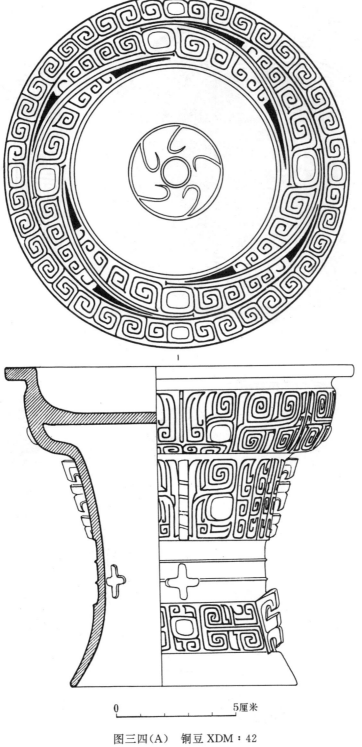

0 ＿＿＿＿＿＿＿＿ 5厘米

图三四（A）　铜豆 XDM：42

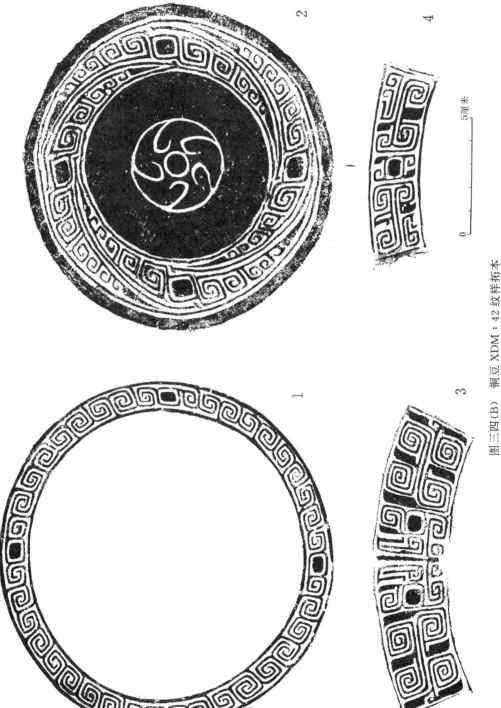

图三四(B)　铜豆 XDM：42 纹样拓本

1. 口沿部　2. 内底　3. 盘腹　4. 圆足

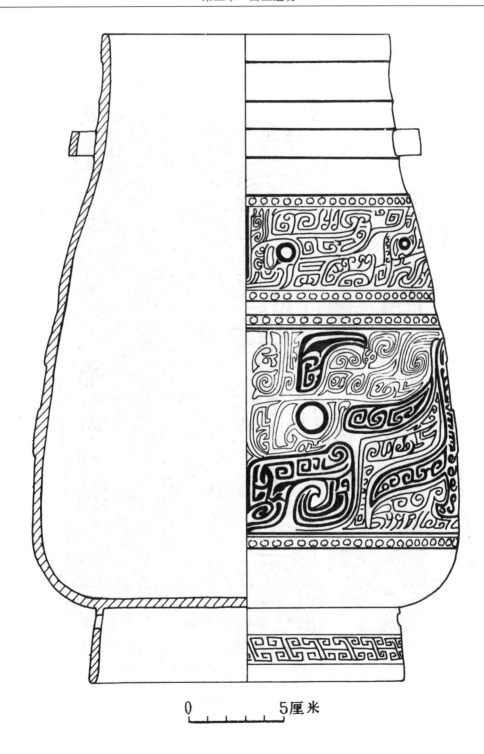

0 ——————— 5厘米

图三五（A）　铜壶 XDM：45

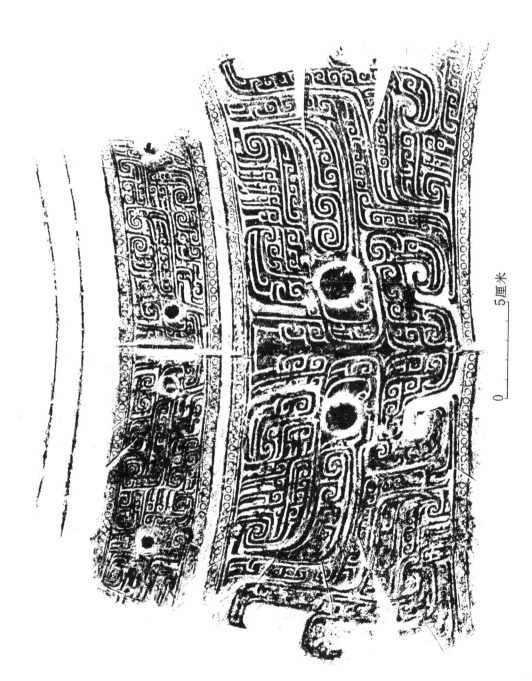

图三五（B）　铜壶 XDM：45 腹部纹样拓本

0　　　　5厘米

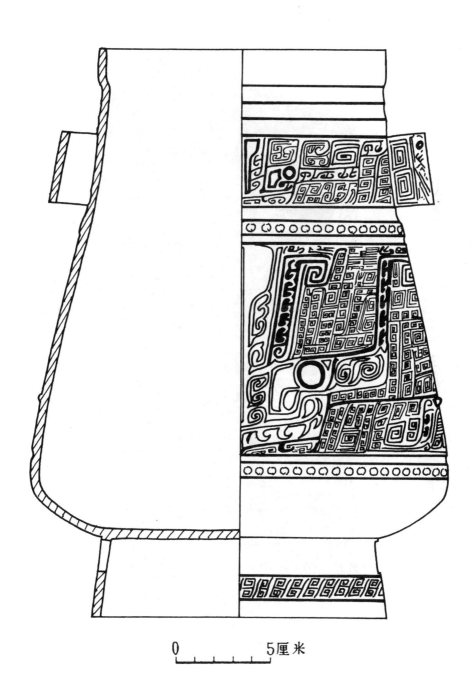

0 ———————— 5厘米

图三六(A)　铜壶 XDM：46

图三六（B）　铜壶 XDM：46 纹样拓本

1 颈部　2. 腹部

标本 XDM：47，圆敞口，带子口盖，长颈，广肩，方腹，下承略撇的圈足。肩两侧各铸小钮，连接扁平状的环形提梁，提梁两端作成倒置的兽首，正好嵌铸于肩部的小钮上。环形提梁上部的内侧饰一小环钮，通过连接蟠蛇状套钮与盖相连。方腹中央有透空槽穴，水平断面呈空心"十"字形，结果，腹外形成上下双层底，上下底均平坦，腹内形成有通向四壁的十字形管道。盖面饰二组省体兽面纹，"臣"字目框中，圆乳丁目不甚突出，隙处满填云雷纹蟠蛇环钮作"S"形，三角头，方目，身饰菱形几何纹。提梁外侧饰类鳞片纹，兽首的双抵角内卷，乳丁目特别凸出，张口露出三角形利齿，如衔住提梁两端。口沿之下饰共目夔纹。颈部纹样二层：上层为二组省体式兽面纹，圆乳丁凸目，细棱鼻，口皆作内勾的鸟喙状；下层为二组内卷角兽面纹。肩部饰环柱角兽面纹，"臣"字目，展体，尾上卷，隙处满填云雷纹。腹部方槽四周饰兽面纹和兽目交连纹，圈足有镂空花纹。分铸铸接成形，盖、提梁以及蛇形环钮各自分铸，器体浑铸，然后通过销子等铸接于一体。全器形制规整，工艺精巧，花纹精细。出土时，除固定蛇钮与盖的销子缺失外，余均完好无损，且通体光洁。通高 28、口径 7.3、腹宽 11.1、腹高 8、槽宽 3.1、槽高 1.6、槽深 10.5、圈足高 2.54、足径 8.4 厘米。重 2.3 公斤（图三七，A、B；彩版一七；图版一八）。

　　2. 圆卣　2 件。皆为三足提梁卣。

标本 XDM：48，敛口，母口盖，颈、肩、腹连为一体，自上而下外张，形成下部鼓起的垂腹，然后收为圜底，三空心锥足，足外撇。肩部铸两贯耳状小钮，上套一光平环形提梁，提梁两端作成龙首，提梁上部一边内侧亦带小钮，通过套环与盖相连。颈部饰四组变形兽面纹带，上下界以连珠纹，腹上部主体纹样为三组外卷角兽面纹，"臣"字目，宽低鼻，外卷的双抵角和单尾均由七八条复线卷曲而成，通身饰刀羽状纹，两侧还各饰一龙纹相配。腹下近底部，饰六组外卷角兽面纹，方目，展体，细棱鼻，单尾，带羽脊。腹上下部的外卷角兽面纹，虽构图有异，但纹样都很纤细、致密，风格一致。器底及三锥足素面。覆钵式套盖的盖面饰宽粗线条的变体龟纹，与器身装饰风格迥异。提梁外侧饰雷纹，龙首凸目，宝瓶状角，张口衔环。外底部残留圈足遗痕。出土时，器体略有变形，下腹部有 5.4×5.8 厘米破洞一个。通高 37.5、口径 8.9～9.1、下腹径 18.7、壁厚 0.3、足高 8.8 厘米。重 4 公斤（图三八、四〇，1；彩版一八，1；图版一九，1）。

标本 XDM：49，直口，口沿加厚一周，高领，溜肩，圆鼓腹，圜底近平，三锥足，足截面椭圆，中空，外撇。颈部两侧有系，绹状提梁。系、足四点配置。除口沿、腹底部和三足外，器表满布扁平宽线条的纹样：颈下部上下各一周连珠纹，中间饰二组环柱角兽面纹带，方形目，低鼻，展体，分尾。腹部饰二组内卷角兽面纹，双抵角横置，向左右两侧上内卷，角根稍粗，角端尖锐。"臣"字目，低鼻，大口，展体，分尾，背脊处满填羽状蕉叶纹。器表范缝明显，三壁范浑铸器身，底范三角形，足后铸铆接，器底可见铜芯撑。出土时，口部略有变形，颈、肩部有破洞一处，外底有烟炱痕迹。通高 38.5、口径 10.4～10.9、最大腹径 22.2、腹深

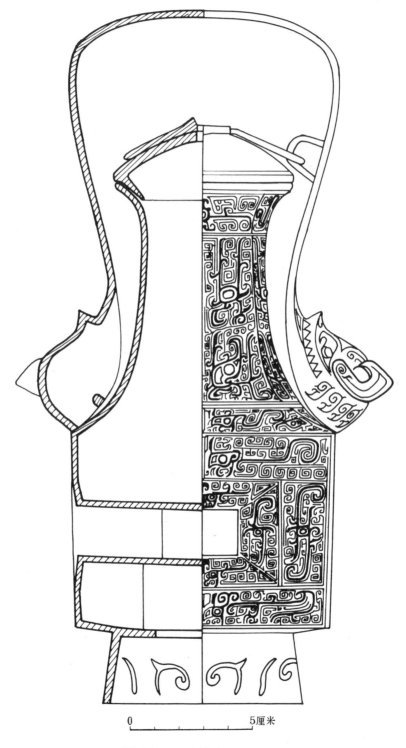

0　　　　　　　　　　　　5厘米

图三七（A）　铜方卣 XDM：47

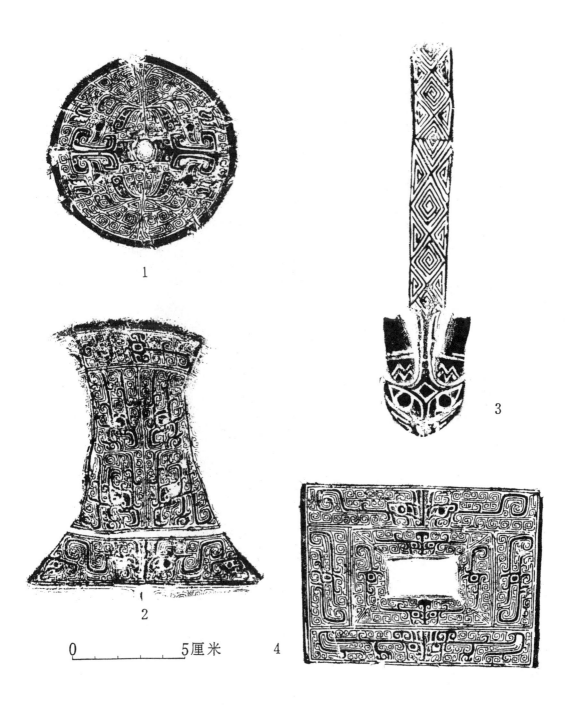

图三七(B)　铜方卣 XDM：47 纹样拓本

1.盖面　2.颈部　3.提梁　4.腹部

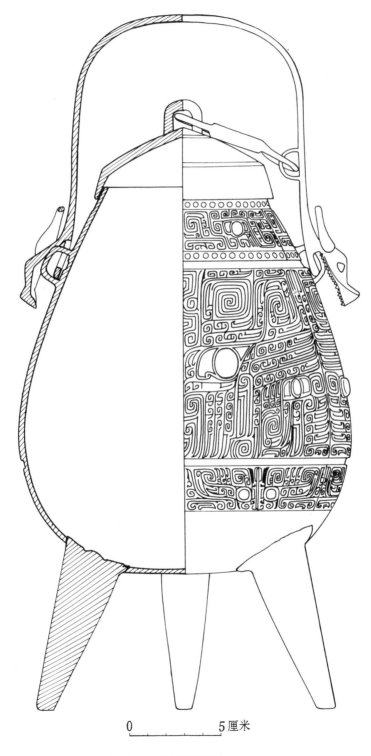

0 ——————— 5厘米

图三八　三足提梁铜卣 XDM：48

26.2、壁厚 0.5、足高 13.5 厘米。重 6 公斤(图三九、四〇,2、3;彩版一八,2;图版一九,2)。

（八）罍　1 件。

标本 XDM：44,侈口,斜折沿,方唇,高领,宽折肩,近圆腹略收,圜底,高圈足外撇,足底内侧加厚一周。颈部三周凸弦纹,肩饰四组环柱角展体式兽面纹带,低棱鼻,圆乳丁凸目;之间,于折角处等距置四个立体雕的羊首,羊角外卷,"臣"字目,粗鼻,下部左右二个螺旋纹圈,似鼻孔,额部有凸脊。腹部纹样三叠:细线云雷纹衬地;上饰浮雕式主体纹样为四组曲折角兽面纹带,凸棱鼻,圆凸目,肢体分解;鼻、角和肢体上又饰交体云雷纹。各组之间,间以勾戟状长扉棱。在主纹的腹内壁相应处,有凹沟或凹窝。圈足上三周凸弦纹,间置四个"十"字镂孔,下部为四组环柱角展体式兽面纹,"臣"字目,细棱鼻,单尾,尾上卷,带羽脊。体下左右各有一夔纹相配。分铸铸接成形,先铸器底,接着于底上铸器腹。四羊首分铸,然后与器腹铸接。出土时,扣覆而置,器体变形严重,有的羊首脱落。通高 60.5、口径 40.8、唇厚 1.2、肩径 57.1、腹深 43.5、腹径 46.3、壁厚 0.35、圈足径 32.8～37.5、足高 16.5 厘米。重 35.5 公斤(图四一,A、B、C;彩版一九,1;图版二〇,1)。

（九）瓿　1 件。

标本 XDM：41,斜折沿,方唇,束颈,圆溜肩,鼓腹,圜底。通体素面,仅颈部饰凸弦纹三道,肩、腹交接处饰凹弦纹一道。出土时,底腹部破损严重,通体锈蚀过甚,且变形严重。肩腹外壁,残留织物包裹和编织席纹印痕。通高 22、口径 24.3、颈高 3.45、颈径 23、腹径 32.5、壁厚 4 厘米。重 4 公斤(图四二,1;图版二〇,2、3)。

（一〇）瓒　1 件。

标本 XDM：50,以觚形器为体,安上形如玉圭的铜柄。觚体敞口,尖唇,微束腰,喇叭形圈足略外撇。圭形柄斜植于觚体腹足交接处的器壁。觚体腹下部及圈足底部饰二周竖状目雷纹带,上下相间,二周目雷纹带之间,有三道凹弦纹相隔,并等距分布三个"十"字形镂孔。柄部满布规整的目雷式云纹,形近变体兽面。浑铸成形,圈足倒立浇铸。出土时,器身满布绿锈,但形体规整,只是口沿略有残损。通高 16.5、觚高 13.7、口径 13.2、唇厚 0.15、腹径 7.7、腹深 9、壁厚 0.25、足高 4.35、柄长 22.5、柄宽 4.1～7.5 厘米。重 1.35 公斤(图四二,2、3;彩版一九,2;图版二〇,4)。

二、乐　器

4 件。有镈和铙二种。

（一）镈　1 件。

标本 XDM：63,平舞,中央有长方形孔与腔通,上立环钮。镈体立面呈梯形,截面椭圆,于平,内侧一周加厚。舞部饰类蝉纹的阴线卷云纹,横向两端各伏一鸟(一佚),鸟冠残缺,尖喙,凸目,长颈,敛翅,短尾。镈身两面饰相同的三叠花纹:以阴线条的云雷纹为衬地;上饰浮雕式牛角兽面纹,双牛角各自向上内卷,成一大圆圈,圈内饰一周燕尾纹,中间饰一

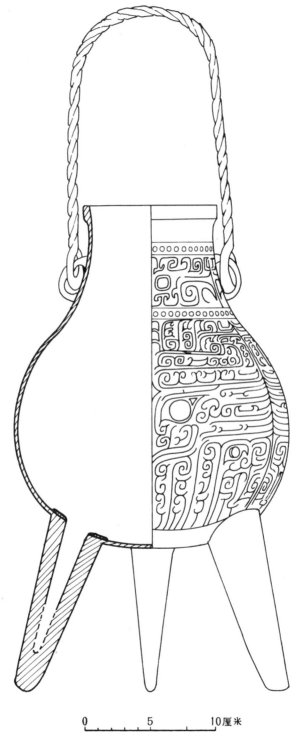

0　　　　　5　　　　10厘米

图三九　三足提梁铜卣 XDM：49

2

1

0　　　　　5厘米

3

图四○　三足提梁铜卣纹样拓本

1. XDM：48 提梁　2. XDM：49 颈部　3. XDM：49 腹部

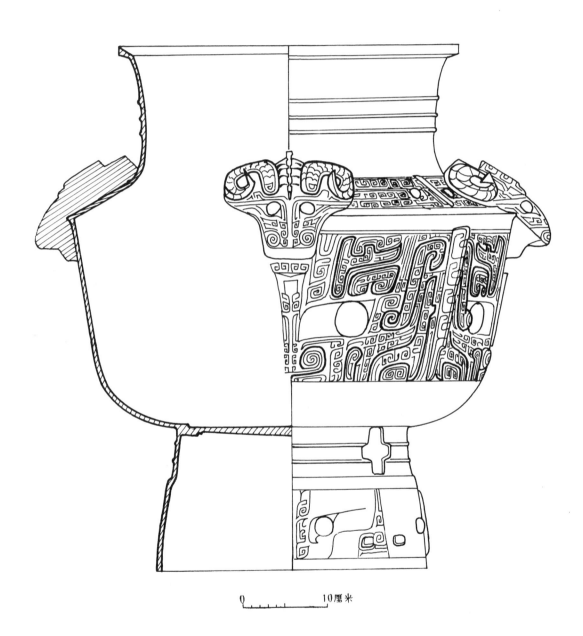

0　　　　　　　　　10厘米

图四一（A）　铜罍 XDM：44

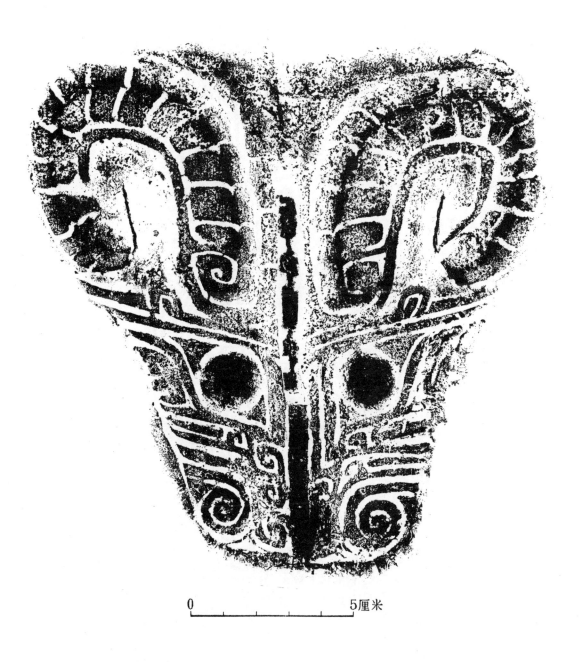

图四一（B）　铜罍 XDM：44 羊首纹样拓本

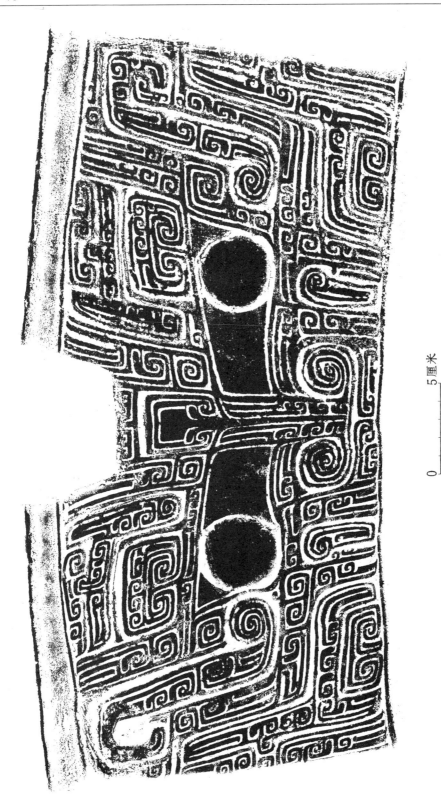

图四一(C)　铜罍 XDM∶44 腹部纹样拓本

0　　　　5厘米

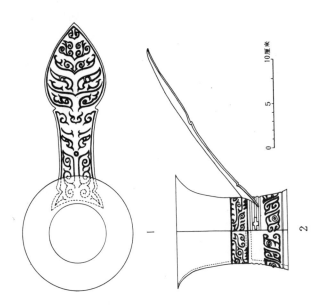

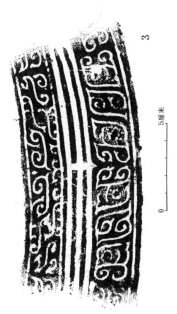

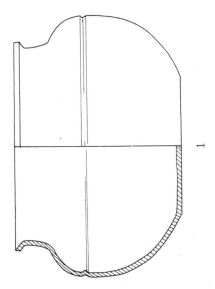

图四二 铜瓿、瓒

1. 铜瓿 XDM：41 2. 铜瓒 XDM：50
3. 铜瓒 XDM：50 腹部纹样拓本

变体火纹,除牛角外,兽面面部类虎的正面图案,"臣"字目,宽鼻,斜尖耳,左右两个突出的螺旋纹圈,似虎之鼻孔,兽面、肢体分解,上部两肢横置,两侧为竖置;牛首兽面之上,阴刻雷纹或云纹。镈身每面四周环饰燕尾纹,两栾各铸勾戟状高扉棱八个。器表纹样细部对称性不强,内壁对应牛首兽面纹处有凹窝。沿两栾扉棱中垂线对开二分范,浑铸成形,正立浇铸,浇铸口在一面的隧部。出土时一面中央破损一块,但残片犹在,疑为砸击所致。修复后,镈发音浑厚、响亮。通高 31.6、钮高 4.5、钮宽 7.5、孔长 4.3、宽 2.3、舞纵 11.4、舞横 17.5、铣间 26.6、鼓间 18.5、壁厚 0.8、于(口)厚 1.65 厘米。重 12.6 公斤(图四三,A、B;彩版二〇;图版二一)。

(二)铙　3 件。均属形体较高大而厚重的大铙。依腹腔形分,有六边形腔铙和合瓦形腔铙二种。

1. 六边形腔铙　1 件。

标本 XDM：64,钲体形制特别,器壁两栾部往后折,使腔横断面呈六边形。无旋,长甬,中空与腹通,隧部扣击处一方加厚凸起,于内侧加厚一周,并有二道凸弦纹。器表除钲部外均有纹样。钲两侧各为一长方形的纹样区,区中以流畅的阳线卷云纹构成简体兽面纹,长方形的巨大凸目,隙间饰连珠纹,并以其框边。隧部凸起处,为阴刻卷云纹,亦作类似兽面的对称状,线条随意自如,栾部折边处饰阴线斜角云纹带,舞部为疏朗简单的阴线卷云纹。沿两栾对开三分范,浑铸成形,正立浇铸,浇铸口在甬的一侧。出土时器表有涂过朱红色的痕迹。通高 41.5、甬长 17.5、甬径 5.5～6、舞横 22.2、舞纵 13.4、鼓间 17.8、铣间 29.1、鼓厚 1.2、铣厚 1.1、铣长 24、镈体高 22.2、钲长 17.2、壁厚 0.9 厘米。重 18.1 公斤(图四四,A、B;彩版二一,1;图版二二,1、2)。

2. 合瓦形腔铙　2 件。

标本 XDM：65,无旋,长甬中空与腔通,平舞,阔腔,尖铣,于部成内凹的弧形,隧部加厚凸起,口沿内侧有二道弦纹式凸棱。器表满布纹样,技法以阴线为主,以钲部为中轴分为两区,各以连珠纹作框,中饰五列线条流畅的卷云纹,并等距分布六颗螺旋式的凸起,正中则隆起螺旋纹式的椭圆形巨目,连同饰以卷云纹的钲部,组成一象征性兽面。隧部和舞部也饰有甚为疏朗的对称卷云纹。铸造方法同标本 XDM：64,甬之上截有补铸痕迹。出土时,器体完整。通高 43.5、甬长 18.7、甬径 5.6～6.1、舞横 22.8、舞纵 13.7、鼓间 18.7、铣间 30.7、鼓厚 1.2、铣厚 1、铣长 25.2、镈体高 23、钲长 17.8、壁厚 1.1 厘米。重 19.4 公斤(图四五,A、B;彩版二一,2;图版二二,3)。

标本 XDM：66,形制与标本 XDM：65 相似,但隧部的加厚凸起不甚明显。器表满布阴刻的纹样,不仅线条流畅,且细而深。主体纹样为几何形勾连雷纹。两面均以饰卷云纹的钲部为中轴分为两大区,每区正中为椭圆形的巨大凸目,器身周边、舞部和隧部均饰有疏朗而对称的卷云纹。铸造方法同标本 XDM：65。出土时一面隧部破裂一块,但残片犹

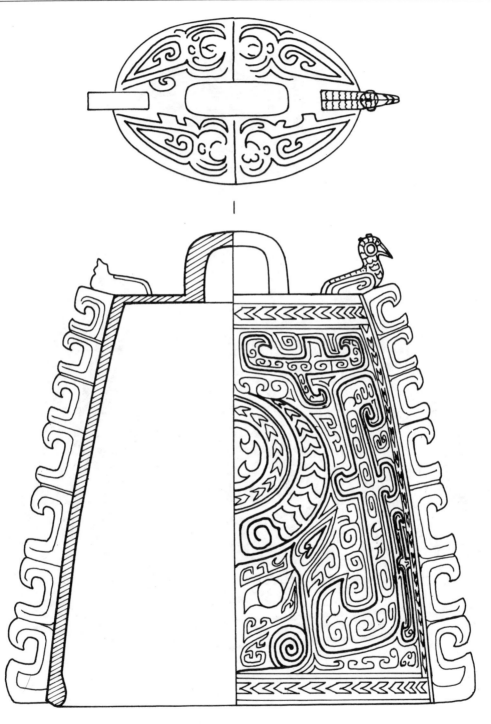

0 ⊢———⊢ 5厘米

图四三(A) 铜镈 XDM：63

1

2

图四三(B)　铜镈 XDM：63 纹样拓本

1.舞部　2.镈体

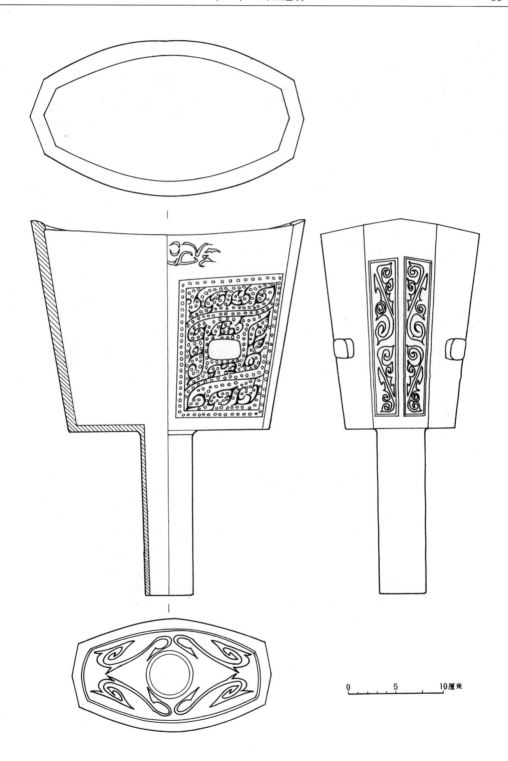

图四四（A）　六边形腔铜铙 XDM：64

1

2

图四四(B)　六边形腔铜铙 XDM：64 纹样拓本

1.铙体　2.舞部

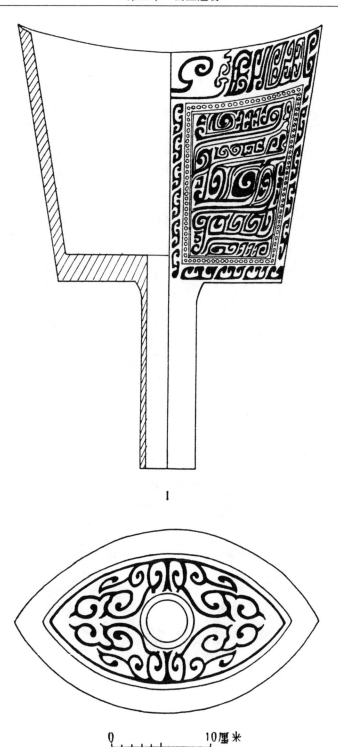

图四五（A）　合瓦形腔铜铙 XDM：65

1

2

0　　　　5　　　　10厘米

图四五(B)　合瓦形腔铜铙 XDM：65 纹样拓本

1.铙体　2.舞部

在墓室之中。通高45.3、甬长19.5、甬径6.5、舞横24、舞纵15.1、鼓间19.4、铣间32.3、鼓厚1.3、铣厚1.2、铣长26.7、钟高23.4、钲长18.4、壁厚1.1厘米。重22.6公斤(图四六，A、B；彩版二一，3；图版二二，4)。

三、兵　器

232件。主要有矛、戈、勾戟、钺、镞、剑、刀、匕首、镈和胄等。不仅种类齐全，且出现一批过去商墓中未见的器物。这些兵器，除部分刀、剑、匕首外，大都置于棺外的椁室中。戈的内部和矛的骹銎内多有木屑痕迹。

(一)矛　35件。数量较多，较有规律地散置于椁室范围之中，且大部分前锋多向西。出土时，器表多数残留有木屑的痕迹。依其基本形制，可分短骹矛、长骹矛、特短骹矛和异形矛四种。

1.短骹矛　15件。可分四式：

Ⅰ式　10件。柳叶形，叶体较宽，前锋尖锐，中脊略隆，有较宽的蕉叶形血槽直通骹部，骹长一般占通长的四分之一左右，骹截面略呈扁平六边形，骹端一周加厚。从范缝可知，由上下二分范浑铸成形。

标本XDM：70，血槽后端有一横线凸弦纹。出土时叶部满沾织物痕，一侧刃部稍残。通长17、骹长6、宽3.5、叶宽4.5厘米。重150克。

标本XDM：72，形体略显颀长，血槽后端略宽，形同于瘦长锐角三角形的蕉叶状。出土时，血槽部涂有朱红色。通长17.4、骹长5.4、宽3.5、叶宽4.4厘米。重160克(彩版二二，1；图版二三，1)。

标本XDM：73，形体略短，骹长所占比例较大，蕉叶状长血槽，后端有二道横向细凸弦纹。出土时，双刃稍缺损，前段叶部遗留有包扎痕迹，血槽中涂有朱红色。通长15.6、骹长5.6、骹宽3.6、叶宽4.3厘米。重130克(图四七，1；彩版二二，2；图版二三，2)。

标本XDM：75，骹长所占比例较大，血槽后端有二道横向凸弦纹。出土时前叶一侧刃部稍有缺口，血槽中涂朱红色，矛身包扎痕迹较为清晰。通长16.8、骹长5.8、宽3.4、叶宽4.4厘米。重160克。

标本XDM：76，略显颀长，蕉叶纹血槽端部有凸弦纹一道。出土时除叶部有缺口外，骹端部亦有一小缺，銎内残留木质较多，血槽中涂有朱红色。通长16、骹长5.6、骹宽3.4、叶宽4.1厘米。重120克。

标本XDM：77，骹部相对瘦长而叶部相对宽阔，前锋略呈三角形。通长16.2、骹长5.6、骹宽3.1、叶宽4.7厘米。重150克。

标本XDM：78，形体略偏瘦长，后端亦饰二道横向凸弦纹，骹部的一面有二个椭圆形穿孔。出土时前锋稍残，血槽中遗留朱红色。通长16.8、骹长5.6、骹宽3.3、叶宽4.3厘米。重150克。

标本 XDM：79,略偏颀长。出土时,器身满布绿锈和包扎痕迹。通长 17.2、骹长 6.7、骹宽 3.4、叶宽 4.6 厘米。重 150 克。

Ⅱ式 3 件。形制基本同于Ⅰ式,唯脊、骹部不带血槽。

标本 XDM：71,前锋尖锐,叶和骹部显得略宽。器身丝织物包扎痕明显。通长 17.4、骹长 5.6、骹宽 4、叶末宽 4.9 厘米。重 150 克。

标本 XDM：74,形体略短,叶部较宽。出土时器身厚厚地包扎着已碳化的织物,纹路十分清晰。通长 15.7、骹长 5.6、骹宽 3.5、叶末宽 4.7 厘米。重 160 克(图四七,2;图版二三,3)。

标本 XDM：82,形体与标本 XDM：74 完全一样,惟较颀长,器表满裹碳化了的织物印痕。通长 16.6、骹长 6、骹宽 3.6、叶末宽 4.7 厘米。重 150 克(彩版二二,3;图版二三,4)。

Ⅲ式 1 件。

标本 XDM：83,骹部更短,不及通长的四分之一。叶部呈锐角三角形,前锋尖锐,两条血槽从骹端开始通至叶的后三分之二处而汇合,近骹端的两侧血槽中各有一纵向细长穿,至今尚残留捆绑的痕迹。通长 25.2、骹长 5.3、骹宽 4.1、叶末宽 5.7 厘米。重 260 克(图四七,3;图版二三,5)。

Ⅳ式 1 件。

标本 XDM：99,形体较小,圆本,柳叶形矛体,骹銎为抹角四方形,端部一匝加厚凸起,骹端大且粗厚,高出叶部直通叶尖,不见血槽。前锋稍残,出土时器体大部分光滑无锈。通长 14.5、骹长 4、骹宽 1.8×2.6、叶末宽 4 厘米。重 100 克(图四七,4;彩版二二,4;图版二三,6)。

2.长骹矛 13 件。可分七式：

Ⅰ式 5 件。骹长约占通长的二分之一或更长,叶锋尖锐,弧刃,圆本,上半部有花瓣形血槽,脊部隆起带棱直连骹部,骹截面呈菱形。

标本 XDM：85,弧刃,叶本弧度较小,但血槽较宽,呈花瓣状。出土时,一侧端有锈蚀的小缺口。通长 28.9、骹长 13.8、骹宽 3.5、叶宽 4.5 厘米。重 300 克(图版二四,1)。

标本 XDM：86,双刃较直,叶本较圆,整个叶部呈锐三角形,骹较窄,出土时骹端一侧有小缺口,血槽中留有朱红色痕迹。通长 30.5、骹长 14、骹宽 2.9、叶宽 4.7 厘米。重 270 克(图四七,5;彩版二三,1;图版二四,2)。

标本 XDM：87,骹部较宽窄,前锋稍残,花瓣状血槽亦较窄。通长 29.5、骹长 13.8、骹宽 2.7、叶宽 5.2 厘米。重 330 克(图版二四,3)。

标本 XDM：88,形制与标本 XDM：87 基本相同,唯血槽和骹部较宽,器表包扎痕迹清晰。通长 30、骹长 14、骹宽 3.3、叶宽 5.2 厘米。重 360 克(图版二四,4)。

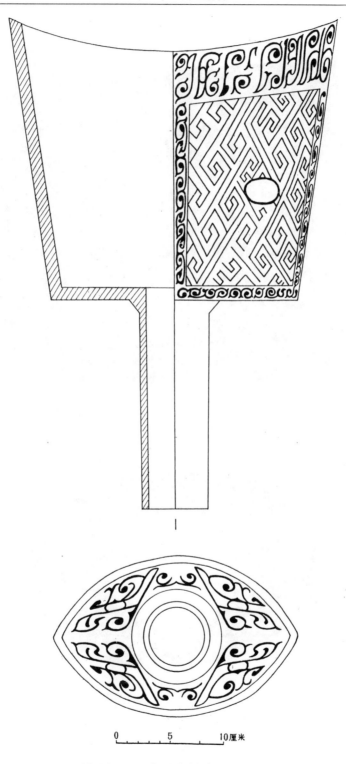

图四六（A）　合瓦形腔铜铙 XDM：66

1

2

0　　　　　5　　　　10厘米

图四六（B）　合瓦形腔铜铙 XDM：66 纹样拓本

1.铙体　2.舞部

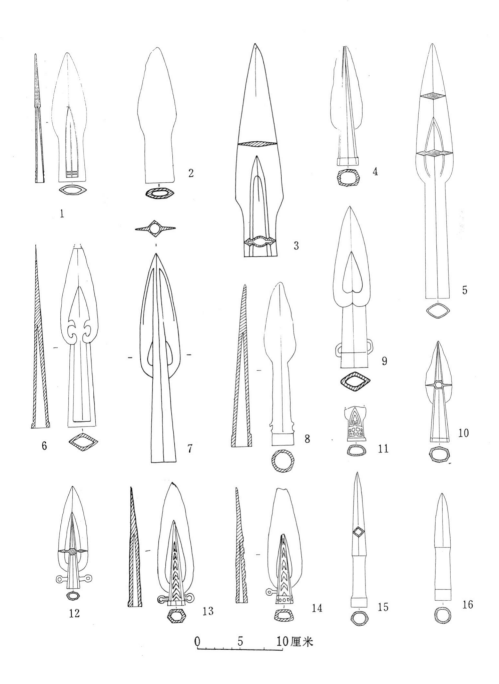

0　　　5　　　10厘米

图四七　铜矛

1. I 式短骹矛 XDM：73　2. II 式短骹矛 XDM：74　3. III 式短骹矛 XDM：83　4. IV 式短骹矛 XDM：99　5. I 式长骹矛 XDM：86　6. II 式长骹矛 XDM：90　7. III 式长骹矛 XDM：84　8. IV 式长骹矛 XDM：91　9. V 式长骹矛 XDM：92　10. VI 式长骹矛 XDM：100　11. VII 式长骹矛 XDM：103　12. I 式特短骹矛 XDM：95　13. II 式特短骹矛 XDM：97　14. III 式特短骹矛 XDM：98　15. I 式异形矛 XDM：101　16. II 式异形矛 XDM：102

标本 XDM：89，矛体较短，骹部和叶部均较宽，两刃呈弧形，叶本弧度较小，血槽成阔叶状。通长 17.4、骹长 7.6、骹宽 2.8、叶宽 3.7 厘米。重 120 克。

Ⅱ式　1 件。

标本 XDM：90，基本形制与Ⅰ式相同，但骹端及叶上半部均较宽，隆脊，叶上部的花瓣状血槽直通骹部，使骹端及两侧边也形成一周凸起，骹截面为扁平的四菱形，形制既锋锐又别致。通长 21、骹长 9.5、骹宽 3.4、叶末宽 4.7 厘米。重 230 克（图四七，6；彩版二三，2；图版二四，5）。

Ⅲ式　1 件。

标本 XDM：84，骹端截面近正菱形且直至叶尖，形成双面凸棱的高脊。血槽小而短。叶面较宽。出土时骹中残存木质。通长 24.5、骹长 9.9、骹宽 2.8、叶末宽 5 厘米。重 240 克（图四七，7；图版二四，6）。

Ⅳ式　1 件。

标本 XDM：91，锋稍残，弧刃较直，圆本，叶面无血槽，凸脊与骹连为一体，至骹端截面化为圆形，并有一匝凸起，两侧有环系，惜已残。出土时，骹内残留残木。残长 19、骹长 10、骹径 2.6、叶宽 4 厘米。重 200 克（图四七，8；图版二五，1）。

Ⅴ式　2 件。形制相同，唯大小有别，出土时并列置于棺外侧椁室中。骹长略小于通长的二分之一，叶上半部有血槽，呈倒置的心形，骹截面呈扁菱形。两侧有环耳，骹中残留有残木。双系之间至今尚保留着固秘的麻绳，麻绳两端各自横向穿耳而过，然后分别斜向骹端与木秘相扎。通身尚留有丝织物包裹痕。

标本 XDM：92，圆本窄，双弧刃，中脊隆起，直连骹部。通长 19、骹长 7.7、骹径 3.3×2.1、叶末宽 4.7 厘米。重 220 克（图四七，9；彩版二三，3；图版二五，2）。

标本 XDM：93，形制与标本 XDM：92 完全一样，甚至大小规格都较相近，唯一环耳已残。通长 18.7、骹长 7.7、骹径 3.4×2.15、叶末宽 4.5 厘米。重 240 克（彩版二三，3；图版二五，3）。

Ⅵ式　1 件。

标本 XDM：100。叶阔骹宽，双面弧刃，圆本，骹略短，约占通长的二分之一，骹端截面为六边形，然后向上渐细直通于叶尖，故叶面的凸脊较宽。前锋一侧和脊部已残。骹一侧还留有合范铸痕。通长 11.1、骹长 9.5、骹宽 2.5、叶末宽 3.5 厘米。重 70 克（图四七，10；图版二五，4）。

Ⅶ式　2 件。均为残件。骹部呈椭圆形，且两面均饰蝉纹，骹端有一匝加厚。

标本 XDM：103，残长 4.1、骹长 2.6、骹宽 2.3、残叶宽 2.7 厘米。重 25 克（图四七，11；图版二五，5）。

标本 XDM：104，残长 3.7、骹长 2.6、骹宽 2.3、残叶宽 2.5 厘米。重 25 克（图版二五,6)。

3. 特短骹矛　5件。可分三式:

Ⅰ式　3件。骹部特短,骹截面为六边形,直延至叶体的三分之二处,叶面有血槽。骹端一匜加厚,骹两侧各置一环钮式小系。此类矛有可能不是格斗所用的实用兵器。

标本 XDM:94,矛体近柳叶状,圆本,弧刃近直,锋尖。隆脊,自前至后渐成凸棱,与骹相连。骹之两侧各置一环钮式系,唯有双系似未穿透。出土时,銎内有残木。通长16.3、骹长2.1、骹宽1.9、叶末宽4.5厘米。重110克(图版二六,1)。

标本 XDM:95,形制基本同于标本 XDM:94,但较小。系孔已穿透。出土时,血槽中残留朱红色,一侧血槽因锈蚀而穿孔。通长11.8、骹长1.8、骹宽1.6、叶末宽3.8厘米。重50克(图四七,12;图版二六,2)。

标本 XDM:96,矛体呈细长柳叶状,本圆弧形。前锋尖锐。出土时器身满布木质纤维、漆皮、朱红色及包扎织物的印痕。通长16.5、骹长2.1、骹径1.9×2.4、叶末宽4.5厘米。重120克。

Ⅱ式　1件。

标本 XDM:97,叶体作柳叶形,圆本,两侧弧刃较直,前锋尖锐,叶面带血槽。形体基本与Ⅰ式相同,唯骹截面为近椭圆形的六边形,直延伸到叶部三分之二处,处于叶面中脊处的骹部镂空出一排燕尾纹,中镶嵌绿松石,惜多数已脱失。出土时,锈蚀较轻,故通体光滑闪亮。通长14.3、骹长1.5、骹宽2.2、叶末宽4.3厘米。重110克(图四七,13;彩版二三,4;图版二六,3)。

Ⅲ式　1件。

标本 XDM:98,锋残,矛体的一面形制和Ⅰ、Ⅱ式基本相同,唯骹截面为等腰梯形,两侧有环钮式小系(一残),骹脊有一排凸起的燕尾纹,骹端一匜加厚,上饰连珠纹;矛体另一面平齐,饰阴铸蝉纹。出土时,器表粘有漆皮和朱红色。残长13.6、骹长2、骹截面上宽1.5、下宽2、高3、叶末宽4.3厘米。重100克(图四七,14;图版二六,4)。

4. 异形矛　2件。可分二式:

Ⅰ式　1件。

标本 XDM:101,矛体作四棱锥形,前锋尖锐,骹端截面为正六边形,并有一匜加厚。銎内残留朽木。通长16、骹长6.1、骹径1.8、叶末处直径1.8厘米。重100克(图四七,15;图版二六,5)。

Ⅱ式　1件。

标本 XDM:102,矛体作四棱形,较Ⅰ式显得粗短,前锋略显圆钝,骹截面为正圆形。通长12.5、骹长5.9、骹径2.1、叶末部径1.8厘米。重100克(图四七,16;图版二六,6)。

(二)戈　28件。主要置于墓室的西半部。出土时,大多数完整,少数断成两截,许多戈的阑、内部都遗留有木柲夹持和绳索捆扎的痕迹。铸造方法为上下合范浑铸成形,大多于穿处置泥芯撑,浇铸口一般在内端。依其基本形式,可分为直内和曲内二种。

1.直内戈　23件。内部作成长方形或横置的梯形,内端少数有缺或刺。可分五式:

Ⅰ式　11件。窄长援,凸脊,长方形内,有上下阑。内中部一穿。

标本 XDM:107,长条形援,三角锋,上下阑,内部一穿。出土时,内部后端和援部满布碳化的包扎织物痕迹。通长26、内长6.4、内宽3.1、阑通长5.2、援宽4.3厘米。重210克(图版二七,1)。

标本 XDM:108,长条形直援,但严重弯曲变形,刃部及前锋有残损;上下阑,内中间一穿,后段镶嵌绿松石。通长25、内长6.3、内宽3.3、阑通长5.3、援宽4厘米。重200克(彩版二四,1;图版二七,2)。

标本 XDM:109,长条形援,上刃较平直,下刃微弧,上下阑,长方形内略弯,中一穿,内端下侧一缺。内部有织物印痕。通长24.9、内长6.2、内宽3.2~3.6、阑宽5.9、援宽4.7厘米。重230克(图版二七,3)。

标本 XDM:110,援呈微微弯曲的长条形,上刃外弧,下刃内凹,上下阑,内部一穿,内端一缺。内、阑部残留大量碳化的木质纤维和绑扎的绳索。出土时,援部断为两截。通长25.4、内长6.2、内宽3.3~4、阑宽5.8、援宽4.8厘米。重235克(彩版二四,2;图版二七,4)。

标本 XDM:111,前锋稍残,刃较平直,上下阑,内部一穿,内端下侧一缺。通长24.9、内长6.3、内宽3.7、阑宽6.1、援宽4.6厘米。重240克(图版二七,5)。

标本 XDM:112,残戈。直援微曲,上下阑均残,内部残去大半,一穿。出土时,戈身有包裹的织物痕。残长22.5、内残长4、内宽3.5、援宽4.5厘米。重240克(图版二七,6)。

标本 XDM:114,残戈。直援,双面刃微作弧形,上下阑,内残去大半,一穿。残长22.5、内残长3.5、内宽4、阑通长6.5、援宽5厘米。重170克(图版二八,1)。

标本 XDM:115,直援微曲,双面刃略带弧形,上下阑,内部一穿,内端下侧一缺。近阑处铸有"口"。通长25、内长5、内宽3.2~3.6、阑宽5.6、援宽4.6厘米。重160克(图四八,1;图版二八,2)。

标本 XDM:116,援前部残失,所余部分刃口较平直,上下阑,下阑已残,内部一穿,内端下侧一缺。一面近阑处铸有"口"。残长19、内长6、内宽3.2~3.6、残阑宽5.6、援宽5厘米。重230克(图四八,2;图版二八,3)。

标本 XDM:117,阔长条形直援,三角锐锋,中脊处凸起呈尖棱状,两侧微凹成浅血槽,上下阑均残,下阑与内部交接处一圆穿,直内作横置的梯形,内端下侧一刺。通体乌黑闪亮,系戈类兵器中最为精美者,且仅此一戈出土于棺内。通长28.7、内长7.2、内宽4.4、援宽4.9厘米。重360克(图四八,3;彩版二五,1;图版二八,4)。

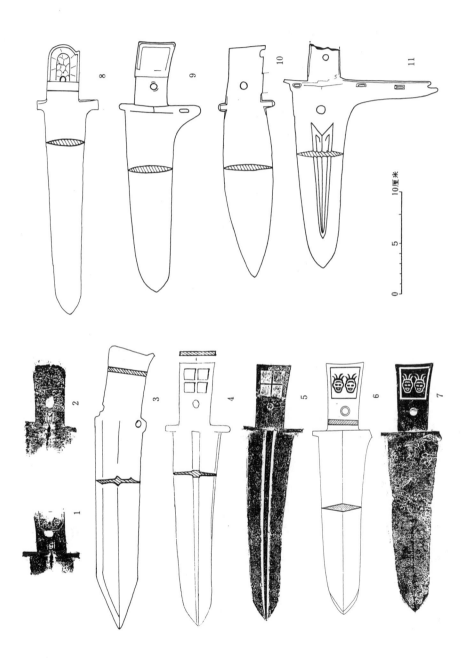

10厘米

图四八 直内铜戈

1. I 式戈 XDM：115 铭文 2. I 式戈 XDM：116 铭文 3. I 式戈 XDM：117 4. I 式戈 XDM：122 5. I 式戈 XDM：122
拓本 6. Ⅱ式戈 XDM：118 7. Ⅱ式戈 XDM：118 拓本 8. Ⅱ式戈 XDM：124 9. Ⅲ式戈 XDM：106 10. Ⅳ式戈 XDM：
105 11. Ⅴ式戈 XDM：132

标本 XDM：122，直援微曲，上刃微弧凸起，下刃微弧凹入，凸脊较宽，亦略呈弧形，上下阑；长方形直内，端部略宽，中间一穿；内部后段双面均铸出四块方形凹面，组成"田"字形，当为镶嵌绿松石片处，惜已全部脱失。出土时，断为三截。通长 26.5、内长 6.5、内宽 3～3.5、阑宽 6.6、援宽 5 厘米。重 280 克(图四八,4,5;彩版二五,2;图版二八,5)。

Ⅱ式　8件。窄长援，隆脊，长方形内，有上下阑，或仅有上阑无下阑，内中部一穿。

标本 XDM：113，长条形援，前锋略圆，微胡，上下阑，内部一圆穿。内之端部，包扎捆绑痕迹清晰，前段及阑部残留碳化木质。通长 23.9、内长 6.4、内宽 2.3～3.8、阑宽 6.6、援宽 4.6 厘米。重 240 克(图版二九,1)。

标本 XDM：118，宽长条形援，三角形前锋，中脊隆起，微带胡，上下阑，但下阑已残。内部宽厚，前段近阑处一圆穿，后段两面均铸阴刻的双人首纹，除鼻省去外，余四官皆备，头上均竖立四根外卷的羽翎。通长 26.1、内长 7、内宽 3.5～4.1、阑残宽 6.7、援宽 6 厘米。重 330 克(图四八,6,7;彩版二六;图版二九,2)。

标本 XDM：119，直援，微胡，三角锋，上下阑，内较长，端部下侧一缺，内中间靠前部并列双圆穿。出土时，器表包扎痕迹犹存。通长 23、内长 6、内宽 3.7～4、阑宽 6.8、援宽 4.6 厘米。重 210 克(图版二九,3)。

标本 XDM：121，直条援，三角形锋，微胡，上下阑，内部一圆穿。出土时内部包扎痕迹十分清楚，近阑部残留的朽木上有朱红色。通长 25.1、内长 6.4、内宽 3.6～4.4、阑宽 6.6、援宽 4.9 厘米。重 240 克(图版二九,4)。

标本 XDM：123，残戈。援部瘦长，前锋和内部后段均残，有上下阑。内部后段亦残，一穿。残长 19.5、内宽 3.3、阑通长 5.5、援宽 3.8 厘米。残重 155 克(图版二九,5)。

标本 XDM：124，直援呈长条形，直内后端镶嵌绿松石，内中部一圆穿，端部收为圆首，下侧一刺。出土时，援部略有弯曲变形。通长 27.2、内长 5.7、内宽 3.1、阑通长 6.3、援宽 4.4 厘米。重 240 克(图四八,8;图版二九,6)。

标本 XDM：125，长条援略带弧形。有下阑，无上阑，内部显得窄长，内端微斜，中间一穿。前锋已残。残长 21.8、内长 5.6、内宽 3.1、阑通长 5、援宽 3.8 厘米。重 160 克(图版三〇,1)。

标本 XDM：126，长条形援，三角锋，微胡，上下阑，内较长，一穿。出土时，援部断成两段，内前段及阑部残留大量碳化的木质。有织物痕迹。通长 23、内长 6、内宽 3.2～3.5、阑宽 5.5、援宽 4.1 厘米。重 100 克(图版三〇,2)。

Ⅲ式　2件。短胡戈。

标本 XDM：106，长条援且较宽，三角形锋，双刃较直，上下阑，短胡，带一长方形穿；内中部一圆穿，内端下侧有一缺。出土时除阑部及内前段外，全器残留有碳化的包扎织物痕迹。通长 25.5、内长 6.4、内宽 3.7、阑宽 8.5、援宽 5.3 厘米。重 320 克(图四八,9;彩版二七,1;图版三〇,3)。

标本 XDM:120,长援,短胡,三角形锋。援体两面饰箭翼状血槽,援本部一圆穿,上下阑,下阑带一长方穿。内呈长方形,且后端略宽,下侧有一缺,两面饰双重"∍"形浅凹槽纹,应是镶嵌绿松石饰片处。内之前部有一正方形穿。通长 26.5、内长 6.5、内宽 3.5～4、阑宽 8.2、援宽 3～5 厘米。重 160 克(图版三〇,4)。

Ⅳ式 1件。

标本 XDM:105,援部中宽,呈梭形,前锋稍残。内部正中一圆穿,内端下侧一缺。内、阑部残留清晰的木质纤维,当为木柲腐朽后所遗,内部后端一截尚有经纬密度差异不大的织物包裹痕迹。通长 23.4、内长 6、内宽 3.4、阑部宽 5.7、援中部宽 5.6 厘米。重 220 克(图四八,10;图版三〇,5)。

Ⅴ式 1件。

标本 XDM:132,长胡,直援,双面平刃,三角形锋,援本部一圆穿,上下阑,上阑残,留一长方形穿。下阑特长,有三长方穿。内窄而短,一圆穿,端部已残断。援体中脊部饰多道血槽式箭翼纹,内、阑部残留绑扎痕迹。通长 22.5、内长 3.9、内宽 3.5、阑宽 1.6—2、援宽 2.1 厘米。重 310 克(图四八,11;彩版二七,2;图版三〇,6)。

2. 曲内戈 5件。可分二式:

Ⅰ式 3件。内后端弯曲成虎首形,张口圆目,露出三角形利齿,虎面由卷云纹构成,圆睛中镶嵌绿松石。

标本 XDM:127,长条形援,前锋呈弧形,两刃残损较重,中脊隆起,上下阑。曲内成虎首形,内中一穿。出土时,援部锈蚀严重。有织物痕迹。通长 25、内长 6.3、内宽 3、阑宽 6、援宽 4.3 厘米。重 310 克(图四九,1、2;图版三一,1)。

标本 XDM:128,上援微弧,下援微凹,前锋较钝,隆脊,微胡,上下阑;内部一穿,内前段及阑部残留碳化木质,曲内的虎头上沾有朱红色。通长 26.3、内长 7.3、内宽 3.2、阑宽 5.8、援宽 4.7 厘米。重 250 克(图版三一,2)。

标本 XDM:129,上援微弧,下援微凹,三角锋,隆脊,微胡,上下有短阑,虎首形曲内中部一穿。援后近阑处的两面,均饰有三角形的蕉叶状纹,内为阴线省体式环柱角变形兽面纹。出土时,内之近阑处可见捆绑痕迹。通长 26.5、内长 7、内宽 3.1～3.8、阑宽 6.1、援宽 4.8 厘米。重 270 克(图四九,3;彩版二八,1;图版三一,3)。

Ⅱ式 2件。内端上面弯曲,形成状若上卷的鸟喙形。

标本 XDM:131,长直援,隆脊,两侧带血槽;援本部一穿,穿两侧各饰一变体卷尾龙纹。上下阑,近上阑处一长方穿。长方直内较细,内中部一穿,端上角弯曲,形成状如上卷的鸟喙状,两面均饰目雷纹。出土时,内之近阑部残留木迹。通长 25、内长 6.7、内宽 3.3、阑宽 7.2、援宽 5.4 厘米。重 240 克(图四九,4、5;彩版二八,2;图版三一,4)。

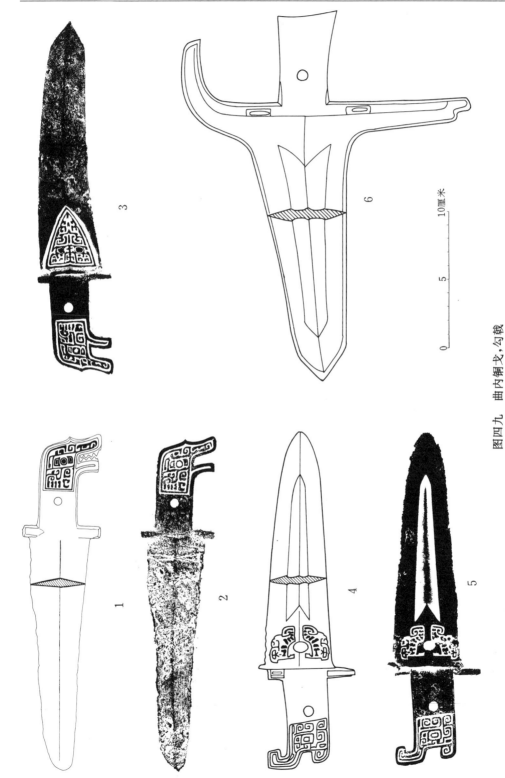

图四九　曲内铜戈，勾戟

1. Ⅰ式曲内戈 XDM：127　2. Ⅱ式曲内戈 XDM：127 拓本　3. Ⅰ式曲内戈 XDM：129　4. Ⅱ式曲内戈 XDM：131　5. Ⅱ式曲内戈 XDM：131 拓本　6. 勾戟 XDM：133

标本 XDM：499，残。仅遗内端部的鸟喙形，其造型、纹样与标本 XDM：131 完全相同。

（三）勾戟　1件。

标本 XDM：133，三角形长援，长胡，二穿，援两面中脊两侧有箭翼状宽血槽，向上延伸的戟刺向内部方向反卷成钩状，长方形内，内中一穿。此系直内戈与竖状长条形带穿刀合体浑铸而成的新式兵器。出土时，器身有织物痕。通长 27.4、内长 6.6、内宽 4.1、胡长 9.3、援宽 7 厘米。重 630 克（图四九，6；图版三五，7）。

（四）钺　6件。有方内钺和带銎钺二种。

1. 方内钺　5件。可分二式：

Ⅰ式　2件。大型方内钺。

标本 XDM：333，目雷纹大钺。钺身较宽，刃微胡，整体形制刃宽大于肩宽，方内，甚短且窄，约为肩宽的五分之二，上有一长方穿，平肩，两长方穿。钺体中部开一马鞍形镂孔，形近嘴角略翘的大咧口，露出两排三角形利齿，上七下六共十三颗，环饰燕尾纹一周。肩下及周边均饰带状目雷纹，目为抹角方形的乳丁状，边之侧部压印凹凸的燕尾纹带。出土时钺体弯曲，表面有织物包裹印痕。通高 35.2、肩宽 26.1、刃宽 34.8、内高 4、内宽 11.2、体厚 0.2～1 厘米。重 6 公斤（图五〇，A、B；彩版三〇，1；图版三二，1）。

标本 XDM：334，云雷纹大钺。形制与标本 XDM：333 大致相同，不同之处是，长方形内较宽，大于肩宽的二分之一，且内部无穿，仅一侧端部有形近长方的缺口；两肩有对称的矩形穿，且较小，偏靠两侧；器身中间上部有一形近阔嘴的长方形镂孔，露出两排三角形利齿，上六下五共十一颗，环饰燕尾纹一周；肩下及周边均饰云雷纹带，纹饰线条粗犷；两侧边亦压印凹凸不平的燕尾纹。器表残留的织物包裹纹痕十分清晰。通高 36.5、肩宽 26.7、刃宽 36.3、内高 4.1、内宽 14、体厚 0.2～1 厘米。重 11.4 公斤（图五一，A、B；彩版三〇，2；图版三二，2）。

Ⅱ式　3件。小型方内钺。形体基本同于大型方内钺，唯器小体薄，状若短体阔斧。

标本 XDM：335、336、337，内短，其宽大于肩宽二分之一。平肩，肩两侧各有一长方穿。束腰，弧刃，刃部钺体向两侧开张，刃宽大于肩宽。通体素面，仅肩下钺体上部饰并列的三个垂三角形阳纹，正中三角形中有一圆穿。出土时通体锈蚀，仅一件内、肩部相对光洁。通身较普遍留有绳扎和织物包裹痕迹。标本 XDM：335、337，通高 11.1、肩宽 6.6、刃宽 9.2、体厚 0.15～0.4 厘米，分别重 140 克和 150 克（图五二，1；图版三三，1）。标本 XDM：336，通高 10.7、肩宽 6.4、刃宽 8.5、体厚 0.15～0.4 厘米。重 130 克。

2. 带銎钺　1件。

标本 XDM：338，椭圆形銎，銎端一周加厚，立面呈梯形，状若双肩小铲。肩下左右两侧各突出一方耳，耳中镂孔作穿。銎内中空，直通钺体中部。銎管两面均满饰一蕉叶纹，中

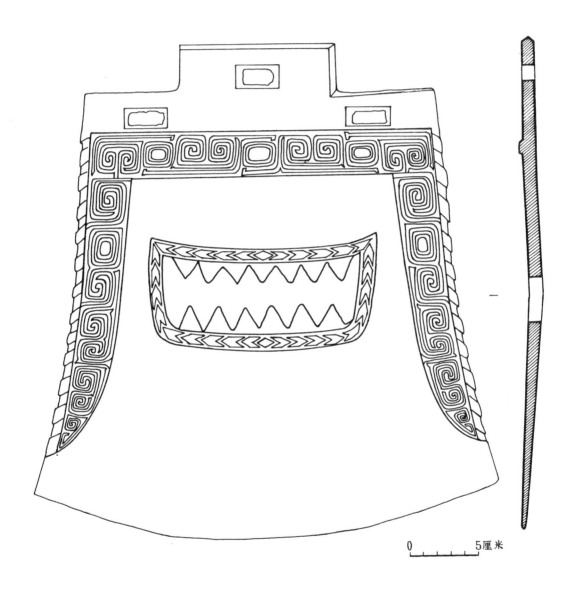

0 ⊢—⊢—⊢—⊢—⊢—⊢ 5厘米

图五○（A）　Ⅰ式方内铜钺 XDM：333

0 _____ 5厘米

图五○(B)　Ⅰ式方内铜钺 XDM：333 纹样拓本

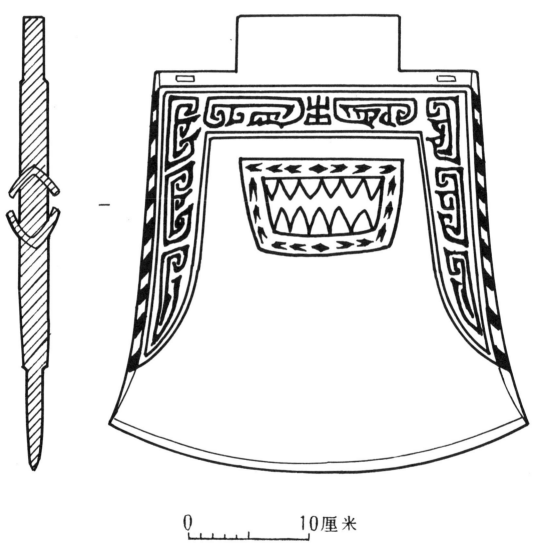

图五一（A）　Ⅰ式方内铜钺 XDM：334

0 _____ 5厘米

图五一（B）　Ⅰ式方内铜钺 XDM：334 纹样拓本

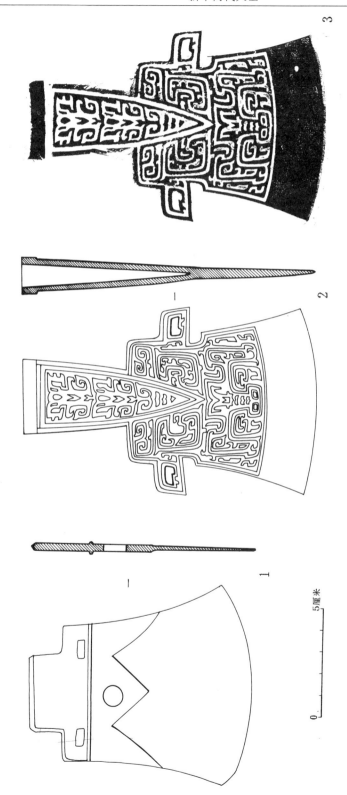

图五二　铜钺

1. Ⅱ式方内钺 XDM：335　2. 带銎钺 XDM：338　3. 带銎钺 XDM：338 拓本

填铸有以卷云纹、燕尾纹作成的简体兽面纹,钺体大部则饰以由云雷纹组成的变体兽面。刃部光洁,纹饰铸工精巧,线条宽疏流畅。出土时,断成两截,但锈蚀较轻,大部分器表乌黑闪亮,尤其刃部锋锐如故。通长 5.7、銎长 5、銎径 3.1×1—8、肩宽 5.7、刃宽 8.7、体厚 0.05～0.45 厘米。重 205 克(图五二,2、3;彩版二九;图版三三,2)。

(五)镞　123 件。大部分铤端都不同程度地残留有朽毁后的箭杆痕,且分数堆出土。每堆的铜镞都整齐地重叠一起,前锋均朝同一方向。有的铜镞表面尚粘附着漆皮,推测这批铜镞是成组地装在漆矢箙内,矢箙朽毁后仅留下漆皮痕。从基本形制看,可分为长脊宽翼镞、长脊窄翼镞、长脊短翼镞和无翼镞四种。

1. 长脊宽翼镞　36 件。可分二式:

Ⅰ式　15 件。长脊弧刃宽翼镞。

标本 XDM:164～172、493～498,整体造型近于正三角形,长菱形凹脊,侧刃微弧,双翼外张,两后锋尖锐,长度过关,少数甚至过铤。出土时,铤部残留木质纤维。通长 8.4～9.6、翼宽 5.4～6.2、铤长 2.3～2.8 厘米。平均重 35 克(图五三,1;图版三四,1)。

Ⅱ式　21 件。长脊镂孔宽翼镞。

标本 XDM:134～154,较Ⅰ式两翼夹角稍大,刃亦微弧,菱形长脊两侧的翼部带斜三角形镂孔,后锋长度过铤,但欠锋锐。铤部亦残留木质纤维。通长 10～10.7、翼宽 8.4、铤长 2.7～3 厘米。平均重 33 克(图五三,2;图版三四,2)。

2. 长脊窄翼镞　41 件。可分二式:

Ⅰ式　31 件。长脊直刃窄翼镞。

标本 XDM:180～210,整体造型呈等腰锐角三角形,长菱形凸脊,两侧刃斜直,镞脊透出脊本,后锋开展较窄,几与铤末平齐。通长 8.4～9.2、翼宽 4.7、铤长 2.1～2.4 厘米。平均重 28 克(图五三,3;图版三四,3)。

Ⅱ式　10 件。长脊镂孔穿翼镞。

标本 XDM:155～163、267,形同Ⅰ式,翼长将及铤尾,有的几与铤尾平齐,后锋尖锐,脊两侧的翼部带斜三角形镂孔。通长 8.7、翼宽 4.9、铤长 2.4 厘米。平均重 25 克(图五三,4;图版三四,4)。

3. 长脊短翼镞　38 件。

标本 XDM:211～248,形体较小,锋尖,凸脊,短翼,本短于关,后锋亦不过关,且不甚尖锐。出土时,铤部残留木质纤维。通长 5.3～7.3、翼宽 2.3～2.8、铤长 1.3～2.2 厘米。平均重 10 克(图五三,5;图版三四,5)。

4. 无翼镞　8 件。器形特异,锋部无翼,为一般商代兵器中所不见。可分三式:

Ⅰ式　3 件。长铤圆锋无翼镞。

标本 XDM:264～266,自锋至铤,皆为圆形,前锋状若花蕊,关部鼓起一周,整体造

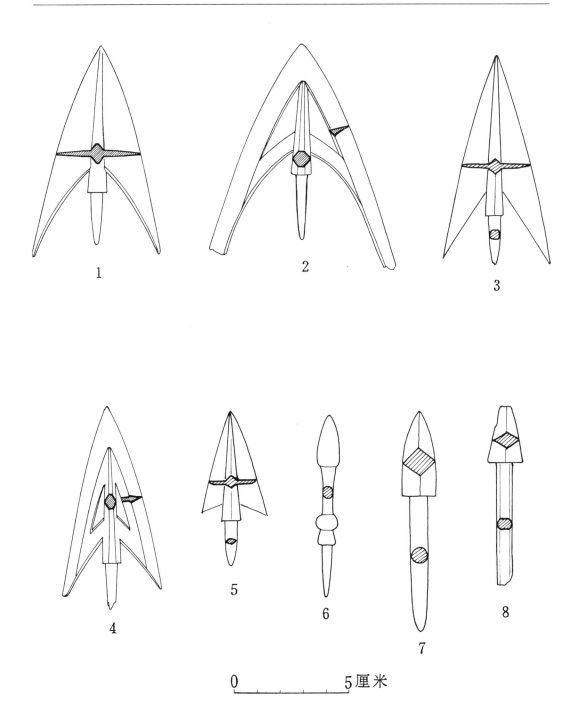

图五三　铜镞

1. I式长脊宽翼镞 XDM：164　2. II式长脊宽翼镞 XDM：134　3. I式长脊窄翼镞 XDM：210
4. II式长脊窄翼镞 XDM：158　5. 长脊短翼镞 XDM：212　6. I式无翼镞 XDM：264
7. II式无翼镞 XDM：268　8. III式无翼镞 XDM：272

型又近似葫芦状,长长的圆锥形铤,末端收尖。通长 8、锋径 1.1、铤长 2.3 厘米。平均重 20 克(图五三,6;图版三四,6)。

Ⅱ式　4 件。扁菱锋无翼镞。

标本 XDM:268～271,前锋立面为三角形,截面为扁菱形;铤扁平,上有对称的凸节。通长 7.8、锋宽 1.3～1.5、铤长 5.2 厘米。平均重 10 克(图五三,7;图版三四,6)。

Ⅲ式　1 件。四棱锋无翼镞。

标本 XDM:272,锋头呈四棱锥状,截面正菱形,后为圆铤。通长 8.9、锋径 1.3、铤长 5.7 厘米。重 40 克(图五三,8;图版三四,6)。

(六)宽刃剑　1 件。

标本 XDM:339,茎扁,体宽,且愈往前愈宽,锋弧刃,锷薄,一面有凸脊,另一面平齐,中微凹,以双阴线勾勒出柳叶形的血槽。出土时被折成两段,与兵器刀等叠置一处。剑身两面均有锈迹,唯茎及茎、腊连接处光洁。通长 35.7、茎长 7.9、体最宽处 8.4 厘米。重 490 克(图五四,1、2;图版三五,1、2)。

(七)刀　15 件。有短柄翘首刀和长条形带穿刀二种。均对开范一次浑铸成形。

1.短柄翘首刀　13 件。大部分出土于墓室西侧的二层台上,多被折成数截,叠置成一堆。依其脊部差异,可分为直脊和曲脊二式:

Ⅰ式　9 件。短柄直脊翘首刀。刀体呈长条形,直脊,平刃。刀脊背及近脊部往往有纹样。

标本 XDM:315,蝉纹大刀,为此墓出土兵器中形制最为巨大者。平背,短柄,翘首,薄刃,脊部加厚起棱。背脊饰菱形网格纹;双面刀身本部和上侧近脊处,饰带状蝉纹十一组,首尾相衔,隙间填以细线卷云纹。线条流畅,纹路清晰。出土时,虽折成七段,但拼接后,仍通体光滑,特别是刃部光滑闪亮,锋锐如故。柄部虽光泽黯淡,但也毫无锈迹,当为木把套住所致。通长 67.9、本宽 9、柄长 11.4 厘米。重 1.67 公斤(图五五,A、B;彩版三一,1;图版三六,1)。

标本 XDM:316、317、319,夔纹翘首刀。长条形,短柄,前锋上翘,刃薄,脊部加厚起棱,脊背饰燕尾纹,刀身两面近脊处饰粗线条的云纹,组成勾喙、方目、上卷尾的展体夔纹,两面本部饰简体方目兽面纹。出土时,伴有铜环,当为固定刀把之用。标本 XDM:316,通长 30.6、本宽 4.5、柄长 5.9 厘米(图五六,1、五七,1)。标本 XDM:317,通长 31、本宽 4.4、柄长 6.6 厘米(彩版三一,2;图版三六,2)。标本 XDM:319,通长 31.8、本宽 4.2、柄长 7.5 厘米。三件均重 290 克。

标本 XDM:318,夔纹翘首刀。形体特征、装饰部位以及主体纹样均与标本 XDM:316、317、319 相同,唯双面本部所饰简体兽面纹系圆目,形体更短。通长 29.8、本宽 4.2、柄长 6 厘米。重 250 克(图版三六,3)。

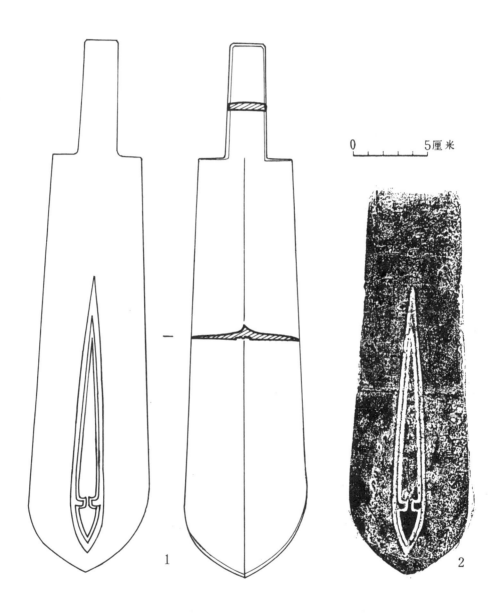

图五四　铜剑

1.XDM：339　2.XDM：339 背面纹样拓本

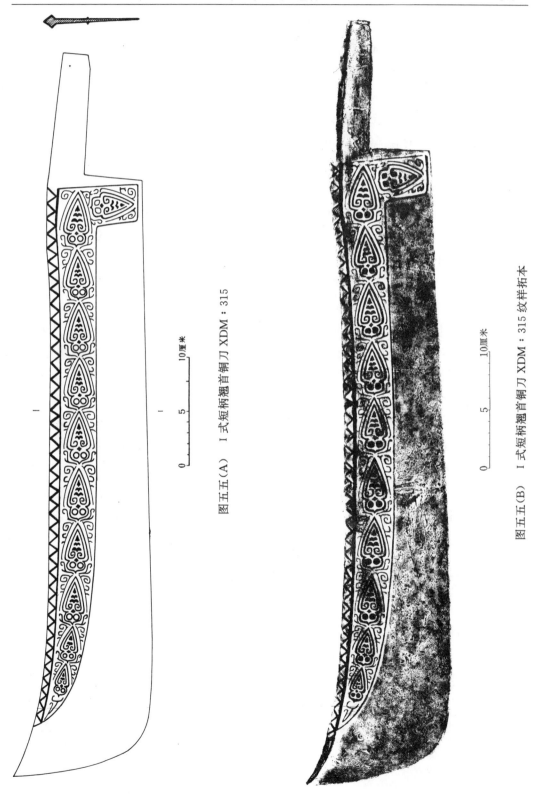

图五五（A） I 式短柄翘首铜刀 XDM：315

图五五（B） I 式短柄翘首铜刀 XDM：315 纹样拓本

标本XDM：320，形制与上述标本XDM：316、317等基本相同，但纹样有异：刀身近柄的四分之一处，两面各饰半蕉叶状纹饰，形若阴刻简体变形兽面，"臣"字目，张口，露出利齿。刀脊背饰以燕尾纹。通长29、本宽4.3、柄长5.4厘米。重240克（图五六，2、五七，2；彩版三二，1；图版三六，4）。

标本XDM：321，长条形，前锋上翘，背脊加厚起棱，短柄，近柄部的刀身本部较前更宽。刀身素面无纹，背脊部饰燕尾纹。出土时，刀身满布锈迹，独刃部光洁。通长43.5、本宽5.8、柄长5.7厘米。重530克（图版三七，1）。

标本XDM：322，形制基本同于标本XDM：321，但较小，且刀身偏宽，刀柄偏长，本部不见加宽。刀身素面，背脊部饰燕尾纹。长34.7、本宽5、柄长8厘米。重230克。

标本XDM：323，形制类于标本XDM：321、322，但显得瘦削。通体素面无纹。通长30、本宽3.9、柄长5.9厘米。重200克。

Ⅱ式 4件。短柄曲脊翘首刀。较之Ⅰ式，明显的差异在近柄部的刀脊向上拱起，然后凹下再拱起，使整个刀的脊部形成一条曲线。

标本XDM：312、313，不仅形体相同，纹样及大小亦一致。刀体呈长条形，平口，翘首，曲脊，短柄，脊饰燕尾纹。出土时，刀身满布锈迹，刀柄相对光洁。通长33.2、本宽4.5、柄长4.4厘米。标本XDM：312，重320克。标本XDM：313，重350克（图五六，3；图版三七，2）。

标本XDM：324，刀口平齐，刀首起翘更甚，使刀口的前端呈尖嘴靴形。刀脊弯曲度更大，本部也显得更宽。柄较长，脊厚，脊背上饰网格纹。出土时折断为三截。通长43.4、刀身宽4、本宽7、柄长9.9厘米。重460克（图五六，5；图版三七，3）。

标本XDM：314，整体呈长条形，曲脊平缓，刀口平齐，前锋起翘，刀身起拱处近本部，随后向前逐渐下弯，至刀身中部持平，直至前锋。脊部加厚起棱。脊背饰细线条的斜方格纹。两面刀身近脊处，各饰五组展体夔纹，张口，利齿，"臣"字目，圆睛，环柱角，内卷尾。前端一组简化，呈横置的锐三角状，整个形成后宽前窄的夔纹带。通长37.2、本宽6.6、柄长7.5厘米。重385克（图五六，4；彩版三二，2；图版三七，4）。

2. 长条形带穿刀 2件。

标本XDM：331、332，形体完全一致，均呈竖状狭长条形，脊部一侧平齐，刃部一侧微弧，刀首弯卷，脊上下两端各有方耳式穿一个，当作固秘之用。通体素面。出土时，并列地置于墓室东端，刀的背脊及方穿部位有明显的秘夹持和织物绑扎痕迹。标本XDM：331，通长25.7、刀身宽3厘米。重180克（图五八，1；彩版三三，1；图版三五，3）。标本XDM：332，前锋和后截刃部稍残，通长25、刀身宽3厘米。重150克（彩版三三，2；图版三五，4）。

（八）匕首 2件。

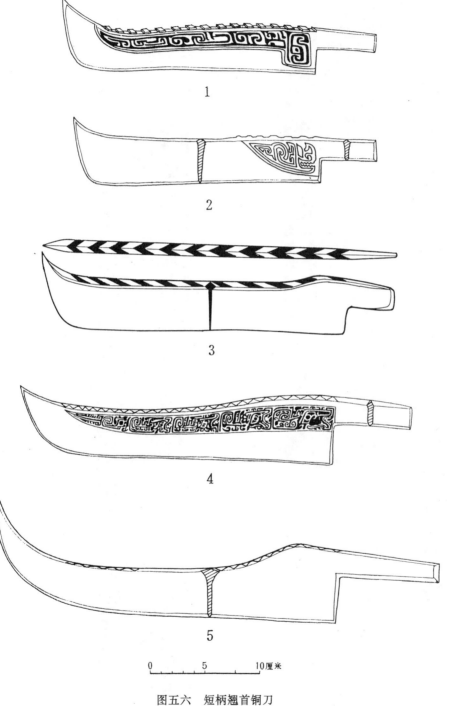

图五六　短柄翘首铜刀

1. I 式 XDM：316　2. I 式 XDM：320　3. II 式 XDM：312
4. II 式 XDM：314　5. II 式 XDM：324

图五七 I 式短柄翘首铜刀纹样拓本

1. XDM : 316 2. XDM : 320

标本 XDM：340,薄短扁茎,体薄瘦长,两侧有刃,三角形锋且尖锐。一面中脊微隆,另一面平齐,近茎处有阳线三角形纹,内饰简体卷云纹。通长 19.5、茎长 1.6、宽 1.2、厚 0.15厘米。重 45 克(图五八,2～4;图版三五,5)。

标本 XDM：173,形制同标本 XDM：340,惜残甚,茎、腊部均不存。残长 14.6、宽 2.3、厚 0.15 厘米。重 30 克(图版三五,5)。

(九)镂孔锋刃器　1件。

标本 XDM：478,形制异特,器体如弯拱的长条形匕,自后而前,宽度渐收,至末端收成三角形的尖锋,体中部镂孔成六组燕尾纹。后端銎部为中空的椭圆形,口沿加厚一周,并有一穿,銎表两面满饰一垂蕉叶纹,中填铸以阳线卷云纹组成的简体兽面,线条宽粗,平整流畅。通长 25.8、体宽 2.4～4.4、銎部宽 3.7、体厚 0.15 厘米。重 360 克(图五八,5;彩版三三,3;图版三五,6)。

(一〇)鐏　19 件。散置于墓室之中,大多数呈东西向,与矛、戈的朝向基本吻合,推测下葬时安装于兵器木柲的尾部。依形制,有圆锥形、多棱锥形和扁椭圆形三种。

1.圆锥形鐏　12 件。可分为二式:

Ⅰ式　5 件。粗圆锥形鐏。

标本 XDM：293～297,整体呈粗矮的圆锥状,中空,近口沿处留一孔,当为插钉固定用。均素面。出土时,銎管内均残留大量朽木。标本 XDM：293,通长 10.7、径 2.4 厘米(图五八,6;图版三八,1)。标本 XDM：294,通长 11.1、径 3.3 厘米。标本 XDM：295,通长 11.8、径 3.2 厘米。标本 XDM：296,通长 11.9、径 3.3 厘米。标本 XDM：297,通长 11.4、径 3.3 厘米。平均重 150 克。

Ⅱ式　7 件。细圆锥形鐏。

标本 XDM：298～304,整体呈细长的圆锥状,中空。素面。大多数銎口部加厚,形成一匝不高的凸起。出土时,銎管内皆残留朽木。标本 XDM：298、299,通长 11.2、径 2 厘米(图五八,7;图版三八,2)。标本 XDM：300,通长 3.1、径 2.3 厘米。标本 XDM：301,通长 11.4、径 2.2 厘米。标本 XDM：302,通长 11.1、径 2.1 厘米。标本 XDM：303,通长11.7、径 2.2 厘米。标本 XDM：304,通长 8.1、径 1.7 厘米。平均重 50 克。

2.多棱锥形鐏　2 件。

标本 XDM：305,五棱锥形,中空,銎口沿部加厚成圆形。素面。通长 13.6、径 2.1 厘米。重 130 克(图五八,8;图版三八,3)。

标本 XDM：306,六棱锥形,余同于标本 XDM：305。通长 22.1、径 2.2 厘米。重180克(图版三八,4)。

3.扁椭圆形鐏　5 件。立面为扁长的蕉叶形,截面为扁平的椭圆形,中空,多数口沿或近口沿部一匝加厚。器体两面均饰繁简不一的蕉叶状兽面纹。

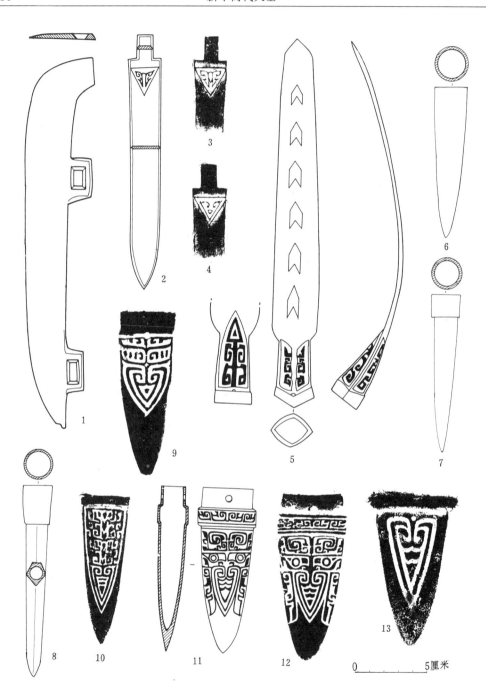

图五八　铜带穿刀、匕首、镂孔锋刃器、镈

1.长条形带穿刀 XDM：331　2.匕首 XDM：340　3、4.匕首 XDM：340 纹样拓本　5.镂孔锋刃
器 XDM：478　6.Ⅰ式圆锥形镈 XDM：293　7.Ⅱ式圆锥形镈 XDM：298　8.多棱锥形镈
XDM：305　9.扁椭圆形镈 XDM：309　10.扁椭圆形镈 XDM：307　11.扁椭圆形镈 XDM：
310　12.扁椭圆形镈 XDM：310 纹样拓本　13.扁椭圆形镈 XDM：308

标本 XDM：309、311，形体稍修长，銎口部厚边较宽，宽边内侧有一小穿，应作插钉固定之用。器体两面饰蕉叶状兽面纹，线条粗疏。标本 XDM：309，长 11.6、銎径 3.1×1.8 厘米。重 105 克（图五八，9）。标本 XDM：311，长 11.7、銎径 3.2×1.7 厘米。重 110 克（图版三九，2）。

标本 XDM：307，形体瘦长，銎口部厚边较窄，两面饰蕉叶状兽面纹，线条较细，中竖置一列燕尾纹。长 10.5、銎径 2.7×1.7 厘米。重 90 克（图五八，10；图版三九，3）。

标本 XDM：310，形体宽粗，沿下加厚一匝，上饰卷云纹。一圆穿。双面器身饰蕉叶状简体式兽面，外卷角，"臣"字目。长 11.7、銎径 3.6×1.8 厘米（图五八，11、12；彩版三三，4；图版三九，1）。

标本 XDM：308，形制与标本 XDM：310 大致相同，但口沿稍残，所加厚的一周呈圆条状，一小圆穿置于器身上部。双面饰极简易的蕉叶状兽面纹，线条粗疏、简练。长 10.5、銎径 5.4×2.2 厘米。重 170 克（图五八，13；图版三九，4）。

（一一）胄　1 件。

标本 XDM：341，圆顶帽形。正面下方开长方形缺口，左右及后部向下延伸，以保护耳和颈。正面有脊棱，直通头顶。顶部一圆管，用以安插缨饰。正面以脊棱为中线，饰一浮雕式兽面，双耳作斜长方形，双角斜上外卷。出土时，锈蚀甚微，整个器表，色呈绿中带黄，光滑透亮。通高 18.7、直内径 21×18.6、厚 0.3 厘米。重 2.21 公斤（图五九，1、2；彩版三四；图版四〇）。

四、工　具

143 件。有农业生产工具和手工业生产工具，鱼镖形器可能是渔猎工具。计有犁铧、锸、耒、耜、铲、钁、欣、锛、镰、铚、鱼镖形器、修刀、凿、刻刀、锥、刀、砧、手斧形器等 18 种。皆上、下二分范浑铸成形，少数带銎者，当另有一泥芯内范。出土时，大多数堆放于西侧的二层台上，部分散置于墓室东南角的椁室范围内，镰则被置于一锥足鼎中。

（一）犁铧　2 件。均为常规的三角形宽体式。

标本 XDM：342，形近等腰三角形，两侧薄刃微带弧度，正面中部拱起，背面平齐，形成截面为钝角三角形的銎部。两面均以三角形为框，内饰状若简体式兽面的云雷纹和目纹，正面阳文，背面阴文，线条较粗疏。长 10.7、肩阔 13.7、銎高 1.9 厘米。重 230 克（图六〇，A、B；彩版三五，1；图版四一，1、2）。

标本 XDM：343，形制、纹样均与标本 XDM：342 相同，唯于銎部正中有一穿对通，双面纹样线条更为规整和流畅。长 9.7、肩宽 12.7、銎高 1.6 厘米。重 160 克（图六一，1～3；图版四一，3、4）。

（二）锸　2 件。均为斜坦凹口銎式。

标本 XDM：344，宽体锸。平面呈"U"字形，双肩稍耸，宽弧刃，正面拱起成弧形，背面

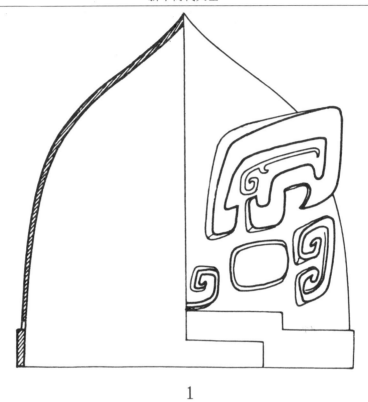

图五九　铜胄
1. XDM：341　2. XDM：341 局部拓本

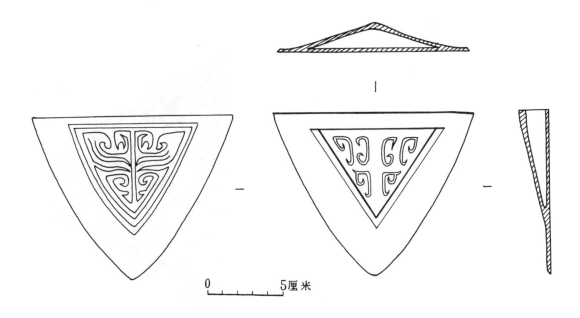

图六〇（A） 铜犁铧 XDM：342

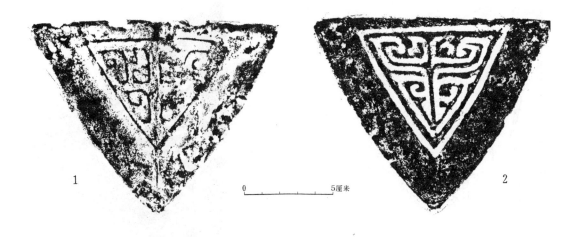

图六〇（B） 铜犁铧 XDM：342 纹样拓本
1. 正面 2. 背面

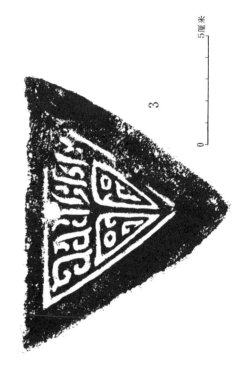

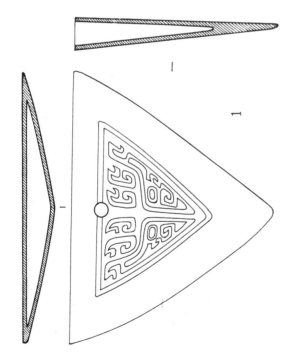

图六一　铜犁铧

1. XDM：343　2. XDM：343 正面纹样拓本
3. XDM：343 背面纹样拓本

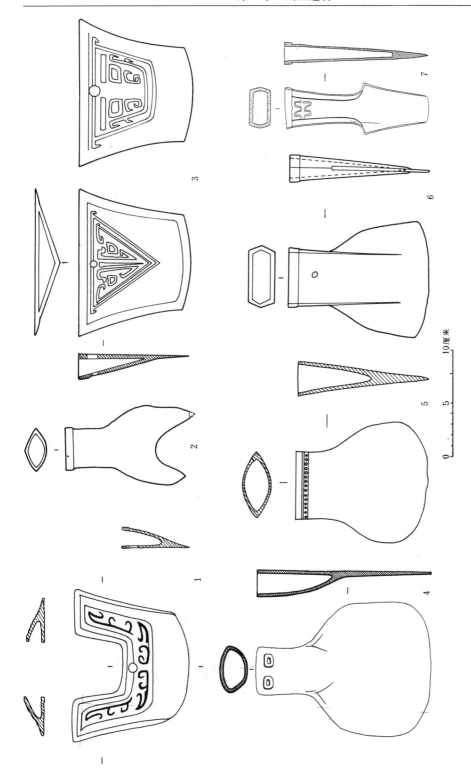

图六二　铜锸、耒、耜、铲、镬

1. 锸 XDM：344　2. 耒 XDM：346　3. 耜 XDM：347　4. I 式椭圆銎溜肩铲 XDM：359
5. II 式椭圆銎溜肩铲 XDM：361　6. 方銎溜肩铲 XDM：360　7. 镬 XDM：377

图六三　铜镈、耜纹样拓本

1. 镈 XDM：344 正面纹样拓本
2. 耜 XDM：347 正面纹样拓本
3. 耜 XDM：347 背面纹样拓本

0　　　　　5厘米

平齐,形成一环状凹槽,銎口正中有一穿对通。两面近銎口部饰简单的阳线卷云纹。长11.5、肩宽14.8、刃宽11厘米。重300克(图六二,1、六三,1;图版四二,1、2)。

标本XDM:345,近方形的扁平体,圆角平刃,口甚薄,亦正面拱起,背面平齐,銎口正中有一穿对通。通体素面。长13.1、肩宽14、刃宽11厘米。重325克(图版四二,3)。

(三)耒　1件。

标本XDM:346,椭圆銎,双扁齿,齿锋稍残,整个造型近于长短宽窄不一的双齿叉,近銎口的端部有一周宽边。通体素面。通长12.7、齿距8、銎径4.2×2.4厘米。重180克(图六二,2;彩版三五,2;图版四二,4)。

(四)耝　1件。

标本XDM:347,三角銎宽体式。平面呈等腰梯形,肩平齐,刃微弧,正面中部拱起,背面平齐,周边略加厚,銎正中有穿对通。正背两面均饰有卷云、双目组成的简体兽面,正面者三角形,背面者梯形,皆线条粗犷。出土时,器身包裹织物痕迹清晰。长11.1、肩宽14.4、刃宽9.6厘米。重44.5克(图六二,3、六三,2、3;彩版三五,3;图版四二,5、6)。

(五)铲　12件。均为溜肩铲。有椭圆銎和方銎二种。

1.椭圆銎溜肩铲·11件。可分二式:

Ⅰ式　1件。双目纹溜肩铲。

标本XDM:359,椭圆銎,溜肩宽体式,铲面下凹,刃部微带弧形。銎部正面阴铸长方形目纹,形成简化的人面,余皆素面。通长17.8、刃宽13.4、銎部长5.5、銎径4.7×2.3厘米。重580克(图六二,4;彩版三五,4;图版四三,1)。

Ⅱ式　10件。连珠纹溜肩铲。

标本XDM:361~370,椭圆銎伸入铲面中上部,弧形扁平刃,铲体平面近圆形,銎口沿处一周微凸加厚,呈宽带状,下饰一周上下界以凸弦纹的连珠纹。出土时,叠置于墓室西侧的二层台上。一般通长13.5、宽11.2、銎径6.6×3.5厘米。标本XDM:361重540克(图六二,5;图版四三,2)。标本XDM:362重450克。标本XDM:363重460克。标本XDM:364重370克。标本XDM:365重505克。标本XDM:366重495克。标本XDM:367重550克。标本XDM:368重410克。标本XDM:369重490克。标本XDM:370重550克。

2.方銎溜肩铲　1件。

标本XDM:360,铲体梯形,方銎直通铲体近刃部,銎口一周厚边,銎下段正中一条纵向凸棱,銎内残存大量朽木。溜肩,两翼大张,刃部微弧。出土时,器身包裹着多层已碳化的丝织品。通长14、刃宽10、銎部长4、銎径4.8×3.2、肩宽8.8厘米。重360克(图六二,6;图版四三,3)。

(六)钁　1件。

标本 XDM：377,形似长銎有肩窄口斧。长方銎,双肩偏下,直体狭刃,下端刃口平齐,銎口有宽边。两面中间饰正反相对的刀羽纹,肩以上两侧边沿均饰带状"V"形纹组成的折线纹。通长 14.8、銎长 7.5、銎径 4.4×2.3、肩宽 5.7、刃宽 2.8 厘米。重 260 克(图六二,7;图版四三,4)。

(七)䢫　8 件。有狭刃形和宽刃形二种。

1.狭刃䢫　6 件。体呈束腰长条形,器截面为长方形。依刃口弧度,可分为平口和弧口二式:

Ⅰ式　2 件。平口狭刃䢫。

标本 XDM：348,平刃微有弧度。近銎端的上半部,四面器表均饰阳线条的变体兽面和三角齿纹。通长 15.2、刃宽 4、銎径 4.5×3.4 厘米。重 450 克(图六四,1、六五,1、2;彩版三六,1;图版四三,5)。

标本 XDM：350,较之标本 XDM：348 的刃部更加平齐,通体素面。通长 16.9、刃宽 4.1、銎径 4×4.4 厘米。重 640 克。

Ⅱ式　4 件。弧口狭刃䢫。

标本 XDM：349、351,刃部向两侧开张,略呈扇形。均素面。标本 XDM：349,通长 17.2、刃宽 3.7、銎径 4.1×4.3 厘米。重 620 克。标本 XDM：351,通长 14.9、刃宽 4.8、銎径 3.3×4.1 厘米。重 425 克(图六四,2;图版四三,6)。

标本 XDM：352,銎端有一周凸起,其下有极简化抽象的兽面(仅存目)和一周倒三角纹。通长 14.9、刃宽 4.8、銎径 3.8×4.3 厘米。重 344 克。

标本 XDM：353,銎端凸起,且较短,立面束腰更为明显。通长 14.3、刃宽 4、銎径 3.8×4.4 厘米。重 290 克。

2.宽刃䢫　2 件。

标本 XDM：354,銎部和䢫身立面呈长方形,弧形的刃部向两侧开张,成扇面形。长方銎,口沿部一匝带状凸起,两翼侧面中线微微凸起。通体素面。通长 10.1、刃宽 6.3、銎径 4.4×2.5 厘米。重 205 克。

标本 XDM：355,立面近长方形,弧刃,由于刃部向两侧开张,全器最宽处在刃部;长方銎,銎口沿部一匝凸起,两侧外凸呈棱状,故截面略呈六边形。通体素面。出土时一面器表包扎遗痕明显。通长 6.4、刃宽 4、銎径 3.3×2.61 厘米。重 95 克(图六四,3;图版四四,1)。

(八)锛　3 件。形制较小,立面近梯形,束腰,宽弧刃外张;长方銎,断面梯形。器身正面呈斜弧形,背面平齐。

标本 XDM：357,形制较颀长,立面近束腰长条形,正背两面近銎部均饰有省体兽面式蝉纹,阳刻,线条宽平、粗疏。通长 8.8、刃宽 3.6、銎径(3.6+2.9)×1.5 厘米。重 105 克(图六五,3、4;图版四四,2)。

标本 XDM：356,宽体式。形制较矮短,弧刃,銎口沿一匝带状凸起,器身正面饰有阳线圆圈、弧线组成的类波浪纹,构图极为简单,但线条流畅自如。通长 5.3、刃宽 3、銎径(2.8+2.4)×1.3 厘米。重 50 克。

标本 XDM：358,形制同于标本 XDM：356,器身正面饰近似蝉纹的倒三角纹,阳线,甚刚劲。通长 6.1、刃宽 3.2、銎径(3.1+2.6)×1.4 厘米。重 60 克。

(九)镰 5 件。

标本 XDM：371～375,长条形,前锋下勾,体薄,单面刃,无齿;背部有隆起的脊,近内部有一穿。其中,标本 XDM：372 刃部有一甚规整的小圆穿,标本 XDM：371 正面器身有凸起的中脊。通长 20、宽 4.1、厚 0.1 厘米。平均重 10 克(图六四,4;图版四四,3、4)。

(一〇)铚 1 件。

标本 XDM：376,长方形的三穿刀状。体甚薄,肩平,两边直,刃微弧,近背脊部有并排的长条形穿三个。通体素面。出土时大部分器表光洁闪亮,肩脊部有明显的柄、把夹持痕迹。长 20.5、宽 5.2、厚 0.1～0.2 厘米。重 15 克(图六四,5;彩版三六,2;图版四四,5)。

(一一)鱼镖形器 15 件。有长式和短式二种。

1.长式鱼镖形器 5 件。

标本 XDM：259～263,状若单翼镞。前锋有棱,锋端尖锐,器身截面为菱形;单翼似钩,后铤截面为扁平的六边形。其中一件铤部有节三对。通长 13.4～14.7、铤长 6.2～6.6 厘米。平均重 50 克(图六四,6;彩版三六,3)。

2.短式鱼镖形器 10 件。

标本 XDM：249～258,前锋立面也呈三角形,唯三角形前锋的一侧延长成单翼。铤扁平作长条形,有对称的凸节两对。通长 7.6、宽 2.6、铤长 4.2 厘米。平均重 20 克(图六四,7;图版四五,2)。

(一二)修刀 6 件。

标本 XDM：378～383,竖直的宽条形。体薄,柄部凹进适于把握,下为宽弧刃。双面的柄部及上段刀体,均饰以"V"形纹组成的折线纹为边,中填目纹、卷云纹、倒三角纹和弦纹。其中,标本 XDM：379、380 的刀体中部,还饰以正反相对的刀羽纹。标本 XDM：378,通长 13、体宽 3、刃宽 3.4 厘米。重 32 克。标本 XDM：379,通长 16.6、体宽 3.3、刃宽3.8 厘米。重 45 克(图六四,8;图版四五,3)。标本 XDM：380,通长 13.4、体宽 2.9、刃宽 3.4 厘米。重 41 克。标本 XDM：381,通长 11.5、体宽 2.7、刃宽 3 厘米。重 34 克。余二件残损过甚,未能修复。

(一三)凿 17 件。有平口凿、弧口凿和圆口凿三种。

1.平口凿 9 件。

标本 XDM：384～392,均为长条形,单面刃,刃口略向两侧开张。銎截面呈等腰梯

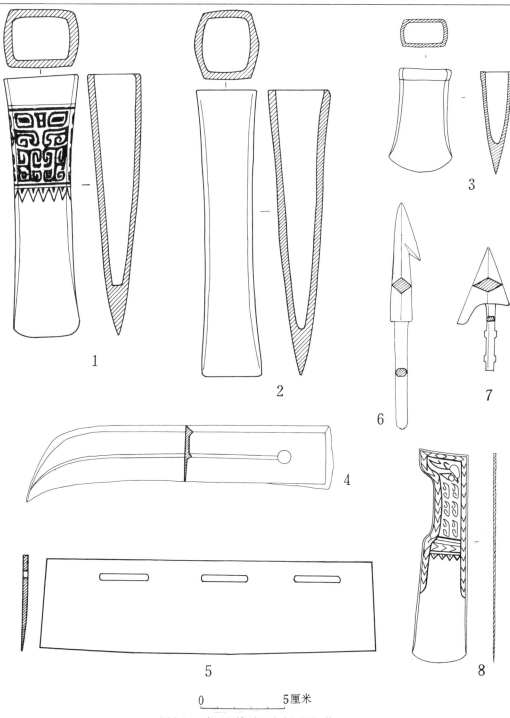

图六四　铜斨、镰、铚、鱼镖形器、修刀

1. Ⅰ式狭刃斨 XDM：348　2. Ⅱ式狭刃斨 XDM：349　3. 宽刃斨 XDM：355　4. 镰 XDM：371

5. 铚 XDM：376　6. 长式鱼镖形器 XDM：259　7. 短式鱼镖形器 XDM：249　8. 修刀 XDM：379

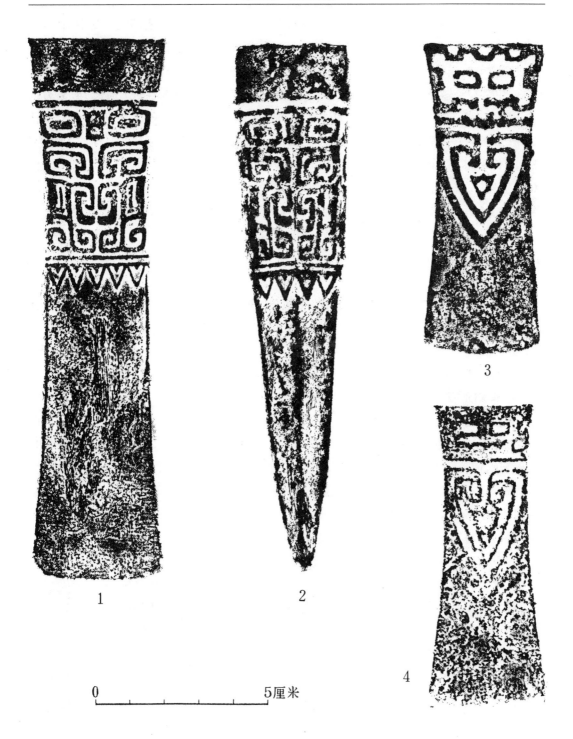

图六五　铜斨、锛纹样拓本

1.斨 XDM：348 正面纹样　2.斨 XDM：348 侧面纹样　3.锛 XDM：357 正面纹样　4.锛 XDM：357 背面纹样

形。出土时,器表锈蚀严重,銎内大多残留朽木,有的器表有织物包裹印痕。其中四件,标本XDM:385~388形制较大。标本XDM:385立面略显宽矮,銎口沿有一匝加厚,通长12、刃宽2~3、銎径(2.6+2.8)×1.7厘米。重120克。标本XDM:386相对顾长,通长14.3、刃宽2.2、銎径(2.2+2.9)×1.9厘米。重142克。标本XDM:387通长14.3、刃宽2.1、銎径(2.2+3.0)×1.9厘米。重138克。标本XDM:388通长14.4、刃宽2.3、銎径(2.3+2.8)×1.9厘米。重155克。标本XDM:384、389~392形制较小。标本XDM:384,通长10.5、刃宽1.5、銎径(1.2+1.5)×1.4厘米。重60克。标本XDM:389,通长10.6、刃宽1.6、銎径(6.6+2.1)×1.4厘米。重70克。标本XDM:390,通长8、刃宽0.7、銎径(1.1+1.6)×1.1厘米。重23克。标本XDM:391,通长8.2、刃宽1、銎径(1.1+1.5)×1.1厘米。重27克。标本XDM:392,通长8.6、刃宽1、銎径(1.1+1.9)×1厘米。重30克(图六六,1;图版四五,4)。

2.弧口凿 1件。

标本XDM:393,体扁平,刃口部略带弧形,凿身正面依势下凹;半圆銎,弦微鼓,銎正面饰简体兽面形纹,线条甚粗犷。通长9.5、刃宽4.7、銎宽4.2厘米。重100克(图版四五,5)。

3.圆口凿 7件。

标本XDM:394~400,横截面半圆,正立面呈长条形,銎椭圆,刃部甚锋锐。出土时銎内大多残留朽木。标本XDM:394,形体较大,通长10.7、刃宽1.9、銎宽3.4厘米。重88克(图六六,2;图版四五,6)。余六件形体较小:标本XDM:395,銎部正面饰阳线条的简体蝉纹,通长5.1、刃宽0.5、銎宽1.4厘米。重12克。标本XDM:396,銎部亦饰蝉纹,更为简略,仅见双目和弧曲的连线,通长6.7、刃宽0.7、銎宽1.5厘米。重24克。标本XDM:397~400,均残破过甚。

(一四)刻刀 15件。有平条形和三棱形二种。

1.平条形刻刀 7件。出土时大多被折断成数截。可分为单脊和双脊二式:

Ⅰ式 5件。单脊平条形刻刀。

标本XDM:130、418、421~423,形若较宽的长条,体薄,一侧边加厚起棱作脊,一端有斜刃,甚锋利。标本XDM:418,出土时一面沾有朱红色,长10.1、宽1、厚0.1厘米。重7克(图六六,3;图版四六,1)。标本XDM:130,形体较长,残长15、宽1.2、厚0.1厘米。重18克。标本XDM:421,刃残损,残长7.8、宽1.9、厚0.1厘米。重9克。标本XDM:422,刃亦残损,残长5.1、宽1.3、厚0.1厘米。重7克。标本XDM:423,残长4.6、宽1.6、厚0.1厘米。重7克。

Ⅱ式 2件。双脊平条形刻刀。

标本XDM:419、420形体更显瘦长,两侧边均加厚起棱。标本XDM:419,残长9.3、

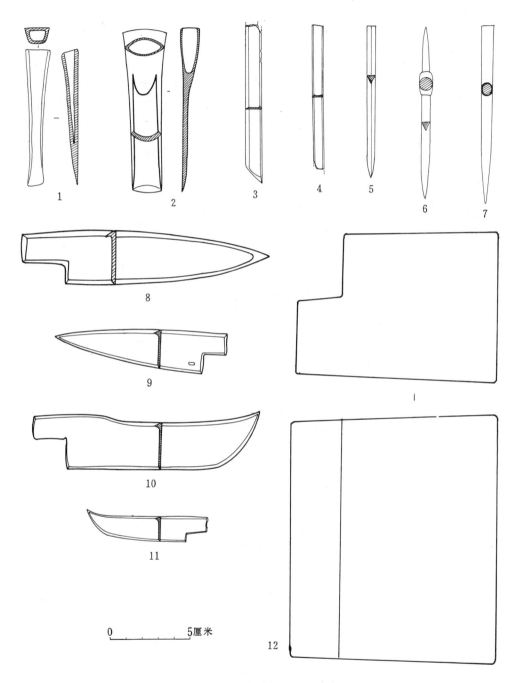

图六六　铜凿、刻刀、锥、刀、砧

1.平口凿 XDM：392　2.圆口凿 XDM：394　3.Ⅰ式平条形刻刀 XDM：418　4.Ⅱ式平条形刻刀
XDM：419　5.三棱形刻刀 XDM：425　6.三棱锥 XDM：432　7.圆锥 XDM：434　8.Ⅰ式尖首刀
XDM：444　9.Ⅱ式尖首刀 XDM：455　10.Ⅰ式翘首刀 XDM：464　11.Ⅱ式翘首刀 XDM：460
12.砧 XDM：492

宽 0.6、厚 0.1 厘米。重 4 克(图六六,4;图版四六,2)。标本 XDM:420,一端有平刃,刃口薄而光滑,残长 7.3、宽 0.6、厚 0.1 厘米。重 3 克。

2.三棱形刻刀　8 件。出土时锈蚀、残损严重。

标本 XDM:424,体形扁平,一面正中纵向起棱,形成中脊,截面呈钝三角形,一端收为近舌形的三角弧刃,甚锋锐。除刃部外,器体均裹有木质纤维,当为木把的残留。长 8.1、宽 1、厚 0.4 厘米。重 5 克。

标本 XDM:425～431,为瘦长的三角棱体,一端速收为尖刺,甚为锋锐。器体近刺的一段有锈,另一截则相对光洁,推测原装有木把。出土时锈蚀严重,且多断残。标本 XDM:425,长 9.6、棱边宽 0.5 厘米。重 7 克(图六六,5;图版四六,3)。标本 XDM:426,长 10.7、棱边宽 0.6 厘米。重 1.5 克。余 5 件残甚,未能修复。

(一五)锥　12 件。有三棱锥和圆锥二种。

1.三棱锥　2 件。

标本 XDM:432、433,长条形的三棱锥体,状近无翼镞。前锋尖锐,中段关部鼓起,形成一段圆柱,后带不规则的尾部,当可插入木柄。标本 XDM:432,通长 11.7、棱边宽 1.2、本径 1.5 厘米。重 2.5 克(图六六,6;图版四六,4)。标本 XDM:433,通长 10.8、棱边宽 1、本径 1.3 厘米。重 1.5 克。

2.圆锥　10 件。

标本 XDM:434～443,瘦长形,实心圆锥体。均锈蚀严重。素面。标本 XDM:434,长 11.2、端径 1.1 厘米。平均重 31 克(图六六,7;图版四六,5)。

(一六)刀　24 件。大多形制较小,通体素面。有尖首刀和翘首刀二种。

1.尖首刀　16 件。可分为二式:

Ⅰ式　11 件。曲脊尖首刀。

标本 XDM:444～454,宽平的长方柄,刀体较宽,刃近本部较直,至前渐成弧形;脊背弧形,正面刀脊有三角棱状凸起。刀柄除标本 XDM:444、XDM:450 左向外,其余均为右向。标本 XDM:444,通长 15.8、柄长 2.7、柄宽 1.9、本宽 3.2 厘米。重 52 克(图六六,8;图版四七,1)。标本 XDM:445,通长 15.4、柄长 2.6、柄宽 1.6、本宽 3 厘米。重 51 克。标本 XDM:446,通长 9.2、柄长 1.6、柄宽 0.8、本宽 2 厘米。重 15 克。标本 XDM:447,通长 12.3、柄长 2.5、柄宽 1.3、本宽 2.7 厘米。重 40 克。标本 XDM:448,通长 15.7、柄长 3.5、柄宽 1.5、本宽 3.2 厘米。重 41 克。标本 XDM:449,通长 11.4、柄长 2.1、柄宽 1.4、本宽 2.7 厘米。重 32 克。标本 XDM:450,通长 13.6、柄长 2.1、柄宽 1.6、本宽 3.1 厘米。重 48 克。标本 XDM:451,通长 13.3、柄长 2.1、柄宽 1.3、本宽 2.7 厘米。重 35 克。标本 XDM:454,残,柄不存,残长 12.3、本宽 3.1 厘米。重 38 克。标本 XDM:452,曲脊弧度更大,长柄。通长 14.3、柄长 4.1、柄宽 1.8、本宽 3.4 厘米。重 42 克。标本 XDM:

453,曲脊弧度更大,长柄。通长 14.3、柄长 4.6、柄宽 1.8、本宽 3.4 厘米。重 43 克。标本 XDM：454,残长 12.2 厘米。残重 38 克。

Ⅱ式 5 件。直脊尖首刀。

标本 XDM：455~459,柄宽平,刀体近锐角三角形,本部较宽,刃平直,前端微弧;脊直,正面一侧背部边沿作三棱状凸起。标本 XDM：455、XDM：456、XDM：458、XDM：459 刀柄右向,标本 XDM：457 刀柄左向。标本 XDM：455,通长 11.2、柄长 2.3、柄宽 1.3、本宽 2.5 厘米。重 32 克(图六六,9;图版四七,2)。标本 XDM：456,通长 11、柄长 1.5、柄宽 1.3、本宽 2.6 厘米。重 32 克。标本 XDM：457,刀体较薄,近长条形,至前端方上收,成尖状,通长 11.1、柄长 2.1、柄宽 1.2、本宽 2.4 厘米。重 29 克。标本 XDM：458,甚小巧,通长 6.3、柄长 1.8、柄宽 1.2、本宽 1.7 厘米。重 8 克。标本 XDM：459,刀体呈长条形,柄亦窄长,通长 17、柄长 2.6、柄宽 1、本宽 2.8 厘米。重 45 克。

2.翘首刀 8 件。与尖首刀明显不同之处在于刀身作宽长条形,平齐的刃口至前端向上翘起,脊部亦向一侧作三棱状凸起。可分为二式:

Ⅰ式 4 件。曲脊翘首刀。

标本 XDM：464~467,刀脊至本部向上拱起,形成曲脊,造型规整。标本 XDM：464、465,刀柄左向,大小一致,通长 15.2、柄长 2.3、柄宽 1.8、本宽 3.4 厘米。重 45 克(图六六,10;图版四七,3)。标本 XDM：466、467,刀柄右向,大小一致,通长 14.5、柄长 2.2、柄宽 1.4、本宽 3.4 厘米。重 52 克。

Ⅱ式 4 件。直脊翘首刀。

标本 XDM：460~463,整体造型作宽条状,背脊走向平直,至前端略翘起。其中,标本 XDM：463 形制较大,刀柄左向,通长 14、柄长 2.2、柄宽 1.5、本宽 3.2 厘米。重 35 克。余三件形制较小,刀柄右向,通长 7.4~7.6、柄长 1.2~1.3、柄宽 0.9、本宽 1.4~1.6 厘米。平均重 10 克(图六六,11;图版四七,4)。

(一七)砧 1 件。

标本 XDM：492,呈阶梯状的二层台形,近似现代的小铁砧。通体素面,底部有一小孔,孔内塞满泥土。通高 9.3、第一层高 3.8、第二层高 5.5、长 14、宽 13、孔径 1.2×1.3 厘米。重 8 公斤(图六六,12;图版四六,6)。

(一八)手斧形器 17 件。均长柄,弧刃,扁平体。素面。

标本 XDM：401~406,刃部圆弧大于 180°,两肩亦近圆形,斧面呈舌状,整体立面有如悬胆。通长 14.1~16.4、刃宽 6~6.2、柄宽 2.6~3.2 厘米。平均重 336 克。其中标本 XDM：401 双面有刻划符号,一面柄部中间为阳文"⛰",另一面对应处为阳文"〰"。通长 14.1、刃宽 6、柄宽 2.6 厘米。重 350 克(图六七,1~3;彩版三六,4;图版四七,5)。

标本 XDM：407~413,刃部弧度小于 180°,刃之两端作向外侧开张状,整体立面等

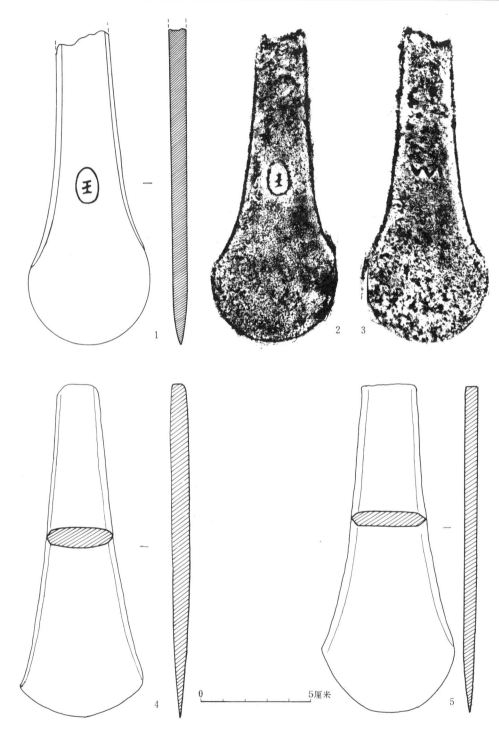

图六七　铜手斧形器

1. XDM：401　2. XDM：401 正面拓本　3. XDM：401 背面拓本　4. XDM：407　5. XDM：414

腰梯形。通长 15.1～16.6、刃宽 4.6～5.9、柄宽 3～4 厘米。平均重 331 克(图六七,4;图版四七,6)。

标本 XDM:414～417,刃部弧度接近于半圆,两肩斜削。通长 13.3～15.7、刃宽 5.0～5.2、柄宽 2.4～4 厘米。平均重 297 克(图六七,5;图版四七,7)。

五、杂　器

48 件。主要有双面神人头像、伏鸟双尾虎、羊角兽面、匕、箕形器、扣形器、各种类型构件、环、板、管等十五种。

(一)双面神人头像　1 件。

标本 XDM:67,中空的扁平形双面人首造型,额部宽,颔部窄,呈倒置的等腰梯形。两面均有内空的圆突目,竖耳上尖,肥鼻,有双孔,高颧,张口,两侧口角上翘,露齿,上四下八,除下犬齿外卷似獠牙外,余均作长方的铲形。头顶正中有圆管。两侧各出一角,角端外卷,饰阴线卷云纹。下有方銎。整个形象显得狰狞、恐怖、诡怪。两次分铸铸接成形,先铸人首上半截和双耳、双角,后铸下颔及方銎,均为二分范,沿两侧中线对开。出土时完整无损,器表布有绿锈。通高 53、銎长 8.5、銎径 4.5×5、角高 20.6、角距 38.5、面宽 14.5～22、管长 5.5、管径 6 厘米。重 4.1 公斤(图六八;彩版三七;图版四八)。

(二)伏鸟双尾虎　1 件。

标本 XDM:68,形似虎尊却又腹底不联,内空。张口,左右各露一獠牙,凸目粗眉,双耳竖立。粗颈,垂腹,背脊凸出,后垂双尾,尾端上卷。背伏一鸟,尖喙圆睛,竖颈短尾。虎身遍饰花纹。除正脊、尾部、四肢下截和鼻部饰类鳞片纹外,脸、腹部饰卷云纹,背部则饰云雷纹,四肢膀部则为突出的雷纹。所有纹样均为阴线刻。整个虎形躯体庞大,怒目狰狞,虎视眈眈,作半卧欲纵之势,生动逼真地再现了虎的威武形象。分铸成形,先铸伏鸟,接着与虎首虎背铸接,最后与虎身铸为一体。出土时,置于扣覆的四羊罍旁,破成数块。通长 53.5、通高 25.5、体宽 13、厚 0.35、鸟高 3.8 厘米。重 6.2 公斤(图六九,A～C;彩版三八;图版四九,1)。

(三)羊角兽面　1 件。

标本 XDM:69,出土时亦置于扣覆的四羊罍旁,为一胎体甚薄的兽面形器。正面为浮雕状的省体兽面,"臣"字目,圆睛大而凸出,两羊角外卷。脸颊两侧有粗线条的卷云纹,颚中央有一正菱形纹。一次性浑铸成形。宽 21.2、高 16.5、厚 0.3 厘米。重 0.56 公斤(图七〇,1;图版四九,2)。

(四)匕　10 件。皆长柄长匙形。柄直,作长条形,匙长椭,端部收尖,较浅。可分三式:

Ⅰ 式　3 件。

标本 XDM:53～55,柄部正反两面纹样相同。柄首部为省体外卷角兽面,柄身为单线条的变体鱼纹,方目,张口,尾、鳍皆备。浑铸铸接成形。出土时与Ⅱ式、Ⅲ式混杂在一起,

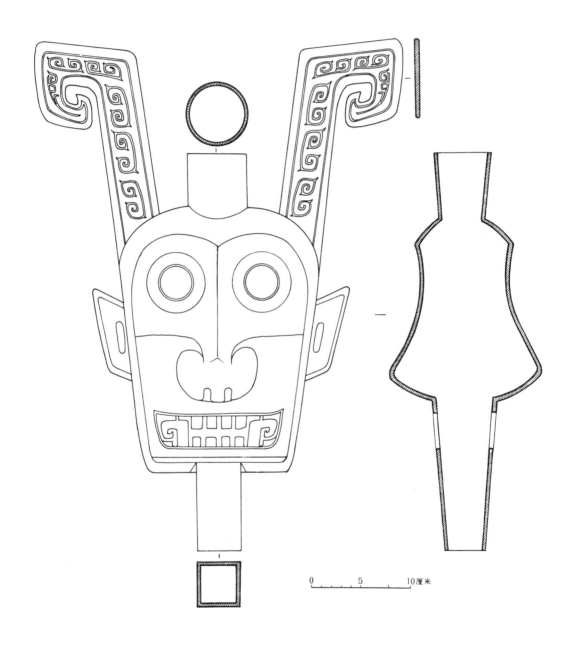

图六八　双面神人铜头像 XDM：67

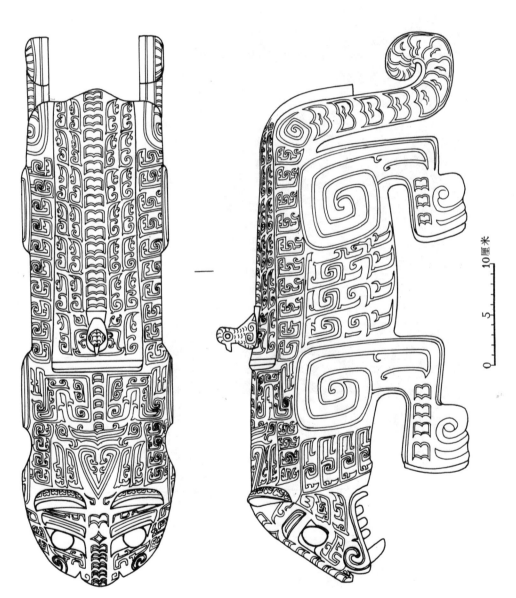

图六九(A)　伏鸟双尾铜虎 XDM：68

图六九（B）　伏鸟双尾铜虎 XDM：68 纹样拓本

5厘米

0

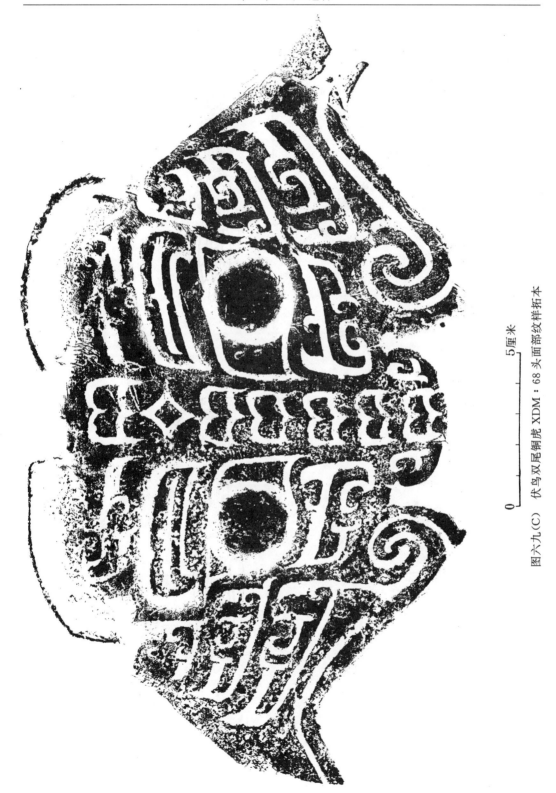

0　　　　　5厘米

图六九(C)　伏鸟双尾铜虎 XDM：68 头面部纹样拓本

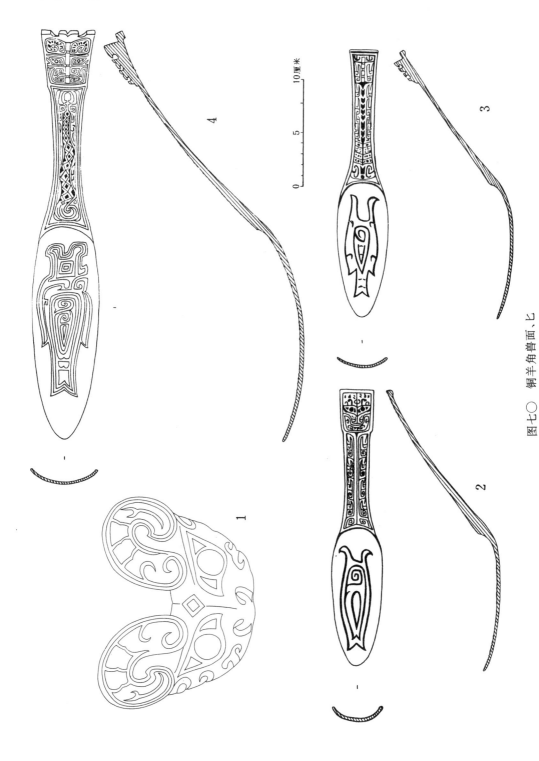

图七〇　铜羊角兽面、匕

1.羊角兽面 XDM：69　2. I 式匕 XDM：53　3. I 式匕 XDM：56　4. Ⅲ式匕 XDM：51

被折断叠置,上有带花纹的漆皮遗痕。三器大小基本一致,通长 27.9、柄宽 2.1~2.75、匕宽 4.9、柄厚 0.45 厘米。标本 XDM：53 重 205、标本 XDM：54、55 各重 255 克(图七〇,2、七一,1;图版五〇,1)。

Ⅱ式　5 件。

标本 XDM：56~60,柄部背素面,正面有宽带状卷云纹,柄首正中铸一勾戟状扁棱,匙部鱼纹与Ⅰ式相同。扁棱先铸,然后与匕身铸接。五器大小基本一致,通长 28.9、柄宽 2.3~3.45、匕宽 5.1、柄厚 0.5 厘米。平均重 232 克(图七〇,3、七一,2;图版五〇,2、3)。

Ⅲ式　2 件。器形较大,纹样精美。

标本 XDM：51,柄之背面、匙之内底纹样与Ⅰ式相同,柄首正面中竖置一勾戟状扁棱,并以此扁棱作鼻,组成省体式外卷角兽面,角、目、口均凸起作浅浮雕状,柄身正面饰展体龙纹,椭圆头,身饰菱形几何纹。通长 4.5、柄宽 2.9~5.4、匙宽 6.6、柄厚 0.65 厘米。重 545 克(图七〇,4、七一,3、4;图版五〇,4)。

标本 XDM：52,略小。除柄身正面为宽带状卷云纹外,余均与标本 XDM：51 相同。通长 31.8、柄宽 2.7~4.1、匙宽 5.9、柄厚 0.4 厘米。重 240 克。两器铸造方法同Ⅲ式。

(五)箕形器　1 件。

标本 XDM：61,带銎簸箕形。铲面呈等腰梯形,一穿,銎内有残木。銎外表三面有纹样：上面为浅浮雕状牛首,竖角略内卷,圆凸目,粗鼻;两侧为粗线条阴刻虎纹,作侧身行走状,张口,吊睛,足略屈,垂尾后卷,身饰卷云纹,尾饰类鳞片纹;虎头前方的銎端部,饰有燕尾纹。出土时锈蚀严重,銎脱落于一旁,铲口使用的磨损痕迹清晰。通长 51.5、铲身宽 24.5、铲盘深 4.5、铲口宽 29、铲厚 0.4、銎长 8.5、銎口径 4.2×4.7、銎厚 0.25~0.55 厘米。重 4 公斤(图七二,1;图版五〇,5)。

(六)扣形器　1 件。

标本 XDM：62,残,原状应为圆圈形。截面呈倒置的"L"形。上面及外侧器表有纹样：上面为斜角目纹,内外各圈以凹弦纹一重;外侧饰乳丁圆涡纹带,之间间以目纹,上下界以凹弦纹各一道。纹样线条粗犷。出土时断成数段,后拼接成一段弧形,推测原为包镶大型木质鉴、洗之类器物口沿的盘扣。高 6.5、宽 6.2、残弧长 161、残弦长 125、直径约 103、厚 1.2 厘米。残重 8 公斤(图版五〇,6)。

(七)帽形构件　3 件。

标本 XDM：468,整体造型似一低矮的帽冠,冠基本呈半圆形,双面外鼓,中空,帽口较窄,口沿加厚一匝。从出土位置近一戈头附近分析,当可能是套嵌在戈柲顶端的帽盖。形体完整,保存也好,通体发亮。双弧面器表饰粗线条的目雷纹,目为圆角长方形。帽最宽处 5.4、高 4.9 厘米。帽口径 3.5×1.4 厘米。重 110 克(图七二,2;图版五一,4)。

标本 XDM：469,马蹄形的套筒状,中空,体薄,直径较大的一端封闭。径 3.8、高 2.8

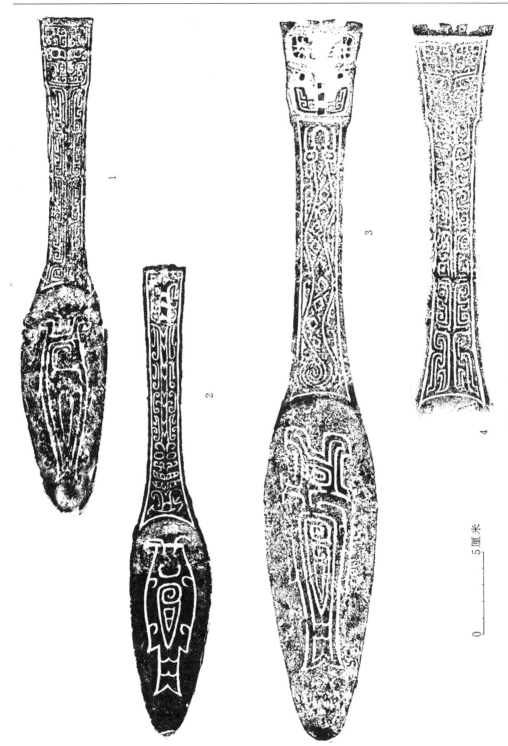

图七一　铜匕纹样拓本

1. Ⅰ式匕 XDM：53　2. Ⅰ式匕 XDM：56　3. Ⅱ式匕 XDM：51　4. Ⅱ式匕 XDM：51 柄背

0　　　　5厘米

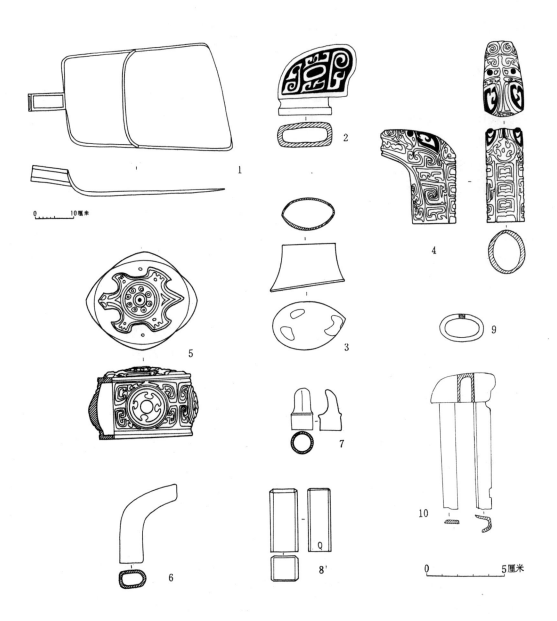

图七二　铜箕形器、构件、环

1.箕形器 XDM：61　2.帽形构件 XDM：468　3.帽形构件 XDM：469　4.杖头形构件 XDM：479　5.龟
纹椭圆形构件 XDM：471　6.钩形构件 XDM：472　7.圆柱形构件 XDM：475　8.方形构件 XDM：476
9.环 XDM：477　10.双齿形构件 XDM：273

厘米。重44克(图七二,3;图版五一,5)。

标本XDM:470,中空套筒状,椭圆形,一端封闭,两端大小一致。径、高均2厘米。重38克。

(八)杖头形构件　1件。

标本XDM:479,器体为立体雕兽头,呈连颈弯曲的蛇首状,半张口,三角齿,圆乳丁凸目,双耳及鼻大而明显。颈中空,作成近正圆的銎管状。颈背部及颊两侧饰云雷纹和卷云纹,线条十分流畅,通体光滑透亮。通长6.3、銎径2.5×2.8、厚0.35厘米。重110克(图七二,4;图版五一,6)。

(九)龟纹椭圆形构件　1件。

标本XDM:471,体呈椭圆形,底部不封,甚厚重。面饰龟纹,首、足、尾皆备,椭圆目,背部为一双层同心圆,大、小圆之间缀连珠纹一圈,共八颗,小圆中置一实心圆点。面周边饰圆涡纹四组,圆涡中心各有一凹窝,当为嵌玉之处,涡纹之间,各置卷云纹一朵。高4.7、纵径7.3、横径6.3、壁厚0.6厘米。重360克(图七二,5;图版五二,1)。

(一○)钩形构件　3件。

标本XDM:472～474,大小一致。器体作弯曲的拱形,中空,一端封闭;截面为略带椭圆的长方形,中残留朽木。通长5.2、径1.6×1.1厘米。平均重27克(图七二,6;图版五二,2)。

(一一)圆柱形构件　1件。

标本XDM:475,形近带把的小钮,下半部分截面圆形,底部不封,中空。通长2.7、径1.3×1.4厘米。重9克(图七二,7;图版五二,3)。

(一二)方形构件　1件。

标本XDM:476,长方体状,中空,截面为四角抹棱的"口"字形,一端封闭,口沿部两横边有对称小孔。长4.1、径1.7×1.4厘米。重28克(图七二,8;图版五二,4)。

(一三)双齿形构件　20件。

标本XDM:273～292,立面呈狭长的"U"字形,中空。一侧截面似内向的半个尖括符("〈")的凹槽形。靠外侧上下各一凹口,有绳索绑扎遗痕;另一侧只有薄薄的单边,甚直。器首中空,端部稍显倾斜,除一件外,余均封口。有的首部向凹槽形双边一侧凸出,多数上下平齐,立面呈直筒状。出土时,锈蚀残损严重,部分空首及凹槽中残留碳化的木质,器身沾有朱红色。一般通长9.1、宽4.4、首端厚1.8、中孔长2.5、中孔宽1.6厘米。平均重20克(图七二,10;图版五二,5)。

(一四)环　1件。

标本XDM:477,细圆条围成的椭圆形,甚小。素面。纵3、宽1.8、厚0.4厘米。重7克(图七二,9;图版五一,1)。

(一五)板 1件。

标本 XDM：480,长方形,体薄,但较规整。素面。出土时断为两截,且压弯变形。长27.8、宽10.5、厚0.2厘米。重420克(图版五一,3)。

(一六)管 1件。

标本 XDM：481,圆管状,体薄且轻,下端不封,上端半封,近端部留一小穿。通体素面。出土时,内有朽木,外沾朱红色。长12、径1.2～1.8、厚0.1～0.2厘米。重45克(图版五一,2)。

第三节 玉 器

754件(颗)。出土时,绝大多数被有意破坏,只有部分小件完整,经室内粘对,尚有一些仍留有缺口。少数水晶、绿松石、叶蜡石、磷铝石类制品,亦一并归入玉器中予以介绍。全部玉器大体可分为礼器、仪仗器、饰品和其他四大类。

一、礼 器

33件。器类计有琮、璧、环、瑗、玦和璜等。均出自棺内,璧、环、瑗、玦等出于棺中部两侧,即人体的腰腿部位。玦基本大小有序地排列于腿部两侧。

(一)琮 2件。短筒状。可分为二式:

Ⅰ式 1件。

标本 XDM：648,磷铝锂石制,灰黄色,带紫色和黄褐斑点,玻璃光泽,不透明,摩氏硬度5.5～6。外方内圆,上小下大,两端面平,有不甚明显的短射,中部横截面近方形。体四角有凸棱形或对称的长方弧面,中部一浅横凹槽将方弧面和整个琮体分为上下两节。方弧面的上下饰浮雕式的蝉纹,上下蝉尾相对,蝉大头圆眼,宽翼尖尾。上下节的四面中部,各刻阴线两周。表里均经抛光。通高7、射高0.5、射径8～8.4、射壁厚0.8～1厘米(图七三,1、七四;彩版三九,1;图版五三,1)。

Ⅱ式 1件。

标本 XDM：677,磷铝锂石制,淡黄色,有墨绿斑,玻璃光泽,不透明,摩氏硬度5.5～6。筒体更矮,细察仍是内圆外方。形近吴大澂《古玉图考》中的"组琮"。上下有短射,射口不甚圆。上下两节,四角有凸棱,并以四角凸棱为中线,上下各饰由卷云纹构成的筒体兽面纹一组,面部轮廓略浮出,圆形目稍凸起。通高4.1、射高0.4、射径7.7～7.9、射壁厚0.5～0.8厘米(图七三,2;彩版三九,2;图版五三,2)。

(二)璧 2件。

形制相同,大小有别,边宽(《尔雅》称肉)都略小于孔径(《尔雅》称好)。体扁薄而匀称,中心有对钻大圆孔,孔周两面均凸起成环状圆口,周缘与孔都较圆,制作精致,两面抛光。

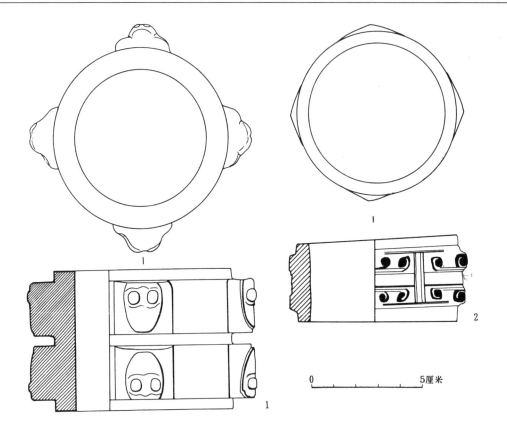

图七三　玉　琮

1. Ⅰ式琮 XDM：648　　2. Ⅱ式琮 XDM：677

图七四　Ⅰ式玉琮 XDM：648 纹样拓本

标本XDM：651,磷铝石制,黄绿色,蜡状光泽,不透明,摩氏硬度4.5～5。沁蚀严重。破裂成三块,已粘合。肉之两面各饰有六组同心圆刻线,每组由一条粗线和二条细线构成。线条规整而流畅。直径16.8、孔径7.2、孔壁厚2.4、边缘厚0.5厘米(图七五,1;彩版四〇,1;图版五四,1)。

标本XDM：650,磷铝石制,青黄色,蜡状光泽,不透明,摩氏硬度4.5～5。沁蚀严重。破裂成七块,已粘合。肉之两面各有八组同心圆刻线,每组也由一条粗线和二条细线构成。直径18.4、孔径7.5、孔壁厚2.4、边缘厚0.5厘米(图版五四,2)。

(三)环　1件。

标本XDM：685,磷铝锂石制,青灰色,有青褐斑,珍珠光泽,不透明,摩氏硬度5.5～6。已残。形似璧,但边宽比璧较窄,孔径较大,孔壁与环面平齐,一边的宽度略小于孔径的二分之一,制作规整,周缘较圆,孔口及边之两面都经抛光。肉两面均有四组每组由两周细线构成的同心圆刻线。直径12.4、孔径6.3、孔壁厚0.7厘米(图七五,2;图版五四,3)。

(四)瑗　7件。

均为凸廓式。形似环,但边宽比环更狭窄,孔径更大,一边的宽度多数小于孔径的三分之一,孔周两面有凸起,形成环状圆口。制作规整,体扁薄而匀称,孔与周缘均较圆,两面抛光,两面边缘均有同心线弦纹。其中,标本XDM：678、679和659三件,两面边缘各有四组每组由两周细线构成的同心圆刻线,此三件有大小依次递减现象。标本XDM：681、682、658和680四件,两面边缘各有二组每组由二周细线构成的同心圆刻线,此四件大小亦有依次递减现象。

标本XDM：678,透闪石(微晶质)制,淡绿色,有紫褐斑,玻璃光泽,不透明,摩氏硬度4.5～5。破裂成八块,后粘合。孔大而圆,线条规整。直径11.5、孔径7.1、孔壁厚1.5厘米(图七五,3;图版五四,4)。

标本XDM：679,透闪石(微晶质)制,黄绿色,有紫褐斑,玻璃光泽,不透明,摩氏硬度4.5～5。破裂七块,后粘合。直径10、孔径6.8、孔壁厚1.5厘米。

标本XDM：659,透闪石(微晶质)制,黄绿色,玻璃光泽,不透明,摩氏硬度4.5～5。轻微沁蚀。破裂三块,已粘合。直径10、孔径6.5、孔壁厚0.8厘米。

标本XDM：681,透闪石(微晶质)制,苹果绿,有黄褐斑,珍珠光泽,不透明,摩氏硬度4.5～5。略有沁蚀。破裂五块,已粘合。直径8.9、孔径6.6、孔壁厚0.5、边缘厚0.3厘米(图七五,4)。

标本XDM：682,透闪石(微晶质)制,黄绿色,带黄褐斑,玻璃光泽,不透明,摩氏硬度4.5～5。有中等沁蚀。破裂五块,已粘合。直径8.3、孔径6、孔壁厚0.5、边缘厚0.3厘米。

标本XDM：658,透闪石(微晶质)制,淡黄绿色,带黄褐斑,蜡状光泽,不透明,摩氏硬度4.5～5。破裂二块,已粘合。中等沁蚀。直径8、孔径5.5、孔壁厚0.5、边缘厚0.3厘

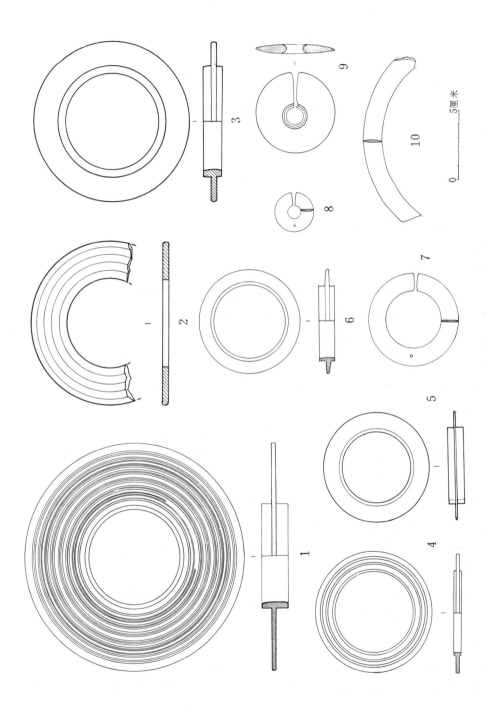

图七五　玉璧、环、瑗

1. 璧 XDM∶651　2. 环 XDM∶685　3. 瑗 XDM∶678　4. 瑗 XDM∶681　5. 瑗 XDM∶658　6. 瑗 XDM∶680　7. Ⅰ式玦 XDM∶660
8. Ⅰ式玦 XDM∶696　9. Ⅰ式玦 XDM∶683　10. 璜 XDM∶686

米(图七五,5;图版五四,5)。

标本XDM：680,透闪石(微晶质)制,淡苹果绿色,蜡状光泽,不透明,摩氏硬度4.5～5。沁蚀严重。破裂四块,已粘合。直径7.8、孔径5.5、孔壁厚0.5、边缘厚0.3厘米(图七五,6)。

(五)玦　19件。

全部素面无纹。在缺口的对应边上有一小孔,可以串缀相联。基本成对出土,且整个大小有依次递减现象。一部分玦有断裂和补接痕,即在断口两侧各钻一小孔,然后穿丝线缀合。琢制规整,两面抛光。可分二式：

Ⅰ式　16件。扁薄,底面平整,正面周边圆弧,正中有一大圆孔,周边与孔周均较圆。标本XDM：690、661为单件,标本XDM：700已残,其他16件成八对,每对的大小和玉质完全一致。

标本XDM：690,透闪石(微晶质)制,青灰色,蜡状光泽,不透明,摩氏硬度5.5～6。弱沁蚀。破裂四块,已粘合。有三处钻孔修接。直径4.4、孔径2.6、厚0.2厘米。

标本XDM：660,透闪石(微晶质)制,黄白色,蜡状光泽,不透明,摩氏硬度5.5～6。强沁蚀。标本XDM：687,透闪石(微晶质)制,灰黄色,蜡状光泽,不透明,有纹理,摩氏硬度5.5～6。弱沁蚀。各直径7、孔径4.1、缺口宽0.2厘米(图七五,7;图版五五,1)。

标本XDM：662、688,均透闪石(微晶质)制,黄绿色,蜡状光泽,不透明,摩氏硬度5.5～6。弱沁蚀。前者有二处钻眼修接,后者有一处钻孔修接。直径6.3、孔径3.2、厚0.2厘米。

标本XDM：661,透闪石(微晶质)制,黄绿色,蜡状光泽,不透明,摩氏硬度5.5～6。弱沁蚀。完好,孔稍偏。直径6.1、孔径3.5、厚0.2厘米。

标本XDM：689、694,均透闪石(微晶质)制,前者灰黄色,后者黄绿色,蜡状光泽,不透明,摩氏硬度5.5～6。弱沁蚀。前者破裂二块,已粘合,后者较完好。直径5.1、孔长2.8、厚0.2厘米。

标本XDM：691、692,均透闪石(微晶质)制,黄绿色,蜡状光泽,不透明,摩氏硬度5.5～6。弱沁蚀。均碎成三块,已粘合。前者有一处钻眼修接,后者有二处钻眼修接。直径4.5、孔径1.7、厚0.2厘米。

标本XDM：693、695,均透闪石(微晶质)制,前者黄绿色,后者灰黄色,蜡状光泽,不透明,摩氏硬度5.5～6。弱沁蚀。完好。直径3.8、孔径1.5、厚0.2厘米。

标本XDM：696、698,均透闪石(微晶质)制,灰黄色,蜡状光泽,不透明,摩氏硬度5.5～6。弱沁蚀。前者完好,后者有一处钻孔修接。直径2.8、孔径0.9、厚0.15厘米(图七五,8)。

标本XDM：697、699,均透闪石(微晶质)制,前者灰黄色,后者黄白色,蜡状光泽,不透明,摩氏硬度5.5～6。弱沁蚀。前者完好,后者破裂成二块,已粘合。直径2.5、孔径0.6、厚0.15厘米(图版五五,2)。

Ⅱ式 2件。扁平体。

标本XDM:683、684,均透闪石(微晶质)制,黄绿色,有紫褐斑和黑褐斑,蜡状光泽,不透明,摩氏硬度5.5～6。中等沁蚀。成对,大小相同。周边与孔周较圆,底面较平,肉中间厚,边缘薄,孔径小且偏于一侧,故缺口较长。孔对钻,孔内留有台痕,抛光细腻。直径6、孔外径1.9、孔内径1、中间厚0.8厘米(图七五,9;彩版四〇,2、3;图版五五,3、4)。

另外,还有一件残块,为标本XDM:700。

(六)璜 2件。

标本XDM:686、701,均透闪石(微晶质)制,灰黄色,蜡状光泽,不透明,摩氏硬度5.5～6。弱沁蚀。二件中部均有残缺,呈半环形。体扁薄且较窄,底面平齐,正面中央微凸,边缘较薄,横截面上侧成弧线。两端各有一小孔。直径1.5、孔径1.2、边宽1.5、厚0.4厘米(图七五,10;图版五五,5)。

二、仪仗器

7件。仅有戈、矛、铲三种,都无使用痕迹,雕琢得精致光润。

(一)戈 4件。均被有意折断成数截,并错位摞叠成方形放在棺底中部。此墓并无腰坑,将四件戈折断放在棺底,大概与中原有相类似的习俗。戈体扁薄,直内型三角尖锋,两侧边薄刃,一侧边微凸弧,另一侧边微凹弧,在内端都有一单面管钻孔。其形制都为直内直援,但细察仍各有差异。可分四式:

Ⅰ式 1件。有阑直内宽援式。

标本XDM:665,透闪石(隐晶质)制,青灰色,玻璃光泽,不透明,摩氏硬度5.5～6。弱沁蚀。绵纹清楚。有青褐色斑块。朱砂遗痕面积很大。阑两侧挑突,有齿槽,前锋作三角形,援较宽,援最宽处约为援长的三分之一,上刃略拱,下刃微内弧,有阳文脊线和边刃。内端近方形,末端斜状,内前端有圆穿。阑部阴刻菱形图案,其上下用阴刻三平行线作边框。通长46.5、内长8.5、阑宽11.2、阑长1.8、援下宽10、上孔径1.2、下孔径0.9、内厚1、中脊厚0.6厘米(图七六,1;彩版四一,1;图版五六,1)。

Ⅱ式 1件。有阑直内窄援式。

标本XDM:663,透闪石(隐晶质)制,淡绿色,油脂光泽,不透明,摩氏硬度5.5～6。中等沁蚀。形制与Ⅰ式基本相近,但援较窄长,援最宽处约当或略小于援长的四分之一。前锋薄而尖,有中脊,但边刃不明显,上刃略拱,下刃近直。内呈长方形,前端有圆穿。阑前阴刻五道平行竖线两组,间以阴刻复线三角纹。通长42、内长7.5、援下宽7、阑宽8、阑长2、中脊厚0.6、内厚0.8厘米(图七六,2;彩版四一,2;图版五六,2)。

Ⅲ式 1件。无阑直内式。

标本 XDM：666,透闪石(隐晶质)制,绿色,油脂光泽,微透明,摩氏硬度 5.5~6。弱
~中等沁蚀。无阑,内短近方形,内下端比援下刃微凹进,以此将援、内分开。锋端呈三角
形,带中脊但边刃不甚明显。援上刃微弧,下刃近直。援后中部带一圆孔。通长 27.5、孔径
0.6、孔至内末端长 7.5、孔径 0.6、厚 0.6 厘米(图七六,3;彩版四一,3;图版五六,3)。

Ⅳ式 1件。援内不分式。

标本 XDM：664,透闪石(隐晶质)制,淡绿色,油脂光泽,微透明,摩氏硬度 5.5~6。
中等沁蚀。无阑,但援内不分,援较窄长,锋端收杀,较尖锐。内较宽,援前端较细削,上刃
微拱,下刃明显内凹,中脊不甚明显,且无边刃。带孔。通长 41、孔至内末端长 5、援中段宽
6、内末端宽 7.5、厚 0.6 厘米,上孔径 1、下孔径 0.7 厘米(图七六,4;彩版四一,4 图版五
六,4)。

(二)矛 1件。

标本 XDM：649,透闪石(微晶质)制,灰黄色,蜡状光泽,不透明,摩氏硬度 5.5~6。
中~强沁蚀。柳叶形,前锋为锐尖角。中脊突出并带边刃。末端两面中心部位均有一浅凹
槽,凹槽尾端有三角形缺口,两侧各钻一小孔,凹槽前方有一单面管钻大圆孔。此凹槽、三
角形缺口和大小圆孔(栓铆孔),都系用来作业穿插销固定矛之玉叶于铜骹部。长 18.5、叶
中段宽 4.5、大孔径 1.1(另一面 0.9)、小孔径 0.3、厚 0.8 厘米。河南安阳大司空村就曾出
土过一件铜骹玉叶矛,铜骹较长,前为近三角形的蛇头,上饰绿松石片,矛之后端即嵌入骹
部的蛇口之中。北京故宫博物院也藏有一件较完整的铜骹玉叶矛(图七六,5;图版五七,
1)。

(三)铲 2件。

器体较小,上顶端平齐较窄,下端两面平刃较宽。磨制精细,通体抛光透亮,未见使用
痕迹。

标本 XDM：644,透闪石(隐晶质)制,淡绿色,蜡状光泽,微透明,摩氏硬度 5.5~6。
弱沁蚀。扁平长方梯形。高 5、顶宽 4.2、刃宽 4.8、体厚 0.7 厘米(图七六,6;图版五七,2)。

标本 XDM：645,透闪石(隐晶质)制,深绿色,蜡状光泽,微透明,摩氏硬度 5.5~6。
弱沁蚀。扁平梯形。高 4.7、顶宽 3.7、刃宽 4.3、体厚 0.8 厘米(图七六,7;图版五七,3)。

三、饰 品

饰品丰富多采,但每类数量较少,而大量的是小玉珠、玉管、玉泡和绿松石镶嵌小饰品
等,属大件或出土较完整者计 33 件。和全国其他墓地出土玉器一样,新干商代大墓出土的
玉器大量也是装饰品,而装饰品中又以佩戴器和坠饰为主,如有作头饰的笄、腕饰的镯、颈
饰的项链、身系的腰带、帽服上的佩饰、坠饰和串珠等等。尚有一些装饰件和附件,多是作
为武器、工具或器物上的装饰品或附属品,借以衬托出器物本身的珍贵,同时可以增加威
武庄严的气势,显示出主人的高贵。

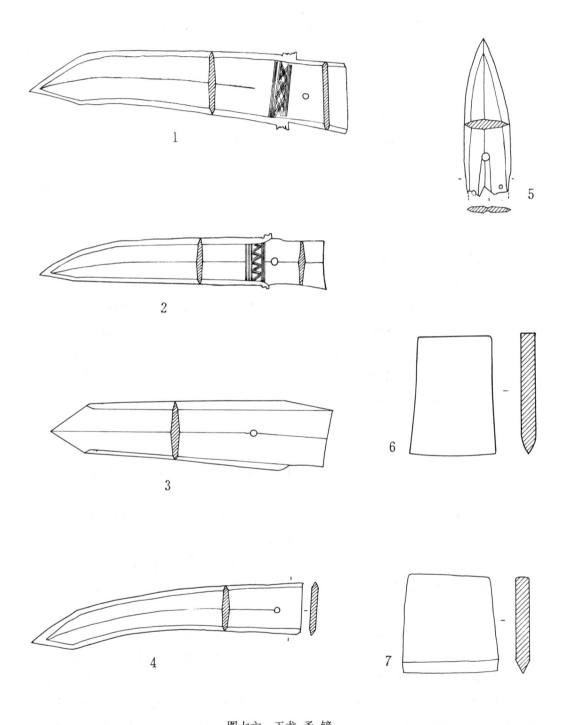

图七六　玉戈、矛、铲
1. I式戈 XDM：665　2. II式戈 XDM：663　3. III式戈 XDM：666　4. IV式戈 XDM：664
5.矛 XDM：649　6.铲 XDM：644　7.铲 XDM：645(1、2、4 为 1/6,3、5 为 1/4,6、7 为 1/2)

（一）镯　1件。

标本 XDM：675，磷铝锂石制，青灰色，有黄褐斑，琉璃光泽，不透明，摩氏硬度 5.5～6。弱沁蚀。短筒体，两端平齐，中心对钻大孔，表里抛光。外壁中腰微束，将全器分成上下两节，每节等距浅刻宽竖线槽四条，将外壁上下各节分成四等分。每等分的上下刻凹弦纹两组，每组三周。器高 2.6、直径 7.9、壁厚 0.7 厘米（图七七，1；彩版四○，4；图版五五，6）。

（二）笄形坠饰　2件。可分为二式：

Ⅰ式　1件。

标本 XDM：657，透闪石（隐晶质）制，青灰色，油脂光泽，微透明，摩氏硬度 5.5～6。强沁蚀。较细长，圆杆锥体，顶端琢磨成扁平舌形，舌上一圆穿，之下刻雷纹一周和阴线边额；下端琢成六棱锥形，锥上也横穿一孔。通长 17.8 厘米（图七七，2；图版五七，4）。

Ⅱ式　1件。

标本 XDM：655，透闪石（隐晶质）制，青灰色，油脂光泽，半透明，摩氏硬度 5.5～6。未沁蚀。较短小，长条扁体，截面椭圆。上顶端琢成菌状盖帽形，其下横钻一圆孔，孔下两侧内弧成柄。体部用凹弦纹将笄身分为四节，中间两节较长，上阴刻莲瓣纹，下端较细且平齐。通长 11.2 厘米（图七七，3；图版五七，5）。

（三）项链　1串（18 颗）。

标本 XDM：641，由十八件玉块组成。以磷铝石为主，间有磷铝锂石。出土时，呈桃形依序排列于棺室的东头。玉块大小厚薄不一，有的大小竟相差两倍以上，除两块较大者破裂外，余均完整，但大部有自然裂隙和沁蚀现象，色泽不一。形状也不尽相同，有扁平梯形、扁椭圆形、扁长方形和扁薄方形等，但四角磨制圆润，两端中心均对钻穿孔。玉块长 1.4～4.1、宽 1～2.2、厚 0.8～1 厘米（彩版四二，1；图版五八，1）。

（四）腰带　1串（13 颗）。

标本 XDM：462，由十三件玉块组成。全为磷铝石制，苹果绿色，玻璃光泽，不透明。摩氏硬度 4.5～5。弱沁蚀。玉块长短不一，厚薄不匀，其中四件残破。体多呈长方形，正面两侧缘琢成斜边，四角圆润，底面平齐，两端中心纵贯穿孔。通体素面质朴，出土时，一块接一块地呈弧形排列于棺中部，当有可能是系绕于死者腰间的所谓后世的腰带。玉块每块长 5.6～9.6、宽 3.2～3.5、厚 1.3～1.5 厘米（图版五八，2）。

（五）串珠　6串。此墓中出土绿松石颗粒、穿孔小珠以及玉饰破碎片等上千件，它们基本都无规律地散置于棺内中部两侧，及至室内整理时，只能按其形状分类穿缀成 5 串。现分述如下：

标本 XDM：710，由五十三颗扁平长方形珠串成。多数为磷铝石，少数为绿松石。色泽不一，有浅绿和青灰等色。形状大体与标本 XDM：641 项链相同，主要为扁平长方形，亦有扁平梯形和扁椭圆形等，四角与棱边均较圆润，两端中心对钻穿孔。大部分有自然裂隙和沁蚀现象。每珠长1～3.8、宽1.4～2、厚0.5～1厘米(图版五九,1)。

标本 XDM:643,由三十八颗长圆管形大珠串成。其中四颗为隐晶质透闪石制成,青灰色,油脂光泽,微透明;三十四颗为微晶质透闪石制成,黄白色,蜡状光泽,不透明,形制相同,大小有别。两端平齐,有对钻穿孔。每珠长1.2～3.1、横截径0.6～0.8厘米。

标本 XDM:646,由十五颗腰鼓形大珠串成。绿松石质,色呈苹果绿,腊状光泽,不透明,孔隙沟分布较多,摩氏硬度5.5～6。弱沁蚀。其中一件为磷铝石制品。形制均腰鼓形,中腰微鼓,两端平齐,中央对钻穿孔,沿下各饰凹弦纹一周。每珠长0.9～3.3、横截径0.9～1.5厘米(彩版四二,2)。

标本 XDM:647,由十四颗小粒状珠串成。绿松石质,翠绿色。

标本 XDM:707,由一百三十一颗中型管状珠串成。绿松石质,色呈翠绿,微透明,体为细长圆管,每珠中心对钻穿孔。孔径0.1—0.2厘米。每珠长0.7～1、横截径0.5～0.8厘米。

标本 XDM:708,由三百四十九颗细小粒状珠串成。绿松石质,翠绿色。珠粒细小,每颗长、径仅0.3和0.2厘米,与绿豆一般大,但均有穿孔(图版五九,2)。

(六)水晶套环　2件。质地甚佳,纯度较高,全器无色透明,呈玻璃光泽。形制相同,大小相次,出土时,小环套叠在大环上。器体规矩正圆,正面和两侧边各琢出一道脊棱,使器身的横界面近于菱形。

标本 XDM:638,大环,一边内侧有一处磕伤,另一边缘有小磕口一处,破损处有贝壳状断口,纯净,天气泡。直径7、孔外径5、孔内径3、厚1.4厘米(图七七,4;彩版四三,1;图版六三,4)。

标本 XDM:637,小环,完好无损。直径5、孔径2、厚1.1厘米(彩版四三,1;图版六三,5)。

(七)柄形器　3件。长条状,上端平齐,其下两侧内弧成柄,便于握持,下端变窄为短榫。可分三式:

Ⅰ式　1件。长条方体。

标本 XDM:652,透闪石(微晶体)制,灰色,蜡状光泽,不透明,摩氏硬度5.5～6。中～强沁蚀。柄端四周突出,柄部饰凹弦纹四组,每组二道,器身以三道细凹弦纹分成三节,每节又以宽浅凹槽将其分成二组,每组以四角为中轴线饰浅浮雕蝉纹,组间蝉首相对,大头圆眼,宽翼尖尾。下端收缩成方形榫状,底沿亦有一周凸起。自顶端至末端器身中心对钻穿孔。唯器身中部交叉断裂。通长20、宽2.2、厚1.8厘米(图七七,5;彩版四四,1;图版六〇,1)。

Ⅱ式　1件。长条扁方体。

标本 XDM:653,透闪石(隐晶质)制,灰白色,有乳黄斑,蜡状光泽,半透明,摩氏硬度

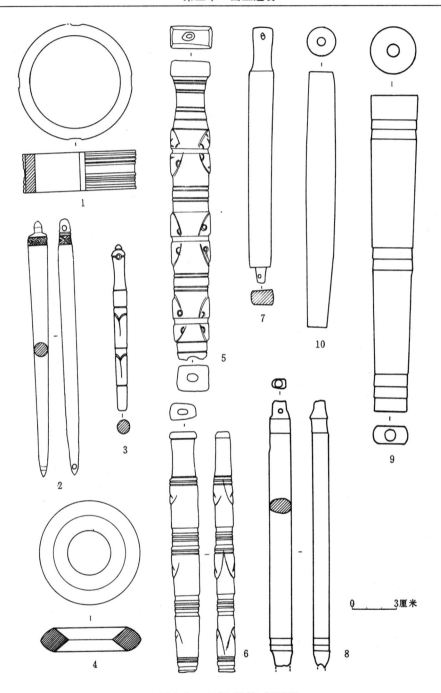

图七七　玉镯、坠饰、柄形器

1.镯 XDM：675　2.Ⅰ式笋形坠饰 XDM：657　3.Ⅰ式笋形坠饰 XDM：655　4.水晶
套环 XDM：638　5.Ⅰ式柄形器 XDM：652　6.Ⅱ式柄形器 XDM：653　7.Ⅲ式柄形
器 XDM：640　8.长条形饰 XDM：654　9.Ⅰ式长管形饰 XDM：639　10.Ⅰ式长管形
饰 XDM：656

5.5~6。弱沁蚀。长条扁方形,但四角圆润。两端中心对钻穿孔。柄部素面无纹,器身用凹弦纹分成三节,每节上部以转角处为中轴线饰简练蝉纹。下端收缩成方形榫状。长16.3、宽2、厚1.5厘米(图七七,6;彩版四四,2;图版六○,2)。

Ⅲ式 1件。

标本XDM:640,磷铝石制,灰绿色,玻璃光泽,不透明,斑点较多,摩氏硬度4.5以上。中等沁蚀。通体素面。上段内弧成柄,其顶面中心竖钻一斜孔至柄中部的一侧穿出。下端收成扁薄形榫,榫面钻一孔。长17.4、宽1.5、厚1厘米(图七七,7;图版六○,3)。

(八)长条形饰 1件。

标本XDM:654,透闪石(隐晶质)制,浅灰色,蜡状光泽,微透明,有绵纹,摩氏硬度5.5~6。弱沁蚀。长条扁体,横截面呈椭圆形。两端均有扁薄榫,一端榫上有一横穿,另一端榫顶有凹槽,凹槽中竖穿孔与另一端横孔相通连,两端榫的下部均横刻三周凸弦纹作边额。通长17.6、宽1.5、厚0.9厘米(图七七,8;图版六○,4)。

(九)长管形饰 2件。玉质较好,琢磨甚精,抛光透亮,因而显得晶莹光洁,温润可爱。可分二式:

Ⅰ式 1件。

标本XDM:639,透闪石(隐晶质)制,灰白色,油脂光泽,半透明,摩氏硬度5.5~6。弱沁蚀。体作长圆形,两端平齐,一端较大且圆,另一端较小而略呈椭圆。两端中心对钻穿孔相通。体表仅上下两端和中腰部位各饰凸弦纹一组,每组三周。通长21.8、横截径2.2、孔径0.6厘米(图七七,9;彩版四四,3;图版六○,5)。

Ⅱ式 1件。

标本XDM:656,透闪石(隐晶质)制,青灰色,雪花斑,微透明,油脂光泽,摩氏硬度5.5~6。弱沁蚀。素面。两端平齐,体作擀面杖形,中段较粗,两端微收,中心对钻穿孔。长17、孔径0.3厘米(图七七,10;图版六○,6)。

(一○)圆形坠饰 2件。均呈矮柱状,两端中心对钻穿孔,孔内留有台痕。表面抛光。

标本XDM:630,透闪石(隐晶质)制,灰白色,有黄褐斑,玻璃光泽,不透明,摩氏硬度5.5~6。中~强沁蚀。一端平齐,另一端顶为斜面。通体抛光。中腰以浅宽槽将体分为上下两节,上下端分别以一圈凹弦纹框边,两节表面各雕四组对称的浅浮雕变体卷云纹。通高2.8、圆径4.4、孔径1.8厘米(图七八,1;图版六一,1)。

标本XDM:629,透闪石(隐晶质)制,灰色,蜡状光泽,微透明,有斑点,摩氏硬度5.5~6。中等沁蚀。中腰微束,并饰凹弦纹三圈,将体分为上下两节,两节表面多饰四组对称的花瓣形纹,在花瓣之间刻简化蝉纹,蝉尾相对,线条简练,琢工粗浅。通高3.2、圆径4.7、孔径1.9厘米(图七八,2;图版六一,1)。

(一一)圆瑁 2件。

标本 XDM：631,透闪石(隐晶质)制,黄白色,玻璃光泽,不透明,摩氏硬度 5.5～6。强沁蚀。立面呈束腰的圆柱状,两端平齐,一端较直而小,一端较外侈略大。中央对钻穿孔,孔内有台痕,器表抛光且饰凸弦纹三组。上下两组各三圈,中间一组二圈。通高 6.5、小端径 2.3、大端径 3.2、孔径 0.9 厘米。均出土于棺内中部左侧。瓓,《说文》仅释为"从玉勒声",是较常见的一种装饰附件,大体有圆瓓、方瓓、扁瓓、枣核形瓓诸种,标本 XDM：632,透闪石(隐晶质)制,灰绿色,微透明,上半部油脂光泽,下半部玻璃光泽,摩氏硬度5.5～6。弱～中沁蚀。出土时器表粘有朱砂,较细的一段垂直地紧顶着一件虎首戈的下阑。这是玉瓓作为戈柲上装饰附件的有力例证(图七八,3;彩版四四,4;图版六一,2)。

(一二)虎形扁足　3 件。

标本 XDM：634、635、636,均透闪石(微晶质)制,前者灰白色,后二者灰黄色,玻璃光泽,不透明,摩氏硬度 5.5～6。中沁蚀。形制大小相同。体作扁平长条形,中部纵向略隆起成脊,整体轮廓似变体虎形,首端较宽,上顶部带榫,其中标本 XDM：634 有一圆穿作目。其余二件无穿,尾部均较细且上卷,躯体两侧分别琢制出二个和四个钩形,以示背脊和四足。双面的四周边缘刻一圈阴线,线随形转,且线槽内填以红朱,器腿下部还用红朱绘以瓣状鳞片纹,只是多数已脱落不清。其用途当可能是嵌装于漆鼎身腹下的器足。通长 18、上部最宽处 5.5、厚 0.5 厘米(图七八,4;图版六二,1)。

(一三)镂孔扉棱片　4 件。

标本 XDM：703、704、705、706,均透闪石(微晶质)制,黄白色,玻璃光泽,不透明,摩氏硬度 5.5～6。标本 XDM：703 中～强沁蚀,标本 XDM：704 中等沁蚀,标本 XDM：705 弱～中沁蚀,标本 XDM：706 中等沁蚀。形制、大小相同,体呈扁平长条方形,一端略翘,另一端较窄近平。一侧近平齐或略内凹,另一侧镂雕出四个钩状扉棱,且边缘很薄。其用途与玉质虎形扁足配套,当是镶嵌在漆鼎腹部的扉棱装饰件。长 7.5、宽 2.2、厚 0.3 厘米(图七八,5、6;图版六二,2～5)。

(一四)蝉　1 件。

标本 XDM：672,绿松石制,翠绿色,微透明,蜡状光泽,有空隙沟,摩氏硬度 5.5～6。弱沁蚀。圆雕,体瘦长,与真蝉无异。圆弧的头顶两侧凸起椭圆形双目,颈部微束,背有脊棱,双翼较短且收敛,尾部较长,上刻人字形羽纹。头额下部斜钻一孔,直透腹部。腹底近平,但底侧有一处瑕疵(孔隙沟)。通长 4.6、宽 2、高 1.5 厘米(图七八,7、8;彩版四三,2;图版六三,2)。

(一五)蛙　1 件。

标本 XDM：669,绿松石制,淡绿色,腊状光泽,微透明,摩氏硬度 5.5～6。体态特小,琢工精巧,圆雕。头呈半圆突弧状,双圆眼,四肢屈曲,作匍伏欲纵之势。短尾。腹底平齐,腹部两侧微鼓,底腹中部横刻 0.2 厘米宽的凹槽。可镶嵌。通长 1.7、宽 1、厚 0.5 厘米(图

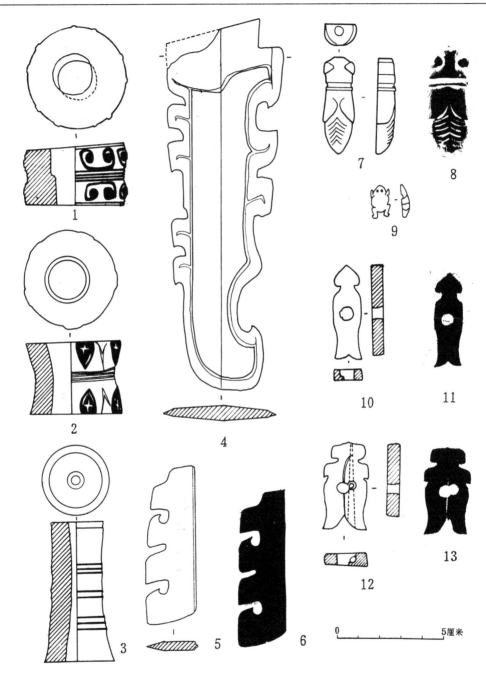

图七八　玉坠饰、圆瑯、器足、扉棱片

1.圆形坠饰 XDM：630　2.圆形坠饰 XDM：629　3.圆瑯 XDM：631　4.虎形扁足 XDM：635 5.
镂孔扉棱片 XDM：704　6.镂孔扉棱片 XDM：704 拓本　7.蝉 XDM：672　8.蝉 XDM：672 拓本
9.蛙 XDM：669　10.Ⅰ式鱼形饰 XDM：667　11.Ⅰ式鱼形饰 XDM：667 拓本　12.Ⅱ式鱼形饰
XDM：668　13.Ⅱ式鱼形饰 XDM：668 拓本

七八,9;彩版四三,3;图版六三,3)。

(一六)鱼形饰　2件。灰白色,体扁平。腹中部有对钻大孔,头前端有一竖钻小孔直通大孔而至体部,可串缀作佩饰坠。可分二式:

Ⅰ式　1件。

标本 XDM:667,透闪石(微晶质)制,黄绿色,丝绢光泽,不透明,摩氏硬度 5.5~6。弱沁蚀。头呈桃形,素面,体较瘦长,八字形短尾。通长 5、中宽 1.5、孔径 0.7、厚 0.7 厘米(图七八,10、11;彩版四三,4;图版六一,3)。

Ⅱ式　1件。

标本 XDM:668,透闪石(微晶质)制,灰黄色,蜡状光泽,不透明,摩氏硬度 5.5~6。弱沁蚀。头近横长方形,素面,体较宽,颈下有一对鳍,尾分叉,两侧腹微鼓。腹中部横列二孔相套,有台痕。长 4.1、中宽 2.1、孔径 0.8、厚 1.2 厘米(图七八,12、13;彩版四三,5;图版六一,4)。

(一七)泡　52颗。多数为绿松石质,圆形,底平,大多数呈半球状,有沁蚀。其中有二件体扁薄。泡分大、中、小三种,均可作镶嵌物。可分二式:

Ⅰ式　50颗。半球形。

标本 XDM:671,1 颗。属小型泡。翠绿色,有斑点,腊状光泽,微透明,弱沁蚀。直径 2.7、高 1.1 厘米(图版六三,1)。

标本 XDM:709,38 颗。属中型泡。浅绿色,斑点多,玻璃光泽,微透明,弱沁蚀。直径 1.1、高 0.5 厘米。

标本 XDM:711,11 颗。属大型泡。翠绿色,斑点多,蜡状光泽,微透明,弱沁蚀。直径 0.6、高 0.3 厘米(图版六三,1)。

Ⅱ式　2颗。体较扁。

标本 XDM:670,1 颗。属中型泡。苹果绿,有斑点,玻璃光泽(抛光不好),不透明,弱沁蚀。直径 2.5、高 0.3 厘米(图版六三,1)。

标本 XDM:676,1 颗。属大型泡。磷铝石制,黄绿色,玻璃光泽,不透明,弱沁蚀。直径 1.4、高 0.3 厘米(图版六三,1)。

另有标本 XDM:702 为一颗玉珠。

四、其　　他

此类玉器有人认为可归属于装饰品类,也有人认为应属艺术品。从体部有大小不一的孔眼和榫头看,具体使用上确是作为佩缀或嵌插在衣服上的装饰品或附属物,而且装佩的部位也是最显目和最重要的地方。从琢制和雕刻的形体造型等方面来看,也确属精湛艺术品。细察其形体和图案所反映的精神内涵,却又充分表现出神像和图腾崇拜的深层内容。从这类玉器的实质内容和佩戴的真正目的与功能看,我们认为,决非一般的装饰品或艺术品所能概属,故将它们暂归入其他类叙述。

（一）神人兽面形饰　1件。

标本 XDM：633,磷铝石制,黄绿色,玻璃光泽,不透明,有绵文。摩氏硬度4.5以上。中～强沁蚀。整体呈扁平竖长方形,唯上端左角稍残。通高16.2、下端宽5、中宽6、顶宽7、厚0.4厘米(图七九,1～3;彩版四五;图版六四,1)。两面均粘有红朱。玉质莹润,琢磨光滑。正面中段琢出浅浮雕的神人兽面像,下额圆弧形。整个兽面由上下两部分组成,上一部分为神人像,高3.8厘米,有眼、鼻、耳、额等,其细部特征为:梭形眼,外眼角上排成内钩形,内眼角下收成外钩形,大圆眼,二道卷云粗眉,其间由二条竖直线构成粗宽的鼻梁,鼻梁直线向上延伸,过眉脊后左右外展为额;向下内卷成二个圆点即为鼻孔,鼻子似蒜头。神人脸面两侧各有三个向上卷的角状扉棱,似是装饰,下两个又可看成是大耳。下一部分为兽面,高2.7厘米,只有横长方形阔口,内露上下两排六枚方齿,嘴角各有一对獠牙,上獠牙在外侧伸出下唇呈外钩形,下獠牙在内侧直伸出上唇较长,呈外卷角形。大口两侧各有一圆穿,既可看成兽面的双目,又像是神人大耳下的垂环。神人脸庞和下颏等处还刻有卷云纹。

神人兽面以下即为脖颈,由窄变宽,最下端横刻一道阳线。兽面头顶上横刻四道平行阳线,再上即为高耸的羽冠,羽冠平顶,两角琢成尖扉棱状的外卷角,与神人脸面两侧的凸扉棱相对应,唯左角已残损。右卷角处有一细穿孔,可知左卷角处也有对称的穿孔。羽冠由竖刻十一组作放射状的羽翎组成(中央一组,两侧各五组;两侧各组从下部就逐渐开始向外弧卷,中间一组从上部才开始向外弧)。整个玉饰的正面浮雕图案应为一个戴着平顶卷角高羽冠的神人兽面形象。

此神人兽面图像的雕琢技法是采用双线凸雕与单线阴刻两种方法混合使用,神人脸面和高冠上的放射状羽翎以及一些卷云纹等都使用双线阳文雕琢;下部的兽面嘴巴、牙齿和两对獠牙等则采用单线阴刻。所以,在外观上,上下两部分的效果截然不同。

反面光滑平正,惟下端即脖颈有四组的平行浅阳文刻线,每组由二道或三道构成。近顶端还有一带状由三道阳线构成的菱形图案。

正面中段的神人兽面形象,其神人有脸面,却又是兽类的口、齿;兽面有口、齿却又无脸面。从夸张的眼、耳、鼻、额等看,显非一般"人"的特征;从龇牙咧嘴看,显然又是兽类的特征。由于是采用象征性的表现手法,虽不能确指某一具体动物,但用夸张手法表现出两对獠牙,当与虎豹一类有关;它与同墓出土的青铜双面神人头像的口、齿特征又有相近之处。似人非人,似兽非兽,故定名为:"神人兽面形玉饰"。

这件神人兽面形玉饰出于棺室的偏东头,即相当于推测中的墓主人的胸部部位,与出土于相当于墓主人的头部部位的二件Ⅱ式扁厚体玉玦相邻。再从其羽冠顶端两卷角处各有一细穿孔以及背面基本无纹饰分析,推测它是一种缀于衣服重要部位上的一种服玉,和

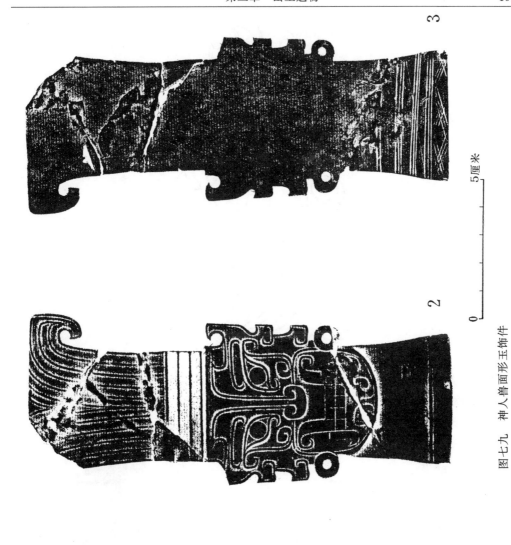

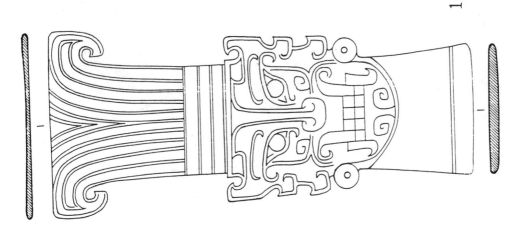

图七九 神人兽面形玉饰件

1. XDM：633　2. XDM：633 正面纹样拓本　3. XDM：633 背面纹样拓本

1

2

0　　　　　　　　　　5厘米

图八〇　侧身羽人玉佩饰

1. XDM：628　2. XDM：628 纹样拓本

其他饰物共同组成一组佩饰。以往,多认为"组佩"西周以后才开始出现,实际当有可能源于商代。

(二)侧身羽人佩饰　1件。

标本 XDM：628,叶蜡石制,棕褐色,蜡状光泽,不透明,无瑕疵。作侧身蹲坐状,两侧面对称。"臣"字目,粗眉,大耳,钩喙;头顶部着高冠,冠作鸟形,鸟尖喙,匐伏状,胸前突,尾敛并后卷成一圆角方孔,再以掏雕技法琢出三个相套的链环;双臂拳屈于胸前,膝弯屈上耸,脚底板与臀部平齐,脚板底有方形短榫,榫部有一横凹槽,并拢的小腿下部有一斜穿孔,以供插嵌或佩系。腰背至臀部阴刻出鳞片纹,两侧各琢有羽翼,腿部也琢出羽毛。套环与羽人是用一整块璞料圆雕而成。出土于项链的顶端右侧,即死者的头顶部位。通高11.5、身高 8.7、背脊厚 1.4、前胸厚 0.8 厘米(图八〇,1、2;彩版四六;图版六四,2)。

这种侧身羽人佩,和殷墟妇好墓出土的侧身玉人浮雕饰有某些相近之处,但也不难发现其间的明显区别:总的体态,后者为侧身蹲踞状,前者为侧身蹲坐式;后者无冠或冠不甚高,前者为高冠,且系一鸟形;后者为高鼻或翘鼻,前者的鼻不很明显;后者张嘴,前者尖喙钩状;后者用双线雕技法雕琢出随造型变化而变化的线纹,前者虽也用双线雕技法,但线纹少见,且琢出殷墟玉器上不见的羽翼。这些明显不同点,表明南方古代民族在仿琢殷商玉器时,更多融入了新的文化因子,这些新因子决非是玉工们的随意创造,而是当地土著民族固有传统精神风貌的反映,是该地区远古土著先越民族鸟图腾和鸟崇拜的一种遗俗和变异。比之妇好墓的侧身玉人,新干的更多地具有神人意味,它有机地把人、兽、鸟集于一身,想象丰富,构思精巧。此外,掏雕的三个链环,也表现出高超的琢玉工艺水平。

第四节　陶、硬陶、原始瓷器

139 件。这里的统计数是指部分完整器和已复原的件数。由于出土时陶瓷器残破严重,原有的陶瓷器绝不止上述之数。在一座墓中出土如此大量的陶瓷器,这在商代墓葬中是极为罕见的。

这批陶瓷器的质地有夹砂灰陶、泥质灰陶、红陶、黑皮磨光陶、几何印纹硬陶以及原始瓷等。硬陶和原始瓷约占陶瓷总数的百分之二十。几何印纹陶纹样主要有圈点纹、细绳纹、凹弦纹,尚有云雷纹、勾连雷纹、方格纹、网结纹、曲折纹、燕尾纹、篦纹、锯齿状附加堆纹、仿铜器兽面纹以及刻划的曲折纹等。这批陶瓷器的另一个重要特点,是在陶瓷器上刻划有单个的文字与符号。这些文字与符号,都是陶工们在坯干之后、上釉之前刻划到胎壁上的,且绝大部分都是刻在小口折肩罐和大口折肩尊的肩部,只有个别是刻在器物底部。

陶瓷器的制作方法主要采用轮转拉坯,故大多数器物均规整秀丽,且胎薄匀称,只有器盖握手、单錾把手和器腿等为模制捏合而成。陶瓷器的器类较为丰富,计有鬲、鼎、釜、罐、瓮、大口尊、壶、盆、盘、钵、罍、簋、筒形器、豆、斝、器盖和纺轮等,而以鬲和小口折肩罐为大宗。现按炊器、盛食器和工具类分别叙述之。

一、炊　器

28件。器类只有鬲、鼎和釜三种。

(一)陶鬲　26件。有完整的和已复原的。胎质,多数为夹细沙软陶,少数为泥质灰软陶或泥质黄软陶。均方唇,折沿,边缘有凸棱,高领,颈腹间多有折度,裆部相应都比较高,体高一般大于宽,少数高宽相等,只有个别高略小于宽。器身普遍饰细绳纹,领肩部饰圈点纹和凹弦纹,只有少数为素面。制法,器身均为轮制,底部和三空心腿部为手制,三实足尖为手制捏合,再经修刮。根据裆部变化,可分为分裆鬲和联裆鬲二种。

1. 分裆鬲　20件。

标本XDM：604,夹细沙灰软陶。通身素面。颈下部饰圈点纹一周,其上下各饰凹弦纹二周。通高19.7、口径20、裆高10.5厘米(图版六六,1)。

标本XDM：607,夹细沙灰软陶。素面。方唇上饰凹弦纹一周,颈下部饰圈点纹一周,上下各以凹弦纹二周边额。通高18.5、口径18、裆高11.5厘米(图版六五,1)。

标本XDM：608,夹细沙灰软陶。通身饰细绳纹,颈部饰圈点纹一周,上下界以凹弦纹二周。通高15.5、口径15、裆高10厘米(图八一,1;图版六五,2)。

标本XDM：610,夹细沙红软陶,表面棕红色。通身饰细绳纹,仅颈肩部抹去纹饰,加饰圈点纹一周,其下以凹弦纹二周衬托。通高16、口径14.5、裆高11厘米(图八一,2;图版六五,3)。

标本XDM：611,夹沙灰软陶。颈下饰圈点纹一周,其上下各饰二道凹弦纹边额。通高15.5、口径16、裆高9.5厘米(图版六六,2)。

标本XDM：612,夹细沙灰软陶。素面。方唇上饰凹弦纹一周,颈下部饰圈点纹一周,其上下各饰凹弦纹二道边额。通高15、口径15、裆高8.5厘米(图版六五,4)。

标本XDM：613,夹沙灰陶。通身素面。颈下饰圈点纹一周,其下饰二周凹弦纹衬托。通高14、口径13.8、裆高8厘米(图版六六,3)。

标本XDM：614,夹沙黄陶。颈下部饰圈点纹一周,其上下各饰凹弦纹一周。通高14.6、口径15、裆高6.1厘米(图版六七,1)。

标本XDM：616,夹沙灰软陶。口沿残损。通身素面。颈下饰圈点纹一周,上下各饰二周凹弦纹边额。通高16、口径15、裆高10厘米(图版六七,2)。

标本XDM：618,夹细沙灰软陶。素面。方唇上饰凹弦纹一周,颈下部饰圈点纹一周,其上下各饰凹弦纹二周边额。通高14.5、口径12.5、裆高9.5厘米(图版六五,5)。

标本XDM：619,夹沙灰陶。通身素面。颈部饰圈点纹一周,其上下各饰凹弦纹二周边额。通高14.6、口径14、裆高8.5厘米(图八一,3;图版六七,3)。

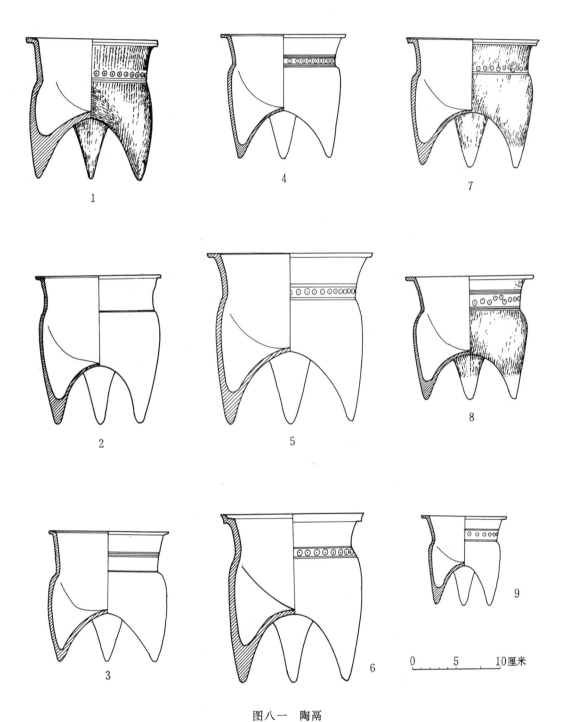

图八一　陶鬲

1.分裆鬲 XDM：608　2.分裆鬲 XDM：610　3.分裆鬲 XDM：619　4.分裆鬲 XDM：620
5.分裆鬲 XDM：624　6.联裆鬲 XDM：606　7.联裆鬲 XDM：609　8.联裆鬲 XDM：617
9.联裆鬲 XDM：626

标本 XDM：620,夹沙灰陶。通身饰细绳纹,方唇上饰凹弦纹一周,颈下饰圈点纹一周,上下各饰凹弦纹二周边额。通高 14.5、口径 15、档高 8.2 厘米(图八一,4;图版六六,4)。

标本 XDM：621,夹细沙灰软陶。素面。颈下部饰圈点纹一周,其上下各饰凹弦纹二周边额。通高 13、口径 12.5、档高 7.7 厘米(图版六五,6)。

标本 XDM：622,夹沙灰陶。三足尖残缺。残高 12、口径 13 厘米(图版六七,4)。

标本 XDM：623,夹沙灰陶。通身素面。通高 11.2、口径 11、档高 7 厘米(图版六七,5)。

标本 XDM：624,夹细沙灰软陶。表面挂棕红衣。通身饰细绳纹,颈下部抹去绳纹改饰圈点纹一周,其下饰凹弦纹二周。通高 19.4、口径 19、档高 9 厘米(图八一,5)。

标本 XDM：625,夹沙灰陶。通身素面。方唇上饰凹弦纹一周,颈下饰圈点纹一周,上下各饰凹弦纹二周边额。通高 11、口径 11.5、档高 6.7 厘米(图版六七,6)。

标本 XDM：627,夹细沙灰软陶。与其他诸鬲不同的是圆唇,通身饰细绳纹,颈下部刮去绳纹改饰圈点纹一周,其下饰凹弦纹二周。通高 15.8、口径 15.5、档高 10.5 厘米(图版六六,5)。

标本 XDM：714,夹沙红陶。通身素面。颈部饰圈点纹一周,上下饰凹弦纹二周。通高 15、口径 15、档高 5 厘米。

标本 XDM：715,红黄沙陶。通身素面。颈部饰圈点纹一周,上下各饰凹弦纹二周。通高 11、口径 11.8、档高 4 厘米。

2. 联档鬲   6 件。

标本 XDM：605,夹沙灰软陶。通身素面。方唇上有凹弦纹一周,颈下饰圈点纹一周,上下各饰凹弦纹二周边额。通高 15.5、口径 15.2、档高 9 厘米(图版六八,1)。

标本 XDM：606,泥质灰软陶。通身素面,方唇上有凹弦纹一周,颈下部饰圈点纹一周,其上下各饰凹弦纹二周边额。通高 19、口径 17.2、档高 11 厘米(图八一,6;图版六八,2)。

标本 XDM：609,夹细沙灰软陶。满饰细绳纹,方唇上饰凹弦纹一周,颈下部抹去绳纹加饰圈点纹一周,其下饰二周凹弦纹衬托。通高 14.5、口径 15、档高 8.8 厘米(图八一,7;图版六八,3)。

标本 XDM：615,夹沙灰软陶。通身素面。颈下饰圈点纹一周,其上下各饰二周凹弦纹边额。通高 13、口径 13.5、档高 8.5 厘米(图版六八,4)。

标本 XDM：617,夹细沙灰软陶。通身素面。颈下部饰圈点纹一周,其上下饰凹弦纹二周。通高 14.5、口径 15、档高 9 厘米(图八一,8;图版六八,5)。

标本 XDM：626,夹沙灰陶。通身素面。颈下饰圈点纹一周,上下各饰凹弦纹二周边额。通高 10、口径 10.5、裆高 5.5 厘米(图八一,9;图版六八,6)。

(二)陶鼎 1 件。

标本 XDM：556,夹细沙灰软陶。表里涂抹一层灰黑衣。盆形,翻沿,方唇,高领,鼓腹,圜底,三柱状实足,口腹径相等。方唇上饰凹弦纹一周,颈下部饰圈点纹一周,其上下各饰凹弦纹二周边额。通高 20、口径 25、足高 10 厘米(图八二,1;彩版四七,1;图版六九,1)。

(三)硬陶釜 1 件。

标本 XDM：557,几何印纹硬陶。胎体较薄,火候较高。圆唇,斜敞口,束颈,下腹稍鼓,圜底。通身饰网结纹,颈部有对称圆孔,孔外附有瓦形包耳,耳高出口沿 2 厘米。通高 17、口径 20、腹径 24 厘米(图八二,2;彩版四七,2;图版六九,2)。

二、盛食器

107 件。质地有陶、硬陶和原始瓷三种。器类有带盖折肩罐、折肩罐、高领罐、瓮、大口尊、壶、盆、盘、钵、罍、簋、筒形器、豆、斝和器盖等。现分述如下：

(一)硬陶、原始瓷罐 33 件。

有带盖折肩罐、折肩罐和高领罐三种。胎壁较薄,火候亦高,制作较规整。所谓原始瓷质,器口、肩部多施青灰釉,腹部挂酱褐色陶衣,惜釉层大部分已脱落。有一部分为泥质硬陶折肩罐,其造型基本相同,均小口,圆唇,窄平沿,短颈,广弧折肩,小凹底。颈肩处和折肩上下均饰圈点纹,边额饰凹弦纹数周,腹部多饰断续的细绳纹,亦有少数素面。多数在器肩部横刻字符"↦"或"↤",有的在器肩分别刻字符"×"、"ㄅ"等,有些器底则刻有"十"、"品"等文字或符号。

1. 原始瓷带盖折肩罐 2 件。

标本 XDM：517,原始瓷质。出土时带伞状器盖。釉大部分脱落。底部刻有"↦"字符。口径 6.9、通高 9.5、腹径 10.7、底径 4 厘米(图八三,1、2;彩版四八,1;图版六九,4)。

标本 XDM：521,原始瓷质。出土时带伞状器盖。釉局部脱落。肩部刻有"↦"字符。口径 7、通高 9.8、腹径 11.2、底径 5.2 厘米(图八三,3、4;图版六九,5)。

2. 硬陶折肩罐 11 件。

标本 XDM：505,肩部釉已大部分脱落,腹部饰间断细绳纹。肩部刻划有"ㄅ"字符。口径 11.6、通高 17、腹径 18.2、底径 8 厘米(图八五,1;图版七〇,1)。

标本 XDM：508,釉大部脱落。肩部刻有"×"字符。口径 11、通高 18、腹径 17、底径 8 厘米(图八四,1、八五,2;图版七〇,2)。

标本 XDM：510,未见施釉痕,底部印有交错细绳纹。肩部刻有"×"字符。口径 12、通高 19、腹径 21、底径 10 厘米。

标本 XDM：511,复原。装饰风格与施釉部位均与标本 XDM：501 相同。除肩部刻有"↤"字符外,底部压印有"品"形符。口径 12、通高 18.7、腹径 19.8、底径 7.9 厘米(图八

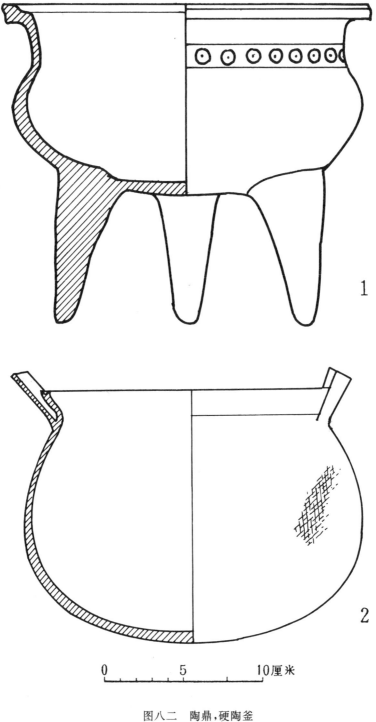

图八二　陶鼎，硬陶釜

1. 鼎 XDM：556　2. 釜 XDM：557

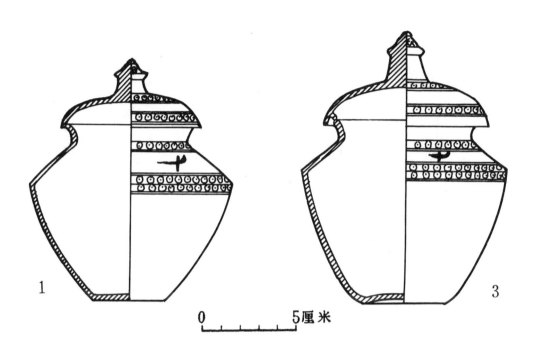

0　　　　　　　5厘米

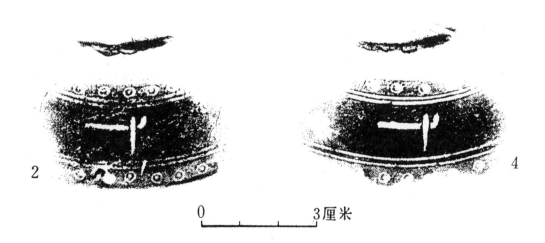

0　　　　　3厘米

图八三　原始瓷带盖折肩罐

1.XDM：517　2.XDM：517刻符拓本　3.XDM：521　4.XDM：521刻符拓本

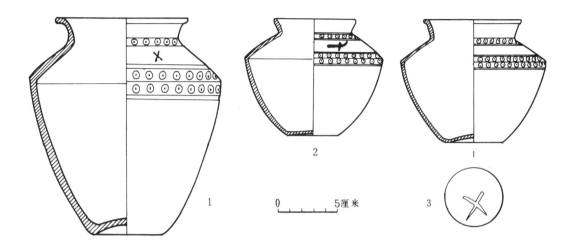

图八四　硬陶折肩罐
1.XDM：508　2.XDM：518　3.XDM：527

五,3;图版七〇,3)。

标本 XDM：515,釉大部分脱落。底部刻有"＋"字符。口径 8、通高 10.5、腹径 12、底径 5.2 厘米(图八五,4;图版七〇,4)。

标本 XDM：518,釉大部分脱落。肩部刻有"⌐"字符。口径 7.5、通高 10、腹径 11.9、底径 4.5 厘米(图八五,5;图版七〇,5)。

标本 XDM：526,器表刷一层灰黑衣。小口,圆唇,短颈,广弧折肩,小凹底。口径 9、通高 10、腹径 13、底径 4.5 厘米。

标本 XDM：527,釉层局部脱落。底部刻有"＋"字符。口径 8.5、通高 10.5、腹径 12.7、底径 5 厘米(图八五,6;图版七〇,6)。

标本 XDM：712,卷沿,短颈,广弧折肩,小凹底。折肩处饰圈点纹一周,上下各饰以弦纹二周。口径 12、通高 19、底径 7 厘米。

标本 XDM：718,色灰黑。仅肩部饰圈点纹一周,其上下各饰弦纹二周。口径 18、通高 30、肩宽 8、底径 17 厘米。

标本 XDM：720,口径 10、通高 12、底径 6 厘米。

3. 原始瓷折肩罐　17 件。可分为三式:

Ⅰ式　3 件。

标本 XDM：501,口、肩部施黄绿色釉,且釉色保存较好,腹部饰有断续的细绳纹,上刷酱褐色陶衣。颈下饰圈点纹一周,上下各饰二周凹弦纹,折肩部位上下各饰一周圈点纹,肩下饰二组共四道凹弦纹。肩部刻有"⌐"字符。口径 12、通高 18、腹径 19.5、底径 7.7 厘米(图八六,1、八七,1;图版七一,1)。

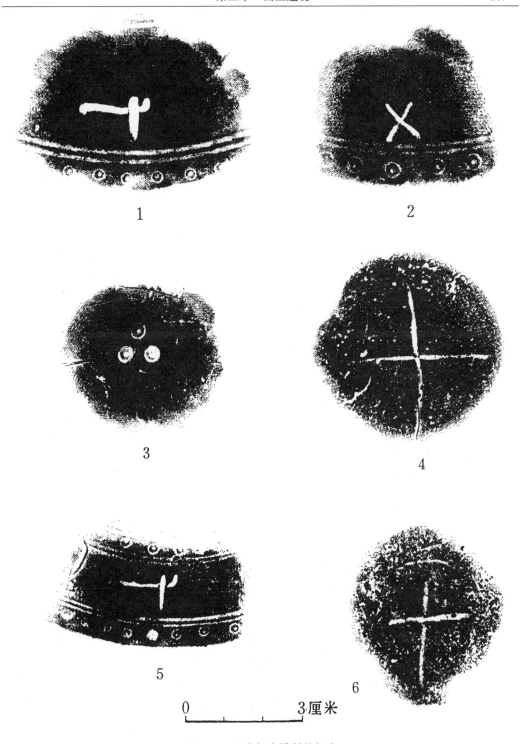

图八五　硬陶折肩罐刻符拓本
1. XDM：505（肩部）　2. XDM：508（肩部）　3. XDM：511（底部）　4. XDM：515（底部）
5. XDM：518（肩部）　6. XDM：527（底部）

标本 XDM：502，口、肩部施黄褐色釉，但保存较差，腹部也饰有断续细绳纹，上刷酱褐色陶衣。装饰风格与标本 XDM：501 相同。肩部也刻有"🙰"字符。底部刻有"＋"字符。口径 12、通高 18.8、腹径 19.8、底径 7.8 厘米（图八七，2、3；彩版四八，2；图版七一，2）。

标本 XDM：503，口、肩部施黄褐色釉，但多已脱落。装饰方法与部位和标本 XDM：501 相同。除肩部刻有"🙰"字符外，底部还压印有"🙲"形符。口径 12、通高 19、腹径 20.5、底径 8 厘米（图八六，2、八七，4、5；图版七一，3）。

Ⅱ式　5件。

标本 XDM：504，颈肩部施青黄釉，腹部施薄薄一层酱褐色釉，惜釉层大部分剥落，显露出腹部饰有间断细绳纹。底部刻有"＋"字符。口径 12、通高 17、腹径 18.8、底径 8 厘米（图八六，3；图版七一，4）。

标本 XDM：506，釉层已大部脱落，腹饰间断细绳纹。口径 11.5、通高 16.5、腹径 17.9、底径 7.5 厘米（图版七一，5）。

标本 XDM：507，釉色大部脱落，腹部饰间断细绳纹。口径 11.4、通高 15.5、腹径 17、底径 7 厘米。

标本 XDM：509，未见施釉痕，底部印有交错细绳纹。口径 11、通高 16.5、肩腹径 18.5、底径 7 厘米（图八六，4；图版七一，6）。

标本 XDM：512，釉大部分脱落。口径 9、通高 15、腹径 13.4、底径 6.5 厘米。

Ⅲ式　9件。

标本 XDM：513，釉大部脱落。底部刻有"＋"字符。口径 8.2、通高 11.5、腹径 13.7、底径 5.5 厘米（图八七，6；图版七二，1）。

标本 XDM：514，釉局部脱落。底部刻有"＋"字符。口径 8.4、通高 10.3、腹径 12.4、底径 5 厘米（图八七，7）。

标本 XDM：516，釉大部保存较好。肩上刻有"↵"字符。口径 7.5、通高 10、腹径 11.3、底径 4.5 厘米（图八七，8；图版七二，2）。

标本 XDM：519，釉局部脱落。肩部刻有"↵"字符。口径 7.1、通高 10、腹径 11.5、底径 5 厘米（图八七，9；图版七二，3）。

标本 XDM：520，釉大部分脱落。肩部刻有"↵"字符。口径 7、通高 10、腹径 12、底径 5 厘米（图八七，10；图版七二，4）。

标本 XDM：522，釉面大部分脱落。肩部刻划有"↵"字符。口径 7.3、通高 10、腹径 11.7、底径 5 厘米（图八七，11）。

标本 XDM：523，釉几乎全脱。底部刻划有"＋"字符。口径 7.3、通高 10.5、腹径 11.5、底径 5.3 厘米（图八七，12）。

标本 XDM：524，釉大部分脱落。肩部刻划有"↵"字符。口径 7、通高 9.2、腹径 10.4、

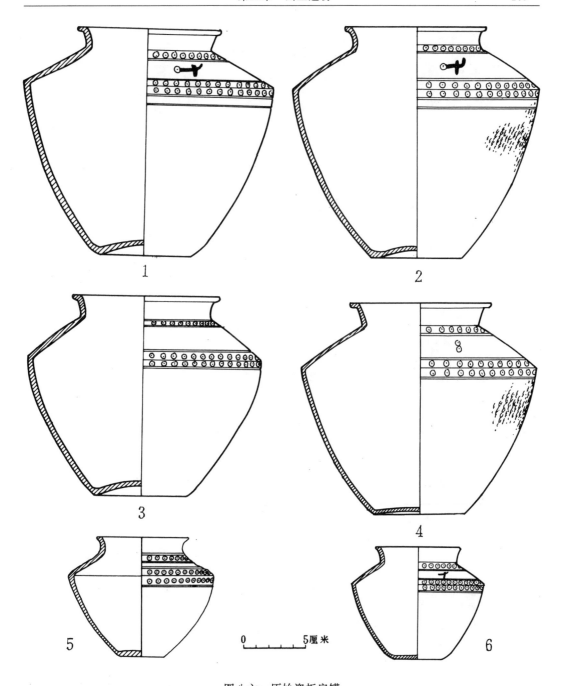

图八六　原始瓷折肩罐

1. Ⅰ式 XDM∶501　2. Ⅰ式 XDM∶503　3. Ⅱ式 XDM∶504　4. Ⅱ式 XDM∶509　5. Ⅲ式 XDM∶516　6. Ⅲ式 XDM∶524

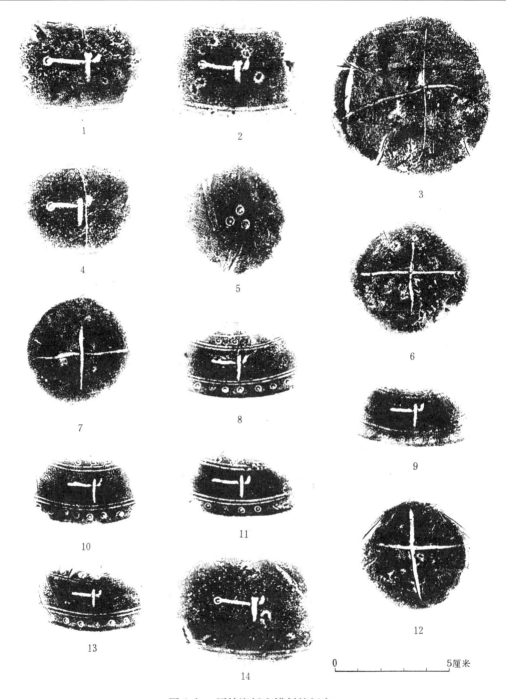

图八七　原始瓷折肩罐刻符拓本

1. I 式 XDM：501（肩部）　2. I 式 XDM：502（肩部）　3. I 式 XDM：502（底部）　4. I 式 XDM：503（肩部）　5. I 式 XDM：503（底部）　6. Ⅲ式 XDM：513（底部）　7. Ⅲ式 XDM：514（底部）　8. Ⅲ式 XDM：516（肩部）　9. Ⅲ式 XDM：519（肩部）　10. Ⅲ式 XDM：520（肩部）　11. Ⅲ式 XDM：522（肩部）　12. Ⅲ式 XDM：523（底部）　13. Ⅲ式 XDM：524（肩部）　14. 原始瓷高领罐 XDM：541（肩部）

底径 4.5 厘米(图八七,13;图版七二,5)。

标本 XDM：525,口沿残损。釉层大部分脱落。肩部刻有"一"字符。口径 10.5、通高 13.2、腹径 15.5、底径 6.5 厘米(图版七二,6)。

4. 硬陶高领罐　1 件。

标本 XDM：542,口径 15.5、通高 26.5、领高 6、肩腹径 23、底径 15 厘米(图八八,1;图版七三,1)。

5. 原始瓷高领罐　2 件。

标本 XDM：541,口径 16.5、通高 24.4、领高 6、肩腹径 23.5、底径 16 厘米(图八七,14、八八,2;图版七三,3)。

标本 XDM：543,口径 20、通高 34.5、领高 7、肩腹径 30、底径 15 厘米(图八八,3;图版七三,2)。

(二)陶、硬陶、原始瓷瓮　7 件。原始瓷质的通身施一层青灰釉或青黄釉,惜多数已脱落。小口,束颈,广弧溜折肩,凹底,显然其造型与小口折肩罐相似,唯个体较大。

1. 陶瓮　1 件。

标本 XDM：532,泥质红陶。肩上部及折肩转角处饰圈点纹一周,上下各饰一周凹弦纹边额。腹部饰断断续续的方格纹。口径 13.5、通高 27、腹径 23.5、底径 9.5 厘米(图八九,1;图版七四,1)。

2. 硬陶瓮　2 件。

标本 XDM：529,腹部饰断续细绳纹,口部饰多道细弦纹,颈和折肩部位各饰圈点纹带,其上下各饰二周凹弦纹边额。口径 15、通高 45、肩腹径 44、底径 13.5 厘米(图版七四,2)。

标本 XDM：531,通身饰方格纹,未见施釉痕。口径 17、通高 25、腹径 29、底径 12 厘米(图八九,2;图版七四,3)。

3. 原始瓷瓮　4 件。

标本 XDM：530,口径稍大,通身饰方格纹,上施一层薄薄的青灰釉。口径 20、通高 32、肩腹径 37、底径 14.5 厘米(图八九,3;图版七四,4)。

标本 XDM：533,小口,尖唇,短颈,斜腹折肩,圈凹底。肩、腹部密饰细方格纹,肩部在细方格纹之上加饰细弦纹十五道。通身施青黄色釉,色泽莹润,保存较好。整器制作讲究,火候较高。口径 11.5、通高 23、肩腹径 25、底径 9 厘米(图版七四,5)。

标本 XDM：534、535,造型、规格及装饰方法几乎完全相同。口、颈和肩部的釉面大部分都已脱落。肩上部及折肩转角处饰圈点纹三周,上下各饰二周凹弦纹边额,腹部满饰细绳纹,上加饰等距离的凹弦纹多道。肩部均横刻有二个"⌣ ⌐"字符。口径 14、通高 27、肩腹径 28、底径 11.5 厘米(图八九,4、九〇,1、2;图版七四,6)。

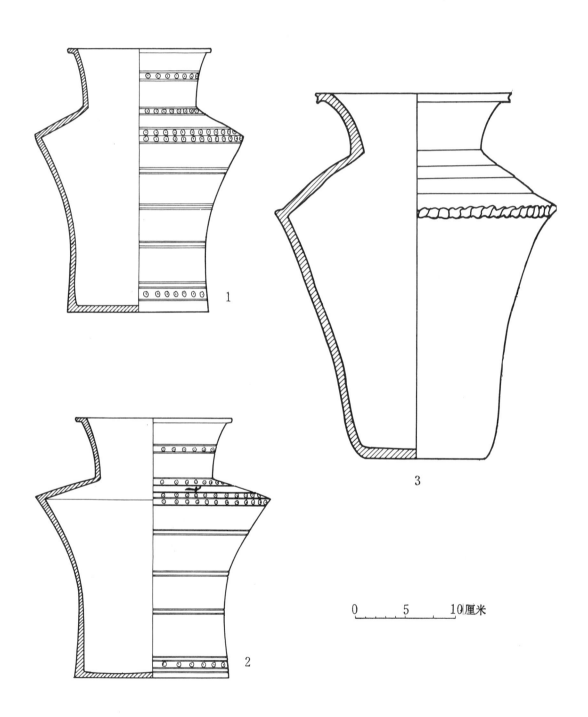

图八八　硬陶、原始瓷高领罐

1.硬陶高领罐 XDM：542　2.原始瓷高领罐 XDM：541　3.原始瓷高领罐 XDM：543

（三）陶、硬陶、原始瓷大口尊　9件。领口及肩部施青灰或青黄釉,腹部刷酱褐衣。器形总的特点是敞口,圆唇,高领,折肩。装饰方法是在腹、底部普遍饰以断续细绳纹,在颈部和折肩转角处饰圈点纹二周,上下界以凹弦纹边额。

1. 陶大口尊　4件。

标本 XDM：544,釉面保存较好,器体较大,惜腹中部以下残缺。口径 25.5、残高 34、领高 10、肩腹径 44.5 厘米。

标本 XDM：716,灰黄色釉,釉面保存较好。口径 53、通高 45、腹径 49、底径 20 厘米。

标本 XDM：717,青灰釉,釉多已脱落。口径 54、通高 45、腹径 51、底径 22 厘米。

2. 硬陶大口尊　2件。

标本 XDM：537,釉面大部分已脱落。肩部横刻一个"━"字符。口径 52、通高 47.5、领高 9.5、肩腹径 51、底径 18 厘米(图九〇,3；图版七五,1)。

标本 XDM：538,釉面已脱落。口径 56、通高 46.5、领高 12、肩腹径 53、底径 21.5 厘米(图版七五,2)。

3. 原始瓷大口尊　3件。

标本 XDM：536,青灰釉,釉面保存较好。口径 44、通高 46、领高 11、肩腹径 44、底径 17 厘米(彩版四八,3；图版七五,3)。

标本 XDM：539,复原。釉面部分脱落。器体较小。口径 32、通高 27、领高 5、肩腹径 32、底径 12 厘米(图九一,1；图版七五,4)。

标本 XDM：540,釉面已脱落。口径 57、通高 47、领高 9、肩腹径 55、底径 21 厘米(图九一,2；图版七五,5)。

（四）陶壶　1件。

标本 XDM：528,泥黄软陶,胎较薄。高领,敞口,圆唇,折肩,内收腹,圜底,矮圈足外撇。肩部饰二个对称的半环形贯耳钮。领口下部至圈足部,饰五周圈点纹带,并分别饰以凹弦纹二周边额。口径 9.7、领高 3.8、肩腹径 11.3、底径 7.5 厘米(图九一,3；图版七六,1)。

（五）陶盆　5件。复原3件。可分二式：

Ⅰ式　1件。

标本 XDM：562,泥质红陶。表里黑皮磨光。平折沿,方唇,腹微鼓,圈足。口径 24、通高 10、足高 2、足径 12 厘米(图九一,4；图版七六 2)。

Ⅱ式　2件。

标本 XDM：563,泥质灰陶。平折沿,圆唇,竖颈,深腹,颈腹分界明显,弧腹内收,凹底。颈下部饰圈点纹一周,下饰凹弦纹二周。口径 14.5、通高 11、底径 5 厘米(图九一,5；图版七六,3)。

标本 XDM：564,泥质灰陶。平折沿,圆唇,竖颈,深腹,颈腹分界明显,弧腹内收,凹

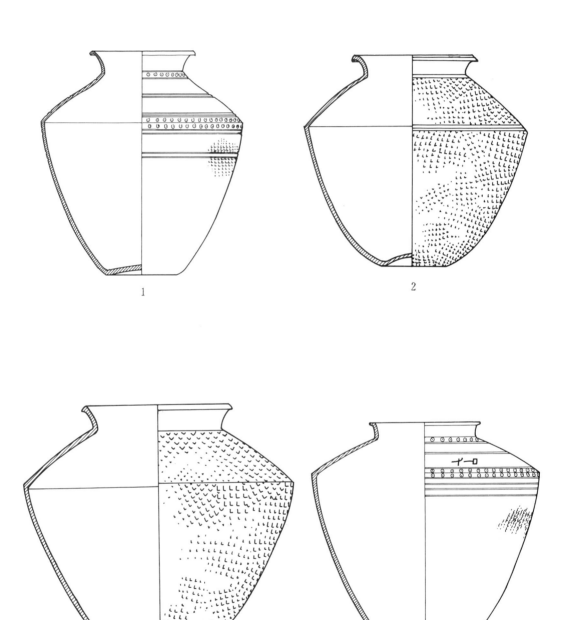

图八九　陶、硬陶、原始瓷瓮

1.陶瓮 XDM：532　2.硬陶瓮 XDM：531　3.原始瓷瓮 XDM：530　4.原始瓷瓮 XDM：534

1

2

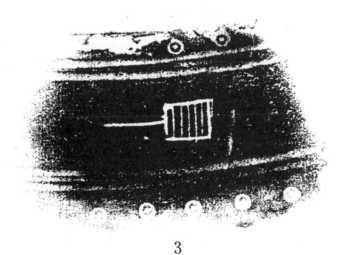

3

0　　　　　　3厘米

图九〇　原始瓷瓮、硬陶大口尊刻符拓本
1.原始瓷瓮 XDM：534(肩部)　2.原始瓷瓮 XDM：535(肩部)
3.硬陶大口尊 XDM：537(肩部)

底。颈下有弦纹二周。口径13.8、通高9.4、底径5.6厘米(图版七六,4)。

(六)陶盘　2件。

标本 XDM：561,复原。泥质黄陶。宽折沿,方唇,颈腹分界明显,浅鼓腹,圈足。沿面上饰圈点纹一周,颈和圈足上各饰圈点纹一周,其上下各饰二周凹弦纹边额。口径33.5、通高12.5、圈足高4、足径18.5厘米(图九一,6;图版七六,5)。

(七)陶钵　4件。均完整。其造型、规格大小及装饰方法都基本相同。平折沿,圆唇,深腹,颈腹分界明显,凹底。颈下部饰圈点纹一周,其下饰凹弦纹二周边额。

标本 XDM：566,泥质黄软陶。口径9、高5.3、底径4厘米(图九一,7;图版七七,1)。

标本 XDM：567,泥质黄软陶。口径9.3、高5.5、底径3.7厘米(图版七七,2)。

标本 XDM：568,泥质黄软陶。口径8.5、高5、底径3厘米(图九一,8;图版七七,3)。

标本 XDM：719,泥质灰黑陶。口径10、高5.8、底径3厘米。

(八)陶罍　1件。

标本 XDM：559,泥质软陶。表刷黑衣。矮直口,圆唇,广平折肩,弧腹内收,圜底,短圈足外撇。肩腹转角处饰圈点纹二周,上下各饰以凹弦纹二周边额。肩部饰四个相对称的半环贯耳钮。口径7、通高11、肩腹径14.5、圈足高1.5、足径7.5厘米(图九一,9;图版七七,5)。

(九)陶簋　4件。仅复原1件。

标本 XDM：560,泥质黄陶。折沿,方唇,深腹微鼓,圈足,矮圈足。腹部饰断续细绳纹。口径26.5、通高15、圈足高1.3、底径13.5厘米(图九一,10;图版七七,4)。

(一○)原始瓷筒形器　1件。

标本 XDM：569,表里施黑釉。口微敛,尖唇,深直筒形腹,平底。口沿下及底圈外各横阴刻一周正反向的燕尾纹,其上下各阴刻一周弦纹边额。口径8.5、通高14.5、筒腹径10、底径10厘米(图九一,11;彩版四八,4;图版七八,1)。

(一一)陶豆　13件。泥质灰陶或泥灰黄陶,表里挂灰黑衣或黑皮磨光,火候较低。可分二式：

Ⅰ式　10件。浅盘,平折沿,圆唇,喇叭形高圈足。在圈足的上部及下部各饰圈点纹一周,其上下各饰以凹弦纹二周边额。中部多有"十"字形镂孔三个,只有个别矮小的不加镂孔。

标本 XDM：545,器表黑皮磨光。口径19.5、通高16、圈足高13、底足径13厘米。

标本 XDM：546,器表黑皮磨光。口径17.5、通高15.5、圈足高12、底足径12厘米(图九二,1;图版七八,2)。

标本 XDM：547,器表挂灰黑衣。口径18、通高14.5、圈足高11.5、底足径11.5厘米(图版七八,3)。

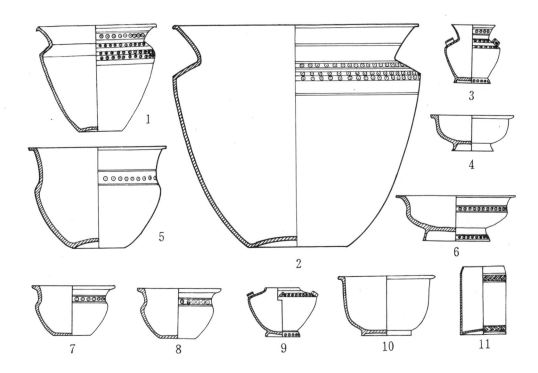

图九一　原始瓷大口尊、筒形器，陶壶、盆、盘、钵、罍、簋
1. 原始瓷大口尊 XDM：539　2. 原始瓷大口尊 XDM：540　3. 陶壶 XDM：528　4. I 式陶盆 XDM：562
5. II 式陶盆 XDM：563　6. 陶盘 XDM：561　7. 陶钵 XDM：566　8. 陶钵 XDM：568　9. 陶罍 XDM：559
10. 陶簋 XDM：560　11. 原始瓷筒形器 XDM：569(1、4、6、10 为 1/10，2、3、9、11 为 1/8，5、7、8 为 1/4)

标本 XDM：548，器表挂灰黑衣。口径 18.5、通高 12.5、圈足高 11、底足径 10.5 厘米
(图版七八，4)。

标本 XDM：549，器表黑皮磨光。口径 19.5、通高 16、圈足高 13.5、底足径 13.5 厘米
(图九二，2；图版七九，1)。

标本 XDM：550，器表挂灰黑衣。口径 16.5、通高 15.5、圈足高 12、底足径 11.5 厘米
(图版七八，5)。

标本 XDM：551，器表挂灰黑衣。口径 18.5、通高 15、圈足高 12.5、底足径 12 厘米
(图版七九，2)。

标本 XDM：552，泥质黄陶。圈足上无"十"字形镂孔装饰。口径 13.7、通高 10、圈足
高 8、底足径 9 厘米(图九二，3；图版七八，6)。

标本 XDM：721，泥质灰陶。口径 18.5、通高 16、底足径 12 厘米。

标本 XDM：722，泥质灰陶。口径 12、通高 8、底径 7.5 厘米。

II 式　3 件。泥质黄陶，器表挂灰黑衣。浅盘，平折沿，高圈足，但在圈足上部有四箍凸
棱装饰，圈足下部为折棱座。折棱处饰圈点纹一周，上下各饰以凹弦纹二周边额。

标本 XDM：553，口径 19.5、通高 14.5、圈足高 11.5、底足径 12.5 厘米(图九二，4；图版七九，4)。

标本 XDM：554，口径 19.5、通高 15、圈足高 12、底足径 13.5 厘米(图九二，5；图版七九，5)。

标本 XDM：555，口径 20、通高 14.4、圈足高 11、底足径 14.5 厘米(图九二，6；图版七九，6)。

(一二)陶斝　1件。

标本 XDM：558，泥质红软陶，器表里挂黑衣，器面磨光。火候较低。宽带状单鋬，鋬两侧边内饰圈点纹，刻阴线边额。口径 19、通高 24、肩腹部 21、裆高 15 厘米(图九二，7；图版八二，1)。

(一三)陶把手　1件。

标本 XDM：713，泥质灰陶，挂黑衣。鸟首，尖喙，圈点形圆眼睛，嘴上部刻有两斜短线，以示鼻孔。颈上部和下部各斜饰圈点纹一周，其上下各刻凹弦纹边额。下端斜面残缺，整个把手稍有弯曲，从实物观察当为陶勺的柄。残长 19.5、颈上部直径 2.2、下部直径 4.4 厘米(图九二，8；图版八二，2)。

(一四)陶、硬陶、原始瓷器盖　31件。

近伞状，多数有矮子口，盖顶中心多为菌状捉手，圆饼形捉手仅见一例。捉手顶上饰圈点纹和凹弦纹，在捉手周围的盖面和边缘上各饰圈点纹和凹弦纹带。少数为原始瓷质，釉面大部分脱落。多数为泥质黄陶、红陶和黑皮磨光陶等。

1. 陶器盖　22件。

标本 XDM：570，通高 8、盖径 18、捉手高 4 厘米(图九三，1；图版八○，1)。

标本 XDM：573，泥质黄陶。通高 6.5、盖径 15.2、捉手高 4 厘米。

标本 XDM：578，泥质黄陶。通高 4.5、盖径 7.2、捉手高 2.5 厘米。

标本 XDM：581，泥黄软陶。通高 5、盖径 13、捉手高 2.5 厘米(图版八○，2)。

标本 XDM：582，泥黄软陶，挂黑衣。通高 6、盖径 14.2、捉手高 3 厘米(图版八○，3)。

标本 XDM：583，泥黄软陶，挂黑衣。通高 5、盖径 13.7、捉手高 2.3 厘米(图版八○，4)。

标本 XDM：584，泥黄软陶，表里挂黑衣。通高 9、盖径 26.2、捉手高 4 厘米(图版八○，5)。

标本 XDM：585，泥黄软陶，表里挂黑衣。通高 10、盖径 26、捉手高 5 厘米(图九三，2)。

标本 XDM：586，泥黄软陶，表里挂黑衣。通高 5.6、盖径 24、捉手高 2.5 厘米。

标本 XDM：587，泥黄软陶。通高 6、盖径 23、捉手高 3 厘米。

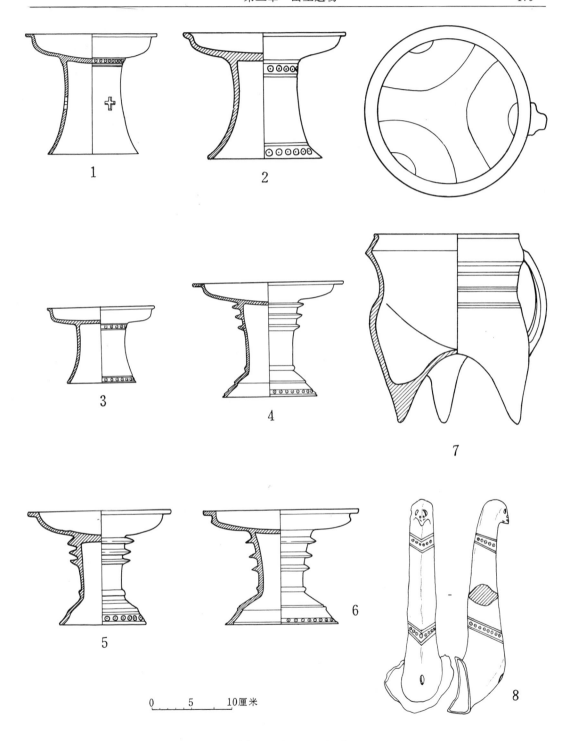

图九二　陶豆、斝、把手
1. Ⅰ式豆 XDM∶546　2. Ⅰ式豆 XDM∶549　3. Ⅰ式豆 XDM∶552　4. Ⅱ式豆 XDM∶553
5. Ⅱ式豆 XDM∶554　6. Ⅱ式豆 XDM∶555　7. 斝 XDM∶558　8. 把手 XDM∶713

标本 XDM：588,泥黄软陶,表里挂黑衣。通高 7、盖径 16、捉手高 3.5 厘米。

标本 XDM：589,泥黄软陶,表里挂黑衣。通高 5、盖径 17.8、捉手高 2.5 厘米。

标本 XDM：590,泥黄软陶,表里挂黑衣。通高 4.2、盖径 14.5、捉手高 2 厘米。

标本 XDM：591,泥黄软陶,表里挂黑衣。通高 6、盖径 13.5、捉手高 2.5 厘米。

标本 XDM：592,泥黄软陶,表里挂黑衣。通高 6、盖径 12、捉手高 3 厘米。

标本 XDM：593,泥黄软陶,表里挂黑衣。通高 5.5、盖径 8.5、捉手高 1.7 厘米。

标本 XDM：594,泥黄软陶,表里挂黑衣。通高 6.5、盖径 18.7、捉手高 4 厘米。

标本 XDM：595,泥黄软陶,表里挂黑衣。通高 6.5、盖径 12、捉手高 2.3 厘米。

标本 XDM：596,泥黄软陶,通高 5、盖径 12、捉手高 2.5 厘米。

标本 XDM：597,泥黄红陶。通高 6.5、盖径 11.2、捉手高 1.7 厘米。

标本 XDM：598,泥黄软陶,表里挂黑衣。通高 5.5、盖径 11.4、捉手高 2 厘米。

标本 XDM：600,泥灰硬陶。圆饼形捉手。通高 3.5、盖径 11.8、捉手高 1.5 厘米(图九三,3;图版八〇,6)。

2. 硬陶器盖　2 件。

标本 XDM：571,通高 5、盖径 9、捉手高 2.5 厘米(图九三,4)。

标本 XDM：580,通高 4、盖径 8、捉手高 2 厘米(图九三,5)。

3. 原始瓷器盖　7 件。

标本 XDM：572,原始瓷质。通高 5.2、盖径 9.2、捉手高 3 厘米(图版八一,1)。

标本 XDM：574,原始瓷质。通高 3.5、盖径 7.5、捉手高 1.7 厘米(图版八一,2)。

标本 XDM：575,原始瓷质。通高 4、盖径 7.2、捉手高 2.3 厘米(图版八一,3)。

标本 XDM：576,原始瓷质。通高 4、盖径 8.5、捉手高 2.5 厘米(图版八一,4)。

标本 XDM：577,原始瓷质。通高 4.2、盖径 7.3、捉手高 1.6 厘米。

标本 XDM：579,原始瓷质。通高 3.5、盖径 7.5、捉手高 2 厘米(图版八一,5)。

标本 XDM：599,原始瓷质。通高 3.8、盖径 7.5、捉手高 2 厘米(图九三,6;图版八一,6)。

三、生产工具

(一)陶纺轮　3 件。可分二式：

Ⅰ式　2 件。算珠形,两面正中有对钻穿孔。

标本 XDM：601,上下两面及鼓部周边均各有剔刺纹一周。面径 2.8、鼓腹径 3.5、高 1.2 厘米(图九四,1;图版八二,3)。

标本 XDM：602,正面侧饰圈点纹一个,鼓部周边饰圈点纹一周。面径 2.3、鼓腹径 3.3、高 1.4 厘米(图九四,2;图版八二,4)。

Ⅱ式　1 件。

图九三　陶、硬陶、原始瓷器盖
1.陶器盖 XDM：570　2.陶器盖 XDM：585　3.陶器盖 XDM：600　4.硬陶器盖 XDM：571
5.硬陶器盖 XDM：580　6.原始瓷器盖 XDM：599

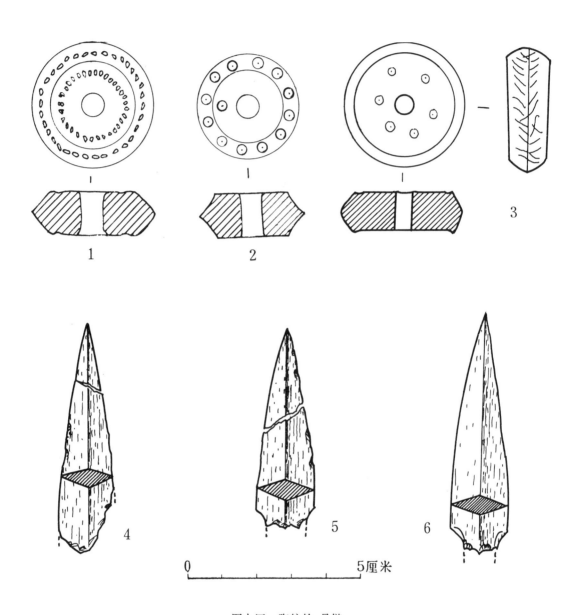

图九四　陶纺轮,骨镞

1. I 式陶纺轮 XDM：601　　2. I 式陶纺轮 XDM：602　　3. II 式陶纺轮 XDM：603　　4. 骨镞 XDM：325
5. 骨镞 XDM：326　　6. 骨镞 XDM：327

标本 XDM：603,体呈扁鼓形,两面正中有对钻穿孔。鼓面周边饰圈点纹一周。面径
3.5、高 1 厘米(图九四,3;图版八二,5)。

(二)蝉纹锛范　1 件。

标本 XDM：29,单扇,高岭土质,色呈灰白。出土于椁室东头距墓底 0.8 米高的填沙
中。质地松软,似未曾浇铸使用过,出土后破碎(彩版二,4)。

第五节　骨器及朱砂

骨器只有骨镞一种。另有朱砂一堆。

一、骨镞　6件。

标本 XDM：325、326、327、328、329、330，通体作颀长的柳叶状，双面弧刃，中有隆脊，尾部收扰形成关部，无翼，铤均残。出土时，器表粘有朱红。通长 6～7.2、锋宽 1.9 厘米（图九四,4～6;图版八二,6）。

二、朱砂

标本 XDM：28，粉红色的细砂状小粒。重 660 克。出土于西侧二层台上，成一小堆与青铜工具、兵器置于一处。

第四章 结 语

　　新干大洋洲商代大墓的发现,轰动海内外。墓中出土的遗物,仅青铜器就达475件,其数量之多,造型之美,铸工之精,为中国南方地区所仅见。这项发现被评为我国"七·五"期间十项重大考古发现之一。新干商代青铜器群的重大发现,不仅是中国南方考古的重大突破,而且将为中国整个青铜文明的研究揭开新的篇章,它将给考古学、历史学、民族学乃至整个中国古代文明史的研究揭示众多的奥秘。

　　自新干大墓发现以来,海内外不少学者从不同角度进行了深入的研究和探索,其中,既有共识,也有歧义,特别是在有关遗存的性质、年代诸问题上,尚有一些不同意见,我们认为,这是一种极正常的、也是必然的可喜现象,尤其在改革开放的今天,提倡学术民主,开展学术争鸣,则更是势所必然。随着研究的不断深化,特别是新的考古遗存的不断发现,我们坚信有些歧义将会逐渐消除。作为发掘者,趁此报告编就之际,想就有关问题谈一些不成熟的意见,供同志们进一步研讨时参考。

第一节 遗存的性质

　　要判断大洋洲遗存的性质,究竟是墓葬抑或是窖藏还是祭祀坑,我们认为有必要对这批出土物作一番认真细致的考古学观察,有的还须借助自然科学手段。这批遗物本身有一些情况值得引人注意。

　　第一,一些大件青铜"重器"似有意进行了局部的人工损毁。如四足铜甗XDM:38和乳丁纹虎耳铜方鼎XDM:8都被砸掉一块;三件柱足圆腹鼎,体形都较大,其腹部均被打了一个洞,其中兽面纹柱足铜圆鼎XDM:1的腹部还被打了两个洞;四羊铜罍XDM:44的腹部被打瘪;假腹铜盘XDM:43的内盘被打掉一块;乐器铜镈XDM:6的一面正中敲了一个洞;武器中的刀和工具中的刀基本都被折断;玉戈几乎全被折断叠置在一起,其他诸如璧、琮、玦、柄形器等,也不同程度地遭到损毁。

　　第二,多数青铜器都用织物包裹扎实,至今在部分礼器特别是很多兵器和工具上都残留或布满着织物印痕。如三足铜甗XDM:39,包裹织物印痕成块状,布满于腹部表面,内外几层,织纹呈明显横向条纹;如方銎溜肩铜铲XDM:306,织物印痕布满器物表面;如

Ⅰ式方銎铜钺 XDM：333，虽经清洗，至今在钺面中间尚留有 8.5×4 厘米大面积织物印痕，织物清晰；如Ⅱ式直内铜戈 XDM：121，其内部由多层织物包裹，织物外层纬线较粗，内层较细，戈面散布着零星小块织物印痕。这些礼器和兵器以及生产工具上，不仅残留着丝、麻织物印痕，还有明显的捆扎痕，有的如标本 XDM：110、标本 XDM：121 铜戈的内部至今都残留着捆扎木柲的褐色麻线；不少矛和镈的銎内尚残留着多少不等的木屑残迹。这些戈、矛等兵器上的遗痕，清楚表明当初陈置这些戈、矛兵器时不仅用丝绢精心包扎，而且多数是装配了木柲，完整地作为实用或礼仪武器置于墓内的。

第三，一些铜镞、铜匕、铜刀和骨镞等器物表面，出土时尚残留着彩绘几何纹样（多数是云雷纹）的漆皮痕迹。铜镞的大部分铤端都不同程度地残留有朽毁后的箭杆痕，一百二十三件铜镞分数堆放置，每堆的铜镞都整齐地重叠在一起，且前锋都朝一个方向。想来这些箭是成组地装在漆箙内的，矢箙朽毁后，只留下了一些漆皮痕。

第四，出土的青铜器绝大部分都为日常生活中使用的礼器、乐器、兵器和生产工具之属。不少器物上至今仍遗留有使用和修补过的痕迹。如圆腹鼎的内底均留有一层水垢，外底有一层烟炱痕。一件三足提梁卣 XDM：48 原系一敛口、深垂腹、圜底并带矮圈足的提梁带盖卣，圈足残去后，改为三外撇足的提梁卣。此外，从现有的盖面纹样为粗线条的省体兽面纹，颈、腹部又为细线云雷纹构成的兽面纹来看，风格明显不一，说明可能原盖已失，现盖是后加上去的。有的玉玦器形小而薄，断裂后还分别钻两小洞缀合继续使用。

第五，Ⅰ式曲内铜戈 XDM：128 出土时，一件玉瑹 XDM：632 较小的一端呈垂直方向紧顶其下阑部位，这和一般玉瑹的装配方法是吻合的。说明这里陈放的铜戈，不仅多数安装了木柲，而且有的还佩戴了玉瑹等装饰品。那种平脊与曲脊翘首刀，均带短柄，原来都装有长方形木把，上面套有铜箍，现木把均已朽毁，但有的铜箍仍然套在短柄上。就是生活用具一类的箕形器，从方銎中残留有朽木看，原来也是装有木把手的。

第六，部分乐器、玉器和戈、矛以及刻刀的器身上涂有朱砂，有的只涂在矛、戈的血槽部位。在乐器和工具群中还发现过一些涂有朱红泥的陶片和一堆朱砂。

由于遗存地处沙滩，沙质疏散，易于流动，加以上层多被破坏，特别是千百年来，这一带常因洪水泛滥而淹没于水中，即或有整齐的坑壁也实难以保存，这就为探讨遗存的性质带来一定的困难。但是，在考古发掘过程中，一些重要的考古迹象，为我们判断遗存的性质提供了重要的线索。

首先，考古人员在清理过程中，尤其在全部遗物暴露并取出后，对底层的沙土呈色及包含物（木质纤维、腐殖质和铜锈等现象）进行了认真的观察和分析，结果发现在标高 −2.15 米的平面上，在东西向（271°）的长约 8.22 米、宽约 3.60 米的长方形范围内，沙色略灰褐，内含腐殖质、铜锈及漆皮痕较多，周边界域清晰，我们将此范围暂称之为 A 区。在 A 区的中部稍偏西和偏南处，又发现有一东西向（275°）长约 2.30 米、宽约 0.85 米的长方形界域内,沙色显得更深褐,腐殖质含量更多,铜锈略少,除东、北两条边的部分段外,西南的周边分界也较明显(暂称 B 区)。在 A 区的东、西两端,标高—1.55 米的平面上,沙色虽不及 A、B 两区那样深褐,但也含有部分腐殖质和铜锈,宽约为 1.20 米,只是南、北两头已被破坏,长度无法确定(暂称东 C 区和西 C 区)。四区之外,沙色灰黄,沙质纯净,与区内特别是 A、B 两区内的呈色明显有别。所有出土器物均被置于这四区之内。根据这些迹象,似乎 A、B 两区有着相容的从属关系,其相对的位置和基本一致的方向,与一棺一椁的长方形墓室大体相仿。东西两头的 C 区,高出底部 0.60 米,分别放置陶器和铜器,又类似于商代一些墓葬的二层台。据此,我们初步推测,这有可能是一座长方形的土坑竖穴墓。

其次,新干遗存中的实物,从总的来看,还是较有规律地分布着。青铜器大部分置于 B 区外的 A 区范围内。礼、乐器中大型的鼎、甗、罍、三足卣和铙等呈东西向的直线置于北侧;中型的鼎、鬲、甗、壶、盘、瓿和双面神人头像以及箕形器、犁铧、锸等生活、生产工具,则被置于东南角;B 区外的两端和 A 区的西南角则主要放置钺和戈、矛、镞、镈等兵器,间有镈、甗和少量几件陶器;造型精巧的分裆鬲、羹形扁足鼎、假腹豆、方腹卣、瓒等礼器以及一些斧、锛、刀、凿等手工工具和部分刀剑等短兵器,则分两堆叠放于西 C 区,一堆以礼器为主,一堆是工具和兵器,陶器除 A 区西头集中置一堆外,主要放在东 C 区和与此紧连的 A 区东头;特别值得注意的是,玉器除少量如虎形扁足、玉镂孔扉棱和多件瑗等出土于中型铜礼器群中外,其余所有玉礼器以及数以千计的小玉管、小玉珠等均出于 B 区范围的偏西部。一串项链 XDM：641 由十八块玉块串成,规整地呈椭圆形东西排列于 B 区的东头,使人一眼看去是项链无疑。其他如腰带和串珠出土时,尚能看清基本是按质地、大小和玉料色泽不同呈南北向弧形排列。发掘时,我们认真地进行了区分和缀合。更令人注意的是,小巧而又最精美的带銎铜钺 XDM：338 和 I 式直内铜戈 XDM：117 也出土于 B 区内,前者造型奇特,纹样繁缛;后者虽为素面,但同前者一样,器体乌黑透亮,寒光闪闪。

正是根据以上诸多方面对新干大洋洲商代遗存的考古学考察,我们初步推断,该遗存属墓葬的可能性较大,而属祭祀坑的可能性较小,至于窖藏则更不可能。

从新干遗存反映出的基本形制,出土遗物的类别、处理方式和分布范围等方面观察,非窖藏是那样明显,那末关键是不是祭祀坑。

至今已发现的商周时期祭祀遗存大体有二种:一是社祀遗址,二是长方形或圆形的祭祀坑。前者如江苏铜山丘湾遗址[1]。这里是一块约 75 平方米的经过夯实了的地面,中心竖立四块天然巨石,周围则分布着人骨和狗骨,仅人骨至少有二十二个个体,头均向中心石

1)　南京博物院:《江苏铜山丘湾古遗址的发掘》,《考古》1973 年第 2 期;王宇信、陈绍棣:《关于江苏铜山丘湾商代祭祀遗址》,《文物》1973 年第 12 期。

块,应是一处以土地神(社神)为中心的祭祀遗址。后者如四川广汉三星堆一、二号祭祀坑[1],两坑的遗物都是被火烧过且几乎都遭到毁坏后而埋入坑内的。两坑的出土物都较多,以二号坑为例,仅青铜器就有439件,器类有立人像、人头像、人面像、尊、罍、彝、车形器、神树、鸡、鸟、铃、兽面、环、云形饰片、蛇及异形器等,真正属礼乐器者仅尊、罍、彝、铃数种,其他均为形制新颖的宗教性艺术品,显然是专为祭祀而铸造的。据两坑出土遗物和遗迹现象分析,多数学者认为这是两次巨大综合祭祀活动遗存(包括祭天、祭地、祭山川和驱鬼神、祭战神等)。此外,在殷墟王陵区也发现有长方形竖穴祭祀坑[2],大多排列整齐,分布有序,每坑牲人一至十个不等,少数十个以上,多数不置随葬物,只少数身首全躯者身边才随葬一些铜、石、玉和陶器;身首异处者的坑中,仅见磷磷白骨,无任何随葬品。据分析,这些祭祀坑是殷王室祭祖的公共祭祀场所。

将新干大洋洲遗存与上列任何一类祭祀坑比较,不难发现,它们之间的差异是较明显的:

第一,前者的遗物分布,大都是有规律的,而后者遗物的陈布方式,有的是分层依序投放,有的甚至杂乱而置,有的只在某些牲人之傍附以极少量的饰物或日常生活用品。

第二,前者出土物不仅数量多,且品类全,青铜器中绝大多数为日常生活中实际使用的礼乐"重器"和兵器、生活工具之属,属宗教性艺术品仅三件;而大型祭祀坑中,尽管数量品类较多,但实用的器物较少,青铜器中多为神奇的宗教艺术品。

第三,前者遗物中的多数兵器和工具以及生活用具等,都装有木柲或木柄,按一定方向规整放置;而祭祀坑中的遗物均无此现象。

第四,前者器物中的某些大件礼乐重器和铜刀、玉戈等虽也曾有意损毁折断,但绝大多数礼器和兵器、工具等都完整无损,且裹之以丝绢;而后者大型祭祀坑的各种礼器和遗物几乎全都遭到损毁,且都经过火烧。

之所以有这些差异,无疑和各自遗存性质的不同有关。

后者所反映出的多与祭祀有关。在祭祀过程中,祭礼对象占主导地位,人牲、兽牲和器物都系祭品,祭祀对象不同,其祭祀方法也有别,即所谓"祭天曰燔柴;祭地曰瘗埋;祭山曰庪悬;祭川曰浮沉。"(《尔雅·释天》)诸种祭祀坑的一些不同迹象,反映出祭祀对象的不同。

前者反映出的则多与墓葬有关。墓葬是安葬死者之处,商殷时期,在灵魂不灭即所谓"不死其亲"的宗教信仰观念的强烈支配下,人们不把死去的亲人当成亡人,而是视作灵魂

---

1)　四川省文管会等:《广汉三星堆一号祭祀坑发掘简报》,《文物》1987年第10期;《广汉三星堆二号祭祀坑发掘简报》,《文物》1989年第5期。

2)　中科院考古所安阳发掘队:《安阳殷墟奴隶祭祀坑的发掘》,《考古》1977年第1期。

和肉体仍存在的"活人",因而在丧葬礼俗中必然要"身死如生",一切都必须是生前生活的真实再现。从新干遗存所表现出的基本形制,出土遗物的数量、类别和陈放位置及其处理方式等等方面看,都与至今已发现的殷商时期大型长方形土坑竖穴墓相类似。

只是有一情况需特别提出,新干遗存中虽发现有三个不同年龄个体的牙齿和猪牙,不排除有一定人殉和杀牲制度的可能性,但从总的看,不论是人殉抑或人牲、畜牲之风在这里似乎都不很盛行。在敬鬼事神祭祀之风相当炽热的殷商时期,祭祀是礼制的重要组成部分,而人牲和畜牲又是祭祀的主要"祭品",如 1976 年在安阳殷墟王陵区发掘的一百九十一个祭祀坑中,据不完全统计,就埋葬奴隶 1178 人[1]。1959 年在安阳后冈发掘的一圆形祭祀坑中,人牲就达 73 具[2]。祭祀中不仅用人牲,还要进行杀牲,这在一些甲骨卜辞中都有记载[3]。至于殷商奴隶主墓葬几乎都有殉葬者,多者数十乃至数百,少者也有一二人。如安阳小屯侯家庄 1001 号大墓殉人就达 400 人[4];山东益都苏埠屯一号大墓殉人有 48 人[5];殷墟妇好墓殉人有 16 人[6]。新干大洋洲遗存虽然规模宏大,随葬品丰富,但人殉和杀牲之风都不如中原那样盛行。这一事实,说明殷商文化中的祭祀和丧葬礼俗在赣江流域尚未完全推行,这里的奴隶制尚未进入发达的阶段。

第二节　遗存的年代

由于新干大墓出土物类别较多,内涵复杂,既有中原商文化因素,又有中原先周文化因素,还有土著吴城文化因素;既有较早的商代中期因素,又有近似于西周初年的因素,因而使一些学者对该墓年代的看法产生较大分歧。早些时,我们曾根据某些青铜器的分析,推论过:"新干大墓的下葬年代应在商代后期早段,大体相当于殷墟早、中期。"[7]随着近两年来一些青铜器的进一步修复和研究,我们就该墓下葬年代问题再作进一步的阐述。

第一,从出土青铜器中的礼、乐"重器"来看。

墓中出土的礼、乐"重器"共 52 件,种类较多,器形复杂,有的甚至前所未见。从形制特点和纹饰作风考察,这些青铜礼、乐器的各自具体年代早晚跨度较大,其间相距达数百年之久,大体分属早、中、晚三个不同时期的遗物。早期,约相当于郑州二里冈上层,简称二里

1)　中科院考古所安阳发掘队:《安阳殷墟奴隶祭祀坑的发掘》,《考古》1977 年第 1 期。

2)　中国科学院考古研究所安阳发掘队:《1958～1959 年殷墟发掘简报》,《考古》1961 年第 2 期。

3)　如:"贞,椓于土(社),三小宰(牢),卯二牛,沉十牛。"(《殷墟前编》1·24·3)"出入日,岁三牛。"(《粹编》17)"戊午卜,宾三宰,埋三宰,于一珏。"(《辅仁》20)

4)　梁思永、高去寻:《侯家庄第二本·1001 号大墓》,中央研究院历史语言研究所出版,1970 年版。

5)　山东省博物馆:《山东益都苏埠屯第一号奴隶殉葬墓》,《文物》1972 年第 8 期。

6)　中国社科院考古研究所:《殷墟妇好墓》,文物出版社,1980 年版。

7)　彭适凡、刘林、詹开逊:《关于新干大洋洲商墓年代问题的探讨》,《文物》1991 年第 10 期。

冈期;中期,约相当于郑州二里冈上层到殷墟早期之间,简称过渡期;晚期,约相当殷墟早、中期。我们将 52 件礼、乐器逐一进行分析、排比,发现属于二里冈期的有 6 件,约占 11.2%;属于过渡期的有 11 件,约占 18.8%;属于殷墟早、中期的有 35 件,约占 70%。说明大部分礼乐器是殷墟早期或中期的遗物。

一、属二里冈期的青铜器

有锥足圆鼎、大方鼎、兽面纹鬲、三足提梁卣等。以乳丁纹虎耳方鼎 XDM：8 为例,除耳上各加一虎形装饰外,其他诸如斜折沿,方唇,圆拱形外槽式立耳,斗形深腹,圆柱状上粗下细、根部又较粗的空足,腹上部饰带状兽面纹,无凸棱作鼻,鼎腹四隅和下腹周围饰带状乳丁纹等特征,与 1974 年郑州市杜岭[1)]、1982 年郑州窖藏[2)]和 1989 年山西平陆前庄[3)]等地出土的方鼎完全一样,其窄线条的双身尾上卷的带状兽面纹、无凸棱作鼻等作风,与杜岭的更是接近;而方形目凸起又与杜岭出土的有别而与郑州窖藏出土的相同。综观各地二里冈期出土的方鼎,一般口部多呈正方形,以上述三地所出五件方鼎为例,其中有三件(杜岭 2 号、郑州窖藏 2 号和山西平陆)口部为正方形,只有杜岭 1 号方鼎口径横比纵长 1.5 厘米,郑州窖藏 2 号大方鼎(H1：2)口径横比纵长 2 厘米。新干乳丁纹虎耳方鼎,口径横比纵长 7.5 厘米,从口腹呈横长方形看,似又有较晚的特点。此外,郑州等地出土的方鼎足部多数饰有与腹上部相同的宽窄线条的兽面纹,而新干这件乳丁纹虎耳方鼎的足上部,所饰纹样与腹上部的纹样有异,为浮雕式羊角兽面纹,故此,从整个方鼎的造型、纹样等特征考察,明显具有二里冈期作风,考虑到口、腹部呈横长方形以及足上部饰浮雕式兽面等一些较晚的因素,其实际年代当属二里冈期的晚期。

二、属二里冈期到殷墟早期之间过渡期的青铜器

有柱足圆腹鼎、夔形扁足小鼎、锥足鼎、双层底方鼎、假腹豆、双贯耳壶、假腹盘、瓒和素面甗等。以双层底方鼎 XDM：13 为例,口腹长方形,方唇,双立耳外撇,斜折沿成台阶状,也较平缓,腹体斗状,圆柱足中空。形制与兽面纹立耳方鼎 XDM：9 基本相近,不同的是此件为双层平底,正面中偏下横开一小门,可以启动,门内即双层底之间的空间,恐是用来置木炭加温的。此种造型,构思精巧,实属罕见。此鼎腹壁四周所饰兽面纹,为外卷角兽面,卷曲的角端作尖锐状,展体式躯干为分尾式,且双身往上卷,椭圆目,以浅凸棱而非凸扉棱作鼻,开殷墟早期以凸扉棱和"臣"字目为装饰特征的先河。这种纹饰与属二里冈期的兽面斝腹部的兽面纹[4)]基本相同,但也不见二里冈期方鼎上那种排列有序的乳丁纹,故明显具有过渡性特点。

1) 河南省博物馆:《郑州新出土的商代前期大铜鼎》,《文物》1975 年第 6 期。

2) 河南省文物研究所、郑州市博物馆:《郑州新发现商代窖藏青铜器》,《文物》1983 年第 3 期。

3) 卫斯:《山西平陆发现商代前期遗址》,《中国文物报》1990 年 3 月 29 日。

4) 《商周青铜器纹饰》,图 5,文物出版社,1984 年版。

再以铜瓒 XDM：50 为例，这是古代一种以玉为柄的裸（灌）酒器。《诗·大雅·旱麓》："瑟彼玉瓒，黄流在中。"郑玄笺："黄流，秬鬯也。圭瓒之状：以圭为柄，黄金为勺，青金为外，朱中央矣。"既然，以圭为柄之瓒曰圭瓒，那以璋为柄之瓒则曰璋瓒[1]。新干出土的铜瓒，以觚形器为体，安上形如玉圭的铜柄，可谓（铜）圭瓒。其体部为敞口，尖唇，微束腰，喇叭形圈足外撇，上饰三个等距分布的"十"字形镂孔，很似盘龙城出土的 III 式觚（李 M1：19)[2]，只是前者的体形显得偏矮。另一方面，在下腹及圈足底部饰二周竖状目雷纹，其构图特点为圆形目，上下相间，由简体阴线纹组成，二周目雷纹之间有三道凹弦纹相隔。圭形铜柄上，也满饰规整的目雷式云纹。腹下部及圈足上的目雷纹，很似殷墟较晚期亚吴簋口沿上的纹饰[3]，不同的是亚吴簋上的为方目。既然从体形上看具有早期特点而纹样风格又表现出较晚的作风，其年代当定在过渡期为宜。此瓒上的目雷纹当是商周时期广为流行的目雷式云纹的早期构图形态。

三、属于殷墟早、中期的青铜器

数量特多，诸如方鼎、虎耳虎形扁足圆鼎、鸟耳夒形扁足圆鼎、圆涡纹柱足圆鼎、四羊罍、鬲形鼎、方卣、四足甗以及镈、铙等。以兽面纹虎耳方鼎 XDM：12 为例，方唇，斜折沿成台阶状，且折度较大，双立耳，耳上各卧一虎，口、腹为长方形，是殷墟阶段常见的基本形制。圆柱足中空。通体饰满纹样，且极为繁缛细密。唇沿饰独具地方特色的燕尾纹，四腹壁周以连珠纹框边，中饰上中下三层兽面纹：上层以高扉棱作鼻，由两相向夒纹构成；中层以矮凸棱作鼻，以云雷纹构成双尾上卷的兽面纹，周边又以连珠纹框边；下层仅以卷云地纹作鼻，也由两相向夒纹构成。每层兽面纹的两侧，还各有一相向的夒纹，均"臣"字目。足部饰外卷角的凸浮雕式兽面纹，作鼻的扉棱特别凸出，以至超出方腹体之外，且布满足外侧的三分之二部位，这些装饰作风和特点，和殷墟妇好墓出土的小铜方鼎（834)[4]以及河南温县出土的带"徙"字铭刻的方鼎[5]大体相似。新干标本 XDM：11、标本 XDM：10 方鼎，其造型和纹样特征基本与标本 XDM：12 方鼎相同，通体饰满纹样，双身尾上卷和夒纹口唇反卷以及扉棱特别凸出等特点，都应是殷墟中期装饰纹样上的流行风尚。

再以鬲形鼎 XDM：36 为例，侈口，高束领，双立耳，分裆明显，实心柱状足，颈部饰一周鱼纹带，这在中原少见，在南方一些青铜器上倒屡有发现，如湖南岳阳鲂鱼山出土的一件铜罍的腹部就饰有一圈鱼纹[6]。腹部以云雷纹衬地，饰三组浮雕式曲折角兽面纹，兽面

1) 连劭名：《汝丁尊铭文补释》，《文物》1986 年第 7 期。
2) 湖北省博物馆：《盘龙城商代二里冈期的青铜器》，《文物》1976 年第 2 期。
3) 《商周青铜器纹饰》图 715，文物出版社，1984 年版。
4) 中国社科院考古研究所：《殷墟妇好墓》，图版四：2，文物出版社，1980 年版。
5) 杨宝顺：《温县出土的商代铜器》，《文物》1975 年第 2 期。
6) 岳阳市文物管理所：《岳阳市新出土的商周青铜器》，《湖南考古辑刊》第 2 辑。

纹以勾连扉棱作鼻,其躯干各个部位不相连,即所谓分解式兽面纹。在浮雕式的各部位之上再阴刻雷纹,同时还穿插饰有乳丁纹。从纹样作风看,鬲形鼎的年代约当殷墟中期无疑。

第二,从出土的部分玉器和陶器来看。

新干出土的一件 I 式玉琮 XDM:648,圆筒体,射较短,两节的四角都有凸棱形成对称的方弧面,其上下饰蝉纹,蝉尾相对,浅雕出眼、翼,其基本构图和特征常见于商代的玉琮,与殷墟妇好墓出土的一件琮形器(标本 1003)[1]很是相近。另一件 II 式玉琮 XDM:677,矮体似镯,有短射,角有凸棱,形成方体,每角饰由圆圈构成的简体兽面纹两组,面部轮廓略浮出,圆形目稍凸起。其特征明显表现出是良渚文化玉器上一种兽面的蜕化型式[2],是商代玉器的某些形制和纹样作风渊源于良渚玉器的有力证据。

新干出土玉戈,如 I 式戈 XDM:665 和 II 式戈 XDM:663,和殷墟常见的玉戈一样,均有中脊和边刃,援较窄长,有上下阑,与殷墟妇好墓的 II 式戈相似[3]。

墓中出土陶器和原始瓷器共 139 件,其中陶鬲计 26 件,硬陶、原始瓷小口折肩罐 33 件,陶豆 13 件。此外,尚有尊、瓮、盆、斝、簋、盘、壶、罍、釜、筒形器、器盖和纺轮等,在这些器类中,除少数如敛口斝 XDM:558 接近于郑州二里岗上层遗物外,其他诸如鬲、小口折肩罐、喇叭形高圈足浅盘豆、折肩尊、盆、伞状器盖,以及瓮、盘、钵、纺轮等主要器物群,无一不表现出与邻近的樟树市吴城遗址第二期文化出土物相同[4]。

此外,在新干商墓出土陶瓷器上,发现刻划文字与符号,如"㇀"、"𝌆"、"㇀ ㇀"、"×"、"❀"等,其中,以"㇀"(戈)字符最多,占总字符一半以上,且大部分都刻划在折肩罐、折肩尊的肩部,只有少数刻在器底。这些刻划文字与符号大都与吴城遗址发现的相同,其中"㇀ ㇁"两字连文中的"㇁"字,李学勤先生释为"革"字初文[5],在吴城二期中也曾发现。[6]

毋容置疑,陶器一般是推定遗存年代的最可靠的依据。既然新干商墓出土陶瓷器与吴城遗址第二期文化所出相类,那末年代无疑也应该相近。关于吴城遗址的年代,我们曾推论过:第一期约相当于商代前期晚段;第二期约相当于商代后期早段;第三期约相当于商代后期晚段至西周早期[7]。有的学者将河北藁城台西遗址与吴城遗址比较,认为吴城二期

1) 中国社科院考古研究所:《殷墟妇好墓》,图七一:2,图八三:2,文物出版社,1980 年。

2) 李学勤:《新干大洋洲商墓的若干问题》,《文物》1991 年第 10 期。

3) 中国社科院考古研究所:《殷墟妇好墓》,图版一一〇,图版一一一,文物出版社,1980 年。

4) 江西省博物馆等:《江西清江吴城商代遗址发掘简报》,《文物》1975 年第 7 期;江西省博物馆等:《吴城遗址第四次发掘的主要收获》,《文物资料丛刊》第 2 辑;江西省文物工作队吴城工作站:《清江吴城遗址第六次发掘的主要收获》,《江西历史文物》1987 年第 2 期。

5) 李学勤:《新干大洋洲商墓的若干问题》,《文物》1991 年第 10 期。

6) 江西省博物馆等:《江西清江吴城商代遗址第四次发掘的主要收获》,附表《吴城商代陶文和石刻文字(符号)》,《文物资料丛刊》第 2 辑。

7) 彭适凡:《中国南方古代印纹陶》,文物出版社,1987 年版。

大体相当台西二期[1]，也即相当商代后期早段。

根据以上对新干商墓出土部分青铜礼器的分析，再结合出土部分玉器、陶器与殷墟妇好墓和吴城文化比较，我们拟将新干商墓的下葬年代订在商代后期早段，即相当殷墟中期。

第三节　文化的属性

新干商墓出土器物所反映出的文化面貌怎样，是商文化，先周文化，抑或土著的吴城文化？这是学术界颇为关注的一个重要问题。

根据对墓中出土遗物的分析排比，大致可以分为四类：

第一类，殷商式。即器类、造型和纹样等诸方面都具有典型殷商文化特征。

属于这一类的青铜礼器有方卣、分裆圆肩鬲、三足提梁卣、甗、壶、鸟耳簋形扁足鼎、锥足圆鼎、柱足圆鼎、四羊罍和瓿、瓒等，共16件。约占全部容器的30%（图九五）。

属此类的青铜兵器和生活用具有直内戈、长骹短叶矛、长脊宽翼镞、长脊短翼镞、小型方内钺、胄以及耒、粗、箕形器等。

属于此类的玉器有琮、瑗、璜和戈等。

第二类，融合式。即器类、形制和纹样等方面与殷商式基本相同，但又在某些方面进行过不同程度的加工和改造，使其在形制或纹样上带有一定地域特色。

属此类的青铜礼器较多，有柱足圆鼎、兽面纹锥足圆鼎、方鼎、虎形扁足鼎、瓿形鼎、鬲形鼎、甗、鱼形扁足鼎、联裆圆肩鬲、假腹豆和匕等，共计40件，竟占到全部容器的67%（图九六）。

属此类的青铜兵器有长骹矛、Ⅱ式直内戈、长脊窄翼镞、直脊翘首刀、曲脊翘首刀、方内钺等。

属此类的玉器有戈、琮、柄形器和侧身羽人饰等。

属此类的陶瓷器有鬲、鼎、斝、豆、簋和器盖等（图九七）。

第三类，先周式。此类兵器的器类和形制不见于商王朝中心的中原大地，却在陕、晋地区的先周文化遗存中多有出现，是周人固有的一些独创器物。属此类的器物数量很少，且只有兵器，诸如Ⅴ式长胡三穿戈、长条带穿刀和勾戟等共4件（图九八）。

第四类，土著式。此类器物的种类和造型乃至装饰纹样都是南方土著民族的独特创造，在中原地区从未见过。

属此类的青铜礼器只有瓿形鼎、折肩鬲、假腹盘和三足提梁卣等四件。只占容器总数

---

1)　唐云明：《台西与吴城》，《殷都学刊》1986年第2期。

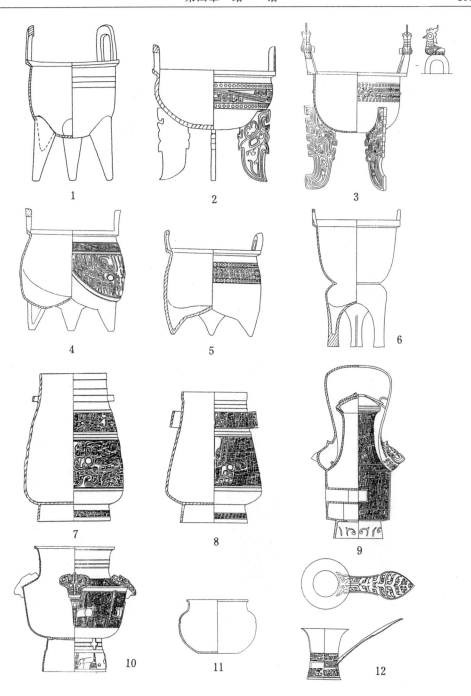

图九五　殷商式铜礼器举例

1.弦纹锥足圆鼎 XDM：6　2.立耳簋形扁足圆鼎 XDM：23　3.鸟耳簋形扁足圆鼎 XDM：26
4、5.分裆圆肩鬲 XDM：32、35　6.三足甗 XDM：39　7、8.壺 XDM：45、46　9.方卣
XDM：47　10.罍 XDM：44　11.瓿 XDM：41　12.瓒 XDM：50

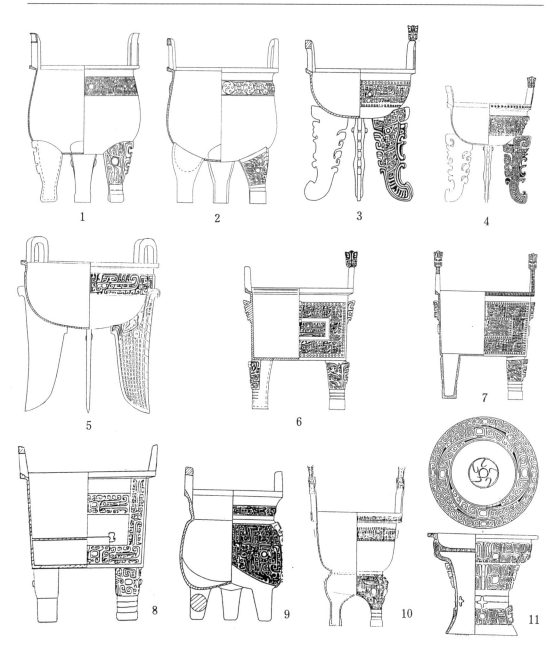

图九六　融合式铜礼器举例

1.兽面纹柱足圆鼎 XDM：1　2.圆涡纹柱足圆鼎 XDM：3　3、4.虎耳虎形扁足圆鼎 XDM：14、15　5.立耳鱼形扁足圆鼎 XDM：24　6、7.兽面纹虎耳方鼎 XDM：11、12　8.兽面纹双层底方鼎 XDM：13　9.鬲形鼎 XDM：36　10.四足甗 XDM：38　11.豆 XDM：42

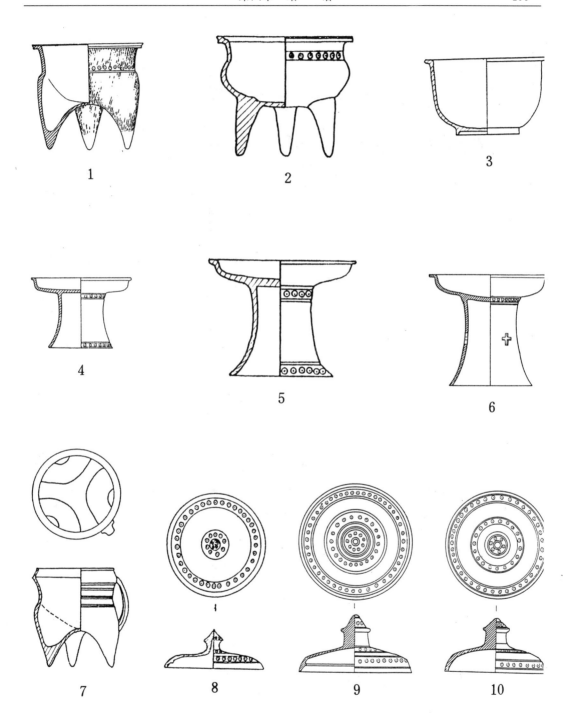

图九七 融合式陶、原始瓷器举例
1.分档陶鬲 XDM：609 2.陶鼎 XDM：556 3.陶簋 XDM：560 4～6.Ⅰ式陶豆 XDM：552、549、546
7.陶甗 XDM：558 8.陶器盖 XDM：585 9.硬陶器盖 XDM：580 10.原始瓷器盖 XDM：599

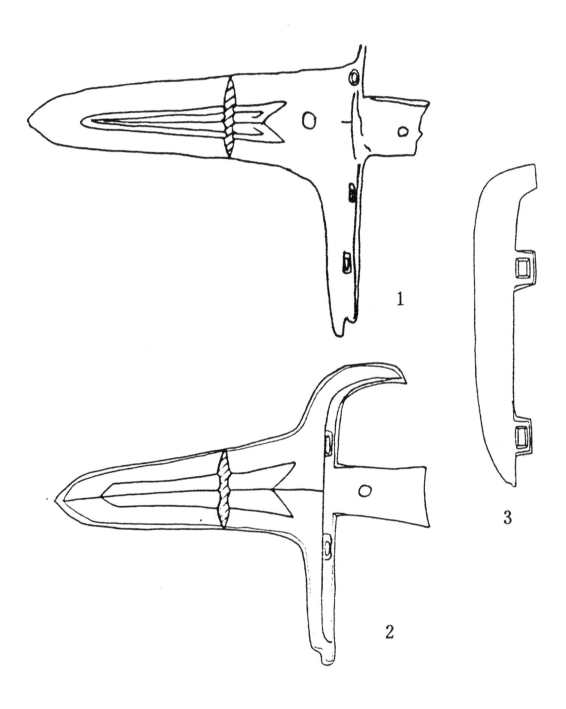

图九八　先周式铜兵器举例
1. V式直内戈 XDM：132　2. 勾戟 XDM：133
3. 长条形带穿刀 XDM：332

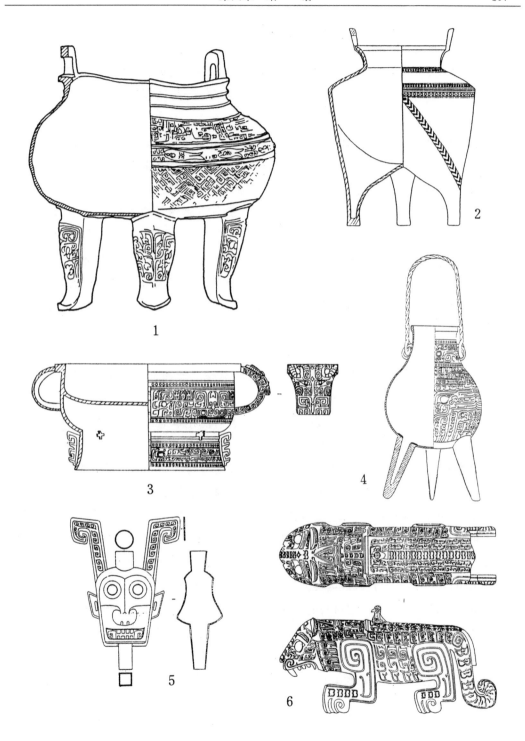

图九九 土著式铜礼器及杂器举例
1.瓿形鼎 XDM：30 2.折肩鬲 XDM：37 3.盘 XDM：43 4.三足提梁卣 XDM：49
5.双面神人头像 XDM：67 6.伏鸟双尾虎 XDM：68

的 3.4%（图九九,1～4）。属此类的青铜乐器则有镈、铙等四件。

属此类的兵器,不仅数量多,而且器类复杂,形式多样,诸如短骹矛、特短骹柳叶形矛、异形矛、Ⅳ式戈、Ⅰ式曲内戈、Ⅱ式曲内戈、Ⅱ式长脊镂孔宽翼镞、Ⅰ式长脊直刃窄翼镞、Ⅰ式无翼镞、Ⅱ式无翼镞、Ⅲ式无翼镞、銎内钺,以及宽刃剑、匕首和镂孔锋刃器等(图一〇〇)。

属此类的青铜工具有犁、镬、双肩铲、溜肩铲、修刀和鱼镖形器等(图一〇一)。

属此类的陶瓷器也颇多,有小口折肩罐(多原始瓷质)、高领削腹罐、筒形器、贯耳壶、豆和印纹硬陶釜、瓮以及双系罍等。土著式陶瓷器,还反映在另外两个方面,一是陶器的质料中,有一定数量的几何印纹硬陶,而硬陶和原始瓷约占陶器总数的 20%。几何印纹陶的纹样有凹弦纹、圈点纹、雷纹、勾连雷纹、方格纹、网结纹、篦纹、曲折纹、锯齿状附加堆纹和仿青铜器兽面纹等;二是在陶瓷器上,特别是在硬陶和原始瓷上,发现有刻划字符,其中以"↑"(戈)字符最多,占总字符一半以上,且大部分横刻在折肩罐、折肩尊的肩部,少数刻在器底。这些字符大都与樟树吴城遗址发现的相同,清楚地表明它们之间的文化内涵的一致性(图一〇二、一〇三)。

对以上四类器物特别是青铜器的考察,礼器中,第三类先周式和第四类土著式均很少,第一类殷商式也较少,而以第二类融合式最多;青铜兵器和工具中,以第四类土著式最多,往后依次为融合式、殷商式和先周式。

融合式和土著式青铜器,无疑是吴城文化土著居民在本地铸造的。即便殷商式青铜器,虽然有的是通过交往或战争从中原地区传入,但更多的仍然是吴城土著居民模仿中原地区殷商铜器形制而铸造的。由此可见,新干商墓大批青铜器应为当地的土著居民所铸造。从青铜礼器以融合式为多,青铜兵器和工具又以土著式为多的情况看,再次证明鄱阳湖-赣江流域早期青铜器铸造工艺是在自身文化基础上发生、发展起来的[1)]。在中原地区较早发展起来的青铜冶铸技术尚未影响到此的时候,这里就产生了早期的冶金术,制作出独具地方特色的器物。随着中原地区商代中、晚期青铜文化的高度发展,中原地区的先进铸铜技术也传入南方,给赣鄱地区吴城青铜文化以强烈影响,而最先受其影响的是青铜礼器。兵器和工具则更多地保留自身的传统式样。这和我国其他地区古代文化发展的规律是吻合的。李学勤先生就曾指出:"在青铜器有两种文化因素共存的情况下,中原文化的影响一般多表现于礼器,这是由于统治者来自中原,带来了他们所习用的礼器(当然也可能有当地人接受中原礼制的情形)。土著民族文化的影响多反映于兵器、实用器,有时也作为

---

1)　彭适凡等:《江西地区早期铜器冶铸技术的几个问题》,《中国考古学会第四次年会论文集》,文物出版社 1985 年版。

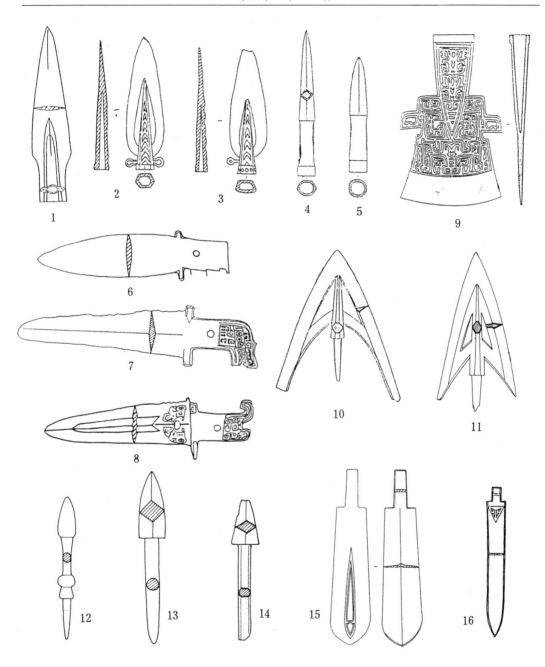

图一〇〇 土著式铜兵器举例

1. Ⅲ式短骹矛 XDM：83 2、3. Ⅱ式特短骹矛 XDM：97、98 4. Ⅰ式异形矛 XDM：101 5. Ⅱ式异形矛XDM：102 6. Ⅳ式直内戈 XDM：105 7. Ⅰ式曲内戈 XDM：127 8. Ⅱ式曲内戈 XDM：131 9. 带銎钺 XDM：338 10. Ⅱ式长脊宽翼镞 XDM：134 11. Ⅱ式长脊窄翼镞 XDM：155 12. Ⅰ式无翼镞 XDM：264 13. Ⅱ式无翼镞 XDM：268 14. Ⅲ式无翼镞 XDM：272 15. 宽刃剑 XDM：339 16. 匕首 XDM：340 17. 镂孔锋刃器 XDM：478

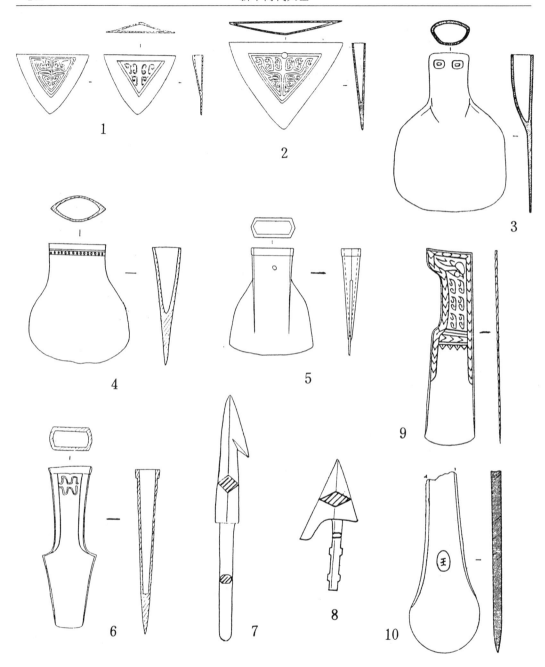

图一○一　土著式铜工具举例

1、2.犁铧 XDM：342、343　3.Ⅰ式椭圆銎溜肩铲 XDM：359　4.Ⅱ式椭圆銎溜肩铲 XDM：361　5.方銎溜肩铲 XDM：360　6.镬 XDM：377　7.长式鱼镖形器 XDM：259　8.短式鱼镖形器 XDM：249　9.修刀 XDM：378　10.手斧形器 XDM：401

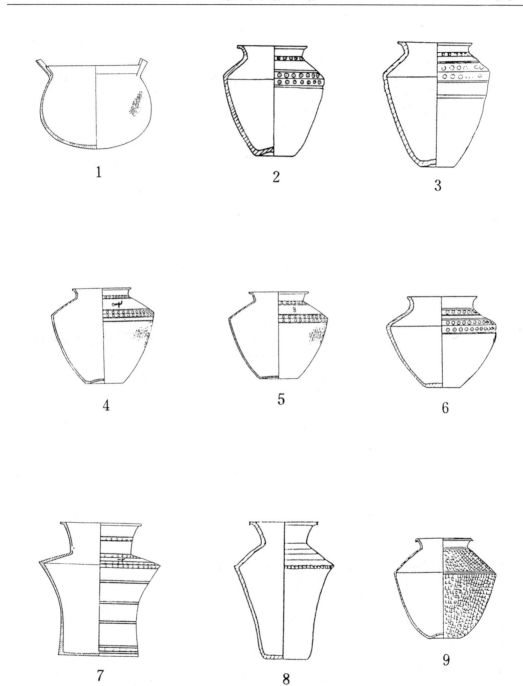

图一〇二 土著式硬陶、原始瓷器举例

1.陶釜 XDM：557 2.硬陶折肩罐 XDM：508 3、4.Ⅰ式原始瓷折肩罐 XDM：501、503

5.Ⅱ式原始瓷折肩罐 XDM：509 6.Ⅲ式原始瓷折肩罐 XDM：516

7、8.原始瓷高领罐 XDM：541、543 9.硬陶瓮 XDM：531

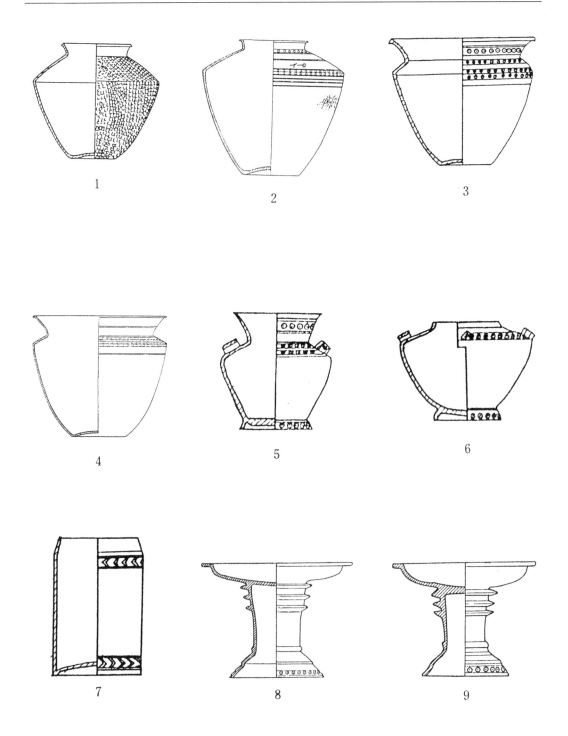

图一〇三　土著式陶、原始瓷器举例
1、2.原始瓷瓮 XDM：530、534　3、4 原始瓷大口尊 XDM：539、540　5.陶壶 XDM：528
6.陶罍 XDM：559　7.原始瓷筒形器 XDM：569　8、9.Ⅱ式陶豆 XDM：553、554

纹饰在礼器上表现出来。"[1]

我们知道,商代最常见的铜器组合形式是觚、爵,如有第三种,则大都是鼎或斝、盉等[2]。殷墟小屯第 188、232、333、388 号墓所出铜器代表了早期的组合形式,主要器类有鼎(方鼎)、觚、爵和斝、瓿等[3]。殷墟妇好墓出土礼器 210 件,其中觚 53 件、爵 40 件、鼎 31件,其余有斝、甗、尊、觥、盉、簋、斗和壶等[4]。新干商墓出土铜礼器中没有觚、爵、斝[5]和觯等酒器,说明吴城文化古代居民在最先接受中原地区的影响而铸造礼器时,仅为单一的模仿,而非全盘地接受其礼制。马承源先生认为:"这些大量埋存的商器,所表现的并不是商代'重酒'的礼制,而器物布局的执行者,也不会是殷人。"[6]

此外,耐人寻味的是这批铜器群中有多件似属先周式铜器,说明从陕南汉中地区经汉水到大江而后进入赣江流域的这条通道,很早就已开通,给当地吴城青铜文化以一定影响。这是我们探讨南方古代文化应引起特别注意的一个新的信息。

正是基于以上认识,我们认为,无论从出土的铜器群或陶器群来看,都说明新干大墓所反映出的文化性质决不能简单地看作是中原商文化的传播,而是属于具有浓郁地域特色的吴城青铜文化的有机组成部分。多年来,吴城文化遗迹中一直未曾勘探寻找到的大型墓葬和青铜"重器",终于在距吴城遗址 20 余公里的赣江东岸发现了。因此,新干商墓的发现,大大丰富了吴城青铜文化内涵,从而再次证明,远在三千多年以前,赣江流域确曾有着一支与中原商周青铜文明并行发展着的土著青铜文化,有着与中原殷商王朝并存发展的另一个地域政权。从新干商墓的规模之大、出土文物数量之多来看,墓主人可能就是这一政权的最高统治者或其家族。

第四节　琢玉工艺渊源

新干出土玉器虽品类丰富,数量较多,为中国南方地区所仅见,但也不能不承认这样一个事实,即比之中原殷商文化中心区域,其玉器文化的发展程度仍较为逊色,这一方面,表现在出土玉器的数量上,新干大墓出土遗物总数计 1374 件(颗),其中玉器 754 件(颗)(实际大件玉器才 108 件,占 10.9%),而年代基本相近的殷墟妇好墓,随葬品总数为 1928件,玉器就达 755 件,占 39% 以上。另据《逸周书・世俘解》载:"商王纣取天智玉琰五,环

1) 李学勤:《镇江文物精华笔谈》,《中国历史博物馆馆刊》,总第 9 期。
2) 梁思永:《殷墟发掘展览目录》,《梁思永考古论文集》,科学出版社,1955 年版。
3) 李济:《记小屯出土之青铜器》(上、下)。张光直、李光谟编:《李济考古学论文选集》,文物出版社,1990 年版。
4) 中国社科院考古研究所:《殷墟妇好墓》,文物出版社,1980 年。
5) 赣江流域只有吴城出土过一件铜斝(属吴城文化第二期)。
6) 马承源:《新干大洋洲青铜器参观随笔》,《中国文物报》1990 年 11 月 22 日。

身厚以自焚,凡厥有庶告,焚玉四千……凡武王俘商得旧玉亿有百万。"这一数字虽有可能夸张,但也足见殷商时期中原地区使用玉器数量之壮观;另一方面还表现在,新干玉器虽品类多样,但实用的工具和用具几乎没有,而装饰品特多,而且每类的数量也少,尤其是礼器或仪仗器等,多数情况下每型每式只一件或两件。以仪仗器的玉戈为例,出土四件就分属四种不同型式,而中原殷商墓葬出土玉器,种类繁多,造型丰富,最具代表性的是妇好墓中出土之玉器,不仅数量多,就是品类之丰,工艺之精,质量之佳在中国玉器史上都是独树一帜的。

　　商周时期,尽管赣鄱地区的玉器文化不如中原发达,但如同有其独特的青铜文明一样,也有其自身的琢玉工艺传统。这种工艺传统应是渊源于本地区的史前诸文化,如在江西的丰城、新余、德安、铜鼓、靖安、九江、广丰等地的一些新石器晚期遗址中,都不等地出土有玉斧、玉笄、玉钺、玉琮、玉璜、玉玦等一批玉器,只是这里的玉器文化明显受到邻近江浙地区良渚文化中发达的玉器制作工艺强烈影响,当然也不排斥曾受到山东龙山文化的一定影响,如丰城官坟山出土的一件长方柱体玉琮[1],乳白色,外方内圆,上大下小,中对钻圆孔,孔壁平齐光洁。通体外分八节,每节以四角为中轴线向两侧展开,组成相对称、和谐和简化兽面纹图像,其构图是由两条平行横凹槽线夹一条凸线,双圆圈和阔横凹线等组成,分别示其冠帽、眼睛、鼻子和嘴巴。通高22.1厘米。显然,其形体和简体兽面纹的构图与良渚文化中多节式玉琮毫无二致。

　　正因为如此,到商周时期这一地区的青铜文化中,其玉器的品类、造型和纹饰作风及琢制方法等,既继承了新石器时代以来的琢玉工艺传统,又在不同程度上表现出良渚文化的影响和余韵。新干大墓所出Ⅰ式玉琮XDM:677,实是从良渚的B型Ⅰ式琮演变而来,其基本形态与余杭瑶山良渚墓葬出土的B型Ⅰ式琮(如M10:19)相近[2],所不同的是,良渚琮的凸面因中腰的横向凹槽使之分成上下两部分,新干的中腰横向槽较浅,此外,器表所饰卷云纹即由圆圈纹构成的简化兽面纹,良渚的有冠、眼眶、面、额、鼻、嘴和獠牙等,而新干的则无。再如,新干神人兽面形玉饰XDM:633,其构图的一些特征明显打上了良渚玉器"神徽"图像[3]的印迹,诸如嘴角两对外露的獠牙,上獠牙在外缘伸出下唇,下獠牙在内缘伸出上唇,这与"神徽"兽面上、下獠牙外露的排序完全一样。这件神人兽面形玉饰上的高冠,其羽翎呈放射状,与"神徽"上高耸宽大的羽冠以及浙江反山出土的冠形器(M16:4)和瑶山出土的三叉形器(M7:26)神人头顶上羽冠的表现手法及作风也较相似。

　　1)　万德强:《丰城出土的良渚文化玉器》,《江西文物》1989年第2期。

　　2)　浙江省考古研究所:《余杭瑶山良渚文化祭坛遗址发掘简报》,《文物》1988年第1期,图版六:1,图一五:2;图版六:2。

　　3)　浙江省考古研究所:《浙江余杭反山良渚墓地发掘简报》,《文物》1988年第1期,图版一:1。

附表一　　　新干商代大墓出土器物登记表

1	兽面纹柱足铜圆鼎	29	蝉纹锛陶范（填土中出）
2	兽面纹柱足铜圆鼎	30	瓿形铜鼎
3	圆涡纹柱足铜圆鼎	31	瓿形铜鼎
4	兽面纹锥足铜圆鼎	32	分裆圆肩铜鬲
5	兽面纹锥足铜圆鼎	33	分裆圆肩铜鬲
6	弦纹锥足铜圆鼎	34	分裆圆肩铜鬲
7	兽面纹柱足铜圆鼎	35	联裆圆肩铜鬲
8	乳丁纹虎耳铜方鼎	36	鬲形铜鼎
9	兽面纹立耳铜方鼎	37	折肩铜鬲
10	兽面纹立耳铜方鼎	38	四足铜甗
11	兽面纹虎耳铜方鼎	39	三足铜甗
12	兽面纹虎耳铜方鼎	40	三足铜甗
13	兽面纹双层底铜方鼎	41	铜瓿
14	虎耳虎形扁足铜圆鼎	42	铜豆
15	虎耳虎形扁足铜圆鼎	43	铜盘
16	虎耳虎形扁足铜圆鼎	44	铜罍
17	虎耳虎形扁足铜圆鼎	45	铜壶
18	虎耳虎形扁足铜圆鼎	46	铜壶
19	虎耳虎形扁足铜圆鼎	47	铜方卣
20	虎耳虎形扁足铜圆鼎	48	铜三足提梁卣
21	立耳虎形扁足铜圆鼎	49	铜三足提梁卣
22	立耳虎形扁足铜圆鼎	50	铜瓒
23	立耳夔形扁足铜圆鼎	51	Ⅲ式铜匕
24	立耳鱼形扁足铜圆鼎	52	Ⅲ式铜匕
25	立耳鱼形扁足铜圆鼎	53	Ⅰ式铜匕
26	鸟耳夔形扁足铜圆鼎	54	Ⅰ式铜匕
27	鸟耳夔形扁足铜圆鼎	55	Ⅰ式铜匕
28	朱砂	56	Ⅱ式铜匕

57	II式铜匕	90	II式长骹铜矛
58	II式铜匕	91	IV式长骹铜矛
59	II式铜匕	92	V式长骹铜矛
60	II式铜匕	93	V式长骹铜矛
61	铜箕形器	94	I式特短骹铜矛
62	铜扣形器	95	I式特短骹铜矛
63	铜镈	96	I式特短骹铜矛
64	六边形腔铜铙	97	II式特短骹铜矛
65	合瓦形腔铜铙	98	III式特短骹铜矛
66	合瓦形腔铜铙	99	IV式短骹铜矛
67	双面神人铜头像	100	VI式长骹铜矛
68	伏鸟双尾铜虎	101	I式异形铜矛
69	铜羊角兽面	102	II式异形铜矛
70	I式短骹铜矛	103	VII式长骹铜矛
71	II式短骹铜矛	104	VII式长骹铜矛
72	I式短骹铜矛	105	IV式直内铜戈
73	I式短骹铜矛	106	III式直内铜戈
74	II式短骹铜矛	107	I式直内铜戈
75	I式短骹铜矛	108	I式直内铜戈
76	I式短骹铜矛	109	I式直内铜戈
77	I式短骹铜矛	110	I式直内铜戈
78	I式短骹铜矛	111	I式直内铜戈
79	I式短骹铜矛	112	I式直内铜戈
80	I式短骹铜矛	113	II式直内铜戈
81	I式短骹铜矛	114	I式直内铜戈
82	II式短骹铜矛	115	I式直内铜戈
83	III式短骹铜矛	116	I式直内铜戈
84	III式长骹铜矛	117	I式直内铜戈
85	I式长骹铜矛	118	II式直内铜戈
86	I式长骹铜矛	119	II式直内铜戈
87	I式长骹铜矛	120	III式直内铜戈
88	I式长骹铜矛	121	II式直内铜戈
89	I式长骹铜矛	122	I式直内铜戈

123	Ⅱ式直内铜戈	156	Ⅱ式长脊窄翼铜镞
124	Ⅱ式直内铜戈	157	Ⅱ式长脊窄翼铜镞
125	Ⅱ式直内铜戈	158	Ⅱ式长脊窄翼铜镞
126	Ⅱ式直内铜戈	159	Ⅱ式长脊窄翼铜镞
127	Ⅰ式曲内铜戈	160	Ⅱ式长脊窄翼铜镞
128	Ⅰ式曲内铜戈	161	Ⅱ式长脊窄翼铜镞
129	Ⅰ式曲内铜戈	162	Ⅱ式长脊窄翼铜镞
130	Ⅰ式平条形铜刻刀	163	Ⅱ式长脊窄翼铜镞
131	Ⅱ式曲内铜戈	164	Ⅰ式长脊宽翼铜镞
132	Ⅴ式直内铜戈	165	Ⅰ式长脊宽翼铜镞
133	铜勾戟	166	Ⅰ式长脊宽翼铜镞
134	Ⅱ式长脊宽翼铜镞	167	Ⅰ式长脊宽翼铜镞
135	Ⅱ式长脊宽翼铜镞	168	Ⅰ式长脊宽翼铜镞
136	Ⅱ式长脊宽翼铜镞	169	Ⅰ式长脊宽翼铜镞
137	Ⅱ式长脊宽翼铜镞	170	Ⅰ式长脊宽翼铜镞
138	Ⅱ式长脊宽翼铜镞	171	Ⅰ式长脊宽翼铜镞
139	Ⅱ式长脊宽翼铜镞	172	Ⅰ式长脊宽翼铜镞
140	Ⅱ式长脊宽翼铜镞	173	铜匕首
141	Ⅱ式长脊宽翼铜镞	174	（空号）
142	Ⅱ式长脊宽翼铜镞	175	（空号）
143	Ⅱ式长脊宽翼铜镞	176	（空号）
144	Ⅱ式长脊宽翼铜镞	177	（空号）
145	Ⅱ式长脊宽翼铜镞	178	（空号）
146	Ⅱ式长脊宽翼铜镞	179	（空号）
147	Ⅱ式长脊宽翼铜镞	180	Ⅰ式长脊窄翼铜镞
148	Ⅱ式长脊宽翼铜镞	181	Ⅰ式长脊窄翼铜镞
149	Ⅱ式长脊宽翼铜镞	182	Ⅰ式长脊窄翼铜镞
150	Ⅱ式长脊宽翼铜镞	183	Ⅰ式长脊窄翼铜镞
151	Ⅱ式长脊宽翼铜镞	184	Ⅰ式长脊窄翼铜镞
152	Ⅱ式长脊宽翼铜镞	185	Ⅰ式长脊窄翼铜镞
153	Ⅱ式长脊宽翼铜镞	186	Ⅰ式长脊窄翼铜镞
154	Ⅱ式长脊宽翼铜镞	187	Ⅰ式长脊窄翼铜镞
155	Ⅱ式长脊窄翼铜镞	188	Ⅰ式长脊窄翼铜镞

189	Ⅰ式长脊窄翼铜镞	222	长脊短翼铜镞
190	Ⅰ式长脊窄翼铜镞	223	长脊短翼铜镞
191	Ⅰ式长脊窄翼铜镞	224	长脊短翼铜镞
192	Ⅰ式长脊窄翼铜镞	225	长脊短翼铜镞
193	Ⅰ式长脊窄翼铜镞	226	长脊短翼铜镞
194	Ⅰ式长脊窄翼铜镞	227	长脊短翼铜镞
195	Ⅰ式长脊窄翼铜镞	228	长脊短翼铜镞
196	Ⅰ式长脊窄翼铜镞	229	长脊短翼铜镞
197	Ⅰ式长脊窄翼铜镞	230	长脊短翼铜镞
198	Ⅰ式长脊窄翼铜镞	231	长脊短翼铜镞
199	Ⅰ式长脊窄翼铜镞	232	长脊短翼铜镞
200	Ⅰ式长脊窄翼铜镞	233	长脊短翼铜镞
201	Ⅰ式长脊窄翼铜镞	234	长脊短翼铜镞
202	Ⅰ式长脊窄翼铜镞	235	长脊短翼铜镞
203	Ⅰ式长脊窄翼铜镞	236	长脊短翼铜镞
204	Ⅰ式长脊窄翼铜镞	237	长脊短翼铜镞
205	Ⅰ式长脊窄翼铜镞	238	长脊短翼铜镞
206	Ⅰ式长脊窄翼铜镞	239	长脊短翼铜镞
207	Ⅰ式长脊窄翼铜镞	240	长脊短翼铜镞
208	Ⅰ式长脊窄翼铜镞	241	长脊短翼铜镞
209	Ⅰ式长脊窄翼铜镞	242	长脊短翼铜镞
210	Ⅰ式长脊窄翼铜镞	243	长脊短翼铜镞
211	长脊短翼铜镞	244	长脊短翼铜镞
212	长脊短翼铜镞	245	长脊短翼铜镞
213	长脊短翼铜镞	246	长脊短翼铜镞
214	长脊短翼铜镞	247	长脊短翼铜镞
215	长脊短翼铜镞	248	长脊短翼铜镞
216	长脊短翼铜镞	249	短式铜鱼镖形器
217	长脊短翼铜镞	250	短式铜鱼镖形器
218	长脊短翼铜镞	251	短式铜鱼镖形器
219	长脊短翼铜镞	252	短式铜鱼镖形器
220	长脊短翼铜镞	253	短式铜鱼镖形器
221	长脊短翼铜镞	254	短式铜鱼镖形器

255	短式铜鱼镖形器	288	双齿形铜构件
256	短式铜鱼镖形器	289	双齿形铜构件
257	短式铜鱼镖形器	290	双齿形铜构件
258	短式铜鱼镖形器	291	双齿形铜构件
259	长式铜鱼镖形器	292	双齿形铜构件
260	长式铜鱼镖形器	293	I式圆锥形铜镈
261	长式铜鱼镖形器	294	I式圆锥形铜镈
262	长式铜鱼镖形器	295	I式圆锥形铜镈
263	长式铜鱼镖形器	296	I式圆锥形铜镈
264	I式无翼铜镞	297	I式圆锥形铜镈
265	I式无翼铜镞	298	II式圆锥形铜镈
266	I式无翼铜镞	299	II式圆锥形铜镈
267	II式长脊窄翼铜镞	300	II式圆锥形铜镈
268	II式无翼铜镞	301	II式圆锥形铜镈
269	II式无翼铜镞	302	II式圆锥形铜镈
270	II式无翼铜镞	303	II式圆锥形铜镈
271	II式无翼铜镞	304	II式圆锥形铜镈
272	III式无翼铜镞	305	多棱锥形铜镈
273	双齿形铜构件	306	多棱锥形铜镈
274	双齿形铜构件	307	扁椭圆形铜镈
275	双齿形铜构件	308	扁椭圆形铜镈
276	双齿形铜构件	309	扁椭圆形铜镈
277	双齿形铜构件	310	扁椭圆形铜镈
278	双齿形铜构件	311	扁椭圆形铜镈
279	双齿形铜构件	312	II式短柄翘首铜刀
280	双齿形铜构件	313	II式短柄翘首铜刀
281	双齿形铜构件	314	II式短柄翘首铜刀
282	双齿形铜构件	315	I式短柄翘首铜刀
283	双齿形铜构件	316	I式短柄翘首铜刀
284	双齿形铜构件	317	I式短柄翘首铜刀
285	双齿形铜构件	318	I式短柄翘首铜刀
286	双齿形铜构件	319	I式短柄翘首铜刀
287	双齿形铜构件	320	I式短柄翘首铜刀

387	平口铜凿	420	Ⅱ式平条形铜刻刀
388	平口铜凿	421	Ⅰ式平条形铜刻刀
389	平口铜凿	422	Ⅰ式平条形铜刻刀
390	平口铜凿	423	Ⅰ式平条形铜刻刀
391	平口铜凿	424	三棱形铜刻刀
392	平口铜凿	425	三棱形铜刻刀
393	弧口铜凿	426	三棱形铜刻刀
394	圆口铜凿	427	三棱形铜刻刀
395	圆口铜凿	428	三棱形铜刻刀
396	圆口铜凿	429	三棱形铜刻刀
397	圆口铜凿	430	三棱形铜刻刀
398	圆口铜凿	431	三棱形铜刻刀
399	圆口铜凿	432	三棱铜锥
400	圆口铜凿	433	三棱铜锥
401	铜手斧形器	434	圆铜锥
402	铜手斧形器	435	圆铜锥
403	铜手斧形器	436	圆铜锥
404	铜手斧形器	437	圆铜锥
405	铜手斧形器	438	圆铜锥
406	铜手斧形器	439	圆铜锥
407	铜手斧形器	440	圆铜锥
408	铜手斧形器	441	圆铜锥
409	铜手斧形器	442	圆铜锥
410	铜手斧形器	443	圆铜锥
411	铜手斧形器	444	Ⅰ式尖首铜刀
412	铜手斧形器	445	Ⅰ式尖首铜刀
413	铜手斧形器	446	Ⅰ式尖首铜刀
414	铜手斧形器	447	Ⅰ式尖首铜刀
415	铜手斧形器	448	Ⅰ式尖首铜刀
416	铜手斧形器	449	Ⅰ式尖首铜刀
417	铜手斧形器	450	Ⅰ式尖首铜刀
418	Ⅰ式平条形铜刻刀	451	Ⅰ式尖首铜刀
419	Ⅱ式平条形铜刻刀	452	Ⅰ式尖首铜刀

453	Ⅰ式尖首铜刀	486	（空号）
454	Ⅰ式尖首铜刀	487	（空号）
455	Ⅱ式尖首铜刀	488	（空号）
456	Ⅱ式尖首铜刀	489	（空号）
457	Ⅱ式尖首铜刀	490	（空号）
458	Ⅱ式尖首铜刀	491	（空号）
459	Ⅱ式尖首铜刀	492	铜砧
460	Ⅱ式翘首铜刀	493	Ⅰ式长脊宽翼铜镞
461	Ⅱ式翘首铜刀	494	Ⅰ式长脊宽翼铜镞
462	Ⅱ式翘首铜刀	495	Ⅰ式长脊宽翼铜镞
463	Ⅱ式翘首铜刀	496	Ⅰ式长脊宽翼铜镞
464	Ⅰ式翘首铜刀	497	Ⅰ式长脊宽翼铜镞
465	Ⅰ式翘首铜刀	498	Ⅰ式长脊宽翼铜镞
466	Ⅰ式翘首铜刀	499	Ⅱ式曲内铜戈
467	Ⅰ式翘首铜刀	500	（空号）
468	帽形铜构件	501	Ⅰ式原始瓷折肩罐
469	帽形铜构件	502	Ⅰ式原始瓷折肩罐
470	帽形铜构件	503	Ⅰ式原始瓷折肩罐
471	龟纹椭圆形铜构件	504	Ⅱ式原始瓷折肩罐
472	钩形铜构件	505	硬陶折肩罐
473	钩形铜构件	506	Ⅱ式原始瓷折肩罐
474	钩形铜构件	507	Ⅱ式原始瓷折肩罐
475	圆柱形铜构件	508	硬陶折肩罐
476	方形铜构件	509	Ⅱ式原始瓷折肩罐
477	铜环	510	硬陶折肩罐
478	镂孔铜锋刃器	511	硬陶折肩罐
479	杖头形铜构件	512	Ⅱ式原始瓷折肩罐
480	铜板	513	Ⅲ式原始瓷折肩罐
481	铜管	514	Ⅲ式原始瓷折肩罐
482	（空号）	515	硬陶折肩罐
483	（空号）	516	Ⅲ式原始瓷折肩罐
484	（空号）	517	原始瓷带盖折肩罐
485	（空号）	518	硬陶折肩罐

519	Ⅲ式原始瓷折肩罐	552	Ⅰ式陶豆
520	Ⅲ式原始瓷折肩罐	553	Ⅱ式陶豆
521	原始瓷带盖折肩罐	554	Ⅱ式陶豆
522	Ⅲ式原始瓷折肩罐	555	Ⅱ式陶豆
523	Ⅲ式原始瓷折肩罐	556	陶鼎
524	Ⅲ式原始瓷折肩罐	557	陶釜
525	Ⅲ式原始瓷折肩罐	558	陶斝
526	硬陶折肩罐	559	陶罍
527	硬陶折肩罐	560	陶簋
528	陶壶	561	陶盘
529	硬陶瓮	562	Ⅰ式陶盆
530	原始瓷瓮	563	Ⅱ式陶盆
531	硬陶瓮	564	Ⅱ式陶盆
532	陶瓮	565	陶大口尊
533	原始瓷瓮	566	陶钵
534	原始瓷瓮	567	陶钵
535	原始瓷瓮	568	陶钵
536	原始瓷大口尊	569	原始瓷筒形器
537	硬陶大口尊	570	陶器盖
538	硬陶大口尊	571	硬陶器盖
539	原始瓷大口尊	572	原始瓷器盖
540	原始瓷大口尊	573	陶器盖
541	原始瓷高领罐	574	原始瓷器盖
542	硬陶高领罐	575	原始瓷器盖
543	原始瓷高领罐	576	原始瓷器盖
544	陶大口尊	577	原始瓷器盖
545	Ⅰ式陶豆	578	陶器盖
546	Ⅰ式陶豆	579	原始瓷器盖
547	Ⅰ式陶豆	580	硬陶器盖
548	Ⅰ式陶豆	581	陶器盖
549	Ⅰ式陶豆	582	陶器盖
550	Ⅰ式陶豆	583	陶器盖
551	Ⅰ式陶豆	584	陶器盖

585 陶器盖

586 陶器盖

587 陶器盖

588 陶器盖

589 陶器盖

590 陶器盖

591 陶器盖

592 陶器盖

593 陶器盖

594 陶器盖

595 陶器盖

596 陶器盖

597 陶器盖

598 陶器盖

599 原始瓷器盖

600 陶器盖

601 Ⅰ式陶纺轮

602 Ⅰ式陶纺轮

603 Ⅱ式陶纺轮

604 陶分裆鬲

605 陶联裆鬲

606 陶联裆鬲

607 陶分裆鬲

608 陶分裆鬲

609 陶联裆鬲

610 陶分裆鬲

611 陶分裆鬲

612 陶分裆鬲

613 陶分裆鬲

614 陶分裆鬲

615 陶联裆鬲

616 陶分裆鬲

617 陶联裆鬲

618 陶分裆鬲

619 陶分裆鬲

620 陶分裆鬲

621 陶分裆鬲

622 陶分裆鬲

623 陶分裆鬲

624 陶分裆鬲

625 陶分裆鬲

626 陶联裆鬲

627 陶分裆鬲

628 侧身羽人玉佩饰

629 圆形玉坠饰

630 圆形玉坠饰

631 圆形玉瑗

632 圆形玉瑗

633 神人兽面形玉饰

634 虎形扁玉足

635 虎形扁玉足

636 虎形扁玉足

637 水晶套环

638 水晶套环

639 Ⅰ式长管形玉饰

640 Ⅲ式玉柄形器

641 磷铝石类项链(18颗)

642 磷铝石类腰带(13颗)

643 透闪石类串珠(38颗)

644 玉铲

645 玉铲

646 绿松石类玉串珠(15颗)

647 绿松石类玉串珠(14颗)

648 Ⅰ式玉琮

649 玉矛

650 玉璧

651	玉璧	684	Ⅱ式玉玦
652	Ⅰ式玉柄形器	685	玉环
653	Ⅱ式玉柄形器	686	玉璜
654	长条形玉饰	687	Ⅰ式玉玦
655	Ⅱ式笄形玉坠饰	688	Ⅰ式玉玦
656	Ⅱ式长管形玉饰	689	Ⅰ式玉玦
657	Ⅰ式笄形玉坠饰	690	Ⅰ式玉玦
658	玉瑗	691	Ⅰ式玉玦
659	玉瑗	692	Ⅰ式玉玦
660	Ⅰ式玉玦	693	Ⅰ式玉玦
661	Ⅰ式玉玦	694	Ⅰ式玉玦
662	Ⅰ式玉玦	695	Ⅰ式玉玦
663	Ⅱ式玉戈	696	Ⅰ式玉玦
664	Ⅳ式玉戈	697	Ⅰ式玉玦
665	Ⅰ式玉戈	698	Ⅰ式玉玦
666	Ⅲ式玉戈	699	Ⅰ式玉玦
667	Ⅰ式鱼形玉饰	700	残玉玦
668	Ⅱ式鱼形玉饰	701	玉璜
669	绿松石类蛙	702	玉珠（1 颗）
670	Ⅱ式绿松石类泡	703	镂孔玉扉棱片
671	Ⅰ式绿松石类泡	704	镂孔玉扉棱片
672	绿松石类蝉	705	镂孔玉扉棱片
673	Ⅰ式绿松石类泡	706	镂孔玉扉棱片
674	Ⅰ式绿松石类泡	707	绿松石类串珠（131 颗）
675	玉镯	708	绿松石类串珠（349 颗）
676	Ⅱ式磷铝石类泡	709	Ⅰ式绿松石类泡（38 颗）
677	Ⅱ式玉琮	710	磷铝石类串珠（53 颗）
678	玉瑗	711	Ⅰ式绿松石类泡（11 颗）
679	玉瑗	712	硬陶折肩罐
680	玉瑗	713	陶把手
681	玉瑗	714	夹砂红陶鬲
682	玉瑗	715	红黄沙陶鬲
683	Ⅱ式玉玦	716	陶大口尊

717 陶大口尊
718 硬陶折肩罐
719 陶钵
720 硬陶折肩罐
721 Ⅰ式陶豆
722 Ⅰ式陶豆

附表二　　　　新干商代大墓出土器物分类表

青　铜　器

一、礼　器

（一）铜鼎　30件

1. 铜圆鼎　21件

（1）柱足铜圆鼎　4件

兽面纹柱足铜圆鼎　3件

XDM：1　XDM：2　XDM：7

圆涡纹柱足铜圆鼎　1件

XDM：3

（2）锥足铜圆鼎　3件

兽面纹锥足铜圆鼎　2件

XDM：4　XDM：5

弦纹锥足铜圆鼎　1件

XDM：6

（3）扁足铜圆鼎　14件

虎耳虎形扁足铜圆鼎　7件

XDM：14　XDM：15　XDM：16　XDM：17　XDM：18　XDM：19

XDM：20

立耳虎形扁足铜圆鼎　2件

XDM：21　XDM：22

立耳夔形扁足铜圆鼎　1件

XDM：23

鸟耳夔形扁足铜圆鼎　2件

XDM：26　XDM：27

立耳鱼形扁足铜圆鼎　2件

XDM：24　XDM：25

2. 铜方鼎　6件

（1）乳丁纹虎耳铜方鼎　1件

XDM：8

（2）兽面纹立耳铜方鼎　2件

XDM：9　XDM：10

（3）兽面纹虎耳铜方鼎　2件

XDM：11　XDM：12

（4）兽面纹双层底铜方鼎　1件

XDM：13

3. 瓿形铜鼎　2件

XDM：30　XDM：31

4. 鬲形铜鼎　1件

XDM：36

（二）铜鬲　5件

1. 圆肩鬲　4件

分裆圆肩铜鬲　3件

XDM：32　XDM：33　XDM：34

联裆圆肩铜鬲　1件

XDM：35

2. 折肩铜鬲　1件

XDM：37

（三）铜甗　3件

1. 四足铜甗　1件

XDM：38

2. 三足铜甗　2件

XDM：39　XDM：40

（四）铜盘　1件

XDM：43

（五）铜豆　1件

XDM：42

（六）铜壶　2件

XDM：45　XDM：46

（七）铜卣　3件

1. 铜方卣　1件

XDM：47

2. 铜三足提梁卣　2件

　　XDM：48　XDM：49

（八）铜罍　1件

　　XDM：44

（九）铜瓿　1件

　　XDM：41

（一〇）铜瓒　1件

　　XDM：50

二、乐　器

（一）铜镈　1件

　　XDM：63

（二）铜铙　3件

1. 六边形腔铜铙　1件

　　XDM：64

2. 合瓦形腔铜铙　2件

　　XDM：65　XDM：66

三、兵　器

（一）铜矛　35件

1. 短骹铜矛　15件

　　Ⅰ式　10件

　　XDM：70　XDM：72　XDM：73　XDM：75　XDM：76　XDM：77

　　XDM：78　XDM：79　XDM：80　XDM：81

　　Ⅱ式　3件

　　XDM：71　XDM：74　XDM：82

　　Ⅲ式　1件

　　XDM：83

　　Ⅳ式　1件

　　XDM：99

2. 长骹铜矛　13件

　　Ⅰ式　5件

　　XDM：85　XDM：86　XDM：87　XDM：88　XDM：89

　　Ⅱ式　1件

　　XDM：90

Ⅲ式　1件

　XDM：84

Ⅳ式　1件

　XDM：91

Ⅴ式　2件

　XDM：92　XDM：93

Ⅵ式　1件

　XDM：100

Ⅶ式　2件

　XDM：103　XDM：104

3. 特短骹铜矛　5件

Ⅰ式　3件

　XDM：94　XDM：95　XDM：96

Ⅱ式　1件

　XDM：97

Ⅲ式　1件

　XDM：98

4. 异形铜矛　2件

Ⅰ式　1件

　XDM：101

Ⅱ式　1件

　XDM：102

(二)铜戈　28件

1. 直内铜戈　23件

Ⅰ式　11件

　XDM：107　XDM：108　XDM：109　XDM：110　XDM：111　XDM：
112　XDM：114　XDM：115　XDM：116　XDM：117　XDM：122

Ⅱ式　8件

　XDM：113　XDM：118　XDM：119　XDM：121　XDM：123　XDM：
124　XDM：125　XDM：126

Ⅲ式　2件

　XDM：106　XDM：120

Ⅳ式　1件

XDM：105

Ⅴ式 1件

XDM：132

2. 曲内铜戈 5件

Ⅰ式 3件

XDM：127 XDM：128 XDM：129

Ⅱ式 2件

XDM：131 XDM：499

(三)铜勾戟 1件

XDM：133

(四)铜钺 6件

1. 方内铜钺 5件

Ⅰ式 2件

XDM：333 XDM：334

Ⅱ式 3件

XDM：335 XDM：336 XDM：337

2. 带銎铜钺 1件

XDM：338

(五)铜镞 123件

1. 长脊宽翼铜镞 36件

Ⅰ式 15件

XDM：164 XDM：165 XDM：166 XDM：167 XDM：168 XDM：169 XDM：170 XDM：171 XDM：172 XDM：493 XDM：494 XDM：495 XDM：496 XDM：497 XDM：498

Ⅱ式 21件

XDM：134 XDM：135 XDM：136 XDM：137 XDM：138 XDM：139 XDM：140 XDM：141 XDM：142 XDM：143 XDM：144 XDM：145 XDM：146 XDM：147 XDM：148 XDM：149 XDM：150 XDM：151 XDM：152 XDM：153 XDM：154

2. 长脊窄翼铜镞 41件

Ⅰ式 31件

XDM：180 XDM：181 XDM：182 XDM：183 XDM：184 XDM：185 XDM：186 XDM：187 XDM：188 XDM：189 XDM：190

XDM：191 XDM：192 XDM：193 XDM：194 XDM：195 XDM：196 XDM：197 XDM：198 XDM：199 XDM：200 XDM：201 XDM：202 XDM：203 XDM：204 XDM：205 XDM：206 XDM：207 XDM：208 XDM：209 XDM：210

Ⅱ式 10件

XDM：155 XDM：156 XDM：157 XDM：158 XDM：159 XDM：160 XDM：161 XDM：162 XDM：163 XDM：267

3. 长脊短翼铜镞 38件

XDM：211 XDM：212 XDM：213 XDM：214 XDM：215 XDM：216 XDM：217 XDM：218 XDM：219 XDM：220 XDM：221 XDM：222 XDM：223 XDM：224 XDM：225 XDM：226 XDM：227 XDM：228 XDM：229 XDM：230 XDM：231 XDM：232 XDM：233 XDM：234 XDM：235 XDM：236 XDM：237 XDM：238 XDM：239 XDM：240 XDM：241 XDM：242 XDM：243 XDM：244 XDM：245 XDM：246 XDM：247 XDM：248

4. 无翼铜镞 8件

Ⅰ式 3件

XDM：264 XDM：265 XDM：266

Ⅱ式 4件

XDM：268 XDM：269 XDM：270 XDM：271

Ⅲ式 1件

XDM：272

(六)宽刃铜剑 1件

XDM：339

(七)铜刀 15件

1. 短柄翘首铜刀 13件

Ⅰ式 9件

XDM：315 XDM：316 XDM：317 XDM：318 XDM：319 XDM：320 XDM：321 XDM：322 XDM：323

Ⅱ式 4件

XDM：312 XDM：313 XDM：314 XDM：324

2. 长条形带穿铜刀 2件

XDM：331 XDM：332

(八)铜匕首　2件

XDM：173　XDM：340

(九)镂孔铜锋刃器　1件

XDM：478

(一○)铜镞　19件

1. 圆锥形铜镞　12件

Ⅰ式　5件

XDM：293　XDM：294　XDM：295　XDM：296　XDM：297

Ⅱ式　7件

XDM：298　XDM：299　XDM：300　XDM：301　XDM：302　XDM：303　XDM：304

2. 多棱锥形铜镞　2件

XDM：305　XDM：306

3. 扁椭圆形铜镞　5件

XDM：307　XDM：308　XDM：309　XDM：310　XDM：311

(一一)铜胄　1件

XDM：341

四、工　具

(一)铜犁铧　2件

XDM：342　XDM：343

(二)铜锸　2件

XDM：344　XDM：345

(三)铜耒　1件

XDM：346

(四)铜耜　1件

XDM：347

(五)铜铲　12件

1. 圆銎溜肩铜铲　11件

Ⅰ式　1件

XDM：359

Ⅱ式　10件

XDM：361　XDM：362　XDM：363　XDM：364　XDM：365　XDM：366　XDM：367　XDM：368　XDM：369　XDM：370

2. 方銎溜肩铜铲　1件

XDM：360

(六)铜钁　1件

XDM：377

(七)铜斨　8件

1. 狭刃铜斨　6件

Ⅰ式　2件

XDM：348　XDM：350

Ⅱ式　4件

XDM：349　XDM：351　XDM：352　XDM：353

2. 宽刃铜斨　2件

XDM：354　XDM：355

(八)铜锛　3件

XDM：356　XDM：357　XDM：358

(九)铜镰　5件

XDM：371　XDM：372　XDM：373　XDM：374　XDM：375

(一〇)铜铚　1件

XDM：376

(一一)铜鱼镖形器　15件

1. 长式铜鱼镖形器　5件

XDM：259　XDM：260　XDM：261　XDM：262　XDM：263

2. 短式铜鱼镖形器　10件

XDM：249　XDM：250　XDM：251　XDM：252　XDM：253　XDM：
254　XDM：255　XDM：256　XDM：257　XDM：258

(一二)铜修刀　6件

XDM：378　XDM：379　XDM：380　XDM：381　XDM：382　XDM：
383

(一三)铜凿　17件

1. 平口铜凿　9件

XDM：384　XDM：385　XDM：386　XDM：387　XDM：388　XDM：
389　XDM：390　XDM：391　XDM：392

2. 弧口铜凿　1件

XDM：393

3. 圆口铜凿　7 件

XDM：394　XDM：395　XDM：396　XDM：397　XDM：398　XDM：399　XDM：400

(一四)铜刻刀　15 件

1. 平条形铜刻刀　7 件

I 式　5 件

XDM：130　XDM：418　XDM：421　XDM：422　XDM：423

II 式　2 件

XDM：419　XDM：420

2. 三棱形铜刻刀　8 件

XDM：424　XDM：425　XDM：426　XDM：427　XDM：428　XDM：429　XDM：430　XDM：431

(一五)铜锥　12 件

1. 三棱铜锥　2 件

XDM：432　XDM：433

2. 圆铜锥　10 件

XDM：434　XDM：435　XDM：436　XDM：437　XDM：438　XDM：439　XDM：440　XDM：441　XDM：442　XDM：443

(一六)铜刀　24 件

1. 尖首铜刀　16 件

I 式　11 件

XDM：444　XDM：445　XDM：446　XDM：447　XDM：448　XDM：449　XDM：450　XDM：451　XDM：452　XDM：453　XDM：454

II 式　5 件

XDM：455　XDM：456　XDM：457　XDM：458　XDM：459

2. 翘首铜刀　8 件

I 式　4 件

XDM：464　XDM：465　XDM：466　XDM：467

II 式　4 件

XDM：460　XDM：461　XDM：462　XDM：463

(一七)铜砧　1 件

492

(一八)铜手斧形器　17 件

XDM：401　XDM：402　XDM：403　XDM：404　XDM：405　XDM：
406　XDM：407　XDM：408　XDM：409　XDM：410　XDM：411
XDM：412　XDM：413　XDM：414　XDM：415　XDM：416　XDM：
417

五、杂　器

（一）双面神人铜头像　1件

XDM：67

（二）伏鸟双尾铜虎　1件

XDM：68

（三）铜羊角兽面　1件

XDM：69

（四）铜匕　10件

Ⅰ式　3件

XDM：53　XDM：54　XDM：55

Ⅱ式　5件

XDM：56　XDM：57　XDM：58　XDM：59　XDM：60

Ⅲ式　2件

XDM：51　XDM：52

（五）铜箕形器　1件

XDM：61

（六）铜扣形器　1件

XDM：62

（七）帽形铜构件　3件

XDM：468　XDM：469　XDM：470

（八）杖头形铜构件　1件

XDM：479

（九）龟纹椭圆形铜构件　1件

XDM：471

（一〇）钩形铜构件　3件

XDM：472　XDM：473　XDM：474

（一一）圆柱形铜构件　1件

XDM：475

（一二）方形铜构件　1件

XDM：476

(一三)铜环　1件

XDM：477

(一四)铜板　1件

XDM：480

(一五)铜管　1件

XDM：481

(一六)双齿形铜构件　20件

XDM：273　XDM：274　XDM：275　XDM：276　XDM：277　XDM：
278　XDM：279　XDM：280　XDM：281　XDM：282　XDM：283
XDM：284　XDM：285　XDM：286　XDM：287　XDM：288　XDM：
289　XDM：290　XDM：291　XDM：292

玉　器

一、礼　器

(一)玉琮　2件

Ⅰ式　1件

XDM：648

Ⅱ式　1件

XDM：677

(二)玉璧　2件

XDM：650　XDM：651

(三)玉环　1件

XDM：685

(四)玉瑗　7件

XDM：658　XDM：680　XDM：678　XDM：679　XDM：659　XDM：
681　XDM：682

(五)玉玦　19件

Ⅰ式　16件

XDM：690　XDM：660　XDM：687　XDM：662　XDM：688　XDM：
661　XDM：689　XDM：694　XDM：691　XDM：692　XDM：693
XDM：695　XDM：696　XDM：698　XDM：697　XDM：699

Ⅱ式　2件

　　XDM：683　XDM：684

残玉玦　1件

　　XDM：700

（六）玉璜　2件

　　XDM：686　XDM：701

二、仪仗器

（一）玉戈　4件

　　Ⅰ式　1件

　　　XDM：665

　　Ⅱ式　1件

　　　XDM：663

　　Ⅲ式　1件

　　　XDM：666

　　Ⅳ式　1件

　　　XDM：664

（二）玉矛　1件

　　XDM：649

（三）玉铲　2件

　　XDM：644　XDM：645

三、装饰品

（一）玉镯　1件

　　XDM：675

（二）笋形玉坠饰　2件

　　Ⅰ式　1件

　　　XDM：657

　　Ⅱ式　1件

　　　XDM：655

（三）玉项链　1串

　　XDM：641(18颗)

（四）玉腰带　1串

　　XDM：642(13颗)

（五）串珠　6串

XDM：710(53 颗)　XDM：643(38 颗)　XDM：646(15 颗)　XDM：647(14 颗)　(131 颗)　XDM：708(349 颗)

(六)水晶套环　2 件

XDM：638　XDM：637

(七)玉柄形器　3 件

Ⅰ 式　1 件

XDM：652

Ⅱ 式　1 件

XDM：653

Ⅲ 式　1 件

XDM：640

(八)长条形玉饰　1 件

XDM：654

(九)长管形玉饰　2 件

Ⅰ 式　1 件

XDM：639

Ⅱ 式　1 件

XDM：656

(一〇)圆形玉坠饰　2 件

XDM：630　XDM：629

(一一)圆玉瑑　2 件

XDM：631　XDM：632

(一二)虎形扁玉足　3 件

XDM：634　XDM：635　XDM：636

(一三)镂孔玉扉棱片　4 件

XDM：703　XDM：704　XDM：705　XDM：706

(一四)绿松石类蝉　1 件

XDM：672

(一五)绿松石类蛙　1 件

XDM：669

(一六)鱼形玉饰　2 件

Ⅰ 式　1 件

XDM：667

　　Ⅱ式　1件

　　　XDM：668

　（一七）绿松石类泡　54颗

　　Ⅰ式　5件52颗

　　　XDM：671　XDM：673　XDM：674　XDM：709（38颗）　XDM：711（11颗）

　　Ⅱ式　2颗

　　　XDM：670　XDM：676

　　另有小玉珠一颗 XDM：702

四、饰　件

　（一）神人兽面形玉饰　1件

　　　XDM：633

　（二）侧身羽人玉佩饰　1件

　　　XDM：628

陶瓷器

一、炊　器

　（一）陶鬲　26件

　　1. 陶分裆鬲　20件

　　　XDM：604　XDM：607　XDM：608　XDM：610　XDM：611　XDM：612　XDM：613　XDM：614　XDM：616　XDM：618　XDM：619　XDM：620　XDM：621　XDM：622　XDM：623　XDM：624　XDM：625　XDM：627　XDM：714　XDM：715

　　2. 陶联裆鬲　6件

　　　XDM：605　XDM：606　XDM：609　XDM：615　XDM：617　XDM：626

　（二）陶鼎　1件

　　　XDM：556

　（三）陶釜　1件

　　　XDM：557

二、盛食器

　（一）硬陶、原始瓷罐　33件

1. 原始瓷带盖折肩罐　2件

　　XDM：517　XDM：521

2. 硬陶折肩罐　11件

　　XDM：505　XDM：508　XDM：510　XDM：511　XDM：515　XDM：518　XDM：526　XDM：527　XDM：712　XDM：718　XDM：720

3. 原始瓷折肩罐　17件

　Ⅰ式　3件

　　XDM：501　XDM：502　XDM：503

　Ⅱ式　5件

　　XDM：504　XDM：506　XDM：507　XDM：509　XDM：512

　Ⅲ式　9件

　　XDM：513　XDM：514　XDM：516　XDM：519　XDM：520　XDM：522　XDM：523　XDM：524　XDM：525

4. 硬陶高领罐　1件

　　XDM：542

5. 原始瓷高领罐　2件

　　XDM：543　XDM：541

(二)陶、硬陶、原始瓷瓮　7件

1. 陶瓮　1件

　　XDM：532

2. 硬陶瓮　2件

　　XDM：529　XDM：531

3. 原始瓷瓮　4件

　　XDM：530　XDM：533　XDM：534　XDM：535

(三)陶、硬陶、原始瓷大口尊　9件

1. 陶大口尊　4件

　　XDM：544　XDM：565　XDM：716　XDM：717

2. 硬陶大口尊　2件

　　XDM：537　XDM：538

3. 原始瓷大口尊　3件

　　XDM：536　XDM：539　XDM：540

(四)陶壶　1件

　　XDM：528

（五）陶盆　3 件

　　Ⅰ式　1 件

　　　XDM：562

　　Ⅱ式　2 件

　　　XDM：563　XDM：564

（六）陶盘　1 件

　　XDM：561

（七）陶钵　4 件

　　XDM：566　XDM：567　XDM：568　XDM：719

（八）陶罍　1 件

　　XDM：559

（九）陶簋　1 件

　　XDM：560

（一○）原始瓷筒形器　1 件

　　XDM：569

（一一）陶豆　13 件

　　Ⅰ式　10 件

　　　XDM：545　XDM：546　XDM：547　XDM：548　XDM：549　XDM：
　　　550　XDM：551　XDM：552　XDM：721　XDM：722

　　Ⅱ式　3 件

　　　XDM：553　XDM：554　XDM：555

（一二）陶罕　1 件

　　XDM：558

（一三）陶把手　1 件

　　XDM：713

（一四）陶、硬陶、原始瓷器盖　31 件

　　1. 陶器盖　22 件

　　　XDM：570　XDM：573　XDM：578　XDM：581　XDM：582　XDM：
　　　583　XDM：584　XDM：585　XDM：586　XDM：587　XDM：588
　　　XDM：589　XDM：590　XDM：591　XDM：592　XDM：593　XDM：
　　　594　XDM：595　XDM：596　XDM：597　XDM：598　XDM：600

　　2. 硬陶器盖　2 件

　　　XDM：571　XDM：580

3. 原始瓷器盖 7件

XDM：572 XDM：574 XDM：575 XDM：576 XDM：577 XDM：579 XDM：599

三、生产工具

（一）陶纺轮 3件

Ⅰ式 2件

XDM：601 XDM：602

Ⅱ式 1件

XDM：603

（二）蝉纹锛陶范 1件

XDM：29

骨器及朱砂

一、骨镞 6件

XDM：325 XDM：326 XDM：327 XDM：328 XDM：329 XDM：330

二、朱砂

XDM：28

附录一

新干商代大墓人牙鉴定

韩康信

（中国社会科学院考古研究所）

　　1990 年 6 月下旬，江西省博物馆和江西省文物考古研究所彭适凡、詹开逊两位先生送来从新干商代墓中采集的人牙要求鉴定。据云，墓中的人骨架已朽蚀殆尽，唯收集到零星的牙齿，皆出自棺外椁室内，究竟是同一人的还是代表不同个体的分辨不清。从送来的牙齿来看，实际上都是很脆弱的残齿冠，没有一个保存齿根的，其中的近一半齿冠又已残缺不全，因而给鉴定增加了困难。这些齿冠能计数的共 24 枚。从牙齿形态观察，所能做到的首先是齿种的鉴定，然后是据牙齿萌出特点或齿冠咬合面磨蚀程度作出大概的年龄估计，同时区别出相同或不同个体的牙齿。但由于这些齿冠都是孤零的，作年龄估计只能是粗糙的，性别的认定则更是勉为其难了。因为仅依靠牙齿大小鉴定性别只有在极端的情况下才有大的可信度，即牙齿特别粗大（很可能为男）或特别小（可能为女）。对牙齿细节结构上的性别差异还很少有人专题研究，因而通常不能单凭齿冠形态进行可靠的性别鉴定。

　　为了记述的方便，本文对送来的 24 枚齿冠作了编号（No. 1～18）。其中 No. 1、8、14 分别包含 2 枚齿冠，No. 6 包含同个体的 4 枚齿冠，其余编号只代表一枚齿冠。下边按编号分别记述如下：

　　No. 1——右上第二前臼齿和第一臼齿齿冠（齿种简略号为 P^2M^1，下同），这两枚齿冠自然连接在一起。前臼齿（P^2）保存了完整齿冠，其颊舌径大于近中远中径，有颊、舌两个齿尖，未经磨蚀。第一臼齿（M^1）齿冠则已大半残缺，只保存了颊侧前尖的一部分，从残存的前尖尚未见磨蚀痕迹。这两枚齿冠都较高，其咬合面未经磨蚀，估计它们或从齿槽中刚萌出不久，尤其前臼齿是如此。据恒齿的萌发顺序，第一臼齿比第二前臼齿萌出时间更早。如不计小的性别差异，第一臼齿大致在 5.5～7.5 岁之间萌出，第二前臼齿则在 9.5～13 岁之间萌出。因此，按第二前臼齿估计，这两枚齿冠代表个体的齿柳叶龄大致在 9.5～13 岁之间，或大约在 10～11 岁左右是较适宜的。

　　No. 2——左上中门齿（I^1）残冠，其舌面残失，但其中边缘嵴仍较明显可见。据此推测有明显舌窝存在，即所谓铲形门齿。齿冠切缘磨蚀很轻，按门齿磨蚀度分类，属"0"级。从齿形大小和磨蚀很轻来看,可能与 No.1 两枚齿冠相配合。

No.3——一枚唇面残裂的上犬齿(C^1)齿冠,其舌面大致保存,有弱的舌沟。磨蚀轻微,暗示属于小年龄个体的。

No.4——左上第一前臼齿(P^1)残冠,其齿冠咬合面和颊、舌面大致保存,近中、远中面残失。颊舌径大于近中远中径,保存颊、舌两尖。咬合面观的远中颊侧角较锐,舌尖位置超前。齿冠釉质部分磨蚀,颊侧尖处有细齿质点显露。舌侧尖磨蚀,但未出露齿质。这样的磨蚀度代表年轻个体。

No.5——左下第二前臼齿(P$_2$)残冠,其颊侧、近中及远中侧的釉质皮大多残失,只保存了咬合面的后半部分。颊、舌尖之间有齿嵴相连,其后的窝沟较大。咬合面齿冠稍磨损,表明个体的年龄不大或较年轻。

No.6——此编号包括 4 枚牙齿。即右上第一、二前臼齿和同侧相应的下第一、二前臼齿(P^{1}P^2/P$_1$P$_2$)齿冠。这 4 枚齿冠原来被胶结自然连接在一起。齿冠磨蚀也不重。

No.7——左上第一臼齿(M^1)齿冠,呈明显的四尖型(有原尖、前尖、后尖和次尖)。齿尖大部磨平,舌侧两尖(原尖和次尖)有细点状齿质微露,大约相当臼齿磨蚀度分类的 II 级强。

No.8——包括左、右上第二臼齿(M^2)齿冠各一。舌侧次尖皆退化,呈三尖型。齿尖大部分磨蚀,原尖处齿质近于出露,约相当臼齿磨蚀度的 II 级或 II 级强。这两枚的齿冠形态、大小和磨蚀度皆相似,当属于同一个体。又上第二臼齿(M^2)的近中接触面与上述 No.7 的同侧上第一臼齿(M^1)的远中接触面形态相似,磨蚀度又较 No.7 的弱,齿形大小也相宜。因此估计 No.8 两枚上臼齿与 No.7 的第一上臼齿也是同一个体。

No.9——左上第三臼齿(M^3)齿冠。其形态变异较大,除从齿尖着生位置可以辨别的前尖、原尖、后尖和显著缩小的次尖外,在近中的前尖和原尖之间又形成一至二个小的嵴状附小尖;在原尖和次尖之间,也有类似的小附嵴。在原尖和次尖的舌侧面还发育有明显的卡氏尖(Tuberculum carabelli)结构。齿尖磨蚀度约相当 II 级弱。从近中面留下的接触面形状和大小判断,这枚牙冠与 No.8 之左上第二臼齿同个体。

No.10——可能是左下第三臼齿(M$_3$)残冠,齿冠颊侧残裂。咬合面形态也复杂化:几个主要齿尖围成一个明显的窝坑,在下次尖和下内尖之间有下次小尖,而此下次小尖又似分成两叶,类似形成第 6 小尖。齿尖稍磨蚀。从这枚牙齿大小、磨蚀度来判断,可能与下叙的 No.13、14、15 的齿冠属同一个体。

No.11——右上第二乳臼齿(DM^2)的残冠。齿形很小,四尖型。其中的次尖明显小。近中面残。齿尖萌出后接近磨平,按此磨蚀度可能大于 12 个月。

No.12——可能为右上第二臼齿(M^2)尚未萌出齿槽的牙胚。齿冠薄小,近齿颈处不象乳齿那样明显收缩。齿冠颊舌径大于近中远中径,次尖明显缩小,与同名乳齿不同。

No. 13——左下第二臼齿（M$_2$）残冠，颊侧约三分之一残缺。据齿形大小和磨蚀度，这枚牙齿与 No. 14 的右下第二臼齿（M$_2$）相配，两者当属同一个体。

No. 14——包括右下第一和第二臼齿（M$_1$M$_2$）。第一臼齿齿尖大部磨蚀，颊侧两齿尖（原尖和次尖）处齿质已出露，其磨蚀度约Ⅲ级；第二臼齿齿尖也基本磨去，原尖和后尖处齿质微露，其磨蚀度约相当Ⅱ级或Ⅱ级强。这两枚臼齿齿冠大小相配，第一和第二臼齿磨蚀的递减合宜，两齿的接触连接也适当，故判为同一个体。

No. 15——半枚左下第一臼齿（M$_1$）残冠，其颊侧一半残失。舌侧两个齿尖（后尖和内尖）大部磨蚀。按齿冠大小和磨蚀，与 No. 14 的右下第一臼齿（M$_1$）接近，可能与 No. 14 属同一个体。

No. 16——疑为上第一或第二前臼齿（P^1 或 P^2）残冠。因过残，难判侧别。

No. 17——下第二前臼齿（P$_2$）残冠。双尖型（颊、舌尖各一）。颊尖大部磨蚀，但尚未出现齿质。

No. 18——下侧门齿（I$_2$）残冠，舌面残。切缘出现线形齿质条纹，按门齿磨蚀度在Ⅰ～Ⅱ级之间。

根据以上齿种及形态的鉴别，对这些牙齿可能代表的个体和粗略的年龄作出以下判断：

一、No. 1（右 P^{2}M^1）、No. 2（左 I^1）和 No. 5（左 P$_2$）4 枚齿形比其他齿冠相对较大，咬合面几无磨损痕迹，它们属于一个个体的可能性较大。第一臼齿（恒齿）萌出齿槽的时间一般在 6 岁左右，第二前臼齿萌出时间大约在 9.5～13 岁之间，所以上述几枚牙齿所可能代表的齿龄应该大于 6 岁，或可能属于不大于 10～11 岁的未成年个体。

二、No. 11 的一枚上乳臼齿（右 DM^2）如属正常萌发而非延迟脱落，那么可能代表 1～1.5 岁的幼儿。

三、No. 4（左 P^1）、No. 7～10（左 M^1、左右 M^2、左 M^3、左 M$_3$）、No. 13～15（左 M$_2$、右 M$_{1\sim2}$、左 M$_1$）和 No. 17（P$_2$）等 11 枚齿冠按齿形大小、磨蚀程度、相邻齿之间接触面形态及齿种互不重复等判断，属同一个体的可能性很大。这些齿冠比 No. 1～2 的一般稍小，磨蚀度则重一些。按第一臼齿磨蚀度最大可达Ⅱ级～Ⅱ级强或接近Ⅲ级；第二臼齿磨蚀度也为Ⅱ级或Ⅱ级强。这样的磨蚀等级可能相当正常磨蚀齿龄的 20～30 岁之间。

四、No. 3 残上犬齿（C^1）和 No. 16（P^1 或 P^2）两枚可能属于上述判断的一或三中的某一个体。但由于保存过残，不能肯定；No. 18（下 I$_2$）残嫩齿也不易肯定是其中哪一个体的；No. 12（上 M^2）之牙胚或许与 No. 1 个体有关。

由上分析，初步的意见是：在送交鉴定的二十四枚齿冠中，可能包含有三个年龄不同的个体，即 1～1.5 岁的幼儿，不大于 10～11 岁的未成年个体和 20～30 之间的成年个体。从齿型来看，幼儿的乳齿很小，但据此不能判断性别；10～11 岁未成年个体齿型稍大，但也不好强作判定；就 20～30 之间的成年个体看，齿冠则显得纤小，属女性的可能性更大一些。但由于缺乏对性别鉴定更有价值的骨骼，因而对此个体的性别仅供参考。

　　据詹开逊先生函告，所有送来鉴定的人牙并非出自棺内范围，而是分三处在棺外的椁室遗迹内。如果该墓未被盗掘过，当可判定这些牙齿中不会有墓主人的。从墓中出土器物判断，据说时代在商代后期早段间，约相当殷墟中期。此时人殉已很普遍，所以这些牙齿当很可能属于为墓主殉葬的牺牲者的。

附录二

新干商代大墓朽木^{14}C 年代测定

中国社会科学院考古研究所实验室

标本名称:新干涝背沙洲墓葬出土朽木

标本性质:朽　木

提供单位:江西省博物馆、江西省文物考古研究所

出土情况

　　　及

有关文献:江西省新干县大洋洲涝背沙洲墓葬·商代

收到日期:1990 年 7 月

测定日期:1990 年 8 月

实验室编号:ZK—2514

测定结果:距今 2960±320 年(公元前 1010±320 年)

备　　注:^{14}C 半衰期为 5730

　　　　　树轮校正年代为 3110±330(1160BC)

附录三

新干商代大墓木质样^{14}C 年代测定

中国科学院西安黄土与第四纪地质研究室

样品名称:木质样(提取纤维素)

提供单位:江西省博物馆、江西省文物考古研究所

实验室编号:XLLQ557

通知单号:0054

通知日期:1993 年元月 3 日

测定结果:3620±140 年(B. P)

附录四

新干商代大墓烟炱^{14}C 年代测定

北京大学　加 速 器 质 谱 实 验 室
　　　　　第四纪年代测定实验室

　　江西省文物考古研究所詹开逊同志送来新干商代大墓烟炱样品,我们进行了加速质谱(AMS)碳—14 测试,现报告如下:

样品原编号:40

样品物质:烟炱

实验室编号:BA92096

测定日期:1993 年 6 月

^{14}C 年代(BP)或与现代碳比值:3360±160 年

说明:测量采用中国碳糖标准,其中碳的碳—14 放射性比度为现代碳标准的 1.362± 0.002 倍;计算年代采用的^{14}C 半衰期为 5730 年;距今年代(BP)以公元 1950 年 为起点;所给误差系多次测量平均值的标准偏差;年代数据未作树轮年代校正。

附录五

新干商代大墓青铜器合金成分

樊祥熹   苏荣誉

（首都师范大学化学系）   （中国科学院自然科学史研究所）

青铜器的合金成分分析是青铜器技术研究的一个重要方面,通过对青铜器样品的成分分析,可以明了青铜器的材质类型,可以知道青铜器所包含的微量元素的含量,进而为研究青铜的合金技术、青铜器的物理性能乃至青铜原料的来源提供基本资料,也为青铜器的保护技术和措施提供依据。因而,这一研究愈来愈多的为考古学家、化学家、技术史专家和文物保护专家所重视。

正是这样,许许多多的分析手段被用于青铜器的成分分析,从传统的湿法到原子吸收光谱、扫描电镜、能谱、原子吸收荧光光谱以及中子活化等不一而足,但从试验结果看,传统的湿法和原子吸收光谱法比较准确。

为了研究新干大洋洲商代青铜器群的青铜合金技术,我们取得了 20 余件青铜器的样品,进行了合金成分分析。为使定量分析的目的性更强,先用光谱法对样品进行半定量分析,即对样品的基本内涵有个大体了解。

一、光谱半定量分析

所用仪器是 WP—1 型平面光栅摄谱仪(北京第二光学仪器厂生产)和 8W 型光谱摄影仪(上海光学仪器厂生产)。摄谱条件为:

A　光栅中心波长 300μm;

B　狭缝 5μ;

C　石墨电极样品量 20～30mg;

D　直流电弧光源,电流强度 5A;

E　曝光时间:30～40 秒烧完;

F　紫外 I 型感光板。

分析所得的结果如表一。

表　一　　　　　　　　　新干商代大墓青铜器成分光谱半定量分析(％)

	器　　名	器　号	Sb	Mn	Mg	As	Si	Fe	Ni	Co	Bi	Al	Ag	Zn	Sn *	Pb *
1	兽面纹虎耳铜方鼎	XDM：11	—	—	0.003	—	0.01	0.03	0.01	—	0.01	0.001	0.01	—	1+	1+
2	兽面纹虎耳铜方鼎	XDM：8	—	0.001	0.003	—	0.03	0.3	0.01	—	0.01	0.01	0.01	—	3+	3+
3	兽面纹锥足铜圆鼎	XDM：5	—	—	0.003	—	0.01	0.1	0.03	0.003	0.01	0.003	0.01	0.003	1+	1+
4	立耳鱼形扁足铜圆鼎	XDM：24	—	—	0.003	—	0.01	0.03	—	—	0.01	0.003	0.01	—	1+	1+
5	铜豆	XDM：42	—	0.01	0.01	—	0.03	1.0+	0.03	0.003	0.01	0.03+	0.01	0.003	3+	3+
6	Ⅰ式三棱形铜刻刀	XDM：431	—	—	0.003	—	0.01	0.03	0.01	—	0.1	0.01	0.01+	—	1+	1+
7	Ⅴ式长骹铜矛	XDM：92	0.01	0.003	0.003	0.1	0.03	0.3+	0.1	0.01	0.3	0.01+	0.01+	—	3+	3+
8	三足铜甗	XDM：39	—	0.003	0.003	<0.01	0.03	1.0+	0.01	0.001	0.1	0.01+	0.01	—	3+	1+
9	铜叠(本体)	XDM：44	—	—	0.003	—	0.003	0.03	—	—	0.01	0.001	0.01	—	1+	1
10	铜叠(附饰羊)	XDM：44	0.01	0.003	0.003	—	0.01	1.0	0.01	—	0.1	0.03	0.01	—	3+	10
11	兽面纹虎耳铜方鼎	XDM：12	—	—	0.003	—	0.01	1.0	0.01	—	0.03	0.03+	0.01	—	3+	1+
12	兽面纹锥足铜圆鼎	XDM：4	—	0.003	0.003	<0.01	0.01	1.0	0.03	0.003	0.1	0.03	0.01	0.003	3+	3+
13	铜扣形器	XDM：62	—	0.003	0.003	<0.01	0.03	1.0+	0.01	—	0.3	0.03	0.01	—	3+	1+
14	Ⅱ式长脊宽翼铜镞	XDM：154	—	—	0.003	<0.01	0.03	0.3	0.01	0.001	0.1	0.03	0.01	—	3+	1+
15	Ⅱ式圆锥形铜镞	XDM：304	—	—	0.001	0.01	0.003	0.003	—	—	0.01	0.001	0.01	—	1+	1
16	Ⅰ式直内铜戈	XDM：114	0.01	0.003	—	0.01	0.03	1+	0.01	0.003	0.03	0.03	0.01	—	3+	1
17	Ⅰ式翘首铜刀	XDM：466	—	—	0.003	—	0.01	0.03	—	—	0.03	0.003	0.1	—	3+	1+
18	铜瓿	XDM：41	0.01	0.003	0.01	0.1	0.01	1+	0.3+	0.1	0.1	0.1+	0.01+	—	1+	3+
19	四足铜甗(补块)	XDM：38	0.01	0.003	0.003	0.01	0.01	1+	0.03	0.01	0.1	0.03	0.1	0.003	3+	10
20	四足铜甗(本体)	XDM：38	—	0.001	0.003	—	0.01	0.3	0.01	—	0.1	0.01	0.1	0.003	3+	3+
21	铜修刀	XDM：383	—	<0.001	0.003	—	0.01	0.3	0.03	0.003	0.3	0.01+	0.01	—	3+	1+
22	虎耳虎形扁足铜圆鼎	XDM：15	—	0.003	0.003	0.01	0.03	1.0+	0.1	0.01	0.3	0.03+	0.01	—	3+	10
23	Ⅰ式直内铜戈	XDM：108	—	—	0.001	—	0.001	0.1	—	—	0.003	0.03	0.003	—	0.3	1

＊为光谱估量

二、化学定量分析

根据光谱半定量成分分析结果，对含量在 1.0％ 以上的元素进行化学定量分析。分析方法为：

铜(Cu)：碘量法；

锡(Sn)、铅(Pb)：EDTA 滴定法。

分析的结果如表二。

表　二　　　　　　　　　　新干商代大墓青铜器合金成分（％）

器　　名	器　号	化学定量分析			原子吸收光谱定量分析						备注
		Cu	Pb	Sn	Fe	Co	Ni	Mn	Zn	Ag	
1　兽面纹虎耳铜方鼎	XDM：11	71.09	7.34	12.25	0.060	0.002	0.035	0.0004	0.006	0.035	
2　兽面纹虎耳铜方鼎	XDM：8	78.48	7.82	9.48	0.030	0.001	0.004	0.0003	0.009	0.027	
3　兽面纹锥足铜圆鼎	XDM：5	75.97	2.55	16.84	0.470	0.001	0.038	0.0010	0.007	0.010	
4　立耳鱼形扁足铜圆鼎	XDM：24	84.41	1.45	0.35	0.020	0.001	0.002	0.0006	0.009	0.009	
5　铜豆	XDM：42	74.07	8.92	1.92	0.070	0.001	0.002	0.0040	0.010	0.023	
6　Ⅱ式三棱形铜刻刀	XDM：431	77.88	3.48	13.25	0.170	0.001	0.048	0.0020	0.009	0.070	
7　Ⅴ式长骹铜矛	XDM：92	71.52	3.06	2.76	0.010	0.001	0.015	0.0005	0.005	0.050	
8　三足铜甗	XDM：39	56.70	0.23	15.68	0.200	0.001	0.003	0.0020	0.007	0.022	样品腐蚀较重
9　铜罍（本体）	XDM：44	75.38	4.73	18.44	0.100	0.001	0.005	0.0008	0.007	0.047	
10　铜罍（附饰羊）	XDM：44	75.23	5.84	0	0.001	0.001	0.001	0.0010	0.007	0.012	
11　兽面纹虎耳铜方鼎	XDM：12	84.57	0.43	8.78	0.060	0.001	0.001	0.0010	0.009	0.005	
12　兽面纹锥足铜圆鼎	XDM：4	75.26	5.70	0.35	0.070	0.003	0.05	0.0020	0.020	0.044	样品腐蚀较重
13　铜扣形器	XDM：62	84.15	4.14	4.64	0.320	0.002	0.010	0.0030	0.020	0.026	
14　Ⅱ式长脊宽翼铜镞	XDM：154	49.07	1.05	24.27	0.170	0.004	0.004	0.0007	0.009	0.009	
15　Ⅱ式圆锥形铜镈	XDM：304	57.49	0	16.21	0.140	0.001	0.002	0.0008	0.020	0.040	
16　Ⅰ式直内铜戈	XDM：114	82.77	0	16.40	0.110	0.003	0.007	0.0008	0.010	0.026	
17　Ⅰ式翘首铜刀	XDM：466	29.27	4.93	34.04	0.040	0.001	0.008	0.0003	0.004	0.045	
18　铜瓿	XDM：41	47.42	5.42	1.58	0.110	0.085	0.830	0.0050	0.005	0.055	样品严重腐蚀
19　四足铜甗（补块）	XDM：38	79.74	3.82	12.95	0.080	0.005	0.050	0.0008	0.020	0.070	
20　四足铜甗（本体）	XDM：38	78.58	1.43	1.15	0.040	0.003	0.040	0.0008	0.020	0.035	样品腐蚀较重

在分析的过程中，总的来看，这批样品比较难溶，曾发现个别样品甚至不溶于王水，如17号Ⅰ式翘首铜刀XDM：466。从分析结果看，有的样品总量太低，如18号铜瓿XDM：41，总分不到50％，8号三足铜甗XDM：39的总分不及75％，12号兽面纹锥足铜圆鼎XDM：4的总分不足80％，20号四足铜甗XDM：38的本体，总分约81％，这是由于样品已经严重腐蚀所造成的，而其他样品，如17号Ⅰ式翘首铜刀XDM：466的总分约68％、14号Ⅱ式长脊宽翼铜镞XDM：154的总分约74％、15号Ⅱ式圆锥形铜镈XDM：304的总分约75％，则是由于在分析过程中，试验人员将未溶的样品去掉，扣减不当所造成的。

此外，分析结果中10号铜罍XDM：44的附饰羊饰品不含锡，与金相分析结果大相径庭[1]，说明这组分析数据仅仅可供参考。

三、关于分析结果的简单讨论

总的来看,新干青铜器群的青铜合金属于铜－锡－铅三元合金,锡含量高者在20％以上,铅含量在10％以下,属于典型的中国青铜时代的青铜合金体系[2]。属于二里冈时期的兽面纹虎耳铜方鼎XDM：8,成分为铜78.48％、锡9.48％、铅7.82％,与郑州出土的二里冈大方鼎H：2含铜87.7％、锡8.0％、铅0.10(另有1.25％的锑)相比[3],锡含量接近而铅含量显然较之为高;与盘龙城出土的圆鼎李M2：55含铜88.7％、锡5.5％、铅1.4％[4]相比较,新干的锡和铅都比较高;和美国赛克勒博物馆所藏的一件二里冈期的青铜圆鼎(V－53)的成分(铜80.3％、锡10.7％、铅8.3％)[5]接近。

至于属于殷墟时期的器物,和殷墟妇好墓相比较,铜含量相对较高而锡含量水平接近[6];与安阳小屯出土的青铜成分更接近[7],与其他传世的同时代青铜器的成分也相当一致[8]。也许可以这样推断:新干大洋洲商代青铜器群的青铜合金属于典型的商代青铜器,但和王室青铜器有差距而接近于更多的非王室青铜器。

参 考 文 献

[1] 苏荣誉、彭适凡、贾莹、华觉明、詹开逊、刘林:《新干商代大墓青铜器铸造工艺研究》,见本报告附录九。

[2] 苏荣誉、华觉明、李克敏、卢本珊:《中国上古金属技术》271－272页,山东科学技术出版社,1995年1月。

[3] 河南省文物研究所、郑州市博物馆:《郑州新发现商代窖藏青铜器》,《文物》1983年第3期,49－59页。

[4] 湖北省博物馆:《盘龙城商代二里冈期的青铜器》,《文物》1976年第2期,37页。

[5] P. Meyers,L. L. Holmes and E. V. Sayre,Elemental Composition,R. W. Bagley,Shang Ritual Bronzes in the Arthur M. Sackler Collections. The Arthur M. Sackler Foundation,Washington DC,1987,pp553－557.

[6] 中国社会科学院考古研究所实验室:《殷墟金属器物成分的测定报告(一)——妇好墓铜器测定》,《考古学集刊》2,1982年,181－190页。

[7] 李敏生、黄素颖、季连琪:《殷墟金属器物成分的测定报告(二)——殷墟西区铜器和铅器测定》,《考古学集刊》4,1984年,329—330页。

[8] 同[5]。

附录六

新干商代大墓青铜器的铅同位素比值研究

金正耀　　W. T. Chase　　平尾良光　　彭适凡

马渊久夫　　三轮嘉六　　詹开逊

1989 年冬江西新干大洋洲商墓一大批精美青铜器群的出土,是中国七·五期间十项重大考古发现之一。这一发现以及 1986 年夏四川省广汉三星堆一号和二号祭祀坑遗址的发现,使我们了解到青铜时代中原以外地区也存在着与中原文化同样高水准的文化,从而促使我们重新思考对中国整个青铜文明的认识和估价。其意义之重大,为海内外学术界所注目。

在 1993 年 5 月北京大学考古系赛克勒考古与艺术博物馆开馆典礼暨"走向 21 世纪的中国考古学国际讨论会"与会期间,笔者们就采用铅同位素比值方法研究江西省大洋洲商墓青铜器的问题相互交换了意见,一致认为进行这项研究很有必要。当时,中国科学院自然科学史研究所的华觉明先生亦表关心。于是,我们在这座著名大墓出土的青铜器中选取了十一件较具代表性的器物,取样进行研究。这十一件器物在类别上包括礼器、乐器、武器、工具和杂器。既有与中原二里冈上层至殷墟早中期同类器物风格相近的兽面纹柱足圆鼎(XDM:1)、虎耳虎形扁足鼎(XDM:14)、兽面纹虎耳方鼎(XDM:11)等,也有具江西地方文化色彩的器物如镈(XDM:63)等。工具杂器中,有一件扣形器(XDM:62),发掘简报中称之为"铜炉盘"[1],今据取样者詹开逊先生的意见改为现名。

中国古代青铜器中的铅成分来自所用铅矿石或作为合金配料成分的金属铅,或为不纯物质由铜料抑或其他合金配料成分夹杂带入。因此,测定研究其铅成分中四种同位素 204Pb、206Pb、207Pb、208Pb 的比值,可以为研究其矿料成分之来源以及相关的考古学课题提供丰富的讯息。有关科学原理和本文所采基本实验方法的说明,可参阅笔者已发表的关于战国古币的研究文章[2]。本项研究得到美国 Smithsonian Institution 和日本学术振兴会的资助,谨此致谢。

一、数据结果和讨论

本项工作的铅同位素质谱实验测定完成于日本东京国立文化财研究所,全部数据结果见表一所示。由此可见,新干全部测试样品的铅都属于中国地质上十分罕见的所谓异常铅,与中国普通铅之 207Pb/206Pb 数值多在 0.84 至 0.90 之间完全不同,其变动范围在 0.71 至 0.78 之间。其 206Pb/204Pb 值有的高达 22.9,表明由铀同位素 238U 衰变产生的 206Pb 含量较高,是一种高放射性成因铅。

表　一　　　　　　　　　新干大洋洲商代大墓青铜器样品的铅同位素比值

样品号	实验号	器　名	器　号	取样部位	207/206	208/206	206/204	207/204
1	ZY－460	兽面纹柱足圆鼎	XDM：1	腹部	0.7496	1.9765	21.4141	16.0516
2	ZY－461	虎耳虎形扁足鼎	XDM：14	腹部	0.7641	1.9975	20.8808	15.9550
3	ZY－462	镈	XDM：63	体腔	0.7477	1.9715	21.4761	16.0568
4	ZY－463	兽面纹虎耳方鼎	XDM：11	腹部	0.7679	1.9994	20.8124	15.9829
5	ZY－464	伏鸟双尾虎	XDM：68	下颚	0.7798	2.0204	20.3943	15.9031
6	ZY－465	三足提梁卣	XDM：48	盖上套环	0.7267	1.9292	22.1619	16.1055
7	ZY－466	Ⅱ式曲内戈	XDM：499	内部	0.7107	1.8962	22.9010	16.2753
8	ZY－467	扣形器*	XDM：62	器身	0.7696	1.9907	20.6587	15.8981
9	ZY－468	三足提梁卣	XDM：49	提梁	0.7555	1.9797	21.1702	15.9945
10	ZY－469	刻刀	XDM：422	刀身	0.7657	1.9916	20.8340	15.9530
11	ZM－470	Ⅰ式直内戈	XDM：116	援部	0.7142	1.9159	22.7551	16.2519

* 发掘简报"铜炉盘"

现将有关数据表示于图一。图中,样品第 7 号Ⅱ式曲内戈(XDM：499)具最低值,落在最左下方。其次为样品第 11 号Ⅰ式直内戈(XDM：116),再次为样品第 6 号三足提梁卣(XDM：48),位于最左上方的是样品第 5 号伏鸟双尾虎(XDM：68),其余 7 件集中分布在 0.747 至 0.770 的小区域范围。在以 207Pb/204Pb 值为 Y 轴,206Pb/204Pb 值为 X 轴所作的图(地球化学工作者常用来讨论矿床的成矿年龄)中,它们亦呈近线性分布(图三)。

这些样品的铅含量还有待最后完全测定。根据 X 萤光光谱半定量分析的初步结果,含铅量最低的是样品第 8 号扣形器和样品第 6 号三足提梁卣,后者取样于盖上圆环,金相观察也完全看不到铅相的存在。这两件样品的含铅量小于 1%。图一中,位于最右上方 207/206 比值最高的样品第 5 号伏鸟双尾虎,其含铅量大于 2%,而落在低比值的左下方

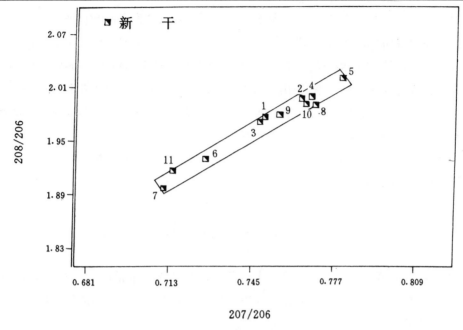

图一　新干青铜器铅同位素较率

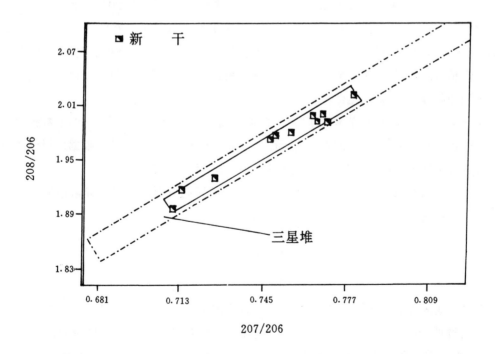

图二　新干和三星堆青铜器铅同位素较率

的样品第 11 号 I 式直内戈,含铅量则大于 5%。由此判断,这批样品数据所反映的应是合金配比成分的铅料的铅同位素比值特征。其中含铅量低于 1% 的样品,其铅似可视作主要来自铸造作坊间所用这种铅料的污染,所反映的仍是有关这种铅料的比值特征。但另一方面,中国古代也曾开采一种所谓"铜山铅",据宋应星《天工开物》下卷"五金"篇所载,此种铅"出铜矿中,入洪炉炼化,铅先出,铜后随"。如属这种情形,则来自铜料夹杂带入的微量分散铅与同出一地的铅料在同位素比值上也无差异。

由铅同位素比值分析结果看,新干这些器物普遍含有一种来自某一特殊矿铅产地的高放射性成因的所谓异常铅。

二、与四川省三星堆青铜器样品数据的比较

新干大洋洲大墓是目前发现的第二个全部测试数据属异常铅范围的商代遗址,另一是四川省三星堆一号和二号祭祀坑。因此,将这两个遗址的有关实验结果作一扼要的比较和讨论不无意义。

我们共测试近 50 件三星堆青铜器,获得了共 53 个样品数据[3]。图二中,虚线区域即是这 53 个三星堆样品数据的分布范围。其中 47 个分布在 $207Pb/206Pb$ 值为 0.695 至 0.756 的区域范围,这一基本区域范围的两端图中用 A 和 B 标明。在图三中对应两端如 A′、B′ 所示。由图二和图三可见,新干数据全部落在三星堆数据的分布范围之内,但与其基本范围稍有出入,且新干数据多集中于 B 端。另,图三中样品第 6 号三足提梁卣稍见偏离。虽则如此,两地数据的相似性仍很高。

图三中,左上方的直线是地球年龄线,两地样品数据全部落在其下方。两地数据重合分布在一条斜率约为 0.1695 的直线附近而形成如图所示的一狭长区域,根据放射性成因铅年龄的有关理论计算[4],其等时年龄关系约在 24.5 亿年左右。

由比较结果看,新干与三星堆两地青铜器含有的属高放射成因铅的异常铅属同一来源的可能性很高。

三、结 语

在中原地区安阳殷墟的青铜器中,铅同位素质谱实验研究发现,早中期相当数量的器物含有这种低 $207Pb/206Pb$ 比值特征的异常铅,而晚期器物中含有这种铅的则突然减少。山西曲沃曲村西周遗址 71 个样品数据中只有 3 个属低比值铅;陕西宝鸡强国墓地 12 个样品数据则全属高比值铅[5]。流落海外的商周青铜器,已经进行过铅同位素质谱测定研究的,如美国 Sackler Museum 的藏品,104 件商代青铜器中有 61 件器物 73 个样品数

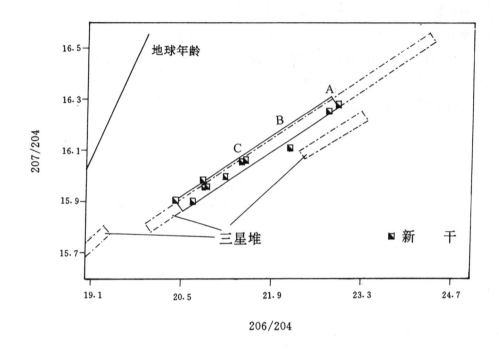

图三 新干和三星堆青铜器铅同位素比率

据属这种低比值铅,而 129 件西周青铜器中则只有 9 件器物 11 个低比值数据[6]。

新干大洋洲商墓和广汉三星堆祭祀坑遗址,一远在西南之地的成都平原,一远在长江流域的赣中,其青铜器竟全部含有这种异常铅,令人感到颇不寻常。另一方面,我们熟知学界关于无论是新干大墓还是三星堆祭祀坑的年代问题都存在着若干分歧意见。铅同位素比值的研究表明,二者在年代上应相去不远。

关于新干、广汉与殷墟青铜器有关数据结果的比较,以及其间究有何种相关,限于篇幅只能留待以后讨论。另外,就目前已有的中国地质矿产资料而言,还找不到相对应的矿山数据。在陈玉蔚等人报告的数百个中国矿铅数据[7]和马渊久夫、平尾良光等报告的中国、朝鲜和日本的矿铅数据中[8],没有这种类型。在中国,仅云南滇东地区有数处较低比值的矿铅产地,如永善金沙、昭通乐洪、巧家东坪和元谋大罗叉等,但已有的数据表明,其 $207Pb/206Pb$ 值均大于 0.74,$206Pb/204Pb$ 值均在 21.0 左右[9],与青铜器的这些数据有很大差异。中国科学院地球化学研究所朱炳泉教授认为(私人通信),青铜器的这些数据具有很老的等时年龄关系。中国大陆以至全球,早元古与太古时期很少有铅锌矿形成,更没有此种高放射成因铅的铅锌矿形成。高放射成因铅矿床一般都形成于 16 亿年以后,这的确是一个值得思考的问题。他提出:"一种可能是两种来源的铅的混合,其中一种是常见的南方铅锌矿,另一种是目前还没有发现过的铅。"这是一个很有意思的见解。是否可以通过测定各地器物中所含微量成分锑来验证,值得进一步研究。这种特殊比值的铅的存在对于地球化学有关研究的意义以及进一步寻找和确定此矿产地之具体方位,还需要大量的研究工作。无论如何,铅同位素比值研究至少发现了这样一个重要事实:无论黄河流域的中原地区还是长江流域的赣中,抑或西南巴蜀地区,商代的青铜铸造都相当普遍地使用了一种高放射性成因的独特来源的铅料。

注　　释

〔1〕　江西省文物考古研究所、江西省新干县博物馆:《江西新干大洋洲商墓发掘简报》,《文物》1991年第10期。

〔2〕　金正耀、W. T. Chase、马渊久夫、三轮嘉六、平尾良光、赵匡华、陈荣、华觉明:《战国古币的铅同位素比值研究》,《文物》1993年第8期。

〔3〕　有关广汉三星堆青铜器铅同位素比值研究的详细报告正待发表。

〔4〕　G. Faure:《同位素地质学原理》,161—165页。科学出版社,1983年。

〔5〕　殷墟早期器物的异常铅数据分布与后期稍有差异,其详细报告以及曲村、弬国墓地等西周遗址青铜器的有关研究报告也待发表。

〔6〕　W. T. Chase, I. L. Barnes, E. C. Joel: Ancient Chinese Bronzes from the A. M. Sackler Collections, Vol. Ⅱ A—Ⅱ, P. 168—171. Haruard University Press, 1990. 在"走向二十一世纪的中国考古学国际讨论会"(北京大学考古系,1993年5月)上,我们曾有文章就三星堆祭祀坑青铜器的数据与 Sackler Museum 青铜器中的异常铅数据之比较做过讨论。

〔7〕　陈玉蔚、毛存孝、朱炳泉:《我国显生代金属矿床铅同位素组成特征及其成因探讨》,《地球化学》1980年第3期。

〔8〕　马渊久夫、平尾良光:《東フジア鉛鉱石の鉛同位体比》,《考古学杂志》第73卷第2期,1987年12月。

〔9〕　云南省地质科研所测试室:《普通铅法同位素年龄测试数据》,《云南地质》1982年第3期;廖文:《滇东黔西铅锌金属区硫铅同位素组成特征与成矿模式探讨》,《地质与勘探》1984年第11期。

附录七

新干商代大墓尖首铜刀和铜修刀碎片测试报告

陶德华

（上海工业大学润滑化学研究室）

一、测试样品

江西省文物考古研究所送来青铜器碎片样品，要求进行测试，其中样品 I 式尖首铜刀 XDM：451 和铜修刀 XDM：382 碎片不锈，我们用 Auger 电子能谱作了测试分析。其他样品碎片因铜锈严重，完全腐蚀成不导电晶体，无法进行分析。

二、测 试 结 果

（一）不锈的铜修刀 XDM：382 碎片

1. 用 Auger 电子能谱分析作表面及深度剖析表面至 1μm 深层范围，基本成分是铜 Cu 和锡 Sn，还有少量钴 Co、铁 Fe、锌 Zn 和铝 Al 杂质峰显示，基体内主要是 Cu、Sn，未见 Co、Fe、Al 等峰。

2. 用灵敏度更高及检测深度深的电子探针测定，发现表面至 3～10μm 深度范围含铜约 20.3%、锡 44.1%，另外还具少量杂质：稀土、铼 Re 和铅 Pb，但其基体内部仅含铜 71.6%、锡 27.7%，无铼和稀土元素。说明 XDM：382 碎片表面是经过特别处理的，表面层含锡量比基体高，且含有稀土元素或含有钴，由于这些杂质渗入表面，对提高青铜器抗腐蚀性能力可能起作用。

（二）不锈的 I 式尖首铜刀 XDM：451 碎片

1. 用 Auger 电子能谱测出表面至 1μm 深处，基本成分还是铜和锡，但不见 XDM：382 碎片表面那样有钴和铁波峰杂质，其基体芯部也是铜和锡。

2. 用电子探针测出表面至 3～10μm 深度，含铜约 55.5%、锡 35.9%，并渗有铼 Re 和稀土元素。此外可能含有的成分还有：铁 Fe、钌 Ru、镁 Mg、钯 Pd、铱 Ir、铋 Bi、汞 Hg。而其芯部主要是铜 66.9％、锡 32.4％，也无稀土元素。其他有硅或铷杂质峰，可能为泥土污染物。说明 XDM∶451 碎片表面也经过高量锡和渗入稀土元素方法处理。

三、结　　论

上述两种样品表层均含有高量的锡，并含有少量的铼和稀土元素等杂质，而样品芯部为铜和合金（含锡量略少），因此初步判断碎片表面是经过高含量锡和渗入稀土元素处理的。

本报告测试人员为邹惠良和胡志孟。

附录八

新干商代大墓青铜器附着织物鉴定报告

沈筱凤　　　　　　　孙丽英
（中国丝绸博物馆）　　（浙江丝绸科学研究院）

　　新干商代大墓所出随葬品极为丰富，单青铜器便有 475 件，其数量之多，品类之全，纹样之美，铸工之精，为江南地区罕见。为合作研究青铜器上的附着织物，中国丝绸博物馆沈筱凤、浙江丝绸科学研究院孙丽英于 1991 年 10 月 5 日赴南昌江西文物考古研究所，对青铜器附着织物组织结构和经纬密度进行了分析鉴定，历时五天。并从青铜器上取样，由浙江省丝绸科学研究院王林钿用红外线光谱法测定其纤维原料，最后由沈筱凤整理、制表、撰文。

　　在整个鉴定过程中，得到了傅传仁、彭适凡、赵丰、李善庆、汤池、蒋猷龙等先生的关心和指导。

一、纤维原料的测定

　　为了鉴定青铜器上附着织物的纤维原料，我们从铜钺 XDM：335 上采样，并选用了红外线光谱法进行测定，结果表明为真丝，亦即蚕丝（见附图）。

二、织物痕迹的鉴定（详见附表）

　　（一）IV 式直内戈 XDM：105　内部后端布满织物印痕，器表散布零星小块印痕，经纬密度差异不大。附着织物为平纹绢。

　　（二）方銎溜肩铲 XDM：360　织物印痕布满整个器物表面，大部分织纹模糊不清。附着物为平纹绢。

　　（三）I 式曲内戈 XDM：127　织物印痕布满整个器物表面，大部分织纹模糊不清。附着物为平纹绢。

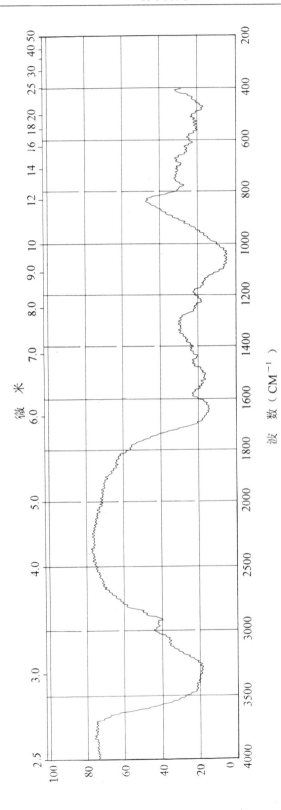

附图　Ⅱ式方内钺 XDM：335 器表附着织物经红外线光谱法测定，结果表明为真蚕丝平纹绢

（四）Ⅱ式直内戈 XDM：126　织物印痕呈残块状散布器物表面,内部由褐色似麻线带捆扎。织物印痕为平纹绢。

（五）Ⅱ式直内戈 XDM：121　内部由多层织物包裹,织物外层经纬线较粗,内层较细,器表散布着零星小块织物印痕。附着织物为平纹绢。

（六）Ⅴ式长骸矛 XDM：93　器物外层有纵横交错似木纹线状物,里层有织物印痕,矛身由二条棕色编织带捆扎。织物印痕为平纹绢。

（七）Ⅱ式短骸矛 XDM：82　器表布满织物印痕,织纹清晰。附着织物印痕为平纹绢。

（八）Ⅰ式方内钺 XDM：333　器物已清洗过,仅有钺面中间留有 8.5×4 厘米面积的织物印痕,织纹清晰,经纬线较粗。附着织物印痕为平纹绢。

（九）Ⅴ式长骸矛 XDM：92　器物外层有成片呈直线管状物,里层有织物印痕,矛身由纤维织带捆扎。附着织物为平纹绢。

（一○）三足甗 XDM：39　织物印痕呈残碎小块状,分布于整个器物表面,有内外几层,织纹呈明显横向条纹。附着织物为平纹绢。

附　表　　　　　　　　织物痕迹鉴定表

序号	器物号	器物名称	附着织物品种	基本组织	经纬密度(根/厘米)		备　注
					经	纬	
1	XDM：105	Ⅳ式直内戈	平纹绢	平纹	18	16	
2	XDM：360	方銎溜肩铲	平纹绢	平纹			
3	XDM：127	Ⅰ式曲内戈	平纹绢	平纹			
4	XDM：126	Ⅱ式直内戈	平纹绢	平纹			
5	XDM：121	Ⅱ式直内戈	平纹绢	平纹	50	25	
6	XDM：93	Ⅴ式长骸矛	平纹绢	平纹			
7	XDM：82	Ⅱ式短骸矛	平纹绢	平纹			
8	XDM：333	Ⅰ式方内钺	平纹绢	平纹	16～20	10～11	
9	XDM：92	Ⅴ式长骸矛	平纹绢	平纹			
10	XDM：39	三足甗	平纹绢	平纹			经纬线均无捻
11	XDM：41	甗	平纹绢	平纹	45	44	经纬线均无捻
12	XDM：74	Ⅱ式短骸矛	平纹绢	平纹	64	14	
13	XDM：88	Ⅰ式长骸矛	平纹绢	平纹	85	25	
14	XDM：106	Ⅲ式直内戈	平纹绢	平纹			
15	XDM：107	Ⅰ式直内戈	平纹绢	平纹			
16	XDM：335	Ⅱ式方内钺	平纹绢	平纹	32	8	经纬线均无捻

（一一）瓿 XDM：41　织物印痕分布在瓿腹,大小在 6×7 厘米范围内,经纬线粗细差异不大。织物印痕为平纹绢。

（一二）Ⅱ式短骹矛 XDM：74　织物印痕在矛一面呈碎块状散布,织纹清晰,纬线粗细均匀。附着织物为平纹绢。

（一三）Ⅰ式长骹矛 XDM：88　器物上散布织物印痕碎块,外层织纹不清,经纬线较粗,内层较精细,结构紧密。附着织物为平纹绢。

（一四）Ⅲ式直内戈 XDM：106　内部至援部一截无织物印痕,其他部位皆有残碎织物印痕,外层较粗犷,经纬密度差异不大,内层经大,纬密小,经浮长大,不见纬丝点。织物印痕为平纹绢。

（一五）Ⅰ式直内戈 XDM：107　织物印痕十分残碎,织物破损,印痕密度极稀。附着织物为平纹绢。

（一六）Ⅱ式方内钺 XDM：335　织物印痕分布占钺一面的部分位置。附着织物为平纹绢。

上述十六件青铜器器表附着织物痕迹经性质的鉴定和组织结构的分析,均为蚕丝平纹绢。

附录九

新干商代大墓青铜器铸造工艺研究

苏荣誉　　　　　　彭适凡
　　　　　　　　　詹开逊　　　　贾　莹
华觉明　　　　　　刘　林
（中国科学院自然科学史研究所）　（江西省文物考古研究所）　（吉林省文物考古研究所）

　　1989 年,江西新干大洋洲商代青铜器群的发现,是中国考古学上的一件盛事[1]。

　　在赣江中游的沙丘中,一次出土了 475 件青铜器是前所未有的。这群青铜器的年代,上可溯至商代前期,即郑州二里冈时期,下限也不应晚于商代晚期,即殷墟末期,大多数器物的年代属于商代后期早段,即殷墟早、中期[2]。在中国青铜器发现史上,像新干青铜器群规模如此之大、时代如此之早、时间跨度如此之长,当是前所未有的。这群青铜器中,礼乐器、炊器、盛食器、水器、盛酒器、兵器、工具、农具各大门类齐全,实属难能可贵,特别是在这个商代青铜器群中,出土了成百件工具和农具,更为少见。这群青铜器,其基调是典型的商周青铜器特点,与中原或其他地域出土的商周青铜器具有共性;同时也表现出一些自己的特点,这些特点是局部性的和附属性的,如礼器耳部的动物形附饰、器物的燕尾纹装饰等等。这群青铜器的出土,不仅填补了长江南岸大型商代青铜器群的空白,也完全可能填补商代二里冈期青铜器与殷墟青铜器之间的某些缺环;由于它地理位置上的特殊性和器群本身的复杂性,研究这个青铜器群,对于探讨商代青铜文化的内涵及其传播具有重要价值。

　　青铜器的铸造工艺研究是青铜文化研究的一个重要方面,它可以揭示我们的先民如何创造了灿烂的青铜文化,如何制作了美伦美奂的青铜器。也只有通过研究青铜器的铸造工艺,才可以明了先民的青铜冶铸水平,也才能进而了解古代青铜技术的文化属性[3],进而探讨青铜技术和工艺的传播路线和方式,在文化史研究和技术史研究方面都有十分重要的价值。

　　本文即是对江西新干大洋洲青铜器群铸造工艺的研究报告,限于篇幅,本文主要着重于该器群本身的研究,对于形体结构相同、铸造工艺相同的小型兵器、工具和农具,则择要予以介绍;本文仅仅对于商代大型方鼎的铸造工艺进行了初步的比较研究,其他种类的器物都未能与商代其他地域和商代以后的青铜器群的铸造工艺进行比较研究,这一工作将以专题论文的形式陆续发表。希望这样的研究工作对于探讨中国上古青铜文化有所助益。

一、方鼎的铸造工艺

方鼎是商代青铜器中很具代表性的器物，早期的重大的青铜器都是方鼎，往往出自王室墓葬[4]。从工艺技术来看，方鼎的铸造工艺也代表了那个时期的最高水平[5]。因此，研究方鼎的铸造工艺一直是商周青铜冶铸技术的一个重点。

新干大洋洲商代青铜器群中有 6 件方鼎，是历来发现商代青铜方鼎数量最多的一次。现对其铸造工艺分析如下：

（一）兽面纹虎耳铜方鼎 XDM：12（参见报告图二二；彩版九，2；图版一〇，2）

鼎腹部的 4 条镂空扉棱先铸，再与鼎腹铸接。耳顶的虎形附饰后铸，是鼎腹成形后铸接于鼎耳的（图版八三，1）。

扉棱对开分型，由 2 块对称的泥范组成铸型。腹沿四角分型，鼎腹铸型由 4 块侧范、1 块底范和 1 块腹芯组成，腹芯自带耳内芯，并与足内芯合为一体。底部在两足之间置有 4 个铜芯撑，这些铜芯撑的表面均可见纹饰，当是旧铜器碎片（图版八三，2）。

扉棱从接榫处浇注，腹从足端倒立浇注，虎形饰的浇注方式不详。

（二）乳丁纹虎耳铜方鼎 XDM：8（参见报告图二〇；彩版八；图版九）

先铸鼎底，并铸出与四足相应的铸接孔，鼎底系一平板形铸件；次铸鼎腹四壁；再于鼎底上铸造四足（图版八三，3、4），四足既叠压鼎底，又叠压四壁对鼎底的包边（图版八三，3）；最后铸鼎耳上的虎形饰（图版八三，5）。

鼎底为一平板铸件，对开分型，上下两块泥范组成铸型。鼎壁沿四角分型，由 4 块侧范、1 块底范和 1 块腹芯组成铸型；四壁纹饰皆为范作纹。四足皆对开分型，由 2 块侧范、1 块足端范和 1 块足芯组成铸型；鼎足成形时也实现了与鼎底的铸接。足上部浮雕兽面纹系模作，而凸细线纹则系范作，为模范合作纹。耳上爬虎铸型由迎面 1 范、虎身对开分型的左、右各 1 范与腹内泥芯组成，虎形饰成形时实现与鼎耳的铸接（图一，1）。

底部从侧边浇注；四壁从底沿倒立浇注；四足分别从足端倒立浇注；虎形饰则从尾端正立浇注。芯撑设置情况不详。

鼎底部"十"字形加强筋与四壁包边的鼎底构成了"田"形加强筋（图版八三，6）。鼎足对底部形成的"卡子"式叠压，使鼎足与鼎底联接有所加强（图一，2）。鼎足的浮凸纹饰较高，约 10 毫米，鼎足内侧相应下凹，使铸件壁厚均匀一致；鼎耳设计成槽形，当出于同一考虑。

（三）兽面纹虎耳铜方鼎 XDM：11（参见报告图二一；彩版九，1；图版一〇，1）

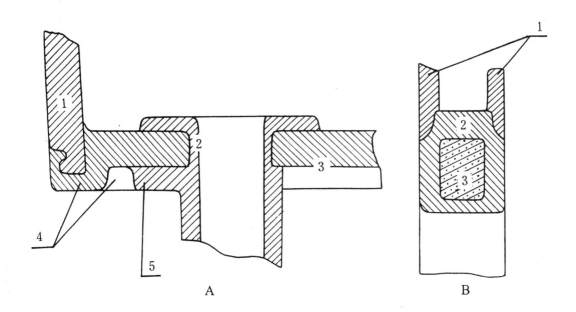

图一　乳丁纹虎耳铜方鼎 XDM：8 铸接结构

A.四壁、底和足的铸接结构(1.四壁,2.足,3.底,4.底部"田"字形凸起[加强筋],5.足根凸起)

B.耳与附饰铸接结构(1.附饰,2.耳,3.耳内泥芯)

四壁的镂空扉棱先铸,后为鼎腹所铸接。鼎耳的虎形饰后铸,虎形饰以"捆绑"结构与鼎耳联接。

四面的镂空扉棱皆对开分型,由 2 对称泥范组成铸型。鼎底部有长方形底范,腹部沿四棱分型,铸型由 4 块侧范、1 块底范和 1 块腹芯组成。腹芯与四足芯、耳芯合为一体。虎形饰由迎面 1 范、对开分型左右侧各 1 范并自带泥芯的 1 块腹下范组成。

底部在铸范结合处三面可见较大的铜芯撑,且铜芯撑上可以见到纹饰,芯撑当是打碎的旧铜器碎片。扉棱从接榫处浇注,腹部从足端浇注,虎形饰似从尾端浇注成形。

在铸造鼎耳时须在耳内外侧与爬虎结合处铸出凹槽,且要在耳顶面的中间铸出预留孔,在后铸虎形饰时,虎足对鼎耳形成"捆绑"结构(图版八四,1)。

(四)兽面纹双层底铜方鼎 XDM：13(参见报告图二四;彩版一〇,2;图版一二)

活门先铸,然后浑铸鼎体并与活门联接。

活门对开分型,2 对称泥范组成铸型。鼎腹沿四棱分型,底有长方形底范,铸型由 4 块侧范、1 块底范、1 块腹内芯和 1 块夹腹芯组成;纳活门轴之枢,系由 2 块活块芯与活门一侧的鼎腹范组成铸型浇注成形,即所谓的"开槽下芯法";活门鼻与鼻对应的插环亦由此法做成,共4块活块芯;腹部纹饰与边界齐,当系模作纹,兽睛是范作纹,足部兽面纹同。

背面(长面)的下部长方形空白处各有一个不规则形的铜芯撑,鼎底也可见铜芯撑,余不详。

活门从侧边浇注,鼎由鼎足倒立浇注。活门上当有一销,贯穿活门之鼻与腹壁上鼻,已佚。

(五)兽面纹立耳铜方鼎 XDM:9(参见报告图版一一,1)

鼎耳先铸,其次铸造鼎的四壁,同时将鼎耳与四壁铸接,在鼎耳亦可见鼎腹包络鼎耳的痕迹;再铸造鼎底,同时鼎底铸接于鼎的四壁之上,可见到鼎底叠压四壁即是证明(图版八四,2);铸造鼎底时须铸出衔接鼎足的4个预留孔,鼎的四足分别后铸,成形时分别与鼎底铸接。

鼎底对开分型,2块平板状泥范做成铸型。耳亦对开分型,2块泥范与1块泥芯做成铸型。鼎腹沿四角分型,4块壁范、1块底范与1块腹芯组成铸型。四足各由3块侧范、1块足端范与1块足芯做成铸型,同时铸出卡子与鼎底联接。

底由四预铸孔自带泥芯撑,当别无铜芯撑;耳部应设有铜芯撑,设置情况不详。底从侧边浇注,耳从接榫处浇注,腹从四壁倒立浇注,足皆从端部倒立浇注。鼎体分铸痕均十分明显,各个部位的叠压有的比较粗糙。足侧的3块泥范表明纹饰是模作纹。两足端可见缩孔。

(六)兽面纹立耳铜方鼎 XDM:10(参见报告图二三;彩版一〇,1;图版一一,2)

腹部4条扉棱先铸,鼎主体浑铸成形。

镂空扉棱皆对开分型,2对称泥范做成铸型。腹沿四角分型,4块侧范、1块长方型底范和1块腹芯组成腹部铸型,腹芯与足芯、耳芯合为一体。纹为模范合作纹,范仅作兽睛。镂空扉棱从接榫处浇注,鼎腹从足端倒立浇注。芯撑设置情况不详。

二、圆鼎的铸造工艺

青铜圆鼎是中国青铜器中延续时间最长的器类,从商代以前一直延续到汉代,因此,圆鼎的铸造工艺具有很强的纵向可比性;同时,圆鼎又是当时最具有代表性的器物,它的铸造工艺应该代表了一个时期青铜器冶铸工艺的主流,历来为考古学和技术史研究所关注[6]。

新干青铜器群中共有21件圆鼎,按鼎足的形状可分为锥足圆鼎、柱足圆鼎和扁足圆鼎三大类。从青铜鼎形制的演变看,最先出现的是锥足鼎,商代之前就已使用;尔后出现的是柱足鼎,在商代早期已经出现;而扁足鼎的出现要较晚一些,大约是商代的晚期。现依次将新干青铜器群中圆鼎的铸造工艺分析如下:

(一)锥足圆鼎

新干大洋洲商代青铜器群中有 3 件锥足圆鼎。

1. 兽面纹锥足铜圆鼎 XDM：4（参见报告图七；彩版四，2；图版四，2）

初始系浑铸成形，后因鼎足出现浇不足缺陷而再次浇注（图版八四，3），致使空足与腹腔不连通。

3 块腹范与 1 块腹芯组成铸型。3 块腹范沿三足外侧中线分型。足部、足腹连接处及腹部纹饰上的铸造披缝明显。腹芯与三足芯、耳芯合为一体；沿二足倒立浇注成形。腹部及口沿外的纹饰为模作纹，足似范作纹。鼎腹可见一形状不规则的铜芯撑，鼎腹铜芯撑的具体分布不详。

三空足不与腹通，腹内可见补铸铜块铸封三足与鼎腹的接合处。左足和后足上都有未浇足而形成的孔洞，孔洞沿纹饰最低处分布；鼎腹与足部的纹饰均较深，多在 1 毫米以上。足部最薄处小于 0.5 毫米，腹部纹带底面亦有未浇足现象，还有补块。一足根有因未设圆角过渡而形成的热裂现象。

2. 弦纹锥足铜圆鼎 XDM：6（参见报告图八，2；图版四，4）

先铸鼎腹，后铸三足于鼎腹预铸的接榫上。

鼎腹为 3 块侧范与 1 块腹芯组成铸型，可能从鼎腹底部的中央倒立浇注成形；三鼎足皆对开分型，2 块对称泥范与 1 块泥芯组成铸型，从足端部倒立浇注成形。鼎腹可见 3 个铜芯撑，芯撑似有 2 周，每周对称分布着 3 枚。

腹侧有 1 补块，从外侧浇注，可能是芯撑脱落所作的补块；底部有一较大补块，或系浇不足或芯撑脱落所作的补块。一鼎足端有胀裂缺陷。耳侧有气孔。

3. 兽面纹锥足铜圆鼎 XDM：5（参见报告图八，1；图版四，3）

浑铸成形。

3 块侧范与 1 块腹芯组成铸型，腹芯与耳芯、三足芯合为一体，由足端倒立浇注成形。芯撑设置不详。鼎口沿下有二孔洞，形成原因不详。

（二）柱足圆鼎

新干大洋洲商代青铜器群中有 4 件柱足铜圆鼎。

1. 圆涡纹柱足铜圆鼎 XDM：3（参见报告图五、六，2、3；彩版四，1；图版四，1）

浑铸成形。

铸造披缝明确，鼎底可见弧三角底范的披缝。此鼎沿三足外侧中线分型，由 3 块侧范、1 块底范和 1 块腹芯组成铸型。腹芯自带双耳内芯，并与三足芯为一体。腹部纹饰为模作纹，足部纹饰凸起于足表面，似为范作纹。鼎底可见到对称分布的 7 个形状不规则的铜芯撑，腹部亦可见若干铜芯撑，但芯撑的具体分布不详。此鼎从二足端倒立浇注，浇口明显。

底部有 5 个补块，其中 4 个可见浇口，浇口在鼎腹的外侧，尺寸分别为 9×2 毫米、4×2 毫米、4×2 毫米、3×2 毫米，腹壁亦有补块。这些补块大多数为铜芯撑脱落而补，个别是补铸大气孔。

2. 兽面纹柱足铜圆鼎 XDM：2(参见报告图四、六，1；彩版三，2；图版三，3、4)

浑铸成形。

铸造披缝明显，扉棱上有较大错范痕。鼎底可见弧三角形底范的披缝。鼎腹侧面以扉棱为分型面，鼎腹由 3 块侧范、1 块底范与 2 块耳芯、1 块腹芯组成铸型；腹芯与鼎 XDM：3 的相同；从一足端部倒立浇注成形。纹饰皆模作。腹部可见使用铜芯撑的痕迹，但铜芯撑的具体分布不详。

器物锈蚀严重。耳外壁原铸壁厚小于 0.5 毫米，后腐蚀残破，使泥芯显露。口沿下有一补块；腹侧面有 10 个大小不等的补块，最大者长度介于两足，与分型面相接，宽度上至腹中，下达底范边沿，从底外侧浇注，浇口长 55 毫米，宽 2 毫米；最小补块直径约 15 毫米。底部有 4 个补块，浇口均向外侧。三足端均可见到缩孔，一足端还可见到胀裂现象。

3. 兽面纹柱足铜圆鼎 XDM：1(参见报告图三；彩版三，1；图版三，1、2)

浑铸成形。

铸造披缝明确(图版八四，4)，底部有弧三角形底范的披缝。铸型结构与鼎 XDM：3 相同，从三足端倒立浇注成形，浇口痕迹明显，浇口形状皆为弓形。腹部纹带系模范合作纹，模作底纹，范作双睛。足部纹饰除扉棱外，皆为范作纹。

腹部纹带下可见三重芯撑。最上一重有 15 个，另两重及其它部位芯撑的多寡和分布不详。底范的外侧也设置有一重芯撑，分布也不清楚；每足根内侧可见到 2 个铜芯撑，排列规矩。鼎底部有一补块。

(三)扁足圆鼎

新干大洋洲商代青铜器群中有 14 件扁足青铜圆鼎，在历来出土的商代青铜器群中显得颇为突出。

1. 虎耳虎形扁足铜圆鼎 XDM：15(参见报告图一〇，图版五，2)

耳上的虎形附饰、腹部的长镂空扉棱和三足皆分铸，都是先铸成形后与鼎腹铸接的。三只夔形足似后铸于鼎底的预铸接榫上。

虎形饰纹饰凸起，似为范作纹，由 1 块迎面范、2 块对开的腹范和 1 块腹芯组成铸型，腹芯与腹下范合为一体；长镂空扉棱是对开腹芯，由 2 块泥范做成铸型；鼎腹与鼎耳一次浇注，3 块侧范和 1 块腹芯做成铸型，腹芯自带耳芯；腹部纹饰是范作纹，口沿外侧和耳外侧的纹饰做法不详；三足都是对开分型，由 2 块泥范和 1 块泥芯做成铸型。虎形饰从接榫处浇注成形，镂空扉棱也从接榫浇注成形，鼎腹的浇注方式不详，足从端部倒立浇注成形。

此鼎一足遗失，后配；鼎耳的内侧上端可见补块，说明在鼎腹与虎形饰铸接后，又从鼎耳内侧浇注铜液进行铸焊，使其接合更加牢固。

2. 鸟耳夔形扁足铜圆鼎 XDM：27(参见报告彩版七，1；图版七，4)

鼎腹对开分型,2块泥范与1块腹芯组成铸型。凤鸟对开分型,2对称泥范组成铸型,并对耳上部包络。足也是对开分型,2对称泥范做成铸型。鼎腹由底部倒立浇注,足从端部倒立浇注;凤鸟从尾部倒立浇注。芯撑设置不详。

先铸鼎腹时耳上当铸有孔及槽,在铸接凤鸟时铜液注入孔中,从槽溢出对鼎耳形成"捆绑"结构。

3. 虎耳虎形扁足铜圆鼎 XDM:17(参见报告图一二、一四,2、3;彩版六;图版五,4)

铸造方法、铸型结构及浇注方式都与鼎 XDM:15 相同,但纹饰较鼎 XDM:15 规矩。芯撑设置不详。

耳内侧上部有补铸铜块,当是为使爬虎与耳联接牢固,铸接时即已在耳上部预铸有孔,铸接后再浇注铜液铸焊。器表纹饰为模范合作纹,除兽面的双睛在范上加工外,余由泥模翻制。器内三足与鼎腹结合处有3个铆钉,当是为使足与腹结合牢固而特别设计的;器中有一圆形大补块,究竟是泥芯撑遗迹还是气孔遗迹,待考。足端有气孔。

4. 立耳鱼形扁足铜圆鼎 XDM:24(参见报告图一八、一九,4;彩版七,2;图版八,1)

浑铸成形。

鼎腹沿三足中线分型,3块腹范与1块腹芯组成铸型。浇注方式不详,三足端均较锐,似未置浇口。腹壁内侧可见1个铜芯撑,余不详。

5. 立耳夔形扁足铜圆鼎 XDM:23(参见报告图一七,1、一九,1;图版七,2)

浑铸成形。

沿三足中心分型,3块腹范与1块腹芯组成铸型,腹芯自带耳内芯,从一足端倒立浇注。底部都可见2个形状不规则的铜芯撑,另3个补块亦为铜芯撑脱落后形成孔洞所补。

6. 虎耳虎形扁足铜圆鼎 XDM:20(参见报告图一六,1;图版六,3)

虎先铸,为鼎腹铸接后铸焊。三夔足似后铸。

虎形饰由2块虎身两侧范、1块迎面范和1块腹芯组成铸型。鼎腹部沿三足中心分型,3块腹范与1块腹芯组成铸型,腹芯自带耳内芯。三足皆对开分型,各由2对称泥范铸造成形。

鼎腹壁可见1块补铸,似为铜芯撑脱落而采取的补救措施。虎形饰从接榫处倒立浇注,鼎从三足接榫处倒立浇注。鼎底中央有一较大的圆形补块。

7. 虎耳虎形扁足铜圆鼎 XDM:14(参见报告图九、一三,1;图版五,1)

腹部三镂空扉棱先铸,后为鼎腹所铸接,最后腹部铸造3只鼎足和2个虎形附饰,并分别铸接在鼎底和耳顶部。

腹部的三扉棱均对开分型,各由2对称泥范做成铸型;鼎腹由3块泥范与1块腹芯组成铸型。足亦对开分型,2块对称泥范和1块泥芯做成铸型。虎形饰由2块范、1块迎面范与1块腹芯组成铸型,纹饰似由泥范做出。虎形饰由接榫处倒立浇注,扉棱由接榫浇注,腹部由足端接榫倒立浇注,足由底端倒立浇注成形。芯撑设置情况不详。

8. 虎耳虎形扁足铜圆鼎 XDM：16(参见报告图一一、一四,1;彩版五,1;图版五,3)

耳上虎形饰先铸,3 条长扉棱先铸;三足似分铸,可能后铸成形。

3 条长扉棱为对开分型,各由 2 块对称泥范做成铸型。虎形饰由 1 块迎面范、左右各 1 块侧范和 1 块腹芯组成铸型,腹芯自带耳内芯,腹范含扉棱。三扁足对开分型,2 对称泥范与泥芯组成铸型。虎形饰由接榫倒立浇注,扉棱由接榫浇注,三足由接榫正立浇注,鼎腹由底部中央倒立浇注。

此鼎的铸接工艺均极巧妙,难见叠压痕迹。一虎形饰残断遗失,在另一耳内侧发现有补铸块,当是为使虎形饰连接牢固,铸接后又浇注铜液进行铸焊。

9. 立耳虎形扁足铜圆鼎 XDM：22(参见报告图版七,1)

鼎腹与鼎耳一次铸造;三足似先铸,再为鼎腹所铸接。

腹部 3 块侧范与 1 块腹芯组成铸型,纹饰似为范作。腹芯自带耳芯。三足皆对开分型,各由 2 对称泥范做成铸型。三足从接榫处浇注,鼎从腹底中央倒立浇注。芯撑设置不详。

10. 立耳虎形扁足铜圆鼎 XDM：21(参见报告图一六,2;图版六,4)

鼎足有较明确分铸痕迹,鼎足先铸,再为鼎腹铸接。

铸型结构和浇注方式与鼎 XDM：22 相同;底部似有铜芯撑设置的遗迹,腹侧的芯撑设置不详。腹部纹饰高于鼎腹表面,当系范作纹。

11. 鸟耳夔形扁足铜圆鼎 XDM：26(参见报告图一七,2、一九,2、3;图版七,3)

先铸鼎腹,后分别铸三足与二凤鸟。原铸鼎耳上端两侧均有凹槽,三足相接处铸有孔洞。

鼎腹沿 3 组兽面纹界分型(与三足有间错),3 块侧范与 1 块腹芯组成鼎腹铸型。凤鸟沿喙、冠对开分型,都是由 2 块对开范组成铸型。足沿中心面对开分型,亦是 2 块对开范组成铸型。

鼎腹预铸孔当是自带泥芯撑设置所在。

鼎腹从底部中央倒立浇注,三足从底端倒立浇注,凤鸟从尾端浇注。腹内于三足根部可见圆形补块,是铸补的结果。

12. 虎耳虎形夔足铜圆鼎 XDM：19(参见报告彩版五,2;图版六,2)

先铸鼎的主体,后铸耳顶部的虎形附饰。

鼎沿三夔形足中心面分型。3 块侧范与 1 块腹芯组成了鼎的铸型。鼎腹芯自带三足芯和耳内芯。虎形附饰由前面 1 块范、沿脊对开分型的 2 块范与内芯组成铸型。

鼎底部可见 1 块圆形铜芯撑,芯撑的具体分布不详。鼎腹从足端倒立浇注。爬虎形饰的浇注方式不详。

13. 立耳虎形扁足铜圆鼎 XDM：22(参见报告图版七,1)

耳上的虎形附饰后铸,铸接部分包络了耳的上部。腹上部3条扉棱先铸成形后,再为鼎腹铸接。鼎耳、鼎足和鼎腹一次铸造成形。

鼎腹由3块侧范与1块腹芯组成铸型,沿三足中线分型。爬虎对开分型,由2块泥范和1块泥芯组成铸型,虎和鼎腹的纹饰由范作出。腹上3条扉棱皆对开分型,各由2块对称泥范组成铸型。鼎腹从一足端倒立浇注,浇口明显,耳上虎形饰的浇注方式不详,腹上的扉棱从接榫处浇注。做浇口的一足端较另外二足远为宽大。

三、甗、鬲、鬲形鼎、豆的铸造工艺

新干青铜器中有甗3件,鬲5件,鬲形鼎1件,豆1件,其铸造工艺如下:

(一)四足铜甗 XDM:38(参见报告图三一;彩版一四;图版一六,1)

双鹿先铸,后为耳部铸接。

鹿沿中脊对开分型,2块侧范,1块腹底范与1块腹芯组成铸型。甑与鬲沿镂空扉棱中线分型,鬲底1块范,侧壁4块范,底4块范,1块鬲芯,1块甑芯和2块耳芯组成铸型。

甑收腹处可见1周铜芯撑,1周16枚,芯撑多呈方形,尺寸约16×16毫米。两足之间均有2个大补块,当是自带泥芯撑设置之处。

鹿从铸接接榫处倒立浇注。主体从足端倒立浇注。

腹部有大面积补块,当为浇注时泥芯偏心生成了大的孔洞,开型后立即进行补铸形成的补块。

腹部曾取样品进行金相分析,组织如图版八六,1、2、3。组织是α相和很细的α+δ相,有铅颗粒和空穴,铅的颗粒细小,分布比较均匀。基体上还有许多颗粒或条状相,这些相在彩色照片中呈暗红色。扫描电镜形貌表明,组织中有些不规则的深黑色点状相,对锡的线扫描发现这些组织的含锡量高于其他组织,甚至高于α+δ相,而对铜的线扫描则表明这些组织的含铜量较其他组织大为降低(图二,1、2、3),因此,这些组织应是α相(图三)。

(二)分裆圆肩铜鬲 XDM:33(参见报告图二八,1;彩版一二,2;图版一四,2)

浑铸成形。因两耳缺佚经两次补铸。

沿三足外侧中心分型,3块侧范与1块泥芯组成铸型。底中央可见自带泥芯撑遗留的孔洞。正立浇注成形,浇口位置不详。

(三)分裆圆肩铜鬲 XDM:32(参见报告图二七;彩版一二,1;图版一四,1)

浑铸成形。

沿三足外侧中线分型,3块侧范与1块腹芯组成铸型,浇注方式待考;芯撑设置不详。

(四)分裆圆肩铜鬲 XDM:34(参见报告图二八,2、二九;彩版一二,3;图版一四,4)

浑铸成形。

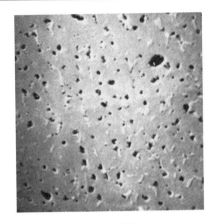

1.×500 形貌

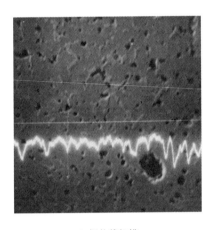

2.铜的线扫描

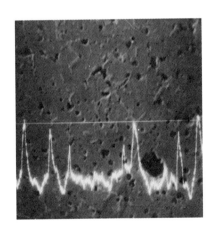

3.锡的线扫描

图二　四足铜甗

XDM：38 组织和线扫描

铸型结构和鬲 XDM：32 相同。从鬲裆中央倒立浇注,浇口所在部位的腹壁较厚。底部可见铜芯撑,但芯撑设置不详。

（五）联裆圆肩铜鬲 XDM：35（参见报告图三○,1、2;彩版一三,1;图版一五,1）

浑铸成形。

铸型结构和鬲 XDM：32 相同,浇注方式待考,芯撑设置不详。

（六）折肩铜鬲 XDM：37（参见报告图三○,3;彩版一三,2;图版一五,2）

浑铸成形。

铸型结构和 XDM：32 相同,范作纹饰,从足端部倒立浇注,芯撑设置不详。鬲肩有多处气孔。袋足有一补块,是否为铜芯撑脱落所补,不详。

（七）鬲形铜鼎 XDM：36（参见报告图二六;彩版一一,2;图版一三,2）

浑铸成形。

铸型结构和鬲 XDM：32 相同,模作纹饰。

从一足端倒立浇注,浇口长约 20、宽约 2.5 毫米;袋足上可见铜芯撑,但分布不详。

（八）豆 XDM：42（参见报告图三四;彩版一五,2;图版一七,2）

6 条扉棱先铸,再与豆体铸接。

从足下部的 3 条扉棱的中心分型,顶面以口沿平面为分型面。扉棱均对开分型,都是由二对开范组成铸型。豆的主体由 1 块顶面范、3 块侧面范与 1 块足芯组成铸型。

在盘底环形空白带可见铜芯撑,足的十字镂空处是设置自带泥芯撑的孑遗。

扉棱都从接榫处浇注,豆体从圈足底沿倒立浇注。

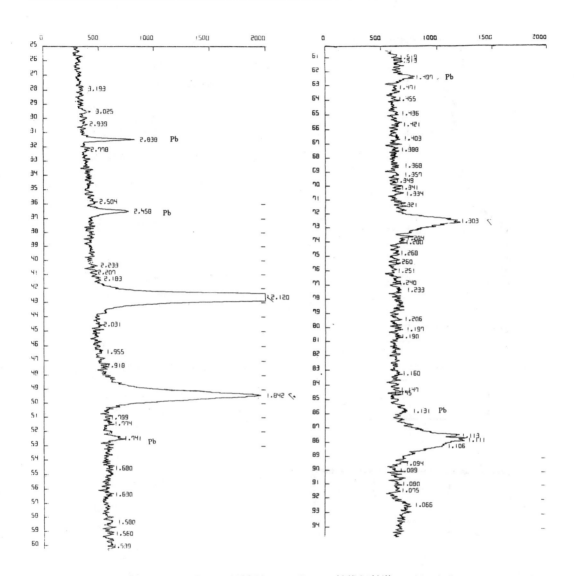

图三　四足铜瓢 XDM∶38X 射线衍射谱

豆柄内可见盘底与足过渡处的 4 个窄的加强筋。底部可见 3 个较大的补块，当为铜芯撑佚后形成孔洞，后来补铸而形成的。圈足底沿壁厚不匀。

四、卣和壶的铸造工艺

新干青铜器群中有 3 件卣，数量虽然不多，但其铸造工艺非常高超，是这个器群工艺技术的代表。尤其是夹底方腹提梁卣，不仅器形较为少见，工艺也十分复杂，可以认为是商代青铜器的一件代表作。青铜壶和青铜卣形体较为近似，工艺技术也很接近，因此将它们

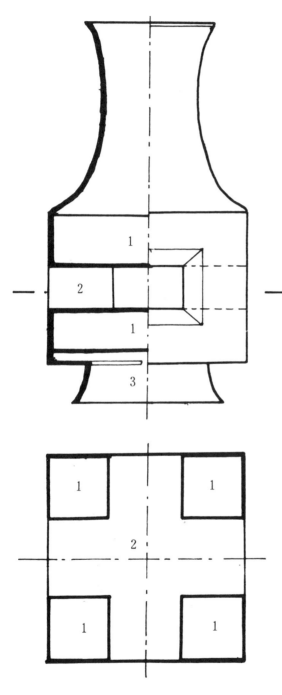

图四　铜方卣 XDM：47 泥芯结构
1. 卣腹泥芯　2. "＋"字通道泥芯
3. 圈足泥芯

放在一起讨论。

（一）铜方卣 XDM：47（参见报告图三七；彩版一七；图版一八）

卣盖、提梁和卣腹以及蛇形饰各自独立，分别铸造。蛇形饰一端销于盖而另一端挂于提梁的鼻上。提梁与卣腹的配合间隙十分窄小，当是卣腹铸造成形后，再使提梁成形的。提梁鼻有明显的铸接痕迹，是先铸成形的。因之，铸造提梁时既要与卣腹套接，又要与鼻铸接。卣腹浑铸成形。

盖面对开分型，盖由 2 块面范和 1 块泥芯（底范与泥芯为一体）组成铸型。蛇形饰为片状，形虽不规则，但易于对开分型，由相同的 2 块范组成铸型。提梁鼻也是由 2 块泥范组成的铸型。卣腹肩部的两环耳为开槽下芯法铸造成形，即在卣腹的相应泥范上开槽（或者翻制出槽），然后将泥芯放置在槽上，在浇注卣腹时环耳也就成形了。

卣腹部沿四角分型，4 块侧范（其中 2 块范上安置有环耳芯）、1 块腹芯、1 块十字通道泥芯、1 块夹底范和 1 块圈足芯组成铸型（图四）。圈足内有隔断形成双层底（图版八四，5），因此，圈足泥芯应是由两段合成的。提梁两端兽头的双角高耸，侧边有纹饰，当系范作纹饰。原龙首是对开分型，左右各 1 块范，在提梁上合拢，于提梁中央分为两段。提梁铸型由 4 龙首范（并延长其中 2 范与底范组合），1 块底范（自带龙首内芯），泥芯上穿孔形成与卣腹半圆形环耳套接的横担组成。纹饰皆系模作。

卣盖由口沿倒立浇注,蛇形饰和提梁鼻的浇注方式任意,腹由圈足底沿倒立浇注,提梁从正中央正立浇注。

卣肩与提梁套接的挂环周围打破了纹饰结构,环下无纹饰,说明该挂环是用开槽下芯法铸造成形的。卣颈内可见1条弦状凸起,当是对接泥芯的遗痕。

在卣腹的十字通道边沿,均可见铸造补块。卣腹泥芯自带的泥芯撑在器物成形去掉后形成了孔洞,为了弥补这一缺陷,便进行了补铸(图版八四,6)。其他部位的芯撑设置不详。

(二)铜三足提梁卣 XDM:48(参见报告图三八;彩版一八,1;图版一九,1)

盖、提梁与卣腹和卣足分别铸造。卣盖中央的半圆形环钮先铸,成形后与卣盖铸接。"8"形环钮两端的环分别铸造,各自与盖钮的环和提梁的鼻套接后再铸接于一体。提梁与腹部连接的半圆环,前端均可见切口,说明提梁和卣腹是分别铸就的,两环相套后再铸封切口。铸造卣腹部时将环耳一起铸出。同时,于置足部位铸出预留孔,再分别后铸三足。盖中心的钮对开分范,2块对称范组成铸型。组成盖部铸型的2块盖面范不甚对称,分型面在钮的一侧,盖的铸型由这2块范与盖内芯组成。"8"形链两端的圆环亦对开分型,各由2块范组成;在铸接这2个圆环时,链的中柄对开分型,也是2块范组成铸型。提梁的环形鼻由2块范成形;提梁两端兽头的兽角或许是活块模法成形;提梁是从转折处分型,顶面1块范、两侧各1块范、底面1块范并自带兽头内芯。卣腹沿三足分型,铸造披缝极细,最细处宽不足0.5毫米。底部有1块圆形范。卣腹由1块底范、3块侧范与1块腹芯组成铸型;在带有环形耳的泥范上要下活块芯。三足皆对开分型,2块泥范和1块泥芯组成铸型。芯撑设置不详。

盖中心钮从接榫处浇注,盖从口沿倒立浇注。"8"字形链节两环从铸接端浇注,铸接两环时从柄中间浇注。提梁上环形鼻从铸接处浇注,提梁从环形耳的切口端倒立浇注。卣腹从底部分型面处倒立浇注。三足似从足端倒立浇注。

此卣通体纹饰精细匀称。足与腹部的铸接处,于卣腹内可见环状突起。

(三)铜三足提梁卣 XDM:49(参见报告图三九;彩版一八,2;图版一九,2)

分别先铸提梁和卣腹,提梁上预铸有切口,两者成形后通过切口套合,然后铸封切口,实现连接。最后于腹底铸造三足(图版八五,1)。

提梁对开分型,一上一下2块范组合成铸型。卣腹沿三足外侧中央分型,由3块侧范和1块腹芯组成铸型,其中的2块范在环耳处开槽下活块泥芯。三足皆对开分型,都是由2块泥范和1块泥芯组成铸型。

卣底和卣足均可见铜芯撑,但铜芯撑的设置情况不详。

卣提梁从环部浇注,卣腹从底部中央倒立浇注,三足分别从端部倒立浇注。足底部内外均叠压着卣底部,形成卡子式结构。腹侧有一大补块,当系第一次浇注产生了浇不足之类的缺陷,打开铸型后立即补铸形成的,故纹饰风格一致。

（四）铜壶 XDM：45（参见报告图三五；彩版一六，1；图版一七，4）

浑铸成形。

壶沿长轴对开分型，由 2 块侧范、1 块腹芯和 1 块圈足芯组成铸型。分型面穿过贯耳，贯耳内设置活块泥芯使之成形。

底部可见有铜芯撑设置，但分布不详。

从圈足底部倒立浇注成形。

（五）铜壶 XDM：46（参见报告图三六；彩版一六，2；图版一七，4）

浑铸成形。

铸型结构和浇注方式与铜壶 XDM：45 相同。芯撑设置不详。

五、盘、瓿、瓒和罍的铸造工艺

（一）铜盘 XDM：43（参见报告图三三、三四；彩版一五，1；图版一七，1）

盘腹的 2 条扉棱、圈足的 4 条扉棱、双耳均分别先铸成形，然后一起为盘体所铸接。圈足的扉棱铸接如图版八五，2。

扉棱均对开分型，都是由 2 块泥范组成铸型。双耳亦对开分型，1 块内侧范和 1 块外侧范（自带耳部泥芯）组成铸型。耳正面纹饰系模作，耳两侧纹饰系范作（在范上刻出），盘腹部沿与双耳相间 45°方向分型，由 4 块侧范、1 块盘面范（自带盘腹泥芯）和 1 块盘足泥芯组成盘的铸型。

盘底可见 4 个基本对称分布的大铜芯撑，芯撑略呈圆形，直径在 18～20 毫米之间（图版八五，3）。

扉棱和耳部从接榫处浇注；盘从圈足底沿倒立浇注。一耳下端的接榫较大，经盘体铸接后，仍暴露于外。

（二）铜瓿 XDM：41（参见报告图四二，1；图版二〇，2）

应是浑铸成形。

器残，锈蚀严重，铸造工艺信息难以考察。

（三）铜瓒 XDM：50（参见报告图四二，2、3；彩版一九，2；图版二〇，4）

浑铸成形。

与把垂直方向对开分型。把的铸型也是上下对开分型，由 2 块范组成铸型。瓢就是由 3 块侧范、1 块腹芯和 1 块圈足芯组成铸型的。

圈足底沿倒立浇注；芯撑设置不详。

（四）罍 XDM：44（参见报告图四一；彩版一九，1；图版二〇，1）

四羊首形附饰分铸明显，羊首的底部外侧可见腹部对羊首底部的叠压（图版八五，4），

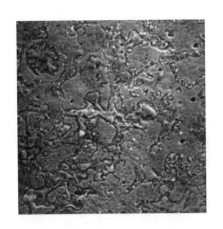

1. ×500 形貌

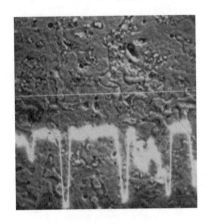

2. 铜的线扫描

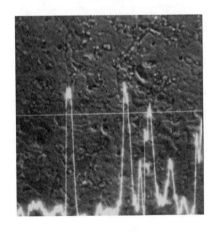

3. 锡的线扫描

图五　铜罍 XDM：44 腹部组织

说明四个羊首分别先铸，在罍腹部铸造成形的过程中，四羊首形附饰被罍腹部铸接。

底部呈平板状，上下两对开范做成铸型。腹部沿 4 条扉棱分型，腹部由 4 块腹范、1 块腹芯和 1 块圈足芯组成铸型。十字通孔为圈足芯和腹芯的芯撑；在羊首的结合处，腹部应铸有预留孔，这些预留孔同样是腹芯与圈足芯的泥芯撑。羊首中空，外侧对开分型，2 块对称泥范与 1 块腹芯组成铸型。底部从侧沿浇注，腹部从圈足底沿倒立浇注，圈足底沿可见 3 个长条形浇口，羊首形附饰从下颌处浇注。腹部纹饰凸起较高，内侧相应凹下，保持与壁厚一致。似未设置铜芯撑。

分别在罍腹部和羊首形附饰取样进行金相分析。罍腹部腐蚀比较严重，δ 相因样品腐蚀严重而难以分辨。组织可以看到有纯铜析出（图版八六，4、5），在铅颗粒及组织的空穴也可发现纯铜析出，有些纯铜晶粒在组织中部分占据了原来相的位置。从扫描电镜照片可以看出，这个样品的 α 相与 α+δ 相的含铜量和含锡量都相差很大（图五），从 X 射线衍射图中还可看到氧化亚铜（Cu_2O）峰（图六），这一结果与金相分析相一致。

羊首形附饰金相组织的 δ 相不是通常铸态的多齿形态，而呈粒状，在 800 倍下它的晶粒大小与 400 倍下腹部的晶粒大小一致（图七）。X 射线衍射图如图八。

六、乐器的铸造工艺

商代的青铜乐器不是很多，殷墟出土有青铜铙和铃，湖南湘江流域时有大型青铜铙出土，传世的商代青铜镈的出土地不明，而这

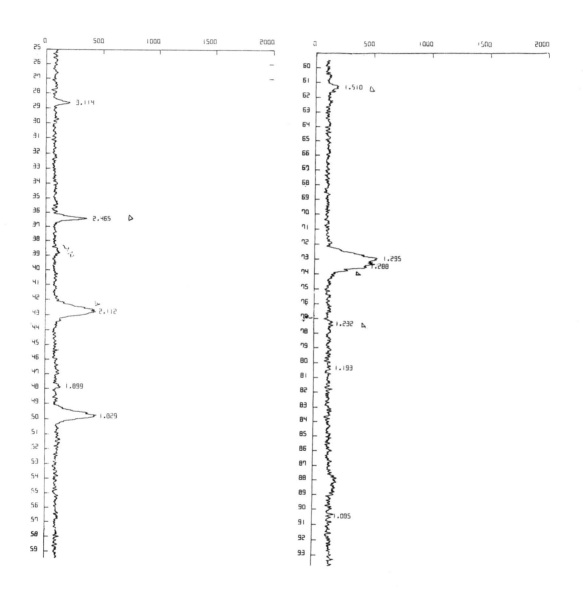

图六　罍 XDM：44 腹部 X 射线衍射图谱

1.×500形貌

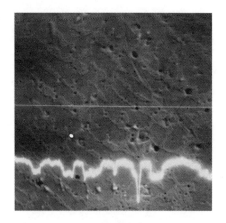

2.铜的线扫描

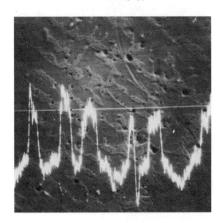

3.锡的线扫描

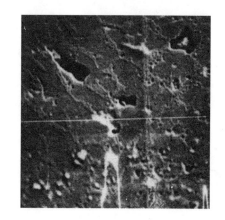

4.铅的线扫描

图七　叠 XDM：44 羊首形附饰组织

次竟出土了 3 件大型的青铜铙和 1 件青铜镈,非常难得,现将其铸造工艺剖析如下,或对研究中国上古乐器有所帮助。

(一)合瓦形腔铜铙 XDM：66(参见报告图四六;彩版二一,3;图版二二,4)

浑铸成形,但原铸甬较短,后经过补铸使之完整。

铙沿两铣对开分型,2 块范与 1 块芯组成铸型。补铸甬部时的铸型也是由 2 块范和 1块芯组成,但泥芯是否借用原始的,不详。铸型完成后,由舞面沿舞间方向从甬的一侧正立浇注。浇口长约 45 毫米、宽小于 9 毫米。补铸则从甬端浇注。甬部可见 2 个浇口,尺寸分别为 17×3 毫米和 13×35 毫米。

甬部所以补铸的原因在于从舞部正立浇注,甬部铸型未能充满。铙的正鼓部敲击部位加厚了约 0.5 毫米。纹饰阴线内有粘砂现象。铙体未见铜芯撑设置,也许未予使用。

(二)六边形腔铜铙 XDM：64(参见报告图四四;彩版二一,1;图版二二,1、2)

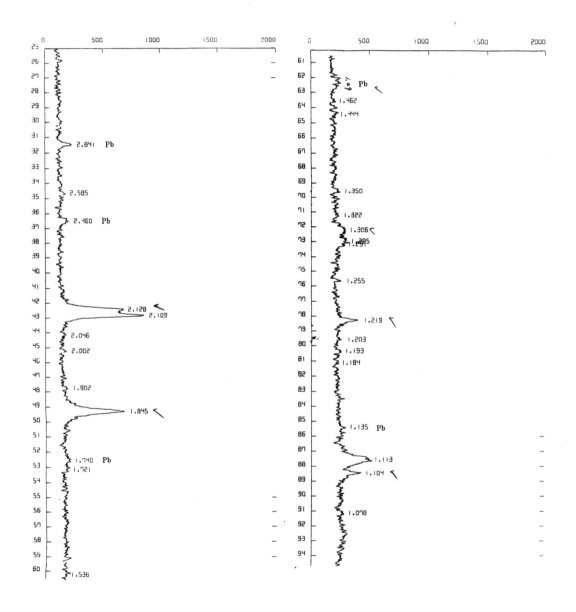

图八　罍 XDM∶44 羊首形附饰 X 射线衍射谱

浑铸成形。

沿两铣对开分型,2块泥范和1块泥芯组成铸型。由舞面沿舞间方向从甬的两侧正立浇注。

甬端有些微浇不足缺陷。

(三)合瓦形腔铜铙 XDM:65(参见报告图四五;彩版二一,2;图版二二,3)

浑铸成形。

铸型结构与铙 XDM:66 相同。浇注方式与铙 XDM:64 一致,浇口呈梭形,尺寸分别为 37×7 毫米、36×8 毫米。甬端亦有些微浇不足缺陷。在打掉一个浇口时"带肉"。

(四)铜镈 XDM:63(参见报告图四三;彩版二〇;图版二一)

浑铸成形。

主体沿两铣镂空扉棱中心对开分型。由1块舞顶范、2块钲范与内芯组成铸型。

芯撑设置不详。

从口沿倒立浇注。浇口在一面的隧部,呈长方形,长89、宽9毫米。

器表的浮凸纹饰于器内腔随形凹下,以保持壁厚均匀。器表纹饰细部对称性不强。

七、饰品的铸造工艺

(一)伏鸟双尾铜虎 XDM:68(参见报告图六九;彩版三八;图版四九,1)

先铸虎头及虎背,后与虎体铸接。虎背的鸟则又先铸,再与虎背铸接。

虎头1块面范与1块背范合成铸型。范作纹饰。虎背呈匕状,鸟先铸,由对开的2块范组成铸型。虎背亦对开分型,一上一下2块范组成铸型。虎身沿中脊对开分型,左右侧各1块范与腹芯组成铸型。

芯撑设置不详。浇注方式不详。虎一足较短,作抬起状,具有动感。

(二)铜羊角兽面 XDM:69(参见报告图七〇,1;图版四九,2)

浑铸成形。曲面对开分型,2块泥范组成铸型。从下颌浇注。鼻头有2个浇不足孔,羊角上有1个补铸块。未见使用铜芯撑。

(三)双面神人铜头像 XDM:67(参见报告图六八;彩版三七;图版四八)

先铸人面上部及双角双耳,再铸下颌及方管形柱。

上部沿两侧中线对开分型,2块泥范与头内腔芯、双耳内芯组成铸型。下部亦对开分型,2块泥范与泥芯组成铸型。上部浇注方式不详,下部从方管底沿倒立浇注。耳内侧头部本设计为透空,为长方孔,但内耳内芯及头芯结合不严,铜液漫入。未使用铜芯撑。

(四)铜扣形器 XDM:62(参见报告图版五〇,6)

全器由若干段铸接而成。现存部分系由一长一短两段铸接而成的。长的一段的铸型由表面 1 块范、侧面 3 块范、内侧 1 块范组成铸型。短的一段的铸型由表面 1 块范、侧面 2 块范、内侧 1 块范组成铸型。两段均从底沿倒立浇注成形,底沿可见 3 个浇口,分别长 90、70、52 毫米,宽 3～4 毫米。无芯撑设置。两段的铸接接茬呈斜线。

八、兵器的铸造工艺

新干青铜器群的一个特色即是包含了数量较大、种类也较多的青铜兵器。目前对中国古代青铜兵器的技术研究还比较薄弱,而对于成群兵器的铸造工艺的研究更是缺乏,成为中国上古青铜器研究的一个薄弱环节。现将这个器群中兵器的铸造工艺分析如下,为中国古代兵器的综合研究提供基本素材,以期引起学术界关注这一课题。

(一)矛

1. I 式长骹铜矛 XDM：86(参见报告图四七,5;彩版二三,1;图版二四,2)

浑铸成形。

上、下对开分型,2 块对称泥范与骹泥芯组成铸型。浇注方式不详。矛 XDM：87 与之相同,但矛体下凹部分较窄。

2. IV 式长骹铜矛 XDM：91(参见报告图四七,8;图版二五,1)

浑铸成形。铸型结构同矛 XDM：86,但两半圆形环耳芯由两范分别各自带一半。从骹口沿浇注成形。

3. II 式特短骹铜矛 XDM：97(参见报告图四七,13;彩版二三,4;图版二六,3)

浑铸成形。

铸型结构与 I 式特短骹矛 XDM：96 相同。从骹口沿浇注。口有凹下燕尾纹,纹底厚小于 0.5 毫米,故有几处浇不足缺陷。

4. I 式特短骹铜矛 XDM：95(参见报告图四七,12;图版二六,2)

浑铸成形。铸型结构与 I 式长骹矛 XDM：86 相同。浇注方式不详,矛体有浇不足缺陷。

5. I 式长骹铜矛 XDM：89

浑铸成形。铸型结构与 I 式长骹铜矛 XDM：86 相同。浇注方式不详。骹上可见一铜芯撑。

6. I 式短骹铜矛 XDM：73(参见报告图四七,1;图版二三,2)

浑铸成形。铸型结构与 I 式长骹铜矛 XDM：86 相同。浇注方式不详。矛 XDM：75 和 XDM：76 同,骹口有浇不足等缺陷。

7. I 式短骹铜矛 XDM：78

浑铸成形。

上、下对开分型,2 对称泥范与骹内泥芯组成铸型。銎口浇注,銎上有 2 个因浇不足形成的孔洞。芯撑设置情况不详。矛 XDM：77、矛 XDM：71 和矛 XDM：79 同。矛 XDM：80 和矛 XDM：70 较窄,有一浇不足孔,余同。矛 XDM：81 同此,但骹残断。矛 XDM：72 同此,但下凹处涂朱。矛 XDM：74 和矛 XDM：82 同,但锈蚀严重。

8. I 式特短骹铜矛 XDM：94(参见报告图版二六,1)

浑铸成形。

上、下对开分型,2 对称泥范与骹内芯组成铸型。2 块范各自带两环耳泥芯的一半。从骹口浇注成形,芯撑设置不详。矛 XDM：83 的形制和铸造工艺与此相同。

9. I 式异型铜矛 XDM：101(参见报告图四七,15;图版二六,5)

浑铸成形。

沿相对两棱对开分型,2 块范与骹内泥芯组成铸型。芯撑设置不详;浇注方式不详。XDM：102 形相同,但本体较短,尖不锐,骹口无裙边,有浇不足之类缺陷,余同。

10. V 式长骹铜矛 XDM：92(参见报告图四七,9;彩版二三,3;图版二五,2)

浑铸成形。

沿相对两棱对开分型,2 块范与骹内泥芯组成铸型。芯撑设置不详;浇注方式不详。

11. Ⅶ式长骹铜矛 XDM：103(参见报告图四七,11;图版二五,5)

浑铸成形。2 块泥范与 1 块銎内泥芯组成铸型。2 块范中,1 块呈平板状,另 1 块有型腔;范作纹饰。

(二)勾戟和戈

1. 铜勾戟 XDM：133(参见报告图四九,6;彩版二九,1;图版三五,7)

浑铸成形。

上、下对开分型,由这 2 块对称泥范和圆穿的泥芯组成铸型,这 2 块范都要自带长条形穿内芯的一半。圆穿和长条穿均可视为泥芯撑。内上浇注,浇口的具体位置不详。

2. Ⅱ式直内铜戈 XDM：118(参见报告图四八,6,7;彩版二六,1;图版二九,2)

浑铸成形。

上、下对开分型,2 块泥范组成铸型,内上圆穿泥芯由这 2 块泥范各自带一半。从内上浇注成形,但浇口位置不详。

3. I 式直内铜戈 XDM：107(参见报告图版二七,1)

浑铸成形。

对开分型,2 块对开泥范组成铸型,此 2 块泥范自带戈穿的芯撑。从内上浇注,但具体位置不详。

4. I 式直内铜戈 XDM：117(参见报告图四八,3;彩版二五,1;图版二八,4)

浑铸成形。

铸型结构与戈XDM：107相同。除穿内泥芯作芯撑外，别无芯撑设置。从内上角浇注成形。内端有气孔。

5. Ⅰ式直内铜戈XDM：109（参见报告图版二七，3）

浑铸成形。

沿中心对开分型，上下2块对称范组成铸型。从内端浇注成形。未见有芯撑设置。戈XDM：112与戈XDM：109的铸型相同，但戈内残断，戈体已变形。戈XDM：114与戈XDM：109铸型接近，但戈脊较宽，戈内残缺；内部的兽面第一次浇注不足，后经补铸。戈XDM：115和XDM：116与戈XDM：109铸型相同，但戈锋残佚。

6. Ⅱ式直内铜戈XDM：113（参见报告图版二九，1）

浑铸成形。

大圆穿中鼓，知其泥芯如鼓形，即穿范不可能是戈范自带的。铸型由2块对开的泥范和穿的泥芯组成。此戈似从内端浇注成形。未见芯撑设置。戈XDM：106与戈XDM：113的铸型相同，但援上穿较小而内上穿较圆整。

7. Ⅰ式直内铜戈XDM：108（参见报告图版二七，2）

浑铸成形。

上、下对开范，2块对称泥范组成铸型，其中1块范自带内上的圆穿的泥芯。圆穿中的泥芯可作芯撑使用。浇注方式不详。

（三）钺

1. Ⅰ式方内铜钺XDM：333（参见报告图五〇；彩版三〇，1；图版三二，1）

浑铸成形。

上下对开分型，2块泥范夹持兽口内泥芯组成铸型。两穿及牙齿张露部分均自带泥芯撑。钺从内端两侧和两肩立起浇注，浇口均近长方形，肩上浇口尺寸分别为22×9毫米、26×7毫米，内端浇口尺寸为27×9毫米。内端一边设浇口处未浇足，疑为冒口所在。钺面的纹饰上多有"粘沙"现象以及内范上纹饰损坏铜液侵入而漫漶之类的缺陷，初视会误认为是镶嵌物[7]；纹饰深达3毫米。

2. Ⅰ式方内铜钺XDM：334（参见报告图五二；彩版三〇，2；图版三二，2）

浑铸成形。

铸型结构与Ⅰ式方内铜钺XDM：333相同。内端可见二浇口痕，肩两侧上亦各有尺寸分别为35×8毫米、30×6毫米、30×6毫米、31×6毫米的浇口。4个浇口遗痕中，可能有2个是冒口的遗痕。

3. 带銎铜钺XDM：338（参见报告图五三，2、3；彩版二九，2；图版三三，2）

浑铸成形。

上下对开分型，2块泥范与銎内泥芯组成铸型。纹饰系模作。浇注方式不详。

4. Ⅱ式方内铜钺 XDM：337

浑铸成形。

错范明显。上下对开分型，1块泥范为平板状，另1块泥范具钺的型腔，由此二范组成铸型。穿所在处设置自带泥芯撑。从内端浇注，浇口似弓形，长25、宽3毫米。钺 XDM：336、XDM：335 与钺 XDM：337 铸型相同，大小一致。

（四）刀和匕首

1. Ⅰ式短柄翘首铜刀 XDM：317（参见报告图三一，2；图版三六，2）

刀和箍分别铸造。刀对开分型，2块对称泥范组成铸型，从柄端浇注成形，未使用芯撑。箍也是由2块泥范铸造成形的，具体工艺不详。刀体有一浇不足缺陷。

2. Ⅰ式尖首铜刀 XDM：453

浑铸成形。2块泥范组成铸型，其中1块范平如板状，另1块范具刀的型腔。从柄端浇注成形，浇口尚留于柄外，浇口部位较柄端厚约0.7毫米。无芯撑设置。

3. Ⅰ式尖首铜刀 XDM：446

铸造方法和铸型工艺与刀 XDM：453、刀 XDM：455 相同，但后者刀身有一浇不足形成的孔洞。

4. Ⅱ式尖首铜刀 XDM：456

刀与箍分别铸造。刀的铸造工艺与Ⅰ式尖首铜刀 XDM：446 相同；箍亦是2块范所铸。刀从柄端浇注，箍的浇注方式不详。

5. Ⅰ式尖首铜刀 XDM：452

浑铸成形。2块泥范组成铸型，其中1块泥范成平板状，另1块泥范具刀的型腔。从刀柄端浇注，浇口长11、宽1.5毫米。无芯撑设置。

6. Ⅰ式短柄翘首铜刀 XDM：319

刀对开分型，2块泥范组成铸型；箍亦以2块范成形。刀从柄端浇注成形，浇口长20、宽4毫米，呈长方形，并可见大量气孔。箍的浇注方式不详。从柄上可知铸型组合时错范严重。

7. Ⅱ式短柄翘首铜刀 XDM：314（参见报告图五七，7；彩版三二，2；图版三七，4）

浑铸成形。

对开分型，2块对称泥范组成铸型。从柄端部浇注成形，长方形浇口长21、宽31毫米。

8. 长条带穿铜刀 XDM：331（参见报告图五八，1；彩版三三，1；图版三五，3）

浑铸成形。

2块泥范组成铸型，其中1块范为平板状，另1块范具刀的型腔。可能从高翘的平尾端浇注成形。

9. Ⅰ式短柄翘首铜刀 XDM：321（参见报告图版三七，1）

铸造方法、铸型结构和浇注方式与刀 XDM：322 相同；浇口为长方形，长 21、宽 2.5毫米。

10. Ⅰ式翘首铜刀 XDM：466

浑铸成形。

2块泥范组成铸型，其中 1 块范为平板状，另 1 块范具刀的型腔。从柄端浇注成形，浇口为弓形，尺寸 12×1.5 毫米。Ⅰ式翘首铜刀 XDM：467 与 XDM：466 的铸型和浇注方式相同。

11. Ⅱ式翘首铜刀 XDM：463

铸造方法、铸型结构和浇注方式与Ⅰ式翘首铜刀 XDM：466 相同，浇口尚残留有 3～4 毫米长一段。

12. Ⅰ式尖首铜刀 XDM：445

铸造方法、铸型结构和浇注方式与Ⅰ式翘首铜刀 XDM：466 相同，长方形浇口长 16、宽 1.5 毫米。刀身有浇不足之类孔洞。

13. Ⅰ式尖首铜刀 XDM：447

铸造方法、铸型结构和浇注方式与Ⅰ式尖首铜刀 XDM：445 相同，长方形浇口长 12.5、宽约 1 毫米。刀 XDM：454 后半部残断，其余与之略同。

14. Ⅱ式翘首铜刀 XDM：462

刀浑铸成形，箍另铸。

刀对开分型，2块对称泥范组成铸型。箍亦以 2 块泥范成形。刀从柄端浇注成形，箍不详；刀浇口处可见气孔。柄部铸造披缝厚约 0.5 毫米，未作任何处理。

15. Ⅰ式短柄翘首铜刀 XDM：316（参见报告图五七，1、2）

铸造方法和铸型结构与Ⅱ式翘首铜刀 XDM：462 相同。模作纹饰。刀从柄端浇注成形，浇口略具长方形，浇口尺寸为 13×3 毫米。

16. 长条带穿铜刀 XDM：332（参见报告彩版三三，2；图版三五，4）

浑铸成形。

2块泥范组成铸型，其中 1 块泥范为平板形，另 1 块泥范具刀的型腔。浇注方式不详。

17. Ⅰ式短柄翘首铜刀 XDM：318（参见报告图版三六，3）

浑铸成形。

铸型结构与刀 XDM：323 相同；从柄端浇注成形，浇口如梭形，尺寸为 17×5 毫米。

18. 铜匕首 XDM：340（参见报告图五八，2；图版三五，5）

浑铸成形。2块范组成铸型，其中 1 块呈平板状，1 块具匕首型腔。范作纹饰。从柄端浇注成形，长形浇口，浇口长 8、宽约 1 毫米。未见芯撑设置。铜匕首 XDM：173 与匕首 XDM：340 的铸型和浇注方式相同，唯器后自纹饰处残佚，柄不存。

（五）镞、胄、镈及其他

1．Ⅱ式长脊宽翼铜镞 XDM：143

浑铸成形。

沿中心面对开分型，一上一下 2 块对称泥范组成铸型，浇注方式不详，无芯撑。镞 XDM：144、145、141、142、134、135、149、150、151、152、153、136、137、138、139、140 同，镞 XDM：150 铤后为扁圆形浇口，浇口 3×2 毫米。镞 XDM：138 铤为合瓦形截面，尺寸为 2×3 毫米。镞 XDM：146、147、148、154 同，但均残。

2．Ⅱ式长脊宽翼铜镞 XDM：155

铸造方法、铸型结构和浇注方式与镞 XDM：143 相同。镞 XDM：156、157、158、159、160、161、162、163 同。

3．Ⅱ式长脊窄翼铜镞 XDM：267

铸造方法、铸型结构和浇注方式与镞 XDM：143 相同。

金相组织见图版八七，1、2。

4．Ⅰ式长脊窄翼铜镞 XDM：181

铸造方法、铸型结构和浇注方式与Ⅱ式长脊宽翼铜镞 XDM：143 相同。Ⅰ式长脊窄翼铜镞 XDM：182、183、184、185、186、187、188、189、181、204、205、206、207、208、209、210、196、195、194、193、191、190、197、198、199、200、201、202、203 的铸造工艺与Ⅰ式长脊窄翼铜镞 XDM：181 相同；Ⅰ式长脊宽翼铜镞 XDM：168、169、170、171、172 与Ⅰ式长脊窄翼铜镞 XDM：181 的铸造工艺也相同。铜镞 XDM：164、165、166、167、493、494、495、496、497、498 也如此，但翼稍张。

5．Ⅰ式无翼铜镞 XDM：264（参见报告图版五四，6）

浑铸成形。对开分型，2 对称泥范组成铸型。浇注方式不详，未见使用芯撑。Ⅰ式无翼铜镞 XDM：265、XDM：266 与 XDM：264 的铸型和浇注方式相同。

6．长脊短翼铜镞 XDM：211（参见报告图版三四，5）

铸造方法和铸型结构与Ⅱ式长脊宽翼铜镞 XDM：143 相同；从铤端浇注成形，浇口呈合瓦状，尺寸为 2×3 毫米。

7．Ⅰ式长脊宽翼铜镞 XDM：166

浑铸成形。对开分型，2 对称泥范组成铸型。浇注方式不详。

金相组织分析从翼部取样，组织为典型的铸造枝晶组织，系 α 和 α+δ 组织，含锡量明显高于铜罍 XDM：44，见图版八七，3、4、5 和图九。铅含量较低。样品中心区有较大的缩孔，整个器物耐蚀性较高，只是缩孔附近可能是因为杂质较多而发生了腐蚀，在显微镜下可直接看到组织，而其他区域则须在实验室腐蚀才能看到组织。

8．铜胄 XDM：341（参见报告图五九；彩版三四；图版四〇）

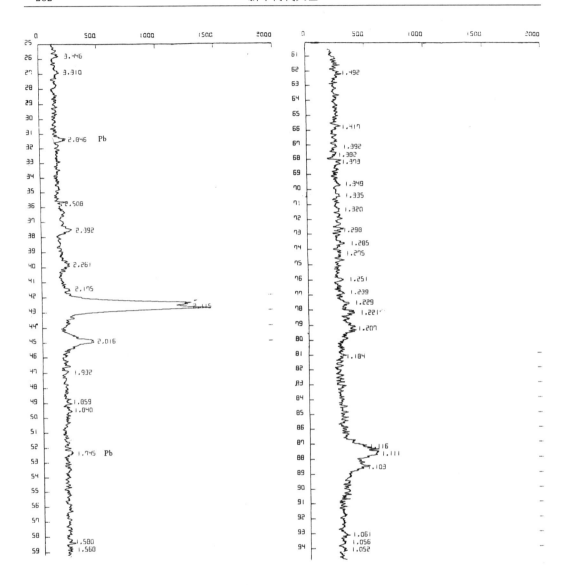

图九　I式长脊宽翼铜镞 XDM：166X 射线衍射谱

浑铸成形。

以鼻为中心对开分型，2块泥范与1块泥芯组成铸型。胄内芯自带通管泥芯，两范各自带1个裙边上圆穿芯；眉角上的气孔则各自单独设一泥芯。胄两侧均可见铜芯撑，形状不规则。胄由底沿倒立浇注成形。

9. 短式铜鱼镖形器 XDM：252

浑铸成形。对开分型，2块对称泥范组成铸型。从末端浇注。浇口 6×4 毫米。短式铜鱼镖形器 XDM：256、251、250、249、258 的铸型和浇注方式相同。

10. 长式铜鱼镖形器 XDM：259(参见报告图六四,6)

浑铸成形。对开分型,2 块对称泥范组成铸型。浇注方式不详。未见芯撑设置。XDM：261、XDM：263 和 XDM：262 同形,但器上有三横担。

11. 龟纹椭圆形铜构件 XDM：471(参见报告图七二,5;图版五二,1)

浑铸成形。

龟面 1 块范,周壁从纹饰分界处对开分型,分型面与长轴有一夹角。3 块泥范与泥芯组成铸型,从銎口沿倒立浇注成形,无芯撑设置。

12. 扁椭圆形铜镈 XDM：308(参见报告图五八,12;图版三九,4)

浑铸成形。对开分型,2 块对称泥范与銎内泥芯组成铸型。浇注方式不详。

13. 多棱锥形铜镈 XDM：305(参见报告图五八,7;图版三八,3)

铸造方法、铸型结构和浇注方式与扁椭圆形铜镈 XDM：308 相同。有浇不足缺陷。XDM：306 与此同形,但器甚尖长。

14. 双齿形铜构件 XDM：273(参见报告图版五二,5)

浑铸成形。

对开分型,2 块对称泥范与内芯组成铸型,内芯凸出。浇注方式不详。20 件双齿形铜构件均同,多数残损。

15. 扁椭圆形铜镈 XDM：309(参见报告图五八,8)

浑铸成形。对开分型,2 对称泥范与銎内芯组成铸型。浇注方式不详。XDM：311 与此同,XDM：307 与此接近,但形小,较尖长。

16. I 式圆锥形铜镈 XDM：293(参见报告图五八,5;图版三八,1)

浑铸成形。对开分型,2 块对称泥范组成铸型。浇注方式不详。无芯撑设置。相类的有 5 件,大小粗细各异,此为其一。

九、农具和工具的铸造工艺

(一)刻刀和匕

1. 铜修刀 XDM：383

浑铸成形。

沿底面分型,1 块泥范为平板状,另 1 块泥范具修刀的型腔,此二范合成铸型。范作纹。浇注方式不详。无芯撑设置。

此刀残破,取其中间一段进行金相分析。在低倍下,断面组织呈较为规则的分布,是典型的铸造组织。断面可以看到一些白色条带,中心条带在抛光状态肉眼即可看到组织,如图版八八,3、4。金相样品经长时间腐蚀后,这些白色条带仍难以显示出清晰的组织形态。

在高倍下,是一种细针状相。图中的黑色相则是常见的δ相形态。扫描电镜形貌表明白色相区较黑色相区耐腐蚀(图一〇,1)。铜和锡的线扫描是平和的,区别不大(图一〇,2),可能反映出各处的成分大体一致。X射线衍射图证实其组织为δ相(图一一)。因此,白色针状相很可能是高温δ相,如果确实如此,大概是淬火形成的。

2. 铜修刀 XDM：379(参见报告图版四五,3)

浑铸成形。

沿底面分型,1块泥范为平板状,另1块泥范具型腔,此二范合成铸型。范作纹。浇注方式不详。无芯撑设置。铜修刀 XDM：378与 XDM：379的铸型相同。铜修刀 XDM：380和 XDM：381的铸型相同,但形小。铜修刀 XDM：381柄端可见浇口,长宽约1.5毫米。

3. 三棱铜锥 XDM：433

浑铸成型。对开分型,2块对称泥范组成铸型。浇注方式不详,无芯撑设置。三棱铜锥XDM：432形小,铸型与此相同。

4. I式平条形铜刻刀 XDM：418(参见报告图六六,3;图版四六,1)

浑铸成形。2块泥范组成铸型,其中1块泥范范面平光,另1块泥范具有刻刀型腔。从柄端部浇注成形,浇口长7、下宽约1毫米。无芯撑设置。

5. I式平条形铜刻刀 XDM：423

已经残断,形制和铸造工艺与 I式平条形铜刻刀 XDM：418相同。曾取样进行金相分析。样品断面呈白色,十分坚硬。金相组织在低倍下似乎是单相结构,在大小不均的晶粒内有细小的黑色点相(图版八八,1);在800倍下,可以看到晶粒内排列有序的粒状或条状相(图版八八,2)。彩色金相照片中这些粒状或条状相呈现红色,应为δ相,X射线衍射图表明这种组织为纯δ相(图一二)。晶界处似乎由α+δ充填。这件刀也许经过淬火处理。

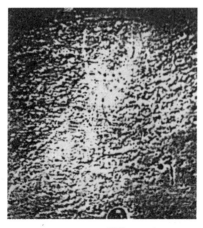

1.×500形貌　　　　　　　　　　　　2.铜的线扫描

图一〇　铜修刀 XDM：383组织

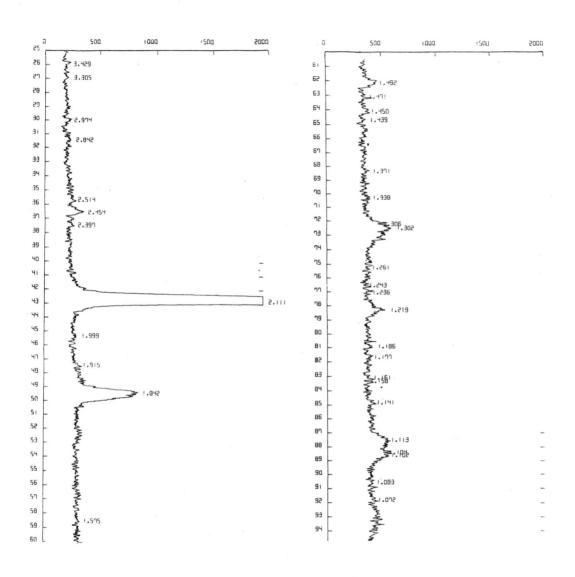

图一一　铜修刀 XDM：383X 射线衍射谱

另有 3 件刻刀与之相类似。其中 2 件残缺，1 件完整。完整的一件浇口长 9、宽 1 毫米。

6．Ⅰ式三棱形铜刻刀 XDM：424

浑铸成形。2 块泥范组成铸型。从柄端部浇注成形，浇口约 2×2 毫米，无芯撑设置。刻刀共有 8 件，其中仅 1 件完整。

7．Ⅰ式铜匕 XDM：53（参见报告图七一，3、4；图版五〇，1）

浑铸成形。沿柄上面曲面分型，一上一下 2 块泥范组成铸型，模作纹。浇注方式不详。未设置芯撑。

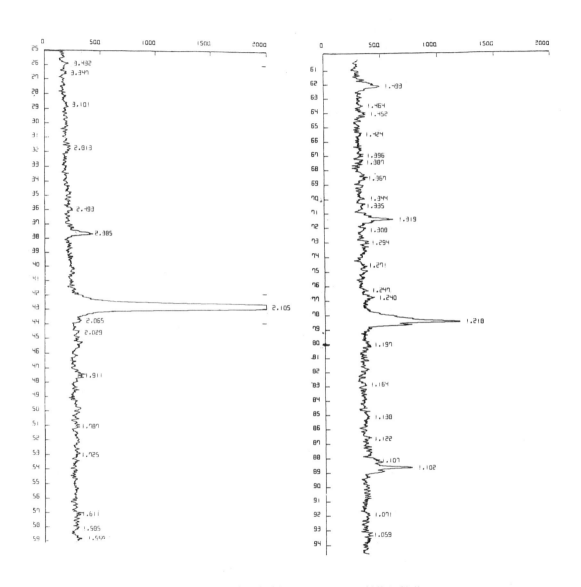

图一二　Ⅰ式长条形铜刻刀 XDM：423X 射线衍射谱

8. Ⅱ式铜匕 XDM：60（参见报告图版五○，3）

镂空扉先铸，为匕体所铸接。

扉棱对开分型，2 对称泥范铸造成形。匕沿上表面曲面分型，一上一下 2 块泥范组成铸型。模作纹。扉棱从铸接榫上浇注，匕从柄端浇注成形。Ⅱ式铜匕 XDM：56、XDM：57、XDM：58、XDM：59 的铸造方法、铸型结构和浇注方式与Ⅱ式铜匕 XDM：60 相同，其差别在于弯曲程度。

9. Ⅲ式铜匕 XDM：51（参见报告图版五○，4）

铸造方法、铸型结构和浇注方式与Ⅱ式铜匕 XDM：60 相同，模作纹，未见设置芯撑。匕 XDM：52 的大小、铸造方法、铸型工艺和浇注方式与 XDM：51 相同。

（二）铲

1. Ⅱ式圆銎溜肩铜铲 XDM：367

浑铸成形。

对开分型，2 块对称泥范与銎内泥芯组成铸型；从銎口浇注成形。芯撑设置不详。铲 XDM：365、XDM：368、XDM：361、XDM：366、XDM：370、XDM：369 同；铲 XDM：362 和 XDM：364 上有浇不足的气孔。以上纹饰有明晦之分。

2. Ⅰ式溜肩铜铲 XDM：359（参见报告图六二,4;彩版三五,4;图版四三,1）

浑铸成形。

沿銎管两侧凸棱分型，一上一下 2 块泥范与銎内泥芯组成铸型。浇注方式不详。芯撑设置不详。銎口微有浇不足缺陷。

3. 方銎溜肩铜铲 XDM：360（参见报告图六二,6;图版四三,3）

浑铸成形。沿铲中心上下对开分型，2 块泥范与銎内泥芯组成铸型。从銎端沿浇注成形。芯撑设置不详。銎及銎口均有浇不足之类的缺陷。

（三）锛、斨、手斧形器、镬和凿

1. 铜锛 XDM：357（参见报告图版四四,2）

浑铸成形。

沿底平面分型，2 块范组成铸型，其中 1 块范呈平板状，另 1 块范作斧的型腔，纹皆范作。从銎口浇注成形，有浇不足缺陷。芯撑设置不详。

2. 铜锛 XDM：358

铸造方法、铸型结构和浇注方式与锛 XDM：357 相同；銎口有浇不足缺陷。

3. 宽刃铜斨 XDM：354

浑铸成形。沿两侧棱分型，2 块泥范与銎内芯组成铸型。从銎口沿浇注成形。芯撑设置不详。

4. 宽刃铜斨 XDM：355（参见报告图六四,3;图版四四,1）

浑铸成形。

沿两侧棱对开分型，2 块对称泥范与銎内芯组成铸型。从銎口沿浇注成形。无芯撑设置。

5. Ⅱ式狭刃铜斨 XDM：349（参见报告图六四,2;图版四三,6）

浑铸成形。

沿两侧中线的棱对开分型，2 块范与銎内芯组成铸型。从銎口浇注成形。芯撑设置不详。Ⅰ式狭刃铜斨 XDM：350 的銎口开张与刃呼应，铸造工艺与 XDM：349 相同。

6. 铜手斧形器 XDM：404

浑铸成形。

沿两侧中棱对开分型，一上一下 2 块对称范组成铸型。从柄端浇注成形，浇口长 14、宽 3 毫米。未见芯撑设置。XDM：402 错范严重，浇口长 24、宽 3 毫米。XDM：406 两棱凸起长 19、宽 3 毫米。XDM：405、XDM：403 端部未浇足。XDM：414 浇口长 20、宽 4 毫米。XDM：416 浇口长 17、宽 4 毫米。XDM：417 浇口长 22、宽 4 毫米。XDM：415 浇口长 21、宽 4 毫米，余同。

7. 铜手斧形器 XDM：409

铸造方法和铸型结构与 XDM：404 相同。端部可见椭圆形浇口，直径约 4×6 毫米，浇口处有浇不足缺陷。XDM：413 有梭形浇口，浇口长 19、宽 5 毫米。XDM：412 端部有浇不足缺陷，余同。XDM：409 同，端部圆，无浇口痕。

8. 铜镘 XDM：377（参见报告图六二，7；图版四三，4）

浑铸成形。沿两侧鼓棱对开分型，2 对称泥范与镘中泥芯组成铸型。浇注方式不详。芯撑设置不详。

9. 弧口铜凿 XDM：393（参见报告图版四五，5）

浑铸成形。

沿下边弧面分型，上侧范具型腔，2 块泥范与銎芯组成铸型。从銎口浇注成形。无芯撑设置。

10. 圆口铜凿 XDM：394（参见报告图六六，2；图版四五，6）

铸造方法、铸型结构和浇注方式与弧口凿 XDM：393 相同。XDM：395 形略同，銎大凿小，銎上有凸纹。此凿凹成半圆形。

11. 平口铜凿 XDM：391

浑铸成形。沿底平面分型，2 块泥范与銎内芯组成铸型，其中 1 块为平板状，另 1 块具型腔，从銎口沿浇注成形。无芯撑设置。平口铜凿 XDM：389 和 XDM：384 的铸造工艺与 XDM：391 相同，但銎口有浇不足缺陷。

12. 平口铜凿 XDM：388

铸造方法、铸型结构和浇注方式与平口铜凿 XDM：391 相同。平口铜凿 XDM：386、XDM：387 和 XDM：385 与之相同，但刃部微有弧度。

（四）犁铧、锸、耒、耜、镰、铚和砧

1. 铜犁铧 XDM：343（参见报告图六一；图版四一，3、4）

浑铸成形。沿底面分型，底面范成平板状，面范具犁的型腔，2 块泥范与犁铧内泥芯组成铸型。銎口有浇口痕迹，浇口处有浇不足缺陷。芯撑设置不详。犁铧 XDM：342 与 XDM：343 的铸造工艺相同，但无圆穿。

2. 铜锸 XDM：345(参见报告图版四二,3)

浑铸成形。沿底面分型,底面系1块平板状泥范,上面1块泥范具有锸的型腔,这2块泥范与泥芯组成铸型。钉孔的泥芯由两范自带,从肩上浇注成形。

3. 铜锸 XDM：344(参见报告图六二,1;图版四二,1、2)

铸造工艺与锸 XDM：345 相同。范作纹。

4. 铜耜 XDM：347(参见报告图六二,3;彩版三五,3;图版四二,5、6)

铸造方法和铸型结构与锸 XDM：345 相同,从銎口浇注成形。

5. 铜耒 XDM：346(参见报告图六二,2;彩版三五,2;图版四二,4)

浑铸成形。

一上一下对开分型,2块对称泥范与銎内泥芯组成铸型。余不详。

6. 铜镰 XDM：372

浑铸成形。2块范组成铸型,下侧一范为平板状,上侧一范具镰型腔。从端部浇注成形。有2个浇不足的孔洞。镰 XDM：373 的铸造工艺与 XDM：372 相同,端部有大浇不足孔。镰 XM：374 形略宽,尖下钩,铸造工艺与镰 XDM：372 相同,有较大浇不足孔,浇口长约 32 毫米、宽约 2 毫米。镰 XDM：375 的铸造工艺与镰 XDM：372 一样,出土时变形较大。

7. 铜镰 XDM：371(参见报告图六四,4;图版四四,3)

浑铸成形。2块泥范组成铸型,其中一范自带穿内芯。从镰端部浇注。未使用芯撑。

8. 铜铚 XDM：376(参见报告图六四,5;彩版三六,2;图版四四,5)

浑铸成形。上下对开分型,2块泥范组成铸型。浇注方式不详。无芯撑设置。可见若干气孔。

9. 铜砧 XDM：492(参见报告图六六,12;图版四六,6)

浑铸成形。

铸型结构不详。浇注方式不详。

一〇、其他商代大方鼎铸造工艺

目前发现的商代大方鼎不下 10 件,除新干青铜器群中的 1 件已讨论如上外,其余 9 件简述如下:

(一)郑州向阳食品厂方鼎

1982 年,在郑州商城外东南角的向阳食品厂发现了一个青铜器窖藏(简称郑向),出土了 2 件大方鼎,此外,还发现了青铜圆鼎、尊、瓿、卣、盂、瓢和盘等 11 件。其时代属于二里冈晚期[8]。

1. 形体结构

这 2 件方鼎形制和纹饰基本相同。以郑向 H：2 为例,折沿,方唇,两直耳立于沿上,微侈。耳作拱形,截面作"E"状,即耳外侧敞开,槽中有 1 道随槽形的突棱。

鼎腹呈斗形,敞口,四壁斜直,每侧均饰有"廿"形纹块,口沿下横的纹带系浅浮雕兽面纹带,中间是一组兽面纹,两侧均为半组兽面纹,各与相邻一面的另一半以角棱为对称组成一完整兽面纹。"凵"为小乳钉组成的纹带,两侧各由 3 排乳钉组成,底边则由 4 排组成。

鼎底平。四柱足上粗下细,下半段束腰。对角的两足束腰处有道凸弦,另两足无。足底平,中空,并与腹腔贯通。通高 8.10 厘米。重约 75 公斤。

另一方鼎郑向 H：8 略小,与 H：2 的区别甚为细小。槽形耳内有 2 道椭槽形的凸棱,四壁外两侧的纹带由 4 排乳钉组成,足根饰有由细浮雕线组成的兽面纹,足近于锥形,中部几无束腰。通高 8.10 厘米。重约 52 公斤。

2. 铸造成形方法

这 2 件方鼎都是由泥范分部件铸造,经多次铸接成形的。

在鼎底与四壁的结合部位,可见四壁以钳口叠压夹持鼎底,说明鼎底先铸。在鼎底与四足的结合部位,底面上可环状凸起叠压,而在鼎底外面,足部的扇形凸起叠压着鼎底,形成卡口,证明四足分别后铸成形。耳与四壁的结合处无分铸痕迹,可见耳与四壁是一次浇注成形的。

郑向方鼎的铸造步骤如下：

第一步：铸造鼎底。

第二步：铸造四壁和鼎耳,并与鼎底铸接。

第三步：分别铸造四足,并与鼎底铸接。

3. 铸型工艺

郑向方鼎的铸型相应分为 3 部分。鼎底的铸型由一上一下 2 块泥范组成。上面的 1 块范自带 4 个预铸孔的泥芯。四壁的铸型从四棱分型,由 4 块侧泥范、1 块底外泥范和 1 块腹部泥芯组成,两耳外侧的泥范自带槽形耳内芯,腹部泥芯自带拱形耳内芯。四足的铸型是相同的 4 组,皆是对开分型,每组铸型都由 2 块侧范、1 块底范与 1 块泥芯组成铸型。

整个鼎的铸型组合如下：

鼎底 2 块范(自带 4 个预铸孔泥芯)；

四壁 5 块范,1 块泥芯；

鼎足 12 块泥范,4 块泥芯；

共计 19 块泥范和 5 块泥芯,经 6 次铸造、5 次铸接成形。

(二)郑州杜岭方鼎

1974 年,在郑州商城西墙外的张寨杜岭发现了 2 件大方鼎,与之相随的还有 1 件铜鬲及一些石器和陶器出土。这些遗物的年代被认为属于二里冈期上层[9]。

杜岭出土的 2 件大方鼎形制一律,唯大小有别。较大的鼎通高 1 米,重 86.4 公斤;较小的鼎通高 87 厘米,重 64.3 公斤。其形制与郑向 H：8 极为接近。

形体结构上的相同和时代上的一致,使杜岭方鼎的铸造方法和铸型工艺与郑向 H：2、郑向 H：8 方鼎相同:

先铸鼎底,2 块平板范组成铸型(范自带预铸孔泥芯);

次铸四壁和双耳,4 块侧范、1 块底外范和 1 块腹芯组成;

鼎足后铸,各 3 块泥范、1 块泥芯,共使用了 12 块泥范、4 块泥芯;

杜岭方鼎共用 19 块泥范、5 块泥芯,经 6 次浇注、5 次铸接而成。

(三)司母辛方鼎

1976 年,在安阳殷墟妇好墓(M5)中,出土青铜方鼎 5 件,其中 2 件是大方鼎(M5：789、M5：809),铸铭"司母辛",另外有妇好扁足方鼎 2 件,妇好方鼎 1 件,均相对较小。和方鼎一起出土的有数百件铜器、玉器、骨器和大量的石器、陶器和蚌器等。该墓墓主妇好是武丁的配偶,入葬年代在公元前 13 世纪末或公元前 12 世纪初[10]。

1. 形体结构

2 件司母辛方鼎实属一对,形制相同,大小相近,唯重量略有差别。方鼎 M5：789 略大,通高 80.1 厘米,重 128 公斤;方鼎 M5：809 略小,通高 80 厘米,重 117.5 公斤。

方鼎 M5：789,折沿,方唇,两直沿耳立于折斜沿上。口作长方形,微敞,四壁斜直,外侧均饰有"口"形纹块。纹块上边中央饰由 2 条对称夔纹组成的饕餮纹,并以小方形扉棱为鼻,两侧各饰 1 条夔纹以四角的方形扉棱为对称构成饕餮纹,这一纹带以云雷纹衬地。两侧及下边是 3 排乳钉组成的纹带,腹部四角的扉棱纵贯角棱,两侧均有纹饰,皆为镂空状,和腹侧的扉棱同。

鼎底平。四柱足中空,亦与腹腔贯通。足根部略粗,外侧与腹部四角一致方向有短方扉棱,以扉棱为对称饰 1 组饕餮纹,足中部略有下凹,显出 2 道凸弦。足底平。

2. 铸造方法

经研究,司母辛方鼎无分铸痕迹,系泥范块范法浑铸成形。

3. 铸型工艺

司母辛方鼎上留有清晰的铸造披缝,据此,华觉明等考其铸型由 4 块侧范、1 块底范、1 块浇口范和 1 块腹芯(与四足芯合为一体)组成。双耳内当还有泥芯存在[11]。

(四)司母戊方鼎

司母戊方鼎是已知商周单个青铜器中最重大的器物,1939 年发现于安阳西北冈的武官村。通高 132.8 厘米,长 116 厘米,重 875 公斤[12]。

1. 形体结构

司母戊鼎具宽斜口沿,上立二直方沿耳,耳外侧饰双虎食人首形纹,耳顶面及前后两个侧面饰鱼形纹,均以云雷纹为底。

鼎口呈长方形。口微敞,四壁斜直。四棱角饰方形扉棱,纵贯棱边。四壁外侧均有"口"形纹饰块;上、下两段的中心饰兽面纹,兽面纹中心各有一短的方形扉棱作鼻,和四角扉棱一样,两侧均饰凹下的"T"形纹饰;两侧作夔纹饰,均以云雷纹衬地。底平。

鼎四足中空,并与腹腔贯通。足上部略较下端为粗,上部饰兽面纹,饰有与腹四角的扉棱一致的短扉棱。足中部有 3 道凸弦纹。足底平[13]。

2. 铸造方法

根据冯富根等人的新研究,特别是用大型 X 光探伤仪对司母戊鼎的检测,得知除鼎耳系分别后铸外,其余部分一次浇注成形[14]。

3. 铸型工艺

冯富根等人认为,鼎腹每一面由 1 块整范内嵌 6 块分范形成。6 块分范构成鼎腹上、下包括扉棱在内的各 1 组饕餮纹(由夔龙组成,每组用范 2 块)以及两侧的饕餮纹和夔龙纹(每侧 1 块)。各块分范可在分模上翻制再嵌入整范中。鼎腹和鼎足是用同一块范铸出的,这有四角上下扉棱走向和错缝的一致可证。

鼎耳的铸型由 1 块外侧泥范、1 块内侧泥范、1 块前侧泥范和 1 块后侧泥范及 1 块耳中芯、1 块耳内芯组成。

(五)牛方鼎和鹿方鼎

1935 年,在安阳西区发掘的第 1004 号大墓(HPKM1004)中,出土了 2 件大型方鼎。1 件以鹿纹为主题,鼎底铸象形"鹿"字,故称鹿方鼎(HPKM1004:1751),通高 62 厘米。另 1 件以牛纹为主题,底部铸象形"牛"字,称之为牛方鼎(HPKM1004:1750),通高 74 厘米。

这 2 件方鼎也是斜口沿上立两方形沿耳,厚方唇,长方形腹,平底,四柱足上粗下细,四角饰有镂空长扉棱。但不同的是此 2 鼎腹部满布纹饰,或鹿首纹,或牛首纹,鼎腹每侧面的中央,也各饰有 2 段镂空扉棱,一上一下排列。

据万家保的研究,这 2 件方鼎都是浑铸成形的,方鼎的四壁每侧使用了 2 块泥范,整个方鼎由 8 块侧范、1 块底范和 1 块鼎腹泥芯组成。至于方鼎的耳内和足内是否有泥芯,惜未能指出[15]。

一一、结　论

江西新干商代青铜器群的内涵十分丰富,其冶铸工艺中所反映的信息是多方面的,需要深入细致地研究,特别是与其他地域青铜器冶铸技术的比较研究。现将我们初步研究的

重要结论简述如下:

(一)新干青铜器群的铸造工艺

1. 新干大洋洲商代青铜器群都是以泥范块范法铸造成形的,未发现失蜡法铸造的青铜器。也就是说,新干青铜器群与中国先秦青铜器属于同一工艺传统。这种铸造工艺在商周时期具有特别坚实的传统[16]。这批青铜器也充分说明,早年关于中国商周青铜器是失蜡法铸造成形的说法[17]是没有根据的。河南偃师二里头出土的商代之前的青铜器[18]、郑州商城出土的商代前期青铜器[19]、殷墟出土的商代后期青铜器[20]和陕西宝鸡出土的西周早中期弴国青铜器[21]、江苏宁镇地区出土的西周和东周青铜器[22]乃至早年河南辉县和汲县发掘的春秋时期卫国青铜器[23]及近来河北平山战国中山王墓出土的青铜器[24]莫不如此。在一些著名收藏家所收藏的商代和西周青铜器中,也没有发现失蜡铸造的确证[25]。

2. 新干商代青铜器群中形制简单的青铜兵器和青铜工具也是泥范铸造成形的,没有发现所谓吴城商代遗址出土的石范铸造的现象[26]。

3. 绝大多数青铜礼器是用分铸铸接法成形的。即分别铸造附件(附饰)和主体,再通过铸接使附件与主体结合。以青铜鼎为例(见表一和表二),因为大多数有附饰,如耳上的附饰往往采用分铸铸接的方式成形。特别是腹部的扉棱是分铸成形后再铸接于鼎的,这在商周青铜器中是极其罕见的。分铸铸接成形的典型代表是乳丁纹虎耳铜方鼎 XDM:8 和兽面纹立耳铜方鼎 XDM:9,这 2 件器物是采用全分铸形式成形的,即将各个部件分别铸造,再在铸造相关部件时与相邻部件接合在一起。

表　一　　　　　　　　　江西新干大洋洲商代青铜方鼎的分铸

器　　名	器　号	四壁	扉棱	底	足	耳	耳上附饰	其他附饰
兽面纹虎耳铜方鼎	XDM:12	—*	先铸	—	—	—	后铸	—
乳丁纹虎耳铜方鼎	XDM:8	次铸	—	先铸1	再铸	—	后铸	—
兽面纹虎耳铜方鼎	XDM:11	—	先铸	—	—	—	后铸	—
兽面纹双层底铜方鼎	XDM:13	—	—	—	—	—	—	活门及其销钉先铸
兽面纹立耳铜方鼎	XDM:9	次铸	—	再铸	后铸	先铸	—	—
兽面纹立耳铜方鼎	XDM:10	—	先铸	—	—	—	—	—

*"—"说明没有这种附饰或未曾分铸铸接

表　二　　　　　　　　　江西新干大洋洲商代青铜圆鼎的分铸

器　　名	器　号	腹部扉棱	足	耳	耳上附饰	其　　他
兽面纹锥足铜圆鼎	XDM:4	—*	—	—	—	初铸的足未成形,后补铸
弦纹锥足铜圆鼎	XDM:6	—	后铸	—	—	—
兽面纹锥足铜圆鼎	XDM:5	—	—	—	—	—

续表二

器 名	器 号	腹部扉棱	足	耳	耳上附饰	其 他
圆涡纹柱足铜圆鼎	XDM：3	—	—	—	—	—
兽面纹柱足铜圆鼎	XDM：2	—	—	—	—	—
兽面纹柱足铜圆鼎	XDM：1	—	—	—	—	—
虎耳虎形扁足铜圆鼎	XDM：15	先铸	后铸	—	先铸	—
鸟耳夔形扁足铜圆鼎	XDM：27	—	—	—	后铸	—
虎耳虎形扁足铜圆鼎	XDM：17	先铸	后铸	—	先铸	—
立耳鱼形扁足铜圆鼎	XDM：24	—	—	—	—	—
立耳夔形扁足铜圆鼎	XDM：23	—	—	—	—	—
虎耳虎形扁足铜圆鼎	XDM：20	—	似后铸	—	先铸	—
虎耳虎形扁足铜圆鼎	XDM：14	先铸	后铸	—	后铸	—
虎耳虎形扁足铜圆鼎	XDM：16	先铸	似后铸	—	先铸	—
立耳虎形扁足铜圆鼎	XDM：22	—	似先铸	—	—	—
立耳虎形扁足铜圆鼎	XDM：21	—	先铸	—	—	—
鸟耳夔形扁足铜圆鼎	XDM：26	—	后铸	—	后铸	—
虎耳虎形扁足铜圆鼎	XDM：19	—	—	—	后铸	—
虎耳虎形扁足铜圆鼎	XDM：18	先铸	—	—	后铸	—

*"—"说明没有这种附饰或未曾铸接

4. 新干青铜器群中的器物，大量使用了铜芯撑，这是这个器群在铸造工艺上的一大特色(表三)。类似的现象在商代前期青铜器中，如郑州二里冈时期的青铜器群、黄陂盘龙城出土的青铜器群中，直至现在只发现个别铜器才使用过芯撑，且所发现的是使用了自带

表 三 江西新干大洋洲商代青铜器所见的铜芯撑*

器 名	器 号	四 壁	底 部	足	附 注
兽面纹虎耳铜方鼎	XDM：12	?[**]	两足之间各可见1个铜芯撑	?	铜芯撑是旧铜器碎片，可见原器的纹饰
乳丁纹虎耳铜方鼎	XDM：8	?	?	?	
兽面纹虎耳铜方鼎	XDM：11	?	范的结合处3处可见铜芯撑	?	铜芯撑是旧铜器碎片，可见原器的纹饰
兽面纹双层底铜方鼎	XDM：13	背面的四角均可见1个铜芯撑	底部可见铜芯撑，但分布不详	?	活门及其销钉先铸
兽面纹立耳铜方鼎	XDM：9	?	—[***]	?	耳部应有芯撑，但未观察到
兽面纹立耳铜方鼎	XDM：10	?	?	?	
兽面纹锥足铜圆鼎	XDM：4	可见1个形状不规则的铜芯撑，其他不详	?	?	腹部的补块有的是补芯撑脱落形成的孔洞

续表三

器　　名	器　号	四　壁	底　部	足	附　注
弦纹锥足铜圆鼎	XDM：6	可见3个铜芯撑，似有两重，各3个	？	？	腹侧补块是补铜芯撑脱落形成的孔洞
兽面纹锥足铜圆鼎	XDM：5	？	？	？	
圆涡纹柱足铜圆鼎	XDM：3	？	？	？	腹部的补块有的是补芯撑脱落形成的孔洞
兽面纹柱足铜圆鼎	XDM：2	可见铜芯撑，但分布不详	？	？	
兽面纹柱足铜圆鼎	XDM：1	纹饰带下可见3重铜芯撑，最上1重有15个，另两重不详	有铜芯撑，但分布不详；足根部内侧均可见2个铜芯撑	？	
虎耳虎形扁足铜圆鼎	XDM：15	？	？	？	
鸟耳菱形扁足铜圆鼎	XDM：27	？	？	？	
虎耳虎形扁足铜圆鼎	XDM：17	？	？	？	
立耳鱼形扁足铜圆鼎	XDM：24	可见1个铜芯撑	？	？	
立耳菱形扁足铜圆鼎	XDM：23	？	可见2个铜芯撑		底部的3个补块可能是补芯撑脱落的孔洞
虎耳虎形扁足铜圆鼎	XDM：20	？	？	？	腹部1补块是补铜脱落芯撑的孔洞
虎耳虎形扁足铜圆鼎	XDM：14	？	？	？	
虎耳虎形扁足铜圆鼎	XDM：16	？	？	？	
立耳虎形扁足铜圆鼎	XDM：22	？	？	？	
立耳虎形扁足铜圆鼎	XDM：21	？	有铜芯撑设置，分布不详	？	
鸟耳菱形扁足铜圆鼎	XDM：26	？	？	？	
虎耳虎形扁足铜圆鼎	XDM：19	？	可见1个铜芯撑	？	
虎耳虎形扁足铜圆鼎	XDM：18	？	？	？	
三足铜甗	XDM：38	甑收腹处可见由1重16枚铜芯撑带	？	？	底部2足之间均有大补块，可能是补自带泥芯撑的孔洞
分裆圆肩铜鬲	XDM：33	？	？	—	底中央可见自带泥芯撑遗留的孔洞
分裆圆肩铜鬲	XDM：32	？	？	—	
分裆圆肩铜鬲	XDM：34	？	可见铜芯撑，分布不详	—	
联裆圆肩铜鬲	XDM：35	？	？	—	

续表三

器　　名	器　　号	四　　壁	底　　部	足	附　　注
鬲形铜鼎	XDM：36	?	?	袋足可见铜芯撑,分布不详	
折肩铜鬲	XDM：37	?	?	—	
铜豆	XDM：42		可见 3 个铜芯撑	—	
铜方卣	XDM：47	?	?	—	在十字通道外侧均有补块,当是补自带泥芯撑的孔洞
铜三足提梁卣	XDM：48	?	?	—	
铜三足提梁卣	XDM：49	?	可见铜芯撑,分布不详	可见铜芯撑,分布不详	
铜壶	XDM：45	?	可见铜芯撑,分布不详	—	
铜壶	XDM：46	?	?	—	
铜盘	XDM：43	?	可见 4 个铜芯撑	—	
铜瓿	XDM：41	?	?	—	
铜瓒	XDM：50	?	?	—	
铜罍	XDM：44	—	—	—	
合瓦形腔铜铙	XDM：66	—	—	—	
六边形腔铜铙	XDM：64	—	—	—	
合瓦形腔铜铙	XDM：65	—	—	—	
铜镈	XDM：63	?	?	—	

注：* 此处所指的铜芯撑仅仅是肉眼观察所及,限于条件,未能使用 X 射线或超声进行探伤分析,因此,表中所罗
　　列的并不是这个器群的全部情况

　　* * 有无铜芯撑不能确定

　　* * * 无铜芯撑

泥芯撑,待器物浇注成形,去除泥范后,再对自带泥芯撑的孔洞进行补铸,而不是使用铜芯撑[27]。在比二里冈期稍晚的青铜器中,如安徽阜南月儿河出土的青铜器中,确曾使用了铜芯撑[28]。在商代末期特别是殷墟出土的大批青铜器中,只是个别器物使用了铜芯撑,芯撑的使用量也很少,直至西周时期,如宝鸡强国墓地青铜器中才普遍也较多使用铜芯撑[29]。由此可见,目前的资料说明铜芯撑的使用南方可能早于北方,有理由认为铜芯撑可能起源于中国南方某些地域,尔后这种工艺才传播到了中原地区,成为中原青铜器铸造中的一个关键工艺。

5. 新干商代青铜器群中有纹饰的器物,纹饰往往较深而完整,这样泥范的制作难度就相应较大,对泥范的工艺性能要求也相应较高。这群器物反映出铸造工匠具有很高的范铸工艺技巧,或许与当地泥料的特殊性能有关。

但是,对于一些厚重的器物,如 I 式方内铜钺 XDM:333 和 XDM:334,钺面纹饰漫漶,是铜液过热、泥范的耐热性能有限造成"粘砂"所形成的,说明铸造工匠还没有能使用更耐热的涂料。

6. 当地工匠对于大型器物的铸型组合尚不能把握,如四足铜甗 XDM:38,第一次铸造时甗的腹部泥芯发生了很大的偏移,大约腹部的三分之一的尺寸由于泥芯与泥范合在一起,致使在甗腹部形成了很大的孔洞,不得不采用补铸的办法补救。

7. 由于样品所限,金相分析很不充分,但是这些有限的金相分析给我们暗示出新干青铜器群在组织上富有研究潜力,有许多值得探讨的问题。

青铜容器的金相组织基本上是 α 相和 α+δ 相的铸态组织,这和中原地区的青铜器基本一致[30]。I 式平条形铜刻刀 XDM:423 和铜修刀 XDM:383 的组织是较单一的 δ 相,根据铜—锡相图,他们的成分当在 32.7% 左右,如果考虑到非平衡状态及 500℃的温度范围,其成分可能稍低于 30%。从青铜合金成分与性能关系看,青铜合金的含锡量超过了 20%,其强度 σ_b 就已经相当低了,当含锡量超过 25% 时,强度急剧降低。古代工匠通过对高锡青铜进行淬火处理,大大改善了青铜的韧性,使含锡量超过 20% 的青铜得到 β 组织,这种组织既坚且硬,适合制作刃具和兵器[31]。因过去对于商代青铜工具和青铜兵器的金相研究相当有限,这种组织很少发现,是否是新干青铜器群的一个特点,有待探讨。

铜罍 XDM:44 的金相组织中发现了纯铜晶粒析出。在我们对宁镇地区出土的吴国青铜器的研究中,曾相当多地发现了这种组织[32]。从目前的研究结果看,这种组织出现在南方明显要多于北方,其形成的机理十分复杂,最重要的原因是腐蚀,但具体过程尚需深入研究。

(二)从铸造工艺分析新干青铜器群的年代

青铜器的铸造工艺研究,毫无疑问为中国冶铸史研究提供了基本资料,是冶铸史研究的重要对象,现在也是科技考古的基本内容。这一研究应该不仅仅是解释古代青铜器是如何制作的,而且对于青铜器的文化属性研究也应该有所帮助。

在我国,这一领域的研究起步较晚,研究成果远不能与我们这个青铜器大国相称,还有赖于学术界多学科的紧密合作。经过数十年的积累,现在有条件就一些青铜器的文化属性进行尝试性的研究,通过对铸造工艺的研究,探讨江西新干商代青铜器群的年代便是这种尝试之一。

1. 新干青铜器群中的乳丁纹虎耳铜方鼎 XDM:8 和兽面纹立耳铜方鼎 XDM:9,是采用全分铸再铸接的方式成形的,这种铸造方法与河南郑州出土的二里冈时期的 4 件大方鼎的工艺如出一辙。从铸造工艺角度看,上述的 2 件方鼎的时代应当属于二里冈时期。方鼎 XDM:9 底部后于四壁铸造,应较方鼎 XDM:8 底部先于四壁铸造为原始,说明前者的年代应较后者为早,但不会早过商代前期。在另外 4 件方鼎中,XDM:11 和 XDM:12 耳部有虎形附饰,附饰形状虽比较复杂,但分铸(后铸)是易于成形的工艺路线。类似有这种附饰的青铜器在中原相当少见(西周时期的仅见于陕西岐山),无法进行比较。特别值得指出的是方鼎 XDM:11、XDM:12、XDM:13 和 XDM:10 腹部的扉棱都是分铸(先铸)的,这在商代青铜器中是首次发现,一方面反映出新干青铜器群的工艺特色,另一方面,说明分铸是该器群中方鼎的基本工艺。根据商周青铜器从商代前期到西周时期是从分铸演变为浑铸这个总的趋势[33],可以推定这 4 件方鼎的铸造年代要早于殷墟妇好墓的方鼎。

2. 新干青铜器群中的锥足圆鼎 XDM:4、XDM:5 和 XDM:6,形制与二里冈时期的同类圆鼎接近,铸造工艺也比较一致,从工艺角度看,其年代也应该属于同一时期。3 件柱足圆鼎都是浑铸成形的,其铸型都是 3 块侧范、1 块底范与 1 块腹芯和 3 足内芯组成,和殷墟时代柱足青铜圆鼎无二致[34],可以推定其年代属于商代后期。扁足圆鼎的足部多数是分铸铸接成形的,和殷墟妇好墓的扁足圆鼎的浑铸成形[35]有很大不同,其年代应该早于妇好墓,至迟不晚于殷墟妇好墓。

3. 青铜盘 XDM:43 的形体介于簋和盘之间,双耳和扉棱都是分铸铸接的,年代当介于殷墟和二里冈之间。与该盘形状接近的是豆 XDM:42,豆底部中央可以看到 3 个自带泥芯撑的补块,在铜芯撑工艺成熟后,容器底部还采用早期的泥芯撑,类似黄陂盘龙城出土的二里冈期青铜簋[36]。也许可以推论这件豆的年代属二里冈时期或者稍晚。

作者附记:本文的 X 射线衍射分析是中国科学技术大学物质结构中心黄允兰老师完成的,文章的整个写作过程是在楼宇栋先生的多方关怀下完成的,谨在此致以衷心的感谢。

参 考 文 献

〔1〕 简报见江西省文物考古研究所、江西省新干县博物馆:《江西新干大洋洲商墓发掘简报》,文物 1991 年第 10 期,1~24 页。但所有资料以本报告为准。

〔2〕 李学勤:《新干大洋洲商墓的若干问题》,《文物》1991 年第 10 期,33~38 页。

〔3〕 苏荣誉、彭适凡:《江西新干商代青铜器群的技术属性研究》,《南方文物》1993 年第 3 期。

〔4〕 杨宝成、刘森淼:《商周方鼎初论》,《考古》1991 年第 6 期,542 页。

〔5〕 华觉明、冯富根、王振江、白荣金:《妇好墓青铜器群冶铸技术的研究》,《考古学集刊》1,中国社会科学出版社,1981 年,247~248 页。

〔6〕 苏荣誉、华觉明、李克敏、卢本珊:《中国上古金属技术》,山东科学技术出版社,1995 年,121、161 页。

〔7〕 苏荣誉曾在《中国文物报》中指出过镶嵌工艺,今更正。

〔8〕　河南省文物研究所、郑州市博物馆:《郑州新发现商代窖藏青铜器》,《文物》1983 年第 3 期,49～59 页。

〔9〕　河南省博物馆:《郑州新出土的商代前期大铜鼎》,《文物》1975 年第 6 期,64 页。

〔10〕　中国社会科学院考古研究所:《殷墟妇好墓》,文物出版社,1980 年,15、34～38、288 页。

〔11〕　苏荣誉、卢连成、胡智生、陈玉云、陈依蔚:《㢠国墓地青铜器铸造工艺考察和金属器物检测》,载卢连成、胡智生编《宝鸡㢠国墓地》,文物出版社,1988 年 10 月,551 页。

〔12〕　陈梦家:《殷代铜器》,《考古学报》第 7 册,1954 年,22～23 页。

〔13〕　于省吾:《司母戊鼎的铸造和年代问题》,《文物精华》第 3 集,1964 年,39～40 页。

〔14〕　冯富根、王振江、白荣金、华觉明:《司母戊鼎铸造工艺的再研究》,《考古》1981 年第 2 期,177～182 页。

〔15〕　万家保:《由殷墟发掘所见的商代青铜工业》,《大陆杂志》1979 年 58 卷 5 期,15 页。

〔16〕　同〔6〕,371—372 页。

〔17〕　典型的说法如 W. P. Yetts,The George Eumorfopoulos Collection,Catalogue of the Chinese and Korean Bronzes,Vol. 1,London,1929. B. L. Simpson,Development of the Metal Casting Industy,American Foundrymens Association,Chicago,1948,p27. H. Maryon,H. J. Plenderleich,Fine Metal—Work,C. Singer,E. J. Holmyard & A. B. Hall,A History of Technology,Vol. 1,Oxford University Press,1954,p628. L. Aitchsion,A History of Metals,Vol. 1,Macdonald & Evans Ltd. London,1960,p161.

〔18〕　目前尚未有较为系统的对二里头青铜器工艺技术的研究,较仔细的案例研究见〔6〕96～98 页。

〔19〕　目前对二里冈时期青铜器工艺技术的系统研究同样缺乏。关于这时的青铜工艺,可参考郭宝钧:《商周铜器群综合研究》,文物出版社,1981 年,4～9 页,125 页,164～165 页;河南省文物研究所:《郑州商代二里冈期铸铜遗址》,《考古学集刊》6,中国社会科学出版社,1989 年,108—109 页;〔6〕102～110 页。

〔20〕　关于殷墟早年发掘的青铜器,在台湾由李济和万家保作了非常出色的系统研究,如李济、万家保:《殷墟出土青铜觚形器之研究》,中央研究院历史语言研究所,台北,1964 年;李济、万家保:《殷墟出土青铜斝形器之研究》,中央研究院历史语言研究所,台北,1966 年;李济、万家保:《殷墟出土青铜斝形器之研究》,中央研究院历史语言研究所,台北,1968 年;李济、万家保:《殷墟出土青铜鼎形器之研究》,中央研究院历史语言研究所,台北,1970 年;李济、万家保:《殷墟出土五十三件青铜容器之研究》,中央研究院历史语言研究所,台北,1972 年。后来殷墟所发掘的青铜器应以妇好墓为代表,其铸造工艺研究可参考〔5〕。

〔21〕　参见〔11〕。

〔22〕　资料待发表。

〔23〕　万家保:《辉县及汲县出土东周时期青铜鼎形器的铸造及合金研究》,《大陆杂志》,1975 年 50 卷 6 期,1～9 页。

〔24〕　苏荣誉、刘来成、华觉明:《中山王𰯼墓青铜器群铸造工艺研究》,载河北省文物研究所《𰯼墓——战国中山国国王之墓》,文物出版社,1996 年,548～577 页。

〔25〕　例如美国 Freer Gallerys 所藏青铜器,见 R. J. Gettens,The Freer Chinese Bronzes,Vol,II,Technical Studies,Smithsonian Institution,Washington D. C,Occasional Papers,Vol. 4,No. 1. 美国 M. Sackler 博物馆所藏商周青铜器见 R. W. Bagley,Shang Ritural Bronzes,Shang Ritural Bronzes in the Arthur M. Sackler Collections,The Arthur M. Sackler Foundation,Harvord University Press,1987;J. Rowson,Western Zhou Ritural Bronzes from the Arthur M. Sackler Collections,Arthur M. Sackler Foundation,Harvord University Press,1990.

〔26〕　过去依据吴城发现的石范指出吴城出土的青铜兵器和青铜工具是石范铸造的,见彭适凡、华觉明、李仲达:《江西地区早期铜器冶铸技术的几个问题》,载《中国考古学会第四次年会论文集》,文物出版社,1983,74 页;彭适凡:《江西商周青铜铸造技术》,《科技史文集》9,上海科学技术出版社,1982 年,42 页。但,据我们新近的检测,发现吴城出土的所谓石范仍然是泥范,研究成果有待发表。

〔27〕　周建勋:《商周青铜器铸造工艺若干探讨》〔硕士论文〕,中国科学院自然科学史研究所,1986。

〔28〕　1993 年在安徽省博物馆所见。另见〔27〕。

〔29〕　同〔7〕,564～566 页。

〔30〕　参看〔6〕,270～282 页。

〔31〕　David A. Scott,Metallurgraphy and Microstructure of Ancient and Historic Metals,The Getty Conservation Institute,1991.

〔32〕　吴国青铜器群的综合研究是国家文物局的文物科研项目,由镇江市博物馆和中国科学院自然科学史研究所和吉林省文物考古研究所合作完成。目前已经完成的论文有《干吴之剑研究》、《吴国青铜兵器金相学初步研究》、《关于腐蚀青铜器中纯铜晶粒形成机理的初步研究》。

〔33〕 同〔6〕,179~180 页。

〔34〕 李济、万家保:《殷墟出土五十三件青铜容器之研究》,中央研究院历史语言研究所,台北,1972 年。万家保:《由殷墟发掘所见的商代青铜工业》,《大陆杂志》,1979 年 58 卷 5 期,15 页。

〔35〕 同〔5〕。

〔36〕 同〔27〕。

附录一○

新干商代大墓玉器鉴定

陈聚兴

（江西省地矿局赣西地质调查大队）

江西省新干大墓出土的一批商代遗物中,有玉器754件(颗),完整的达80件。玉件的工艺品种主要为玉制品,少数是玉雕件。受江西省文物考古研究所的委托,笔者对这批玉器的玉质、璞料的品质和玉石材的产地进行了鉴定。中国古称石之美者为玉,并有"千种玛瑙万种玉"之说,形容玉之多,而实际目前世界上按石质区分包括宝石和玉石也只有近200种。玉石的名称除直接用矿物或岩石命名外,同一玉种,有因产地不同而常赋以不同的名称,也有用颜色或彩光而命名或附加命名的,使宝玉石的名称带有一定的神秘性。另外,某些石质材,因其品质或加工的工艺不同,既可称之为宝石又可叫作玉石材。为此,本次鉴定中采用的玉石材的名称,除国际已有统一名称者外,一律使用矿物或岩石的学名,以便于确切表明其质地和对比。所有制品,经鉴定,可确定其石质材的有软玉(Nephrite)、磷铝石(Variscite)、磷铝锂石(Amblygonite)、绿松石(Turquoise)、水晶(Muntain crystal)和叶蜡石(Pyrophyllite)共六种。软玉属于狭义的玉质材,是透闪石岩(Tremolitite)中能作为玉石材的微晶状的透闪石岩的专有名词。磷铝石、磷铝锂石、绿松石和水晶石材,是属于既可作宝石材又可作玉石材的两用石材。叶蜡石是一种广义的玉石材,常作玉雕材料。这批玉器的璞料,大多存在有一定的瑕疵。

一、玉质和璞料

为查明这批玉器的石质和璞料的品质,采用的技术手段和主要的鉴定方法有:第一,凭借常用的工具进行物理性质的鉴定。并以此进行分类,提供玉器碎片碎屑进行仪器检测的采样依据。第二,偏光显微镜鉴定。测定矿物的光学性质,确定矿物的组成及其结构构造。第三,油浸法鉴定。利用浸油测定组成矿物的折光率(折射率)。第四,显微化学分析。检测矿物的特征元素。第五,X射线衍射仪分析。定量定性测定玉器石质的化学组成(限于受鉴定样品量少,达不到定量的精度)。现将玉石的石质和璞料的内在和外在的品质及鉴定特征分述如下:

(一)透闪石质软玉类(Nephrite)

软玉属于狭义的玉石类,又称缅玉,是透闪石质玉石的专有名词。我国自古著称的和田玉和蓝田玉都属软玉。软玉类石质实际上除透闪石矿物(Tremolie)外,还常含有阳起石(Actinolite)相交织成毡状纤维状的微晶集合体,甚至还有以阳起石为主的阳起石岩的石质,它们都属透闪石化和阳起石化蚀变产物。透闪石和阳起石的化学成分分别为:Ca_2Mg_5〔Si_4O_{11}〕$_2(OH)_2$ 和 $Ca_2(Mg,Fe)_5$〔Si_4O_{11}〕$_2(OH)_2$。它们的化学成分基本相同,同属单斜晶系,常呈类质同像关系。但是,阳起石含铁,所以颜色较深。另外,在光学性质上也有差异。

新干出土的这批玉器中,属软玉类石质材的玉制品在完整件中约占 67%,其中虽然名贵的品种并不多,但软玉本身在玉石中仅次于翡翠,属于高档次的玉。这批软玉类玉器的石材,从品级和色泽等方面都可明显将它们分为两个亚类。两个亚类玉石的组成矿物相同,但矿物晶体的内部结构不同。第一亚类:矿物晶粒极为细小,即使在偏光显微镜下,也只能凭光性反应认定矿物已经结晶,但难分辨出矿物的晶体形态及相互关系的隐晶质结构。第一亚类的玉石,质地细润而透,色泽柔和而绚丽,属软玉材中的中高档次。这一亚类的玉制品,占软玉类玉制品的 37%。第二亚类:玉石的矿物结晶颗料相对要粗,虽肉眼不能分辨,但在偏光镜下可以分辨出矿物的晶体形态,在偏光显微镜下更可分辨出矿物的晶体形态和相互关系,属显微晶质结构。这类玉石,质地尚属细腻,但不嫩欠透,色不俏,为软玉材中较低的档次。

属于第一亚类的主要制品有:戈(XDM:663、664、665、666)、笄形玉坠饰(XDM:655、657)、管形玉饰(XDM:639、656)、玉柄形器(XDM:653)、玉铲(XDM:644、645)、玉瑞(XDM:631、632)、圆形玉坠饰(XDM:629、630)、长条形玉饰(XDM:654)、串珠(XDM:643、38 颗)等。制品呈青灰、灰白、浅灰、灰绿和白色。摩氏硬度在 5.5 以上。微透明到半透明。呈玻璃光泽和丝绢光泽。抛光面上为蜡状光泽,个别呈显油脂光泽。隐晶质致密块状结构。参差状断口。玉石的品级,管形玉饰中 XDM639 可相当于名贵的羊脂玉,而 XDM:656 和笄形玉饰 XDM:657、655 可相当于青玉,玉瑞 XDM:632 相当于白玉,都属于较名贵的软玉种。其他属于中档玉。

第二亚类的玉制品,色暗淡,缺艳丽,呈黄绿、浅黄和灰黄绿等色。摩氏硬度 5.5 以上。参差状断口。丝绢状光泽,抛光面上显示蜡状光泽,严重风化面上为土状光泽。不透明。性较脆。属于这类的主要玉制品有:玉矛(XDM:649)、玉瑗(XDM:658、659、678、679、680、681、682)、玉玦(XDM:660、661、662、683、684、687、688、690、691、692、693、695、698、699、700、689、694、696、697)、玉璜(XDM:686、701)、玉柄形器(XDM:652)、虎形扁玉足(XDM:634、635、636)、玉扉棱片(XDM:703、704、705、706)、玉鱼形饰(XDM:667、668)等。

软玉类制品的石质,除物理性质经多次反复鉴定外,还与同类标准玉石进行了类比,并利用两块碎片分别在偏光显微镜下鉴定,含闪石 90～95%,其他主要为阳起石;X 射线衍射仪检查,化学组分与透闪石岩成分相符;油浸法测定,获得矿物的折光率为

Nm≤1.56。各种鉴定资料完全可以相互印证,石质确属由透闪石组成的软玉材。两个亚类石材的矿物结构,在偏光显微镜下可以明显地区分出来,第一亚类属隐晶质结构,第二亚类的透闪石矿物可以分辨出呈针状和纤维状的集合体,属显微晶质结构。

璞料除Ⅱ式笄形玉坠饰XDM：655、玉铲XDM：644和圆形玉坠饰XDM：629外,都或多或少地存在有一定的缺陷。第一,璞料的质地不够纯真。例如Ⅱ式玉玦XDM：683、684和玉瑗XDM：679,存在明显的紫褐色花斑和斑点脏,Ⅰ式玉玦XDM：687显露出线状排列的白云母矿物的线理,Ⅰ式玉戈XDM：665和玉铲XDM：645有褐绿色阳起石的条带状交代结构,Ⅳ式玉戈XDM：664有交代残余的长石斑晶。玉制品中软玉类占的比重最大,表明当时已经认识到软玉材高雅贵重,但取材不易,用材就不能十分讲究;璞料存在瑕疵本不稀奇,但限于当时的制作手段和制作件的个体大,所以难于回避和利用巧色而被暴露。第二,有绵纹和裂纹的缺陷。玉制品的局部有绵纹和裂纹出现与整体不协调的灰白到白色等邪色。它主要存在于第一亚类玉石的制品中,且又主要分布在制品的表面。究其原因:一小部分来自璞料本身原有;一小部分可能因这类玉石质地细嫩,在加工制作中形成;大部分是在使用和保管过程中由外力碰撞所致,表明这批玉器已经启用。第三,存在裂开。在第一亚类玉石制品中,只有极少数的制品见有裂开或者折损;在第二亚类玉石的制品中则为多见,并除裂开、折损外,还有碎裂甚至破碎成碎片。由此可知,这类缺陷主要与玉石结构、坚韧性相关,大多数是外力所为。第四,已存在有明显的风化现象。这是出土玉器的特殊现象,标记着玉器埋藏年代已久长。风化现象主要表现在:某些制品个别部位的抛光面已部分或全部脱落,暴露出斑驳的粗糙面而大为失色;部分玉器的个别部位已经发展到发生脱水,使它完全失去了原有的色泽和光彩。

（二）磷铝石类（Variscite）

磷铝石的化学成分为Al〔PO_4〕·$2H_2O$。斜方晶系。产出与伟晶岩有关,一般由地表或近地表条件下沉淀而成,常产生于洞穴或构造裂隙内。磷铝石材中,有一种富含"OH"的磷铝石变种,产出于法国蒙蒂伯莱（Montebras）的叫蒙蒂伯莱石,产于纳米比亚卡里比（Karibib）的一种淡紫红色混杂有锂、纳和氟化的磷铝石叫卡里比石,它们都是磷铝石中所罕见的品种,并都是贵重的宝石材。玉制品呈淡绿、蓝绿和苹果绿色,色彩鲜艳。贝壳状断口。玻璃光泽,抛光面上具蜡状光泽。摩氏强度:抛光面上4.5～5,没有抛光的部位为3～4。

磷铝石的色彩与天河石（Amazonite）相似,很容易与天河石相误认。矿物名称上,有将磷铝锂石统称为磷铝石的,所以,又易与磷铝锂石相混淆。碎片碎屑经偏光显微镜下鉴定:标本主要由磷铝石组成,含有少量的磷铝锂石;矿物结构为显微晶体结构。X射线衍射仪检测:玉石主要含铝、磷和水,有少量的锂。油浸法测定:矿物的折光率1.59＞Nm＞1.56。内在和外在的各种资料相印证,石质为磷铝石类确定无疑。

属磷铝石类玉制品主要有:项链(XDM:641)、腰带(XDM:642)、玉璧(XDM:650、651)、玉柄形器(XDM:640)、神人兽面形饰(XDM:633)、玉泡(XDM:676)等。璞料的主要缺陷是玉石质地不够纯真,如玉璧XDM:651含有白云母的晶片和铁锰质斑点脏。除玉瑗XDM:680和681外,大部分玉制品都有不同程度的风化,严重的已随吸附水损失的多寡出现极不相称的色彩,如神人兽面形饰XDM:633,正面为鲜艳的蓝绿色,蜡状光泽,底侧因风化成为暗淡的灰白色,呈土状光泽,正反两面形成截然不同的反差。玉件虽已涂抹朱砂保护,但是日久天长还是躲避不了大自然风化作用的侵蚀。组合的玉制品中,存在着玉质不一和单件大小悬殊等问题。磷铝石玉制品的项链XDM:641,由扁平板状的玉片串组而成,玉片的厚度基本一致,但长和宽度的大小可相差两倍,串组无序,这可能当时审美观不大注重外观,也可能大小无序的不对称是当时的艺术美;玉片中,不像有意识夹花,而夹杂有磷铝锂石质者,明显存在玉质识别上的差错。

(三)磷铝锂石类(Amblygonite)

磷铝锂石亦称准磷铝石,混称叫磷铝石。化学成分为 $LiAl[PO_4](F,OH)$。三斜晶系。产于伟晶岩。制品呈浅灰和青灰色。不透明。玻璃光泽,抛光面上呈珍珠光泽。摩氏硬度5.5～6。碎片碎屑在偏光显微镜下,磷铝锂石的光性特征明显,矿物结构为显微晶质结构。油浸法测得矿物的折光率:Nm≤1.56。X射线衍射仪检测标本的化学成分与磷铝锂石的组分一致。物理性质、光学性质、折光率及化学成分,都与磷铝锂石完全相吻合。

磷铝锂石类的玉制品主要有:Ⅰ式玉琮(XDM:648)、Ⅱ式玉琮(XDM:677),玉镯(XDM:675),玉环(XDM:685),圆形玉坠饰(XDM:630)、串珠(XDM:710,53颗,内少数为绿松石)等。璞料的主要缺陷,除玉镯XDM:675和Ⅱ式玉琮XDM:677外,大多含有灰白色的石英。例如圆形玉坠饰XDM:630,含有被熔蚀状的石英颗粒,短轴粒径可达2～3毫米,并清晰地呈线状排列。又如玉环XDM:685,有显而易见的呈交代蠕虫状结构的石英颗料。

(四)绿松石类(Turquoise)

绿松石亦称松石,也叫土耳其玉。化学成分为 $CuAl_6[PO_4]_4(OH)_8 \cdot 4H_2O$,常含有铁和锌。三斜晶系。绿松石是在表生条件下,由含铜的水溶液与含铝、磷的岩石或矿物相作用后淋积而成,常呈结核状和肾状产出。玉件色彩鲜艳,呈翠绿、苹果绿和浅绿色。蜡状光泽,贝壳状断口,性脆,微透明。摩氏硬度5.5～6。碎片碎屑经偏光显微镜鉴定:标本完全由绿松石组成;属显微晶质结构。油浸法测定矿物的折光率:Nml·62。微量化学分析检查,标本含磷反映明显。X射线衍射仪检出化学成分与绿松石的组分相符。

绿松石质玉器主要有:玉蝉(XDM:678)、玉蛙(XDM:669)、串珠(XDM:707,131颗,XDM:646,15颗)、玉泡(XDM:709,38颗;XDM:715,11颗;XDM:670、671各11颗),还有不少碎件。绿松石蝉的长度达45毫米,这么大的绿松石石料还属少见。璞料的缺陷：第一，存在有孔隙沟。孔隙沟属于原生堆余孔隙构造（具有重要的鉴别特征），在腰鼓状串珠有近50％和玉蝉的底侧都有这类瑕疵，表明有选用璞料个体大的有利条件，也存在着缺陷较多的不利的另一面。玉蝉将缺陷隐藏于底侧，证明当时的制作工艺能利用俏色进行巧妙的设计和精心的安排。第二，绿松石性脆，薄的制品碎裂多见。与磷铝石串珠一样，绿松石串珠也大小不一，且属无序。绿松石很容易受热而失去氢氧根和结晶水，使玉件变色，然而，这批绿松石玉件都保持了它原有的色泽，没有发现任何的风化和变质的现象，可见使用和保管中除难以避免的外力外，还是相当的珍重和爱惜。

（五）水晶石类（Mountain crystal）

水晶制品仅水晶套环XDM：637和638两件，确属水晶质石材无疑。水晶的化学成分为SiO_2。摩氏硬度7。玻璃光泽。贝壳状断口。无色，断口处呈彩虹效应。透明。标本XDM：637表层虽布满有微细磨蚀纹，致使玉件表面混浊而失去它原有的晶莹。两件制品都有断口，显然这些都是在使用和保管过程中由于磨擦所造成。除此以外，没有发现璞料任何的内部或外部的瑕疵，制品的石材虽不属高档的水晶品种，但在无色透明水晶类中是优质品。水晶的硬度高，而制品的圆、弧和棱的制作相当精美，造型别致，可见当时制作已达到相当高的造诣和手段。

（六）叶蜡石类（Pyrophyllite）

叶蜡石类玉石是指叶蜡石族类，又称图章石。化学成分为$Al_2〔Si_4O_{10}〕(OH)_2$。浙江的青田玉和福建的寿山玉都是我国著称的叶蜡石族的玉雕石。叶蜡石是由酸性火山岩和凝灰岩经蚀变而形成。近年来，对福建的寿山玉进行系统的测试和研究，重新识别寿山玉的主要矿物是高岭石$Al_4〔Si_4O_{10}〕(OH)_8$。这次没有可能作深入研究，为了便于对已习惯了的玉种进行对比，因此，仍沿用原矿物类的名称。

叶蜡石类玉器只有侧身羽人玉佩饰（XDM：628）一件，属玉雕品。颜色为柔和的棕红色。摩氏硬度2以下。有滑感，质滋润。蜡状光泽。隐晶质致密块状集合体结构。璞料纯真无瑕，色泽均匀。石质与浙江青田玉的"紫檀冻"相当。雕刻工艺精美，形态栩栩如生，活动自如的链条相当精巧，可见当时雕刻工艺已有相当高的造诣。

二、产　　地

探讨玉器璞料的产地是个复杂的问题，特别是同一品种相当品级的玉石可以在不同的地点都有产出。但是，只要抓住每件璞料质地和色泽微小特征，加以归纳、组合、综合，再与各地的璞料进行类比，找出它们的异同，便可考虑璞料产地的远近。根据上述原则，对这批玉器璞料的产地，推断如下。

（一）软玉石材是这批玉器的主要石材（占67％）。

从玉石的质地、品级和色泽等方面进行类比,多数特征更接近于新疆的和田玉,有些玉料还完全可与和田玉中的脂玉、青玉和白玉相当,但少数玉料也有与陕西的蓝田玉相似的特征。江西有透闪石岩产出,但都属显晶质结构,可作玉材的隐晶质和纤维晶质结构的透闪石岩在江西尚属空白。邻省也没有同类玉石的产地。因此,这类玉石推测出于新疆和田,但不能完全排斥其中部分来自陕西的蓝田。和田玉产出于阗(于田县),属和田地区,故亦称阗玉,蓝田县本无玉,取玉于蓝水中上游,聚散于蓝田。自古都有和田玉和蓝田玉之分,但它们的玉源都出于昆仑山,本无多大差别。

(二)绿松石类石材

绿松石的制品虽在这批玉器的大件和完整件中所占比例不大(10%左右),但实际制成品并不少,在青铜器上也有绿松石的嵌饰物,只因形体小的制品都已碎裂而难确切计数。湖北的郧县、竹山和陕西的白河,都是我国久负盛誉的绿松石主要产地,其中以湖北郧县产的质量最佳。迄今,江西境内没有发现这类石材。根据绿松石璞料的个体大、色泽艳丽等特点进行类比,可以认定这批绿松石石材来自湖北。

(三)磷铝石、磷铝锂石和水晶类石材

磷铝石、磷铝锂石和水晶类石质的玉器,约占这批出土玉器总数的28%。这些石材,都产于特定伟晶岩类的岩石中。磷铝石和磷铝锂石石材虽不多见,而在鄂赣境内的幕阜山伟晶岩中,却恰为常见,且品类繁多。在伟晶岩晶洞中,还有能作宝石材的紫红色磷铝石菱方柱的单晶体,这类石材在新疆和四川等地也有产出,但瑕疵特征不是含云母和石英,而为长石类。若同绿松石石材的产地进行综合考察,推测这批玉器是在当地加工制作的,并非远道而来的制成品。据此,推断这类石材采自幕阜山的伟晶岩中,像湖北的通城、江西的星子和修水等地都可产出。

(四)叶蜡石类石材

叶蜡石石材在江西上饶地区确有产出,但都是近几年的事,查无以往开采的历史记载。制品的质地和颜色,与上饶的叶蜡石也有较大的差别。福建、浙江、广东和辽宁等省,都是我国叶蜡石类石材的主要产地。玉制品的质地和色泽,与浙江青田玉的"紫檀冻"极为相似,由此可以推测叶蜡石石材取自浙江青田县。

玉器特别是身价倍增的古玉器,采样和能使用的鉴定方法都受很大的限制。另外,这批玉器中的某些制品风化现象已很严重,又给鉴定工作增加了一定的困难。尽管如此,由于采取了多次反复的鉴定措施,还运用了一些相互交叉的测试手段,除鉴定特征非常明显的叶蜡石类和水晶类,因没有碎片无法进行测试外,其余玉石标本的物理性质、主要化学成分、光学性质、折射率和矿物晶体结构等鉴定资料,都能彼此吻合,相互佐证,表明这批玉器石质材的鉴定结果是可靠无误的。遗憾的是,未能增加电子探针的鉴定和附一些显微照片,否则就更完美了。璞料的鉴定和阐述都比较简单,但从总体而言,主要问题是已经说清楚了。产地,虽然只是些推测,但是这批玉器是真品不是赝品,主要又是从玉石的特征来进行考证,依据充足,立论的方法是科学的。

由于水平有限,谬误难免,敬请指教。鉴定工作的仪器测试工作,得到地质矿产部江西实验测试中心的高级工程师包允明的协助,谨此致谢。

附录一一

新干商代大墓青铜器装饰纹样初探

詹开逊

（江西省文物考古研究所）

地处长江中游南岸的鄱阳湖—赣江流域地区,丘陵起伏,水网密布,是一片适于人类生存繁衍的肥壤沃土。早在数千年前,勤劳勇敢的先民们就在这里胼手胝足,为共同创造华夏民族的灿烂文明自强不息。然而,在浩如烟海的典籍和汗牛充栋的文献中,关于这片土地、关于这群先民,只记下了"荒蛮服地"四个字。

所幸者,随着文物考古事业的发展,人们正逐步拨开笼罩在这块古老大地上的一层层神秘迷雾。其中,最令世人震惊者是 1989 年底江西省新干县大洋洲商代大墓的发现。静卧在千里赣江中游东侧的这座大墓,是一座名副其实的艺术宝库。珍藏在 30 多平方米墓室中的千余件随葬品,每一件都是价值连城的艺术瑰宝,都是先民们智慧的结晶。

新干县大洋洲商代大墓的发现和科学发掘,是近年来我国南方文物考古工作的一个重大收获。墓中出土的 475 件青铜器,数量之多,品类之全,铸工之精,纹样之美,不仅为江南地区所仅见,就是在全国商代遗存中也不可多得。而且,这批青铜器在器类组合、器物造型,乃至器体装饰等方面,均表现出许多鲜明的特色,为中国上古青铜器和江南古代文明史的研究,提供了珍贵的实物资料,也提出了许多发人深省的新问题。本文拟就此墓出土青铜器的装饰纹样,作一简介和归纳。

一、新干青铜器装饰纹样的分类

在新干青铜器中,绝大部分礼器、全部乐器、部分杂器、相当部分的兵器和生产工具,器表都有花纹装饰。这些装饰纹样,丰富多样,尤以礼器为甚。归纳之,主要纹样有兽面纹、夔纹、虎纹、鹿纹、羊首纹、牛首纹、鸟纹、龟纹、鱼纹、蝉纹、龙纹、蛇纹、人首纹、目纹、雷纹、勾连纹、卷云纹、刀羽纹、圆涡纹、连珠纹、燕尾纹、蕉叶纹、倒三角纹和扉棱等 24 种。以下,按类进行介绍。

（一）兽面纹

兽面纹(亦称饕餮纹),是这批青铜器(尤其是青铜礼器)最主要的装饰纹样,在器物上也通常作为主题纹样使用。按其躯体的有无和形式可以分为展体、简体、分体和省体 4 种。

1. 展体式兽面纹

最为常见。一般饰于圆鼎、方鼎和扁足鼎上,壶、卣也多饰以此种纹样。在方鼎、方卣的腹部,以一组展体兽面纹构成横向长方形的纹饰区;在圆鼎和扁足鼎的腹部,则以三组或六组构成一周宽宽的纹带,上下常界以连珠纹边。其构图特点是角、目、口、鼻、身、尾、足皆备,两侧躯干部横向展开。犄角有环柱角和外卷角二种,乳丁凸目,中以细棱或勾戟状扁棱作鼻,间或有低平鼻者,但甚少。尾分上卷、下卷、分尾三种,足多作云雷纹或卷云纹状,背上多有刀状羽脊。纹样一般以较细的阳线条勾勒,极少数线条宽平。

(1)环柱角类兽面纹。

角多作半环状,中间有短柱与额顶相连,由于形近虎耳,故亦称虎头纹。此类纹样,为这次出土青铜器所饰兽面纹中最多者,通常饰于方鼎、圆鼎或扁足鼎的腹部。饰于圆鼎、扁足鼎者,以三组构成宽宽的纹带;饰于方鼎者,则每面一组。双凸目多为圆乳丁状,少数将目做成抹角方形。鼻多为细条式凸棱,部分为勾戟状扁棱;尾多上卷,亦有少量下卷或分尾者。构图线条多阳文,除少数宽平外,余皆显得细长。依其纹样细部的构图特征,可分为七式:

Ⅰ式　细棱鼻,圆乳丁凸目,展体以平行线或连续式云雷纹构成,单尾上卷。展体上下均以卷云纹作脊或足,线条细而流畅。凡八见,分别饰于虎形扁足圆鼎 XDM:18、21、22 和柱足圆鼎 XDM:1、2 的腹部,壶 XDM:45 和罍 XDM:44 的肩部,以及方卣 XDM:47 的下腹部。其中,柱足圆鼎 XDM:1 腹部饰六组,一倒一顺,相间而置,凸目略近方形。饰于罍肩部者,展体及上下侧的脊、足均为规整的云雷纹。

Ⅱ式　主体纹样构成同Ⅰ式,但"臣"字形的目框显得偏大,背脊部饰竖立的刀羽纹。凡二见,虎形扁足鼎 XDM:20,展体之下以卷云纹作足;罍 XDM:44 圈足部,主纹展体下侧,饰一反向的夔纹。

Ⅲ式　细棱鼻,方形凸目,展体以连续式的云纹构成,至后部渐化为平行尾,展体上下侧均填以卷云纹。构图线条皆阳文。凡四见,分别饰于锥足圆鼎 XDM:5、柱足圆鼎 XDM:7 和方鼎 XDM:8、13 的腹部。锥足圆鼎 XDM:5 和方鼎 XDM:8 所饰者线条细小、古拙,尤以虎耳方鼎 XDM:8 上的为甚。

Ⅳ式　主纹的构成同Ⅲ式,但凸目较小,背部竖饰刀羽纹,纹饰线条较宽平,且直。仅见于甗 XDM:38 腹部一例。

Ⅴ式　勾戟状扁棱鼻,圆乳丁凸目,展体以连续式云雷纹、卷云纹或平行线构成,身部上下侧分别饰刀羽纹和卷云状纹。凡四见,饰于虎形扁足鼎 XDM:14、15、16 的腹部和盘 XDM:43 的圈足部,均上下夹以连珠纹。

Ⅵ式　形类Ⅴ式,但为细棱鼻,尾部分开,一部分上卷,一部分平行呈刀首状,线条平整、流畅。仅二见,饰于中型虎耳方鼎 XDM:11、12 腹部的中央。

Ⅶ式　扁平状线条的分尾式兽面纹,环柱角,细棱鼻,近方形凸目,展体以二条或三条平行线构成,至尾部分别上、下卷,三条者则将中线收成刀首状;体之上下侧填以简单的卷云纹。凡三见,分别饰于双层底鼎 XDM：13 和夔形扁足鼎 XDM：26 的腹部,以及三足提梁卣 XDM：49 的颈部。

(2)外卷角类兽面纹

角根竖直,角身平直外伸,角尖下勾,整个角的造型类似牛角,但回环多转。在展体式兽面纹中,数量少于环柱角者,分别饰于扁足鼎、壶、卣及盘等礼器上。皆圆乳丁凸目,多细棱鼻,扁棱鼻和类鳞片鼻亦各见一例,尾多上卷,仅一例下卷。依其细部特征,可分为五式：

Ⅰ式　细棱鼻,圆乳丁目凸出,展体以卷云纹和平行线构成,尾上卷,背上有脊羽,腹下侧饰以卷云纹。凡三见,饰于锥足圆鼎 XDM：4、三足提梁卣 XDM：48 和鱼形扁足鼎 XDM：24 的腹部。其中,鱼形扁足鼎 XDM：24 所饰者,展体之下的倒环柱角状卷云纹还延伸到尾后部,演成简化的夔纹。

Ⅱ式　纹样构成同Ⅰ式,但为勾戟状扁棱鼻。仅见于盘 XDM：43 之腹部一例,阴文,线条流畅,上下界以连珠纹。

Ⅲ式　类鳞片状鼻,仅见于鱼形扁足鼎 XDM：25 的腹部。主题纹样(角、鼻、身、尾)以平整、流畅的宽线条构成,且略显凸起,展体上、下侧的刀羽纹和云雷纹则由细线条构成,形类衬托的地纹,其下侧云雷纹同尾外侧的鸟头构成夔纹。

Ⅳ式　细棱鼻,圆乳丁目,粗而凸起的单线条展体、下卷尾,尾体上下侧及尾之外侧,均饰细线条的云雷纹。仅见于方卣 XDM：47 的上腹部。

Ⅴ式　略作变形的兽面纹。角根特长,鼻细,凸目较大,阔口露勾状利齿,展体较短,尾上竖然后外卷。三叠花纹,以雷纹衬地,主纹之上饰以简略的卷云纹。此式纹样,仅见于壶 XDM：46 的腹部和肩部,而以腹部者尤为典型。

2. 简体式兽面纹

见于方鼎、鬲和三足卣的腹部,其构图特点是:限于装饰部位面积、范围等原因,使纹样的体部甚短或变形,而以云雷纹、刀羽纹等填充之,有的角部、鼻部不甚明显,圆乳丁凸目,多平鼻,少数扁棱鼻。可分为二式：

Ⅰ式　短体式。见于分档圆肩鬲 XDM：33、34 的腹部,以凸出的阳线构成,环柱角,扁平的条状鼻,圆乳丁目非常凸出,以云雷纹构成的体部甚短,尾上卷,体下侧有云雷纹作足。

Ⅱ式　刀羽纹式。构图特点是,体、尾、足皆演变成竖置或横置的卷云刀羽纹。凡六见,分别饰于方鼎、鬲和三足提梁卣之上。饰于分档圆肩鬲 XDM：32 上者为阴线纹,外卷角,类鳞片状平鼻,圆乳丁目较大,身、尾、足皆演成竖置的刀羽纹。饰于立耳方鼎 XDM：10、虎耳方鼎 XDM：11、12 腹部者,皆阳文,多环柱角,有的角部非常简略,呈横向刀羽状,细棱鼻或勾戟状扁棱鼻,圆乳丁凸目,"臣"字形目框较大,其体、尾、足部演成横向的刀羽纹和卷云纹,部分尾部作上卷状。纹样线条优美、流畅。饰于三足提梁卣上者,风格迥异:标本 XDM：49 腹部所饰为线条粗细随意的阴文,横长的内卷角,平鼻较宽,鼻上有卷云纹,额部有刀羽纹和类鳞片纹,圆目大而凸出,口阔,嘴角上翘,两侧演为横向的刀羽纹,刀羽纹之下填以目纹和竖向的连续式卷云纹;标本 XDM：48 腹部所饰者,由繁密的阳文细线条构成,外卷角,宽平鼻,圆凸目,扁平口甚阔,勾状齿,主纹之上勾勒卷云纹,其隙处,满布竖、横、倒置的刀羽纹。

3. 分体式兽面纹

不多见。其构图特点为无明显的体、尾、足部,正中为兽面,一般角、目、鼻、口俱备,两侧常配以连贯的简化夔纹或刀羽纹。多为三叠花纹,见于小方鼎、鬲鼎、罍和壶的腹部以及镈的器表。依角式的不同,可分为牛角、外卷角、曲折角、分枝角和刀羽状角五式:

Ⅰ式　牛角式,见于镈 XDM：63 的体腔外表。角形十分写实,角根横向,角尖上翘而内卷,双角合抱成不封口的圆圈形,圆凸目较小,两尖耳外张,鼻宽大,两鼻孔作螺旋状;兽面两侧各竖置一条简化的夔纹,形若上卷的兽身,上侧及两下侧亦各饰一体形较小的简化夔纹。主体纹样上有阴线卷云纹,衬地亦为卷云纹。

Ⅱ式　外卷角式,饰于壶 XDM：45 腹部。三叠花纹,角根竖直,端部外卷,角尖略下勾,圆目大而凸出,双目两侧各置一内卷角式的粗眉,鼻脊隆起,口阔大,有上卷獠牙,两侧横置简化夔纹,形若兽面纹展体上卷的尾部。角两侧地纹为竖置的刀羽状纹,其余地纹及主体纹样上的附饰纹均为云雷纹,皆阴线刻。

Ⅲ式　曲折角式,角作横置"乙"形的曲折状,角根在下,角身先是横向外侧平伸,然后折下,角尖复又外折上勾。见于鬲形鼎 XDM：36 鼓起的腹部。勾戟状的高扉棱鼻,圆乳丁凸目,目框之上有眉,兽面两侧各竖置一夔。三叠花纹,地纹和附属纹样皆云雷纹,各主纹起笔处多有小乳丁状凸起。

Ⅳ式　分枝角式。三叠花纹,饰于罍 XDM：44 的腹部,角根竖置,上部各向外分枝,倒梯形隆鼻,下端两侧有螺旋状鼻孔,圆凸目较大,上有状若虎耳的双眉,兽面两侧为十分简化的竖置夔纹,辅助纹样为卷云纹和云雷纹。

Ⅴ式　刀羽状角式。类横置的刀羽状双角,扉棱或细棱鼻,圆乳丁凸目较小,但目框较大,两侧散置横向的刀羽纹。见于立耳小方鼎 XDM：10 纵向腹部者,阳文,线条流畅且粗细富于变化,风格异于它鼎。

4. 省体式兽面纹

使用较多,礼器的足部、兵器和工具之上均可见到。构图特点为只有兽面,而无体、尾、足部,双角、鼻部和双目凸起,不少呈浮雕状。依角式不同有外卷角、牛角、内卷角、环柱角四种,还有虎头形和简化变形者。

(1)外卷角省体式兽面纹

按装饰技法的不同,可分为浮雕式、浅浮雕式、线刻式等三式:

Ⅰ式　浮雕式。凡三见,饰于虎耳方鼎 XDM:8、立耳方鼎 XDM:9 和胄 XDM:341 的正面。主纹高高凸出于器表,具强烈的浮雕效果,两鼎足部者尤为写实,状若羊角,扁棱鼻,圆凸目,两尖耳小而外张,口阔而张开。胄的正面者趋于图案化,巨大的双角以粗凸的线条勾勒而成,凸起的纵脊作鼻,下端有外露的鼻孔。

Ⅱ式　浅浮雕式。凡六见,饰于中、小型方鼎足部、假腹盘的耳部和匕的柄部。外卷角比例较大而凸起,圆凸目相对较小。饰于立耳方鼎 XDM:10、虎耳方鼎 XDM:11、12 者则为较宽的条状凸棱鼻,饰于盘 XDM:43 耳部者角更大,目更小。另外,Ⅲ式匕 XDM:51 之柄首所饰,不仅双角、扁棱鼻凸起,宽阔的大口也凸出器表,两嘴角上翘,目亦较小。

Ⅲ式　线刻式。凡三见,饰于虎形扁足鼎 XDM:16、17 的腹部和柱足圆鼎 XDM:2 的足部。双角比例较小,勾戟状高扁棱鼻,圆乳丁目较大,尤以扁足鼎腹部者为甚,目下各为张开的兽口,露出利齿。

(2)牛角形省体兽面。可分为浅浮雕和线刻二式:

Ⅰ式　浅浮雕式,仅见于四足瓿 XDM:38 下部鬲体的腹、足部。外展的牛角根粗,尖端略上翘,圆乳丁凸目,勾戟状高扁棱鼻,口宽,两嘴角上翘,略呈"U"字形,目框外侧,有类似虎耳的兽耳,余隙处填以阴线刻卷云纹或云雷纹,角上方的地纹状类外卷角。

Ⅱ式　线刻式,仅见于方卣 XDM:47 的盖面。两组,为三叠花纹,主纹以较粗的线条勾勒,角根粗,角尖上卷;直鼻,上下端均外卷,下端勾出鼻孔;乳丁目较小,"臣"字形目框扁长,两侧有耳;口阔,露出三角利齿。地纹以细线做成刀羽纹、云雷纹,主纹之上辅以简单的卷云纹。

(3)内卷角省体兽面纹

仅二见。饰于假腹豆 XDM:42 柄之上部者,用阳线勾勒而成,角根竖植于额,然后平展上卷,再内卷下勾,状类羊角,凸目及目框皆方形,勾戟状高扁棱鼻,隙处填以刀羽纹;施于带鋬钺 XDM:338 体部者,以较粗的阳线勾勒而成,双角若正反相对而置的"C"字形,无明显的兽目,但鼻与鼻孔较为写实,隙处填以卷云纹。

(4)环柱角省体兽面纹

仅见于立耳方鼎 XDM:9 的腹壁,阳线刻,细棱鼻,圆乳丁凸目,两侧填以刀羽纹。

(5)虎头形省体兽面纹

施于柱足圆鼎 XDM:1、3、7 的足部,构图特点是额头竖立一对形状颇为写实的虎耳。可分为浮雕、浅浮雕和线刻三式:

Ⅰ式　浮雕式,全部纹样以高凸于器表的凸棱状线条勾勒而成,极富立体感。饰于柱足大圆鼎 XDM:1 足部者,两虎耳高耸,而外侧有曲折角,高扁棱鼻,下端以卷线勾成巨大的鼻孔。圆目大而凸出,"臣"字形目框,张口,露出三角利齿。

Ⅱ式 浅浮雕式,见于圆鼎 XDM：7 足部。耳大,目甚小,高扉棱鼻,张口,露利齿,除目作圆乳丁状外,余均以阴线勾勒而成。

Ⅲ式 线刻式,见于柱足圆鼎 XDM：3 足部,以阳线勾勒而成。大耳,圆乳丁目,平鼻,隙处填以蕉叶纹和类刀羽纹。

(6)简化变形省体兽面纹

常作成蝉纹、倒三角形或倒蕉叶形,构图特点是大致可以辨出角、目,无明显的鼻、口,下续以倒三角形的卷云纹。依角的造型可分为外卷角、环柱角二式：

Ⅰ式 外卷角式,见于锥足圆鼎 XDM：4 足部和扁椭圆形镈 XDM：310、Ⅰ式狭刃斨 XDM：348 的銎部。形近线刻的外卷角省体兽面,仅无明显的鼻、口,下续以倒三角形的、极似蝉纹的体部,鼎足所饰者为圆乳丁目,镈上所饰者作圆圈状,斨上兽面纹的双目在双角之上。

Ⅱ式 环柱角式,见于Ⅵ式长骹矛 XDM：103、104 的銎部,极简单的阴线刻纹样,各勾勒成不规则的椭圆,下为卷云纹构成的倒三角形。

(二)夔 纹

使用频率远较兽面纹少,且多作为分体式兽面纹的一个组成部分,但在一些扁足鼎和兵器刀上,也被作为主纹使用。依其形制,有展体、分体和简体三种。

1. 展体夔纹

饰于扁足鼎的扁足和兵器刀的刀身近脊部。可分为夔形和线刻式夔纹二式：

Ⅰ式 夔形,凡三见。将整个鼎足作成宽扁平状夔形,张口衔托鼎底,后尾外卷作为支点,体下侧有足,上侧有脊,两面皆以阴线勾勒的卷云纹、平行线作装饰。如鸟耳夔形扁足圆鼎 XDM：26、27 两鼎上者圆乳丁目,宽尾;立耳夔形扁足圆鼎 XDM：23 上者椭方凸目,体宽,尾尖。

Ⅱ式 线刻式,凡五见,皆饰于兵器刀的刀身上侧近脊部和本部。Ⅱ式短柄翘首刀 XDM：314 所饰者,张口,口中露三角状齿,凸目,展体,上卷尾,头上及脑后有环柱形角,身上及背外侧隙处填以卷云纹,自刀之本部至近首端共五组,连贯成一纹带;Ⅰ式短柄翘首刀 XDM：316～319 所饰者,以粗云纹组成长长的展体,头置于本部,圆目,勾喙。

2. 分体夔纹

仅见于方卣 XDM：47 的颈部,以较粗的阳线勾出张嘴勾喙,以及分歧的身尾和勾足,首部有椭圆的凸目,隙间填以细线的连续式卷云纹。

3. 简体夔纹

凡七见。多作为分体兽面纹的一部分而存在。镈 XDM：63、壶 XDM：45、罍 XDM：44 上所饰者,主纹极其简化,仅在横"∽"形纹之一侧添一足而已;饰于鬲形鼎 XDM：36 上者,则可大略辨出首、身、尾、足,且以乳丁作目。此四例皆为三叠花纹,衬托的地纹和主纹上的附纹为阴线的云雷纹或卷云纹。此式纹样也有独立饰于器表者,虎耳方鼎 XDM：11、12 腹部、瓿形鼎 XDM：30 肩部所饰者,即为简体夔纹。

(三)虎　纹

在装饰纹样中,使用频率仅次于兽面纹,且大多数为写实的立体雕虎的造型,还有一部分为图案化的透雕式虎足,少量为线刻的虎首和行虎。

1.立体雕虎

除一件为伏鸟双尾虎外,余均为鼎耳上的卧虎。

Ⅰ式　伏鸟双尾虎,仅标本 XDM：68 一例,张口,左右各露一獠牙,凸目粗眉,竖耳,粗颈,垂腹,背脊凸出,后垂双尾,尾端上卷,除四足部分饰变体类鳞片纹外,通体饰阳线构成的规格不一的雷纹,面部则饰刀羽纹和类鳞片纹。

Ⅱ式　鼎耳伏虎,凡十见,铸于虎耳方鼎 XDM：8、11、12 和虎耳虎形扁足圆鼎 XDM：14～20 的双耳上。造型相同,凸目吊睛,双耳耸立,口微张,内有利齿,尾部上卷;虎身饰云雷纹或刀羽纹,尾饰类鳞片纹。

2.图案化的透雕式的虎足

被铸于九件扁足鼎上。张开的大口衔托鼎的腹底,尾后卷作为支点,圆目高凸,口中露出三角形的利齿,脑后有尖耳,展体,屈足,尾端收成尖钩状,背部有勾戟状的凸脊。上下吻饰卷云纹,身饰云雷纹和刀羽纹,尾部饰类鳞片纹,前后足胯部纹路加粗,鼓起,表现出发达的肌肉和力量。这是介于写实造型和抽象构图之间的变体虎形。

3.线刻虎纹

饰于曲内戈的内端和箕形器的柄部。可分二式:

Ⅰ式　虎首纹,凡三见,分别饰于Ⅰ式曲内戈 XDM：127、128、129 的内端。整个内端作成扁平的虎头形,口略张,上下露三角形利齿,额圆,目作圆圈形,余填以阴线卷云纹。

Ⅱ式　行虎纹,仅见于箕形器 XDM：61 的柄部两则,为一阴线刻的侧面虎形,十分写实,低头,张口,展体,尾后拖,足略屈,作行走状。虎身有卷云纹,尾有类鳞片纹。

(四)鹿　纹

写实的立体雕造型。仅见于四足瓿 XDM：38 的双耳之上,直颈回首,双耳高耸,注目而视,合口,展体,圆腹,小尾上翘,四足直立,腹下分别有代表性别的雄性和雌性生殖器。鹿身饰类鳞片纹,腿饰云雷纹。

(五)羊首纹

立体雕和高浮雕各见一例。前者为罍 XDM：44 肩部的羊首,外卷角,圆乳丁目,高扁棱鼻,鼻孔处凸起作螺旋状。后者为羊角兽面 XDM：69,亦外卷角,圆凸目甚大,"臣"字形目框,平鼻,额中央有一阴刻菱形纹。

(六)牛首纹

仅二见。分别饰于镈 XDM：63 器身和箕形器 XDM：61 柄部。镈 XDM：63 器身的分体式牛角兽面纹中的牛首，内卷角，圆凸目，尖耳，宽鼻；饰于箕形器 XDM：61 柄部正面者，整个造型与镈身牛首相类，作高浮雕状，由于锈蚀严重，有无辅助刻纹不详。

(七)鸟 纹

凡四见，均为立体雕的伏鸟。饰于夔形扁足圆鼎 XDM：26、27 耳部者，圆首，凸目，花冠，尖喙，直颈，敛翅，短尾，身饰云雷纹和燕尾纹。饰于伏鸟双尾虎 XDM：68 背部和镈 XDM：63 舞端者，形制与此相类，惜冠部已残。

(八)龟 纹

凡三见。饰于假腹盘 XDM：43 内底者，龟身近正圆，四足有爪，头椭圆，方形目，尖尾，背正中饰一圆涡纹，四周环饰二圈卷云式雷纹，自头至尾纵贯一行类鳞片纹。饰于龟纹椭圆形构件 XDM：471 上者，形纵长而椭圆，足宽，爪不甚明显，三角形头，目圆，三角尾，背正中为一圈点，环以一周连珠纹，其外复加一圆圈。饰于三足提梁卣 XDM：48 盖面者，近于图案化，椭圆身，头近半圆，方目，前足不明显，后足收拢，不见尾部；背正中一大单线圆圈，两侧为较小的双圈。

(九)鱼 纹

1. 线刻鱼纹

凡十二见，饰于鬲形鼎 XDM：36 颈部、瓿形鼎 XDM：30 上腹部和匕 XDM：51～60 内底。鬲形鼎、瓿形鼎为写实的阳线纹，具浅浮雕效果，头大，目圆，口张，平展体，分尾，有前后鳍，数尾同向而游，甚为生动。匕所饰为抽象的图案式，阴线勾勒，张口，方目或椭圆目，展体，分尾，上下侧勾勒出长长的背鳍和胸鳍。

2. 鱼形扁足

见于鱼形扁足圆鼎 XDM：24、25，鼎足皆作成扁平的鱼状，张口露利齿，圆珠状目，展体，尾部收尖后翘，两面满饰鳞片纹，有背脊。

(一〇)蝉 纹

纹样整体呈倒置的阔蕉叶状，有头、目、身而不见足。凡四见。饰于壶 XDM：46 贯耳之上者，较为写实；饰于 I 式短柄翘首刀 XDM：315 的刀身上侧近脊部和本部者，共 11 组，阴线勾勒而成，椭圆头，三角形身，近长方目，身上有简单的类鳞片纹。另两例见于扁椭圆形镈 XDM：309、311 的鋬部，更趋于抽象，除身体仍为三角形外，头部演成两层似角非角、似目非目的卷云状纹，但线条规整、流畅。另外，镈 XDM：63 之舞部，也饰有阴线刻的类蝉状纹，头大口张，但仅有一目。

(一一)龙 纹

都是一些非常写实的无足龙造型，或是刻划龙纹，作带角有耳的展体蛇状，可分为二种。

1. 刻划龙纹

凡三见。阴线刻,分别饰于虎耳虎形扁足圆鼎XDM：14、17耳外侧和Ⅲ式匕XDM：51的柄正面。鼎耳上两条龙对饰,尖头,方目,柱状短角,颈部弯曲,展体微曲,略呈"S"形,尾稍上卷。标本XDM：14所饰龙身有方格纹,标本XDM：17所饰龙头椭圆,近方,龙身有鳞片纹。饰于Ⅲ式匕XDM：51柄上者为展体游龙,椭圆头,方目,短柱角,体微曲,卷尾,身饰方格纹。

2. 近似立体雕的双首龙

凡二见,饰于三足提梁卣XDM：48和方卣XDM：47的提梁上。标本XDM：48的双首龙提梁,以扁平的提梁作成龙身,两端为立体的龙头,椭圆形,圆凸目,近"臣"字形目框,柱角粗壮,角根鼓起,额正中饰一阴刻菱形纹,额头有脊与身相连;两身外表饰菱方格式的雷纹,龙角亦饰凹弦纹和阴刻折线纹。标本XDM：47的提梁亦作成双首龙纹形,但龙首反向,张口咬住提梁,圆乳丁目较小,双角作上卷状,额中有凸脊与鼻部相连;龙身饰鳞片纹,近端部作成阴线菱形纹和卷云纹。

(一二)蛇　纹

凡二见,分别为立体雕式的蛇首造型和扁平的蟠蛇。杖头形构件XDM：479,蛇首造型即为杖首,作成带颈的蛇头,略张口,三角齿,圆目高凸,虎耳状双耳,平鼻,鼻孔作螺旋状,下颚和颈四周饰阳线卷云纹和雷纹。蟠蛇为方卣XDM：47盖上的套环,扁平体,身作横置的"∽"状,三角头,方目,额顶一菱形纹,身带方格式的重回纹。

(一三)人首纹

主要是线刻人首纹,凡四见。Ⅱ式直内戈XDM：118内端,两面均并饰阴刻的双人首,十分写实,眉、目、口、耳皆备,平顶两侧分别立二根略向外卷的竖发。Ⅰ式溜肩铲XDM：359銎部所饰者,非常简化,仅阴刻长方形的双目,但配合拱起的銎柄,酷似人首,手法洗练,构思巧妙。余二例饰于镜XDM：64、65的隧部,显得非常抽象,仅以卷云状线条勾画出鼻、目及象征性的耳部。

(一四)目　纹

构图特点是以一方形或圆目为中心,用雷纹等纹样向两侧或四向扩展。在器物上多作为主纹使用。有目雷纹、斜角目纹、四瓣目纹和多行式目纹四种。

1. 目雷纹

一种二方连续式纹样,以目纹和雷纹相间而形成带状,饰于器边或器周。可分为二式：

Ⅰ式　方目式。饰于Ⅰ式方内钺XDM：333的肩部和两侧,以及豆XDM：42的盘口沿和圈足下部,在一列或并行两列的规整雷纹中,间置方形的乳丁状兽面纹,构图甚为严谨。

Ⅱ式　圆目式。仅见于瓒XDM：50的圈足和柄部,在卷云状的雷纹中,相间置以小小的圆乳丁状兽目,构图自然,线条流畅。

2. 斜角式目纹

凡五见。亦为二方连续式构图。纹样中心为一长方形兽面,以兽面上下两侧为基点向两侧斜引对角线,线之上下填以自大而小或自小而大的连续式雷纹。方目多作凸起不甚高的乳丁状,外加一方框。一般上下夹以连珠纹或凸弦纹,组成一周宽宽的纹带。饰于虎耳虎形扁足圆鼎 XDM:19、立耳甗形扁足圆鼎 XDM:23 腹部、四足瓤 XDM:38 口沿、豆 XDM:42 盘口内壁和分裆圆肩鬲 XDM:32 的颈部。

3. 四瓣目纹

为单个独立存在的四方连续式图案,目纹居中,四个叶状的尖瓣居四角。见于圆涡纹柱足圆鼎 XDM:3 的腹部和扣形器 XDM:62 器表,与圆涡纹一起构成纹带。

4. 多行式目纹

凡三见。以一兽目纹为中心,两侧各列二、三条平行的延线,上下侧填以卷云纹,形若兽面纹中展体分尾式或展体卷尾式的兽身,目作椭圆形的乳丁状。饰于鸟耳甗形扁足圆鼎 XDM:26 腹部和双层底方鼎 XDM:13 鼎腹两侧者为分尾式,饰于鸟耳甗形扁足圆鼎 XDM:27 腹部者为卷尾式。

(一五)雷　纹

雷纹作为辅助纹样被大量使用,但也有少量的作为主纹而存在,有连续式、菱形式和乳丁式三种。

1. 连续式雷纹

使用量多,主要是作为二叠、三叠花纹的辅助纹样,施于鼎、鬲、卣、罍、壶等礼器之上,就是单叠花纹的图案,也常常以连续式雷纹填于隙处,或构成兽面纹的背脊、身体及足等部位。这些辅助纹样大多为线条纤细的阴文,单个的纹样常作螺旋式或横置的"∽"形。作为主纹时,则皆为阳文,见于联裆圆肩鬲 XDM:35 的腹部、壶 XDM:45 的圈足部和 I 式方内钺 XDM:334 的肩侧部。前二者均为双列式螺旋纹,规整、整齐;后者为单行的"∽"形,线条宽粗、刚劲。

2. 菱形式雷纹

见于方卣 XDM:47 提梁的龙身,单个纹样似重回字纹,每个纹样的一角和另一纹样一角相对,组成二方连续式纹带。

3. 乳丁雷纹

见于瓿形鼎 XDM:31 腹部,四方连续式,一个个斜方格雷纹中,置一凸出的圆乳丁。

(一六)勾连雷纹

仅见于合瓦形腔铙 XDM:66 的器表,双阴线勾勒,作斜线勾连递接,线条细而平直。

(一七)卷云纹

状近构图自由的雷纹,多作为辅助纹饰而存在。单个纹样多作"S"形或"∽"、"౼"形,有连续和独立二种。

1. 连续卷云纹

数个相同的纹样有规律地连在一起。可分为斜角式、缠枝式和并列连续式三式:

Ⅰ式　斜角式。见于六边形腔铙 XDM：64 斜折的栾部,形似无目斜角雷纹的变体,几组自大而小的卷云连于对角线上,线条卷曲自如。

Ⅱ式　缠枝式。见于合瓦形腔铙 XDM：65 的舞部,阴线刻的卷云纹自然地缠在一起,流畅的线条打破了严格对称的拘谨感。

Ⅲ式　并列连续式。二方连续,较缠枝式构图规整、严谨,多用于填充兽面纹带中的隙地。伏鸟双尾虎 XDM：68 虎身饰此种纹样,合瓦形腔铙 XDM：65 铙身卷云纹也作如此排列。

2. 独立卷云纹

一个个纹样独立存在,互不相连,但有规律地排列成纹带。可分为串联式、并列式和双行式三式:

Ⅰ式　串联式。即纵向排列,纹带布局线随形转,如双面神人铜头像 XDM：67 双角所饰和锸 XDM：344 的銎口所饰。

Ⅱ式　并列式。横向排列,合瓦形腔铙 XDM：65、66 鼓部卷云纹即为并列式。

Ⅲ式　双行式。两行串联式卷云纹的并列,见于部分匕柄的背面,皆饰阴文。

(一八)刀羽纹

状若单个卷云纹的变体,即将"౼"形卷云纹的一段演化成翘首的刀状,整体造型如一支羽翎,故名。被广泛地使用于展体兽面纹兽身的上侧作为背脊和省体兽面纹两侧的填充,部分三叠花纹亦有以刀羽纹作衬地者。以刀羽纹作主纹,仅见于修刀 XDM：378～383 双面的柄部,上配以带"臣"字形框的兽目。

(一九)圆涡纹

又称火纹,构图特点是在两个大小相差悬殊的同心圆之间,勾勒五个卷云状单钩,形若水流造成的旋涡。凡四见。见于圆涡纹柱足圆鼎 XDM：3 和扣形器 XDM：62 上者,纹样作乳丁状鼓起;见于豆 XDM：42 豆盘中央的则为平面上的阴线描刻。镈 XDM：63,镈体牛首双角环抱中亦有一圆涡,但十分抽象、简化,绕以一周燕尾纹。

(二〇)连珠纹

使用非常普遍。由点或圈规整地排列而成,由于串联如珠,故名。有圆圈连珠纹和乳丁连珠纹二种。

1. 圆圈连珠纹

由规整的圆圈排列组合而成。饰于分裆圆肩鬲 XDM：34 颈部和Ⅱ式圆銎溜肩铲

XDM：361～370 錾部者，排成单行；饰于一部分扁足鼎、圆鼎、壶之腹部者，则排列成两行，中夹兽面纹、雷纹等纹样，构成宽的纹带；兽面纹虎耳方鼎 XDM：12 腹部的连珠纹，组成双重方框，作为主纹纹样的分区界；饰于六边形腔铙 XDM：64 器表者，既满布于纹饰区，又串联有序，毫无杂乱之感。

2.乳丁连珠纹

仅见于乳丁纹虎耳方鼎 XDM：8 的腹部，一颗颗凸起的圆乳丁，三或四行并列，饰于四面腹部的两侧和底边，衬托出整个器物的浑朴和大方。

(二一)燕尾纹

是青铜器上特有的纹样，前端呈三角形，后端分成双尾，形如燕尾。有雕刻式和镂空式二种。

1.雕刻式燕尾纹

用雕刻式手法铸出的阳线燕尾纹串联成一条纹带，用于装饰部分方鼎、圆鼎、扁足鼎的口沿和耳外侧；Ⅰ式方内钺 XDM：333、334 中部巨口周围，亦以此种纹样装饰；而镈 XDM：63 的双面器表，不仅左、右、上三边均饰之，还以此组成一个封闭式的圆圈，围抱一变体火纹。另外，在一些兵器刀的脊背和Ⅰ式方内钺 XDM：333 的边侧，还压印燕尾纹。

2.镂空式燕尾纹

器身镂空，作出一串燕尾纹状，有的中填绿松石。见于Ⅱ式特短骹矛 XDM：97、98 和镂孔锋刃器 XDM：478。

(二二)蕉叶纹

外形似蝉纹，但无目，简繁不等。带錾钺 XDM：338 錾部所饰蕉叶纹中填卷云纹、燕尾纹等，颇为复杂；扁椭圆形镈 XDM：308 器表的蕉叶纹，仅以简单的卷云纹线条构成；镂孔锋刃器 XDM：478 錾表的蕉叶纹，内填对称的卷云纹和三角纹，颇为适中。

(二三)倒三角纹

在一个倒置的等边三角形框中，填以中轴对称的卷云纹、目纹，有的略近于省体兽面。主要饰于犁、耜、锛等工具之上。匕首 XDM：340 的本部亦饰有此种纹样。

(二四)扉棱

作上、下双向的勾戟状，常饰铸于礼器器表所饰兽面纹的中线上，作为兽鼻。勾戟数量多寡不一，最少者仅二个，镈 XDM：63 的栾部各纵置八个。

二、新干青铜器装饰纹样主要特点

根据以上分类分析，我们不难发现，新干青铜器的装饰纹样，在其表现技法、纹样种类及构成等方面,均有其特点。现择其特点,作进一步研究。

(一)装饰纹样丰富,表现技法高超

如上所述,新干青铜器的装饰纹样非常丰富,择其主要者已有二十四种之多,而且每种纹样又常有许多不同的表现形式和构图。其中,尤以兽面纹复杂多变。按组成纹样图案躯体的有无和形式的不同,兽面纹可以分为展体、简体、分体、省体四种。其中,展体兽面纹依角的形式又可分为环柱角、外卷角二式,依其细部构图特征环柱角者又可以分为七式,外卷角者可分为五式。简体兽面纹,分短体和刀羽纹二式。分体式兽面纹,依角的不同形制,则可分为牛角、外卷角、曲折角、分枝角、刀羽状角五式。省体式兽面分为外卷角、牛角、内卷角、环柱角四种。此外,还有虎头纹和简化变形者。其中,外卷角式省体兽面可分为浮雕、浅浮雕、线刻等三式,牛角形省体兽面可分为浅浮雕和线刻二式,虎头形兽面纹可分为浮雕、浅浮雕、线刻等三式,简化变形者亦可分为外卷角和环柱角二式。

余如夔纹分展体、分体、简体三种四式,目纹分目雷、斜角、四瓣、多行四种五式,雷纹分连续、乳丁、菱形三种,卷云纹分连续、独立二种六式,等等。不一一赘述。

这批青铜器不仅装饰纹样种类丰富,且装饰手段多样,技法高超。以表现技法而言,有立体雕、浮雕、透雕和线刻数种;以构图手法而言,有写实的造型,抽象的图案,以及介于两者之间的半写实作品;以铸造方式而言,既有模作纹,又有范作纹,更多的是模、范合作纹。

立体雕即圆雕,其装饰纹样为无任何附着背景的、完全的立体造型,可以四面欣赏。主要是附铸鼎、甗双耳以及镈的舞、栾相接处和伏鸟双尾虎的背上的动物造型。在器物之上附铸动物造型,是新干青铜器的一个显著装饰特点,纹样题材有卧虎、伏鸟、立鹿等,皆为十分写实的动物形象,造型生动,比例适当,一个个栩栩如生,惟妙惟肖。如四足甗XDM:38双耳上附铸的一对幼鹿,形制小巧,躯体圆壮,鹿身饰类鳞状纹,足饰云雷纹;两鹿一雄一雌,相向而置,双目圆睁,回首互顾,安祥宁静之中透出几分机警和灵气。上古匠师们抓住鹿的基本特征,以写实和夸张相结合的手法,表现出纯真、自然、质朴之美,引人遐思。立体雕的造型一般以分铸法单独浇铸成形,然后用浑铸法铸接于器体之上,故出土时多脱落于器物之侧。

浮雕,是在平面上雕出凸起的形象,依其凸起的厚度不同,可分为高浮雕和浅浮雕,除不能四面欣赏外,其视觉效果仅次于圆雕。在新干青铜器上,浮雕式装饰以三种不同的表现形式存在着。其一,单独铸造或附铸于器身某一部位的高浮雕兽首,其视觉效果接近于圆雕,形象也颇为写实。如罍XDM:44肩部的四羊首、方卣XDM:47、三足提梁卣XDM:48提梁两端的兽首和羊角兽面XDM:69即属此类。其二,鼎、甗等柱足器足部的省体兽面。严格地说这不是浮雕,但由于许多这样的纹样以高高的扉棱或凸棱作鼻,双目凸出,两角粗硕,颇具浮雕效果,有的还近似高浮雕。如柱足圆鼎XDM:1足部的装饰,即为浮雕式的省体兽面,高勾戟状扉棱鼻,"臣"字目,圆睛凸出,虎耳,纹样线条突出,图案立体感甚强。其三,由主纹、地纹、次纹构成的三叠或两叠花纹,由于主纹粗而凸出,使纹样具浮雕效果。多施之于容器的腹部,如罍 XDM：44、鬲形鼎 XDM：36、壶 XDM：45、镈 XDM：63 等,皆以此种技法装饰。它们连同器体一次性铸成,为了保持器物胎体厚薄均匀,内壁对应主体纹样处常有凹槽或凹窝。其纹样多为分解式的兽面纹,故构图比较抽象。

透雕,本为介于圆雕和浮雕之间的一种手法,即在浮雕的基础上镂空其背景部分,有单面雕,也有双面雕。不过,新干青铜器上的透雕与这种一般意义上的透雕有所区别,实为一种近似双面雕的扁体变形圆雕,用于装饰大部分扁足鼎的足部,有虎形扁足和鱼形扁足两种,其构图介于写实和抽象之间。多单独浇铸,然后同器体铸接成形。

线刻,即在器物表面以刻划的线条勾勒出纹样的图案,是这批青铜器上使用得最多的一种表现技法,其纹样题材丰富多样,但构图大部分非常抽象。线刻线条有阴文、阳文之分,以阳文为主,因为青铜器上的纹样线条与铸范上的正好相反,而在铸范上刻出阳线要比刻出阴线困难得多。不过,合瓦形腔铙 XDM：66 却是一件罕见的全阴线构图装饰的作品:铙体腔两面外侧满布阴线刻的勾连雷纹和卷云纹,不见一根阳线条,与椭圆形的大凸目形成鲜明的对比,具强烈的艺术效果。阴刻的纹样线条深细、流畅,反映了铸造工艺水平的高超。

青铜器上装饰纹样的有无、花纹题材的多少和表现技法的繁简,有一个发展的过程。在中原,二里头期的青铜容器上只不过饰有实心连珠纹,十分简朴[1]。到二里冈期,花纹题材渐增,除实心和圆圈形的连珠纹外,还有兽面纹、夔纹、圆涡纹等,表现技法主要是线雕,花纹一般单叠。殷墟期装饰纹样大增,花纹题材广泛,并出现了三叠花纹,至晚期这种多叠花纹还成为表现技法中的主要手段,使器物显得华美绚丽。显然,这一切都是与青铜器铸造技艺的不断提高密切相关的。新干青铜器的装饰,花纹题材丰富,表现技法繁简并存,表明当时江南的青铜铸造工艺已发展到很高的水平,并折射出社会生产力相当程度的繁荣。另一方面,三叠花纹已经出现、但又不占主流的现象,正与此墓下葬年代为商代后期早段,即殷墟中期相吻合。

(二)出现一批深具地方特色的纹样

在新干青铜器丰富多彩的装饰纹样中,不乏与中原青铜器所饰相同或相近者,如夔纹、龟纹、蝉纹、目纹、雷纹、勾连纹、卷云纹、圆涡纹、蕉叶纹、刀羽纹,以及许多兽面纹即是。但更为令人瞩目的是,一批特有装饰纹样的存在。在这批特有纹样中,首先要提到的是虎的造型和图案,它们被广泛地装饰于礼器、兵器、杂器之上,其表现技法,既有十分写实的立体雕造型和线刻虎纹,又有介于写实与抽象之间的图案化的透雕式虎足。在这里,需特别提到的是环柱角兽面纹。如前所述,在兽面纹中的角式中,此类纹样使用最为频繁。所谓兽面纹(饕餮纹),实际上是各种(实在的和虚幻的)动物的集合体,它的构图是公式化的。如果把它做为写实艺术的自然绘画来看待,那在现实生活中是找不到任何一种动物能与之吻合。然而,这种"真实地想象出来的"图案,实际上也是从写实的形象演化而来的。只要仔细地观察,还是可以发现其最初的原型遗留下的蛛丝马迹。虽然其图案是公式化的,但兽面顶角两侧的角型都是可以加以区别的。而动物的抵角正是区分其族类的主要标志之一。有人据此而推定环柱角(实为环柱状耳)兽面纹为虎头纹,是有道理的[2]。联系到方鼎和扁足鼎耳上的伏虎,以及九件扁足鼎的虎形扁足,足见虎纹在新干青铜器上被广泛地使用。加之以前吴城文化遗存中出土的两件扁足鼎中的一件也是耳上附铸立体雕卧虎、下支透雕虎形扁足[3],可以说以虎为装饰纹样的主要母题是吴城文化青铜器突出的装饰特点。殷商时代的青铜器喜以动物纹样作为装饰的主题图案。有的学者人为,这些动物纹样是助理巫觋通民神、通天地工作的各种动物的形象,是很有道理的[4]。虎纹在吴城文化青铜器上如此高频率的出现,尤其伏鸟双尾虎的出土,是一个值得十分注意的现象[5]。

除了虎纹和前述的鹿纹,新干青铜器的特有纹样还有燕尾纹和鱼形扁足。

燕尾纹是新干青铜器上又一种引人瞩目的纹样,这种长方形的纹样前端状若圭首,后端分成双尾,形若燕尾,故名。依其表现手法,燕尾纹可分为线刻、镂空和压印三种。这种状若两个长条平行四边形相对合成的索状纹样,不见于中原或其他地区,它在江南地区出现应非偶然。我们知道,各种质料的容器的口沿部,受到磨擦和碰撞的机会远多于其他部位,故制作时常将此处加固以求耐用。根据民族学的材料可知,陶器、金属器的口部常在内侧或外侧凸起一周,形成加厚的箍圈,而竹、藤之类的编织物则往往以扁平的编织条在口沿斜向交叉扣织一周,这种作法在许多地区沿用至今,两条交叉的编织条在扣织部位就形成一个个横向的人字纹,其视觉效果与新干青铜器上的燕尾纹极为相似。南方盛器多以竹、藤编织而成,先民们接触这种宽边人字纹的机会较多,以致在铸造青铜器时就用这种形式的纹样装饰器物口沿等处,创造了独特的燕尾纹。所以,新干青铜器上的燕尾纹绝大多数施之于器物口沿、背脊等边缘部位,而器体的其他部位则极为少见。

对于鱼形扁足,笔者认为,同虎形扁足一样,它也应是一种现实动物的变形写照。造型艺术不是简单的模仿,当先民们在进行创作时,是对现实进行抽象和勾画无题轮廓,由此而产生既非纯抽象图案,又非纯写实手法的几何形或变形自然现象图案[6]。在我国南方的山泽地带,生长着一种面目狰狞、性情暴烈的爬行动物——鳄,它头部扁平,吻部一般较长,口中长着利齿,体有角质鳞片,尾长而扁平,四肢较短。除四肢省略和下吻为适于承托鼎底而缩短外,新干青铜鼎的鱼形扁足具备了上述鳄的主要特征,可以推断,此式扁足纹样表现的是一种介于写实和抽象之间的变体鳄形。

在新干青铜器上还有一些纹样,虽见于他处出土例,但其构图方式,或纹样组成,或分布方式,皆有异于他处的地方特色,如人首纹、羊首纹、鸟纹、鱼纹、龙纹、勾戟状扉棱等,即属此类。以下,举人首纹、鸟纹为例简述之。

人首纹分线刻和立体两种。线刻人首纹可举 Ⅱ 式直内戈 XDM：118 内端所饰者为例。此戈内端两面均并饰双人首纹，十分写实，眉、目、口、耳皆备，较平的头顶立四根发端外卷的竖发，咧口注目，形象逼真。以人首纹装饰青铜兵器过去有出土例，但纹样构图各具特点。其中，香港石壁、广东曲江出土的一些青铜人面像匕首，广东海丰、曲江出土的青铜人面像短剑[7]，西安老牛坡出土饰人首纹的青铜Ⅱ式钺[8]，所施人首纹的构图与新干青铜戈上相似，但更加简化，且时代大都较晚。双面神人头像XDM∶67为立体雕，形象显得狰狞、恐怖和诡怪。在过去的出土例中，这种立体雕式的中空三人首造型，仅见于四川广汉三星堆祭祀坑的出土物，均为颇写实的人头形，颈部呈倒三角形，以象征被杀的"人牲"[9]。新干出土者形体扁平，两面皆为人面，其功能应与三星堆的不同。

新干青铜器上的鸟纹均为立体雕造型的伏鸟，分别饰于扁足鼎的耳部、镈的舞部和双尾虎的背部。鸟圆首，凸目，花冠，尖喙，长颈，敛翅，短尾，身饰云雷纹和燕尾纹。鸟饰鼎和鸟饰镈在中原及其他地区有过出土例。《商周彝器通考》图三七著录有人足鸟耳鼎[10]，妇好墓也出土鸟足鼎[11]，但鸟的造型与新干出土者大相径庭。如《商周彝器通考》图三三鸟足鼎的鸟形作扁平的透雕状，勾喙，展体直立，长尾双分，翅上卷。妇好墓鸟足鼎的鸟形头向外，勾喙，长尾，作直立状。鸟饰镈上的鸟饰大多作展体，尾上卷，形制与新干判然有别。但故宫博物院藏环以鸮首纹的兽面纹镈和美国Sackler美术馆的环以圆涡纹的兽面纹镈舞部伏鸟的造型，与新干的颇为相似，就是以圆涡纹或鸮首环围主体纹样的作法，也有风格上的相类处[12]。上述二镈均为商代之物，但出土地不明，笔者疑其与新干之镈为同一地方的制品[13]。

另外，圆圈连珠纹的构图，地方特色并不十分明显，但使用频率大大超过其他地区。量的过分悬殊，也往往反应着质的差异，兼之考虑到包括新干大墓出土物在内的吴城文化陶器大量使用着他处罕见的圈点纹，其串连如带的视觉艺术效果与圆圈连珠纹极为相近。

人类社会的演进虽有类似的规律，但不同空间之内的文化在时间进程中各自形成独具特色的发展系列，呈现各自的特点，也是自然而然的。不过，由于开拓、战争、贸易等原因，文化因子会在不同的空间范围内互相传播，故当文化特征相同点在不同空间中出现时，我们就应当考虑这是否由于文化传播所致，抑或本属于同一文化系统。但是，在进行这种文化比较时不能忽视一个基本原则：这些进行比较的特征必须与事物的目的没有直接联系[14]。只有相互符合的事物特征，不是事物自身本质必然形成的结果或者是被材料等具体条件所决定的，我们才能把他看作有可能是文化传播的结果。对于青铜器而言，装饰纹样最符合这个条件，它既不像器物的造型与功用本质的联系，也不似装饰技法过多地受工艺条件的制约。而且，相对装饰风格和技法而言，构成装饰图案的纹样各具特色，是最为活泼的因子，能准确地反映出文化因素的传播和影响[15]。同样，它们也能较准确地反映出文化素质的差异。

（三）农具和兵器装饰的意义

在新干大墓出土的青铜农具中,有 17 件饰以花纹,计犁铧 2 件,铲 11 件,锸、耜、镬、斨各 1 件。商代青铜农具器表饰以花纹,也见于中原地区,如 1975 年山西石楼出土的青铜空首斧就正面饰弦纹,背面饰斜方格纹[16]。殷墟妇好墓出土的 I 式青铜铲,柄部及两角也饰以菱形纹[17]。这种纹路较为纤细、纹样以几何形图案为主的装饰方法,也见于新干大墓出土的青铜镬、斨和铲。但相对而言,犁铧、锸、耜所饰者较为复杂。二件犁铧(XDM:342、343)的正背面均以三角形为框,内饰状若简体兽面纹的云雷纹和目纹,正面阳文,背面阴文。标本 XDM:342 的纹饰线条较粗疏,标本 XDM:343 的线条更为规整、流畅。锸 XDM:344 的纹饰施于靠銎口的器表,为一些凸线条的卷云纹。耜 XDM:347 两面有纹,皆为卷云、双面组成的简体兽面形纹,背面者构成三角形,正面者为梯形,线条粗犷。相对铲、镬、斧、斨来说,这些都是较为纯粹的农具,且皆可做为实用器[18]。但是,且不论社会最底层的奴隶,就是平民阶层使用如此装饰华丽的农具去劳作,也是不可想象的。笔者认为,这是一种十分特殊的使用农具——典礼用器。所以,这些青铜农具出土时器身多残留碳化的丝织品,足见其在当日的宝贵。典礼用农具的出现,一方面说明吴城文化是一支以农业为本的农业文化,并展现了当年这一带农业发展的情景;另一方面,从一个侧面显示出这支文化当时所处的演进阶段,礼制的出现正是文明发展到一定阶段的产物。

类似的情况,还可以从墓中出土的青铜兵器上见到。除虎首曲内戈、双人首纹戈外,还有目雷纹和云雷纹大钺、带銎钺、蝉纹大刀、夔纹曲脊刀、云纹翘首刀、燕尾纹带系矛、镶嵌绿松石直内戈,以及部分镈、构件等,无不重于装饰。这些装饰华丽的兵器,应非实战器,而是作为仪仗等显示主人身份的器物,更何况大钺本身就是权力的象征。同施装饰花纹的农具一样,这批作为仪仗、表明地位和身份的非实战兵器的出土,也反映当时这里文明发展的水平和文化演进阶段已进入了国家的文明时代。事实上,一墓之中出土如此大量品质优良、纹样精美的青铜器,其本身就直接说明了这一点。

青铜器,尤其是礼器的装饰纹样,最能反映出文化性质的异同,大批独具特色的装饰纹样的出现和逐渐取得主导地位,说明在当时,吴城文化已发展为一支与中原商文化并存的地方文化,它虽曾受商文化的巨大影响和浸润,但二者显然不属于同一个文化系统。在表现技法上,喜以他处罕见的立体雕动物造型附铸于部分礼乐重器之上的作法,也向人们显示,吴越文化的先民们有着异于中原居民的审美意识和情趣。

注　　释

〔1〕　中国科学院考古研究所二里头工作队:《偃师二里头遗址新发现的铜器和玉器》,《考古》1976 年 4 期。

〔2〕　《商周青铜器纹饰》,文物出版社 1984 年版。

〔3〕　江西省博物馆等:《近年江西出土的商代青铜器》,《文物》1977 年 9 期。

〔4〕　张光直:《商周青铜器上的动物纹样》,《考古与文物》1981 年 2 期。

〔5〕 关于这一点,请参阅拙作:《初论新干青铜器的地方特色》,《南方文物》1994 年第 2 期;《试论新干大墓出土的青铜艺术品》,台湾《故宫文物月刊》总第 133 期;《新干商鼎的断代及其地方特色》,台湾《故宫文物月刊》总第 110 期。

〔6〕 赫伯特·里德:《艺术与社会》,工人出版社,1989 年。

〔7〕 李果:《试论我国猎首俗的起源和演变》,《东南文化》1989 年 6 期。

〔8〕 刘士莪:《西安老牛坡商代墓地的发掘》,《文物》1988 年 6 期。

〔9〕 四川省文物管理委员会、四川省文物考古研究所等:《广汉三星堆遗址一号祭祀坑发掘简报》,《文物》1987 年 10 期;四川省文物管理委员会、四川省文物考古研究所等:《广汉三星堆遗址二号祭祀坑发掘简报》,《文物》1989 年 5 期。

〔10〕 容庚:《商周彝器通考》,哈佛燕京学社,1941 年。

〔11、17〕 中国社会科学院考古研究所:《殷墟妇好墓》,文物出版社,1980 年。

〔12〕 高至喜:《论商周铜镈》,《湖南考古辑刊》3 辑。

〔13〕 詹开逊:《新干大墓出土青铜乐器初论》,台湾《故宫文物月刊》总 139 期。

〔14〕 克内克特·彼得:《文化传播主义》,载《文化人类学的十五种理论》,国际文化出版公司,1988 年。

〔15〕 詹开逊:《试论新干青铜器的装饰特点》,《考古》1995 年 1 期。

〔16〕 山西吕梁地区文物工作室(杨绍舜):《山西石楼褚家峪、曹家垣发现商代铜器》,《文物》1981 年 8 期。

〔18〕 詹开逊、刘林:《谈新干商墓出土的青铜农具》,《文物》1993 年 7 期。

编　后　记

值此《新干商代大墓》发掘报告付梓出版之际,作为该发掘项目的主持人和报告编写的组织者、统稿人,心情感到异常兴奋和欣慰。几年来,海内外学术界的同仁对该墓正式报告的出版深表关切,每有相遇,必以此题相问,余都自愧无言以对,今日得以如愿出版问世,如释重负之情自不待言。

新干大墓自 1989 年 12 月 4 日发掘完毕至今历时六载有余,从墓葬发掘清理到对出土文物的修复、保护和摄影、绘图、拓片、鉴定及至报告的编写、研究,这无疑是一完整的科学系统工程。诚然,科学发掘清理是这一系统工程的基础工程,但更复杂、更细致也更费时的工程还在后头,尤其是出土文物极为丰富的遗存和墓葬更是如此。

我们在完成这一系统工程的全过程中,始终得到了国家文物局和江西省委、省政府、省委宣传部、省人大教科文办、省文化厅、省社科院、省文物局以及新干县委、县政府的关怀与支持。在发掘清理的日子里,国家文物局原副局长沈竹等领导曾两次率专家组前来指导;省委宣传部原副部长周銮书、省文化厅原厅长郑光荣、分管文博工作原副厅长刘恕忱、省社会科学院副院长姚公骞以及省文物局原局长杨凤光、原副局长赵承告等也先后来到工地参观指导。发掘工作全部结束后,当文物的归属问题出现争议时,省委、省政府的领导都很关注,最后由当时任江西省省长的吴官正亲自出面过问,才得以使这批珍贵文物安全运回省城。在此后这批文物的修复、保护以及报告的编写过程中,又继续得到了省委常委、省委宣传部部长钟起煌(现任江西省委副书记)、省文化厅分管文博工作原厅长涂国节、省文化厅厅长叶春、副厅长曾险峰以及省文物局副局长康定济等领导同志的关注和支持,从而保证了文物的进一步修复、保护和报告的编写、研究等工作的顺利开展。

我们在完成这一系统工程的全过程中,还得到国家有关部门和很多省市文博部门以及省内一些兄弟单位的热情支持和帮助:中国文物研究所派出李化元先生指导我馆、所的技术人员对墓中出土的青铜器一一进行清洗、去锈和保存处理,前后历时两年有余;北京故宫博物院先后两次派出贾文超、王伍胜、吕团结等先生,对出土青铜器特别是大件器进行精心修复,使很多破损的青铜器得以重放异彩;上海博物馆马承源馆长主动提出,他们愿无偿修复几件破碎极为严重、修复难度较大的青铜器;湖北省文物考古研究所盘龙城工作站派出两位小姐帮助修补出土陶瓷器;国家文物局派出文物出版社的王露女士为修复好的文物拍照;中国社会科学院考古研究所韩康信先生对墓中出土的人牙进行鉴定;中国科学院自然科学史研究所苏荣誉、华觉明先生对出土青铜器进行全面检测和分析,并在此基础上,开展对出土青铜器铸造工艺的深入研究;上海工业大学润滑化学研究室陶德华先生对墓中出土的不锈青铜器碎片表面进行电子能谱测试;中国科学院地理研究所金正耀先生得到美国 Smithsonian Institution 和日本学术振兴会的资助,对墓中出土的十一件青铜器取样分析,进行铅同位素比值研究;中国丝绸博物馆沈筱凤先生、浙江丝绸科学研究院孙丽英先生对青铜器上的附着织物进行分析鉴定;江西省地质博物馆陈聚兴先生对出土玉器的玉类、璞料、涂料和产地等问题进行鉴定;中国社会科学院考古研究所实验室、北京大学考古系实验室和中国科学院西安黄土与第四纪地质研究所对墓中木炭标本分别进行了放射性炭素断代测定,等等。正由于有了从中央到各省市很多部门的支持和帮助以及多学科专家的密切配合,辛劳工作,才使新干这批中华瑰宝得以及时抢救和完好保存下来,也才使我们有条件着手对报告的编写。

从田野发掘到室内的修复、保护、整理和编写的全过程,我们始终举全馆、全所之力,馆、所配合,通力协作,调兵遣将,各尽其才。参与发掘工作的除彭适凡、刘林、詹开逊、侯远志、杨日新、刘山中诸先生外,尚有徐长青也参加了短期的田野工作;王上海、饶德文在工地具体帮助绘图和摄影;省艺术档案馆党支部书记邓金茂亲自带领摄像师李航住在工地进行摄像;馆、所的李科友、程应林、余家栋、李家和、陈柏泉、杨后礼、许智范、刘诗中、樊昌生等先生也曾来到工地,对发掘工作提出过很多有益的建议和意见。在发掘 最紧张的日子里,新余市博物馆徐诺华、李小平、王强等趁来工地参观之际也协助做了很多具体工作。在整个发掘期间,新干县人武部、公安局、文化局、博物馆和大洋洲乡政府、程家村村委会都做了大量的民工组织、安全保卫和后勤服务工作。文物运回南昌后,前后参与文物修复、保护、保管和摄影、绘图、拓片等多种技术工作的有杨兵、高薇、潘小玲、易永莲、赵可明、饶德文、陈建平、徐菁、王上海、徐长青、邓金香、黄琼、周绍珍、刘惠中、赵碧云和刘山中等。在前述多学科的分析检测和多种技术工序完成的基础上,我们即着手文字报告的编写,经反复讨论,确定编写大纲,其具体分工为:第一、二章和第三章的第一、二、五节由詹开逊执笔;第三章的三、四节由刘林执笔;第四章由彭适凡执笔。在初稿完成后,由彭适凡综合统稿。整个报告,三易其稿。

《新干商代大墓》发掘报告这一系统工程之所以能够胜利完成,不应该仅看成是我馆、我所全体同仁智慧和汗水的结晶,同时也是中央有关部门和很多省市兄弟单位的诸多专家学者共同辛劳的结果。作为考古工作者,我们只做了本身应该做的一些工作,出了本身应该出的一点绵薄之力。所以,当此《新干商代大墓》发掘报告正式出版之际,对曾经关心、支持新干大墓发掘和整理工作的各级领导,对为抢救、保护和研究新干出土文物以及为发掘报告的编写做出过贡献的所有省内外的先生们、女士们表示最衷心的感谢和崇高的敬意。

　　新干大墓发掘以来,在学术界引起强烈反响,海内外很多学者深入研究,并发表不少学术成果,特别是1993年在南昌召开的《中国南方青铜器暨殷商文明国际学术讨论会》上,更集中地对新干出土的青铜器进行了研讨,与会学者发表了很多很好的真知灼见,这些研究成果和意见给予我们多方面的启迪和帮助,无疑客观上为我们发掘报告的编写提供了有益的指导。

　　在报告的编写中我们遵循的原则是,让该遗存尽可能客观地、完整地展现在读者面前,对出土的遗物不仅一件不漏地如实介绍,而且图版、线图和拓片尽可能予以同时采用,目的是为研究者提供该遗存系统完整的资料。至于报告结语中的一些观点和认识,仅仅是我们发掘者的一家之言,错漏、谬误之处,诚请学界同仁多予批评指教。

　　最后,还有必要特别指出,在当前学术著作出版难的情况下,由于国家文物局、文物出版社领导对新干大墓在商周考古中的学术地位和价值的肯定与重视,在经费上给予大力支持和关照,才使《新干商代大墓》发掘报告今天得以和读者见面。文物出版社的楼宇栋先生,以六十七岁的高龄担任此报告的责任编辑,他在赣的四十个日日夜夜,从图版、线图、拓片的检选、校正、编排到报告章节的安排、内容的审订、文字的删削及至每件器物名称的定名等等,都倾注了他老人家的心血。他这种勤勤恳恳、一丝不苟的工作作风和乐于为他人作嫁衣裳的道德情操,充分表现出老一辈出版工作者的精神风貌和崇高品德,给我们留下极为难忘的深刻印象。趁此《新干商代大墓》发掘报告出版之际,对国家文物局、文物出版社以及楼宇栋先生深表我们的崇高敬意和最衷心的感谢。

江 西 省 博 物 馆 馆 长
　　　　　　　　　　彭适凡
江西省文物考古研究所所长

一九九六年二月于南昌

THE LARGE SHANG TOMB IN XINGAN

(**Abstract**)

The Xingan tomb of the Shang period was discovered by peasants of Dayangzhou township, Xingan county, on September 20 1989 when they dug earth at the Laobei dune near Chengjia village. The Laobei dune, covering only several square km, lies between Xingan county and Zhangshu city, i. e. 20 km north of Xingan county, the same distance south of Zhangshu city, and 1 km east of the Ganjiang river. The tomb was scientifically excavated from Novermber 6 to December 4 1989.

The location of the tomb on sands made it difficult the distinguish exactly the tomb walls. Through careful examination of the color and contents of the sand layer it was determined that the tomb was a rectangular earth pit furnished with a chamber and a coffin, the latter standing within the former in its west middle part, and pointing to the west and east. Outside the chamber, at either its western or eastern end, there was found a step-shaped ledge 1. 2 m wide and 0. 6 m high above the tomb bottom. An oval barrow was originally built above the tomb pit, measuring about 40 m long from the west to the east, 20 m wide from the north to the south, and 5~6 m high above the ground.

The unearthed cultural relics are extremely rich, numbering 475 bronzes, 754 jades and 139 pottery and proto-porcelain objects. The most striking are the bronzes for their large number, elegant shape and exquisite craftsmanship are all unprecedented in archaeology of south China.

Among these bronzes are ritual vessels, musical instruments, weapons, tools and various articles for daily use, the third and fourth classes being the greatest in number. The ritual vessels include the tripod *ding* , *li* and *yan* steamer, plate, *dou* stemmed vessel, pot, *you* swing pot, *lei* covered vase, *bu* basin and *zan* ladle, numbering 48 pieces in total, with the *ding* reaching 30; the musical instruments, the *bo* bell with a flat rim and a hanging knob and *nao* opening-upward bell, 4 pieces; the farm tools, the plough, *cha* spade, *lei* fork, spade, *zhi* short sickle, adze, sickle, *qiang* ax , hoe and harpoon-shaped implement, 51 pieces; the handicraft tools, the cutting knife, chisel, handaxe-shaped implement, graver, awl, knife and drill, 92 pieces; the weapons, the spear, *ge* dagger-axe, hooked halberd, arrowhead, knife, *yue* battle axe, dagger, short sword, sharp-edged object with openwork, helmet and *zun* conic butt-end piece of weapon shaft, 232 pieces; the articles for daily use and miscellany, the spoon, winnowing fan shape object, vessel rim, bird-and-tiger figure, double-faced mythical human head and ram-horned animal mask, 8 pieces.

What can match the bronzes in excellence are the fine-carved jades, which fall into ritual emblems, ritual weapons and implements, ornaments, and mythical figures. The first category includes the *cong* object tubular inside and square outside, *bi* disc, ring, *yuan* large-hole *bi* , *huang* semi-circular piece and *jue* penannular piece, numbering 33 pieces in total; the second category, the *ge* , spear and spade, 7 pieces; the third category, the bracelet, hairpin-shaped pendent, necklace, belt, bead, set of crystal cups, handle-shaped object, long tube, round pendent, tiger-shaped flatten-tipped vessel-leg, openworked vessel-flange, cicade, frog and fish, 33 pieces (strings); and the fourth category, the human-bodied animal-masked mythical figure and winged human body in profile, 2 pieces.

In the pottery are clay, sandy, glazed, proto-porcelain and stamped-geometric-pattern hard wares. In use it falls into cooking vessels, food containers , and implements of production. The first category includes the *li* , *ding* and *fu* cauldron, totalling 127 pieces, the largest in number being the separate-crotched *li* and small-mouthed carinate-shouldered jar; the second category, the jar, urn, *zun* vase, pot, bowl, cylindric vessel, *dou* , *jia* tripod, handle and umbrella-shaped vessel-cover, 199 pieces; and the third category, the spindle and mould, 4 pieces. In decoration, the commonest motif is the circle-and-dot band; besides, there are the bow-string, chequer, network, fine-cord, cloud-and-thunder, meandering, appliqued and comb-impressed ornaments. Some vessels are incised with characters and signs on the shoulder.

The bronze-ware unearthed from this tomb is characterized by multiformity in type and complexity in shape, some articles even occurring for the first time. Judged from the formal characteristics and decorative style, these types of bronzes lasted for several hundred years. The early period corresponds to the upper Zhengzhou Erligang and can be called the Erligang phase for short; the middle period, to the upper Zhengzhou Erligang-the early Yin Ruins, being a transitional stage; the late period, to the early and middle Yin Ruins. Typological examination shows that among 53 "massive" ritual vessels and musical instruments, 6 belong to the Erligang period, including the conic-legged round *ding* with bow-string pattern, large square *ding* with tiger-shaped handles, round-shouldered separate-crotched *li* with animal-mask design, and tri-legged swing *you*, accounting for 11. 2%; 11 belong to the transitional period, including the round *ding* with post-shaped legs, upright-handled *ding* with *kui* -dragon shaped flat legs, double-bottomed square *ding*, shallow-bowled *dou*, double-pierced-eared pot, plate, *zan* ladle and tri-legged *yan*, accounting for 18. 8%; and 36 belong to the early and middle Yin Ruins period, such as the tiger-shaped-handled square *ding* with animal-mask design, tiger-shaped-handled round *ding* with tiger-shaped flatten legs, bird-shaped-handled round *ding* with *kui* -shaped flatten legs, post-shaped-legged round *ding* with whirlpool pattern, *li* -shaped *ding*, four-ram *lei*, square *you* and four-legged *yan* with standing deer, as well as the *bo* and *nao*, accounting for 70%, suggesting that most of the ritual and musical bronzes are objects from the early or middle Yin Ruins period. The jade *cong* and *ge* from the Xingan tomb resemble their counterparts in Fu Hao's tomb on the Yin Ruins. Especially the more than 300 ceramics unearthed provide most reliable evidence for dating the tomb. Of these finds, except for the contracted-mouth *jia* and a few other types, recalling objects from upper Zhengzhou Erligang, all the rest, such as the *li*, small-mouthed carinate-shouldered jar, shallow-bowl flared-stemmed *dou*, carinate-shouldered *zun*, basin, high-necked jar with the belly sloping inward in the lower part, umbrella-shaped vessel-cover, urn, plate, bowl and spindle show identity to cultural relics from the second phase of deposits of the Wucheng site, Zhangshu city, which is close to the Xingan tomb geographically. Even the 23 incised characters and signs on ceramics are largely identical with those of the Wucheng site. It is just on the basis of examing the ritual bronzes unearthed and comparing the jades and pottery from Xingan with those from Fu Hao's tomb of the Yin Ruins and from the Wucheng site that the large Xingan tomb is dated the early stage of the later Shang period, corresponding to the middle Yin Ruins period. This coincises with available data of radio-carbon dating.

What cultural aspect the large Xingan tomb presents is an important problem drawing much attention from academic circles.

Typological study shows that the objects unearthed can roughly be divided into four groups.

The first group is of the Shang-Yin style, bearing characteristic features of the Shang culture in type, shape and decoration. It includes, for ritual bronzes, the square *you* , separate-crotched *li* with animal-mask design, tri-legged swing *you* , tri-legged plain *yan* , pierced-ear pot, bird-shaped handle *ding* with *kui* -shaped flatten legs and four-ram *lei* ; for bronze weapons and articles for daily use, the straight butt-end *ge* , long-socketed short-bladed spear, square butt-end small *yue* , helmet, *lei* fork and *si* spade. The second group is of a mixed style, with the artifacts typologically belonging basically to the Shang style, and at the same time showing certain local features resulting from some reforms varying in extent. It comprises, for ritual bronzes, the post-legged round *ding* with animal-mask design, upright-handled square *ding* with animal-mask design, tiger-handled *ding* with tiger-shaped flatten legs, *bu* -shaped *ding* , *li* -shaped *ding* , four-legged *yan* with standing deer, shallow-bowled *dou* , *ding* with fin-shaped flatten legs; for bronze weapons, the long-socketed spear, straight-butt-end *ge* with a slightly-projected dewlap, short-hilted straight-or curving-ridged knife with a raised tip, square-butt-end large *yue* ; for jades, the *ge* , *cong*, handle-shaped object, and winged human figure in profile; and for ceramics, the *li* , *jia* , high-stemmed *dou*, carinate-shouldered *zun* , and *gui* basin. The third group is of the pre-dynastic Zhou style and includes only weapons, with the object types and shapes unknown in the Central Plains of the Shang dynasty, but appearing quite often on pre-dynastic Zhou sites in the Shaanxi and Shanxi regions and belonging to the unique articles characteristic of the Zhou people. It is represented only by four weapons of the types long-dewlaped *ge* with three perforations, perforated slender knife and hooked halberd. The fourth group is of the indigenous style, with the object type, shape and even decoration all created by the South Chinese aboriginals and never recorded in the Central Plains. It embraces, for ritual and musical bronzes, the carinate-shouldered *li* , plate, *bo* and *nao* ; for bronze weapons, the short and very short socket spear, quadrilateral pyramidal spear, *ge* with a shuttle-shaped straight, tiger-head shaped or beak-shaped bent tang, long-tanged round-bladed wingless arrowhead, flatten-rhombic-bladed wingless arrowhead, socketed *yue* , wide-bladed sword, dagger and sharp-edged object with openwork; for bronze tools, the plough , hoe, oval-socketed sloping-shouldered spade, handaxe-shaped implement, cutting knife and harpoon-shaped tool; for ceramics, the small-mouthed carinate-shouldered jar, high-necked jar with the belly slanting inward in the lower part, cylindric vessel, pierced-ear pot, *dou* with the stem bearing ridges, and hard *fu* cauldron with stamped pattern. Of these four groups, the ritual bronzes belong mostly to the second, mixed style, with examples of the first, Shang-Yin style and those of the third, pre-dynastic Zhou style and fourth, indigenous style occurring rare and very rare respectively; among the bronze weapons and tools, the greatest in number are examples of the fourth, indigenous style, which are followed by those of the second, first and third styles in decreasing order.

The predominance of the mixed style among the ritual bronzes and that of the indegenous style among the bronze weapons and tools indicate again that early bronze casting technology in the Boyang Lake and Ganjiang River area was germinated and developed on the aboriginal cultural basis. There already occurred early bronze metallurgy with objects made in unique local style when the metallurgy earlier-developed in the Central Plains didn't influence this area. With the might development of middle and late Shang bronze culture in the Central Plains, advanced bronze-casting techniques were spread southward from there and exerted influence on the Wucheng bronze culture in the Boyang-Ganjiang area, first of all on ritual bronzes there, leaving weapons and implements of production to maintain more traditional style of their own. But even among the strongly-influenced ritual vessels from the Xingan tomb one can see imitation of some vessel forms alone, instead of full acceptance of ritual, which is shown, for example, in the absence of the *gu* cup, *jue* tripod, *jia* tripod and *zhi* ring-foot cup, the most prevailing wine vessels during the Shang-Yin period.

To sum up the above description, the cultural aspect presented by the large Xin-gan tomb was by no means a simple product of the southward spread of the Shang culture from the Central Plains, but belonged to the Wucheng bronze culture characterized by strong regionalism. The discovery of this tomb testifies once again that as early as more than 3000 years ago, in the Ganjiang valley, there really existed an indegenous bronze culture making its development parallel with the Shang-Zhou bronze culture in the Central Plains and a regional regime standing side by side with the Shang-Yin dynasty. Judged by the large size of the tomb and the great number of its objects, the tomb-owner may have been the supreme ruler of this regime or a member of his family.

1. 新干大洋洲商代大墓墓地远眺（自墓西北 300 米处拍摄）

2. 考古人员在棺木范围内清理随葬玉器（西——东）

新干大洋洲商代大墓墓地远眺（北——南）

1. 墓室东南角的青铜双面神人头像和
青铜礼器等出土情况（北—南）

2. 棺木范围内玉腰带和玉戈等出土情况（东—西）

3. 部分铜镞出土情况（西—东）

4. 墓室东部出土的一件完整锛范（东—西）

新干大洋洲商代大墓出土遗物情况

2. 兽面纹柱足圆鼎 XDM：2

铜　鼎

1. 兽面纹柱足圆鼎 XDM：1

1. 三足提梁卣 XDM：48

2. 三足提梁卣 XDM：49

三足提梁铜卣

1. 罍 XDM：44

2. 瓒 XDM：50

铜罍、瓒

铜镈 XDM：63

1. 六边形腔铙 XDM：64

2. 合瓦形腔铙 XDM：65

3. 合瓦形腔铙 XDM：66

铜　铙

1. Ⅰ式虎头曲内戈 XDM：129

2. Ⅱ式鸟喙曲内戈 XDM：131

铜　戈

1. I 式狭刃斨 XDM：348

2. 铚 XDM：376

3. 长式鱼镖形器 XDM：259、261、262、263

4. 手斧形器 XDM：401

铜斨、铚、长式鱼镖形器、手斧形器

1. Ⅰ式琮 XDM：648

2. Ⅱ式琮 XDM：677

玉　琮

伏鸟双尾铜虎 XDM：68

1. 长条形带穿刀 XDM：331

2. 长条形带穿刀 XDM：332

3. 镂孔锋刃器 XDM：478

4. 扁椭圆形镈 XDM：310

铜带穿刀、锋刃器、镈

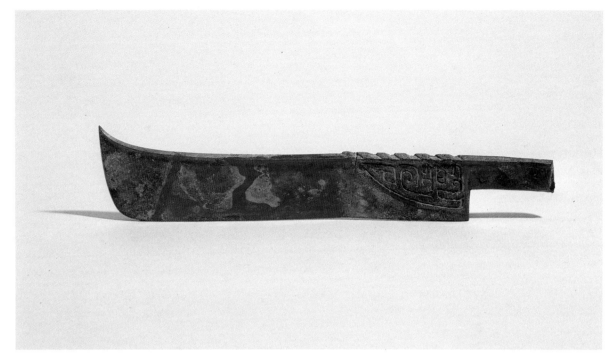

1. I 式短柄翘首刀 XDM：320

2. II 式短柄翘首刀 XDM：314

铜　刀

1. I式短柄翘首刀 XDM：315

2. I式短柄翘首刀 XDM：317

铜　刀

2. 方内钺 XDM：334

1. 方内钺 XDM：333

铜　钺

带銎铜钺 XDM：338

双面神人铜头像 XDM：67

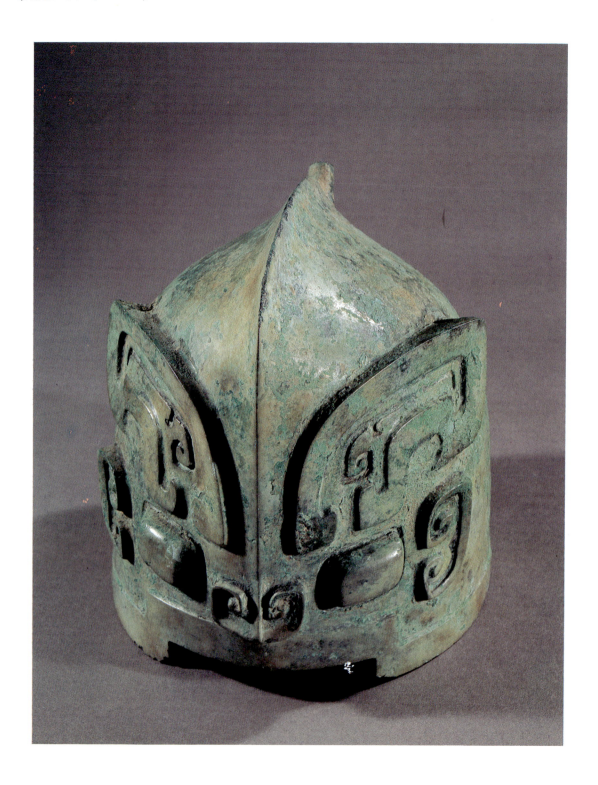

铜胄 XDM：341

1. 犁铧 XDM：342

2. 耒 XDM：346

3. 耜 XDM：347

4. I 式双目纹椭圆銎溜肩铲 XDM：359

铜犁铧、耒、耜、铲

彩版四〇 (XL')

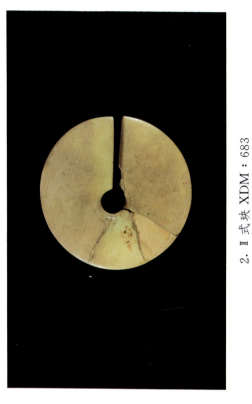

1. 璧 XDM：651

2. Ⅱ式玦 XDM：683

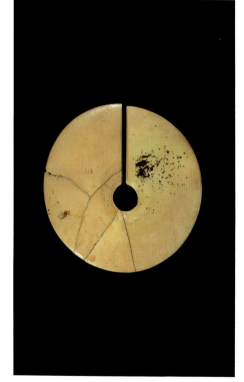

3. Ⅱ式玦 XDM：684

4. 镯 XDM：675

玉璧、玦、镯

玉 戈

2. Ⅱ式戈 XDM：663

4. Ⅳ式戈 XDM：664

1. Ⅰ式戈 XDM：665

3. Ⅲ式戈 XDM：666

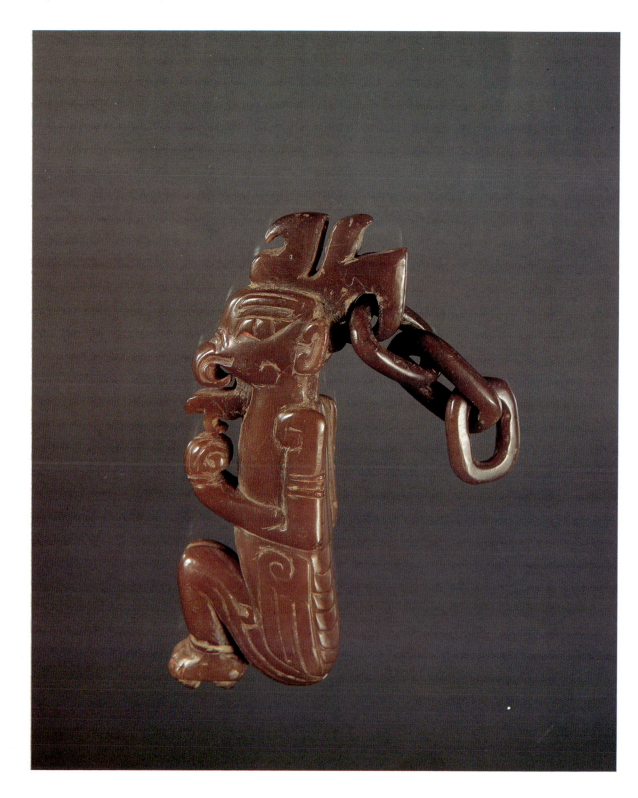

玉侧身羽人佩饰 XDM：628

1. 陶鼎 XDM：556

2. 硬陶釜 XDM：557

陶鼎、釜

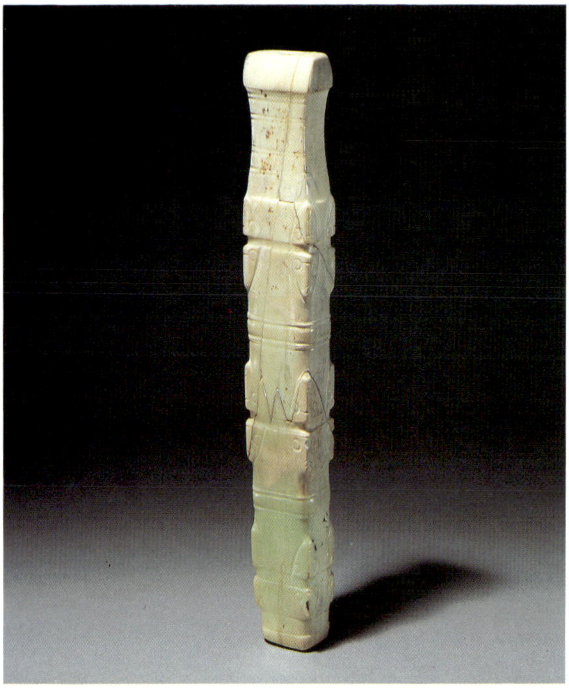

1. Ⅰ式柄形器 XDM：652

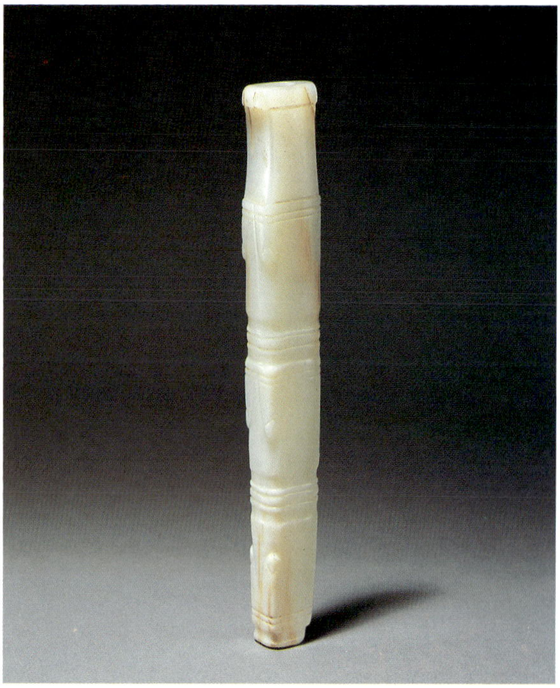

2. Ⅱ式柄形器 XDM：653

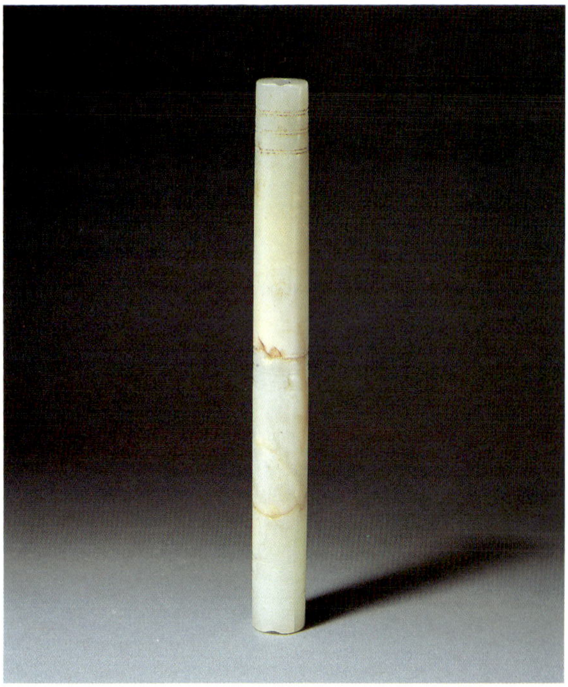

3. Ⅰ式长管形饰 XDM：639

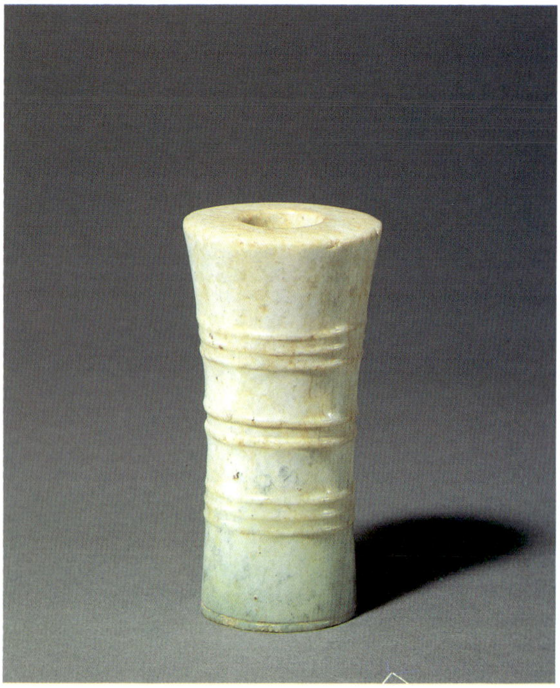

4. 圆珈 XDM：631

玉柄形器、管形饰、圆珈

玉神人兽面形饰 XDM：633

1. 玉项链 XDM：641（18 颗）

2. 绿松石串珠 XDM：646（15 颗）

玉项链和绿松石串珠

1. 水晶套环 XDM：638、637

2. 绿松石蝉 XDM：672

3. 绿松石蛙 XDM：669

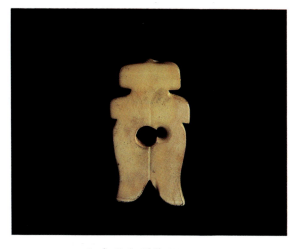

4. I 式玉鱼形饰 XDM：667

5. II 式玉鱼形饰 XDM：668

水晶套环，绿松石蝉、蛙，玉鱼形饰

1. 原始瓷带盖折肩罐 XDM：517

2. I 式原始瓷折肩罐 XDM：502

3. 原始瓷大口尊 XDM：536

4. 原始瓷筒形器 XDM：569

原始瓷罐、大口尊、筒形器

新干商代大墓墓室内遗物出土时情景（西—东）

1. 墓室东南部铜器群（南—北）

2. 墓室东半部陶器群（西北—东南）

3. 墓室东半部的陶罐和中型铜器群（北—南）

4. 棺木范围内曲内戈、玉璜出土情况（东侧俯拍）

5. 棺木范围内叠置的玉戈（北—南）

新干商代大墓墓室范围内遗物出土情况

1. 兽面纹柱足圆鼎 XDM：1

2. 兽面纹柱足圆鼎 XDM：1

3. 兽面纹柱足圆鼎 XDM：2（修复前）

4. 兽面纹柱足圆鼎 XDM：2

铜　鼎

1. 圆涡纹柱足圆鼎 XDM：3

2. 兽面纹锥足圆鼎 XDM：4

3. 兽面纹锥足圆鼎 XDM：5

4. 弦纹锥足圆鼎 XDM：6

铜　　鼎

1. 虎耳虎形扁足圆鼎 XDM：14

2. 虎耳虎形扁足圆鼎 XDM：15

3. 虎耳虎形扁足圆鼎 XDM：16

4. 虎耳虎形扁足圆鼎 XDM：17

铜　鼎

1. 虎耳虎形扁足圆鼎 XDM：18

2. 虎耳虎形扁足圆鼎 XDM：19

3. 虎耳虎形扁足圆鼎 XDM：20

4. 立耳虎形扁足圆鼎 XDM：21

铜　鼎

1. 立耳虎形扁足圆鼎 XDM：22

2. 立耳夔形扁足圆鼎 XDM：23

3. 鸟耳夔形扁足圆鼎 XDM：26

4. 鸟耳夔形扁足圆鼎 XDM：27

铜　鼎

2. 兽面纹虎耳方鼎 XDM：12

1. 兽面纹虎耳方鼎 XDM：11

铜　鼎

2. 兽面纹立耳方鼎 XDM：10

1. 兽面纹立耳方鼎 XDM：9

铜　鼎

兽面纹双层底铜方鼎 XDM：13

2. 鬲形鼎 XDM：36

1. 瓿形鼎 XDM：30

铜　鼎

1. 分裆圆肩鬲 XDM：32

2. 分裆圆肩鬲 XDM：33

3. 分裆圆肩鬲 XDM：33

4. 分裆圆肩鬲 XDM：34

铜　鬲

2. 折肩鬲 XDM：37

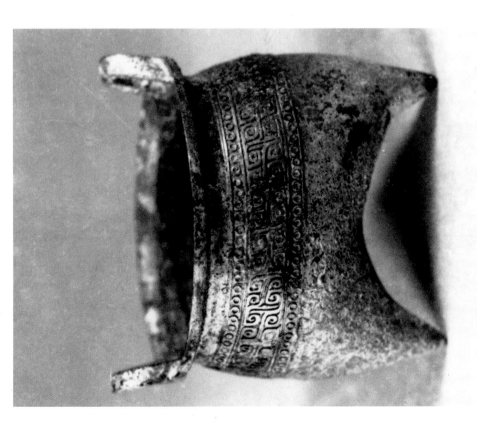

1. 联裆圆肩鬲 XDM：35

铜　鬲

2. 三足甗 XDM：39

1. 四足甗 XDM：38

1. 盘 XDM：43

2. 豆 XDM：42

3. 壶 XDM：45

4. 壶 XDM：46

铜盘、豆、壶

方卣 XDM：47

1. 三足提梁卣 XDM：48

2. 三足提梁卣 XDM：49

三足提梁铜卣

1. 罍 XDM：44

2. 瓿 XDM：41

3. 瓿 XDM：41

4. 瓒 XDM：50

铜罍、瓿、瓒

铜镈 XDM：63

1. 六边形腔铙 XDM：64

2. 六边形腔铙 XDM：64 侧视

3. 合瓦形腔铙 XDM：65

4. 合瓦形腔铙 XDM：66

铜　　铙

1. Ⅰ式 XDM：70
2. Ⅰ式 XDM：73

3. Ⅱ式 XDM：74
4. Ⅱ式 XDM：82

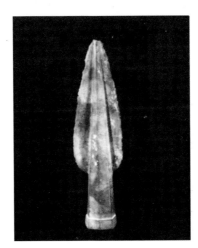

5. Ⅲ式 XDM：83
6. Ⅳ式 XDM：99

短骹铜矛

1. Ⅰ式 XDM：85
2. Ⅰ式 XDM：86

3. Ⅰ式 XDM：87
4. Ⅰ式 XDM：88

5. Ⅱ式 XDM：90
6. Ⅲ式 XDM：84

长骹铜矛

1. Ⅳ式 XDM：91
2. Ⅴ式 XDM：92

3. Ⅴ式 XDM：93
4. Ⅵ式 XDM：100

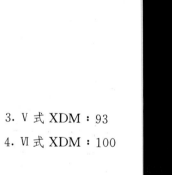 

5. Ⅶ式 XDM：103
6. Ⅶ式 XDM：104

长骹铜矛

1. Ⅰ式特短骹矛 XDM：94
2. Ⅰ式特短骹矛 XDM：95

3. Ⅱ式特短骹矛 XDM：97
4. Ⅲ式特短骹矛 XDM：98

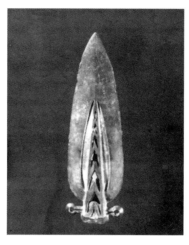

5. Ⅰ式异形矛 XDM：101
6. Ⅱ式异形矛 XDM：102

特短骹、异形铜矛

1. I 式 XDM：107

2. I 式 XDM：108

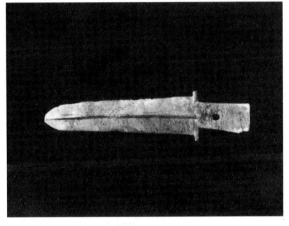

3. I 式 XDM：109

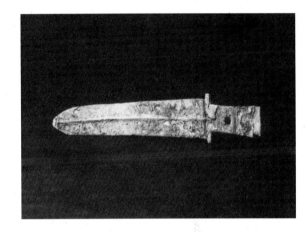

4. I 式 XDM：110

5. I 式 XDM：111

6. I 式 XDM：112

直内铜戈

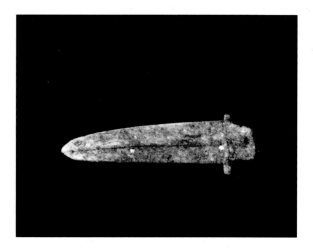

1. I 式 XDM：114

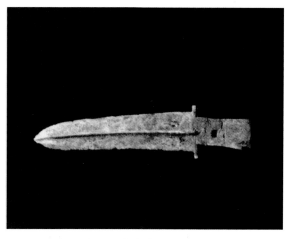

2. I 式 XDM：115

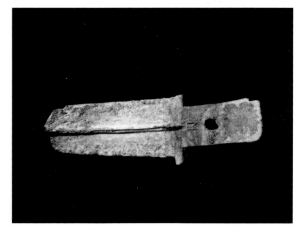

3. I 式 XDM：116

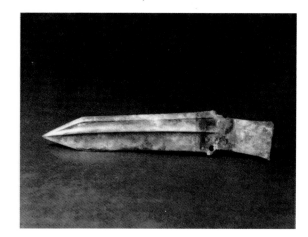

4. I 式 XDM：117

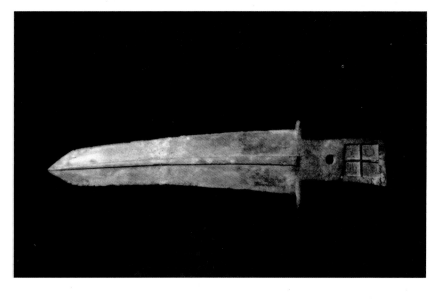

5. I 式 XDM：122

直内铜戈

1. Ⅱ式 XDM：113

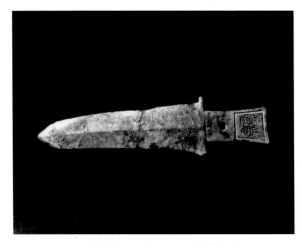

2. Ⅱ式 XDM：118

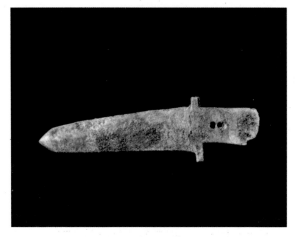

3. Ⅱ式 XDM：119

4. Ⅱ式 XDM：121

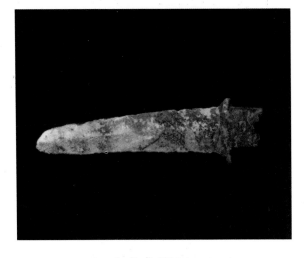

5. Ⅱ式 XDM：123

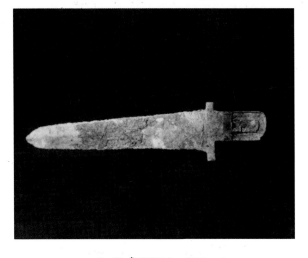

6. Ⅱ式 XDM：124

直内铜戈

1. Ⅱ式 XDM：125

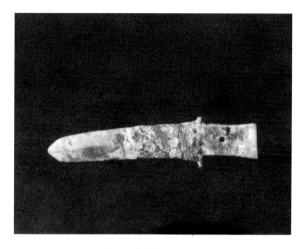

2. Ⅱ式 XDM：126

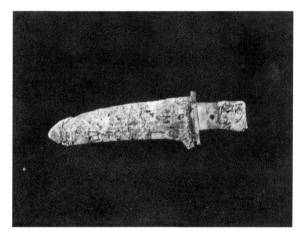

3. Ⅲ式 XDM：106

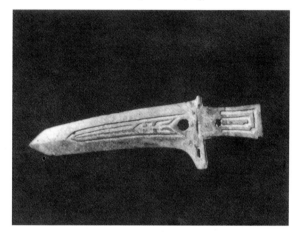

4. Ⅲ式 XDM：120

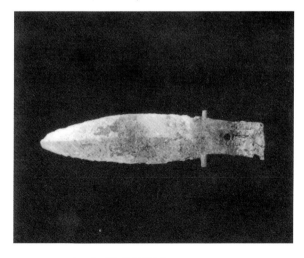

5. Ⅳ式 XDM：105

6. Ⅴ式 XDM：132

直内铜戈

2. Ⅰ式 XDM：128

1. Ⅰ式 XDM：127

4. Ⅱ式 XDM：131

3. Ⅱ式 XDM：129

曲内铜戈

1. I 式方内钺 XDM：333

2. I 式方内钺 XDM：334

铜　　钺

2. 带銎钺 XDM：338

铜　钺

1. Ⅱ式方内钺 XDM：335

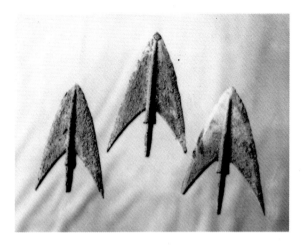

1. I式长脊宽翼镞 XDM：164、165、166

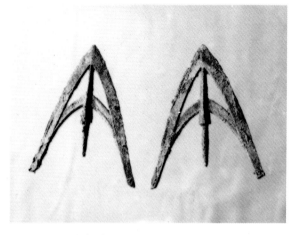

2. II式长脊宽翼镞 XDM：141、148

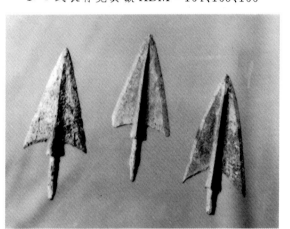

3. I式长脊窄翼镞 XDM：191、192、193

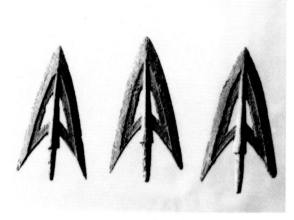

4. II式长脊窄翼镞 XDM：158、161、162

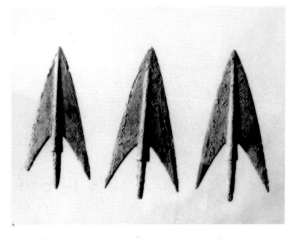

5. 长脊短翼镞 XDM：211、212、213

6. 无翼镞 XDM：264（I式）、268（II式）、272（III式）

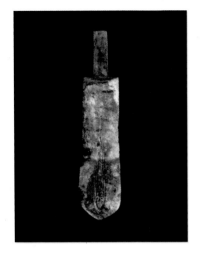

1. 宽刃剑 XDM：339（正面）
2. 宽刃剑 XDM：339（背面）

3. 长条形带穿刀 XDM：331
4. 长条形带穿刀 XDM：332
5. 匕首 XDM：340

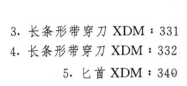
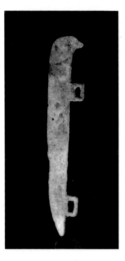

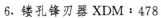
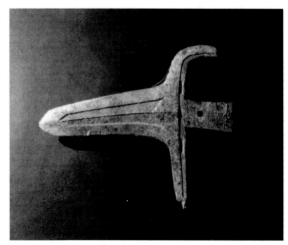

6. 镂孔锋刃器 XDM：478

7. 勾戟 XDM：133

铜剑、带穿刀、匕首、锋刃器、勾戟

2. Ⅰ式短柄翘首刀 XDM：317

4. Ⅰ式短柄翘首刀 XDM：320

1. Ⅰ式短柄翘首刀 XDM：315

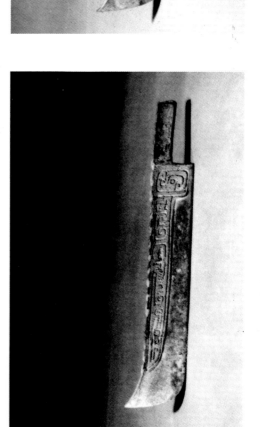

3. Ⅰ式短柄翘首刀 XDM：318

铜　刀

2. Ⅱ式短柄翘首刀 XDM：312

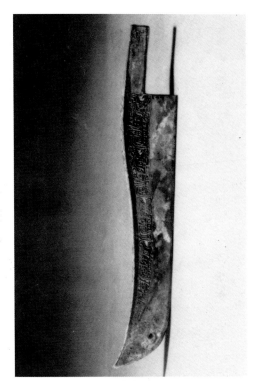

4. Ⅱ式短柄翘首刀 XDM：314

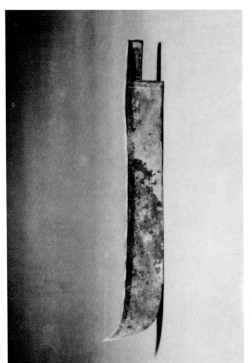

1. Ⅰ式短柄翘首刀 XDM：321

3. Ⅱ式短柄翘首刀 XDM：324

铜 刀

1. Ⅰ式圆锥形镈 XDM：293

2. Ⅱ式圆锥形镈 XDM：298

3. 多棱锥形镈 XDM：305

4. 多棱锥形镈 XDM：306

铜　镈

1. 扁椭圆形镈 XDM：310

2. 扁椭圆形镈 XDM：311

3. 扁椭圆形镈 XDM：307

4. 扁椭圆形镈 XDM：308

铜　镈

铜胄 XDM：341

1. 犁铧 XDM：342 正面

2. 犁铧 XDM：342 背面

3. 犁铧 XDM：343 正面

4. 犁铧 XDM：343 背面

铜犁铧

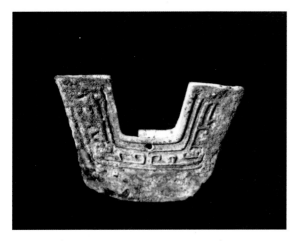

1. 锸 XDM：344 正面

2. 锸 XDM：344 背面

3. 锸 XDM：345

4. 耒 XDM：346

5. 耜 XDM：347 正面

6. 耜 XDM：347 背面

铜 锸、耒、耜

1. Ⅰ式椭圆銎溜肩铲 XDM：359
2. Ⅱ式椭圆銎溜肩铲 XDM：361

3. 方銎溜肩铲 XDM：360
4. 钁 XDM：377

 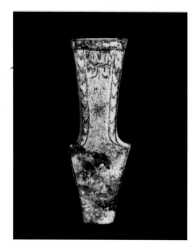

5. Ⅰ式狭刃斫 XDM：348
6. Ⅱ式狭刃斫 XDM：349

铜铲、钁、斫

1. 宽刃斤 XDM：355
2. 锛 XDM：357

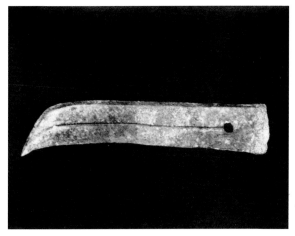 

3. 镰 XDM：371

4. 镰 XDM：374

5. 铚 XDM：376

铜斤、锛、镰、铚

1. 长式鱼镖形器 XDM：262
2. 短式鱼镖形器 XDM：249

3. 修刀 XDM：378、379
4. 平口凿 XDM：392

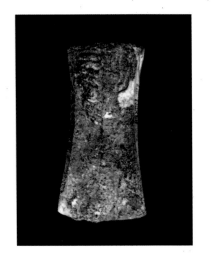

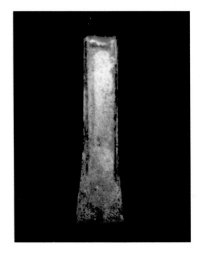

5. 弧口凿 XDM：393
6. 圆口凿 XDM：394

铜鱼镖形器、修刀、凿

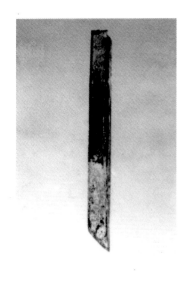

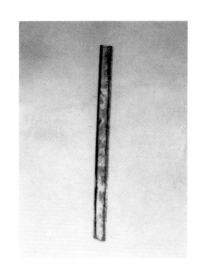

1. I 式平条形刻刀 XDM：418
2. II 式平条形刻刀 XDM：419

3. 三棱形刻刀 XDM：425
4. 三棱锥 XDM：432

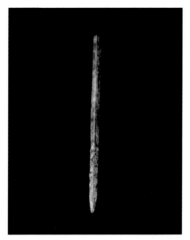

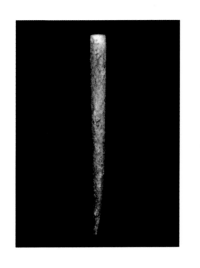

5. 圆锥 XDM：434
6. 砧 XDM：492

铜刻刀、锥、砧

1. Ⅰ式尖首刀 XDM：444

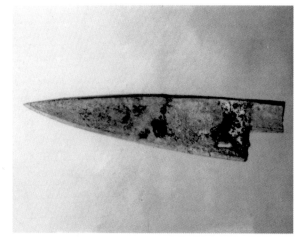

2. Ⅱ式尖首刀 XDM：455

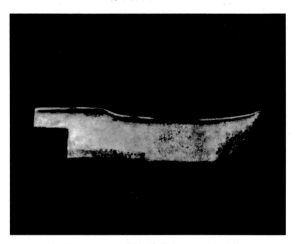

3. Ⅰ式翘首刀 XDM：464

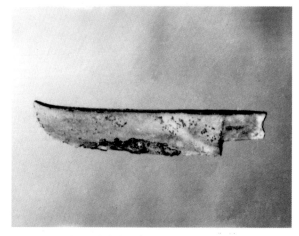

4. Ⅱ式翘首刀 XDM：460

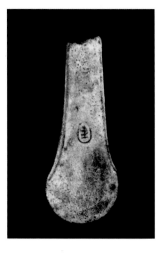

5. 手斧形器 XDM：401

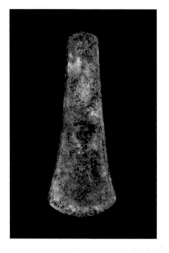

6. 手斧形器 XDM：407

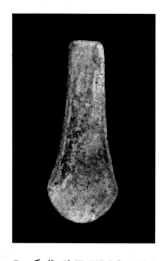

7. 手斧形器 XDM：414

铜刀、手斧形器

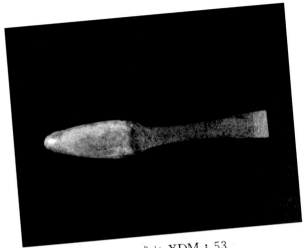

1. I 式匕 XDM：53

2. Ⅱ式匕 XDM：56

3. Ⅱ式匕 XDM：60

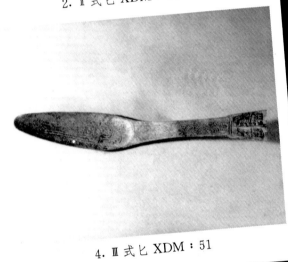

4. Ⅲ式匕 XDM：51

5. 箕形器 XDM：61

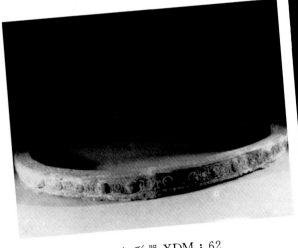

6. 扣形器 XDM：62

铜匕、箕形器、扣形器

1. 环 XDM：477

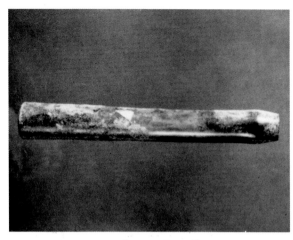

2. 管 XDM：481

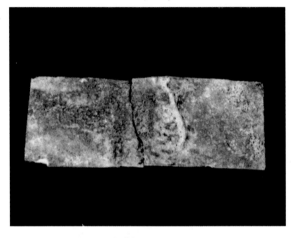

3. 板 XDM：480

4. 帽形构件 XDM：468

5. 帽形构件 XDM：469

6. 杖头形构件 XDM：479

铜饰件、构件

1. 龟纹椭圆形构件 XDM：471

2. 钩形构件 XDM：472
3. 圆柱形构件 XDM：475

4. 方形构件 XDM：476
5. 双齿形构件 XDM：273

铜构件

1. I式琮 XDM：648

2. II式琮 XDM：677

玉　琮

1. 璧 XDM：651

2. 璧 XDM：650

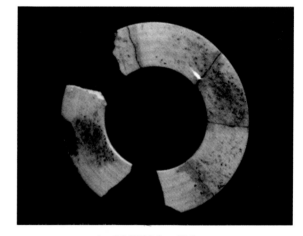

3. 环 XDM：685

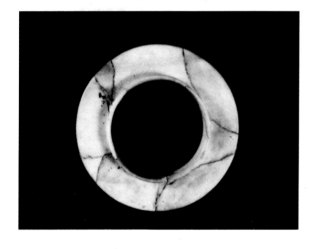

4. 瑗 XDM：678

5. 瑗 XDM：658

玉璧、环

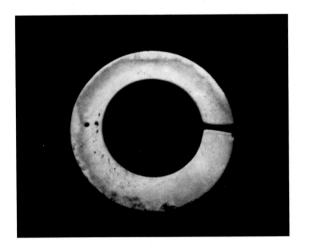

1. Ⅰ式玦 XDM：660

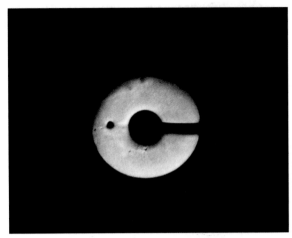

2. Ⅰ式玦 XDM：697

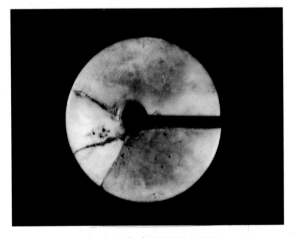

3. Ⅱ式玦 XDM：683

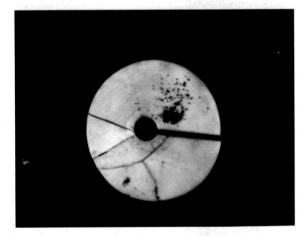

4. Ⅱ式玦 XDM：684

5. 璜 XDM：686、701

6. 镯 XDM：675

玉玦、璜

2. Ⅱ式 XDM：663

4. Ⅳ式 XDM：664

1. Ⅰ式 XDM：665

3. Ⅲ式 XDM：666

玉　戈

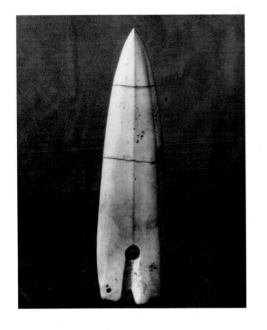

1. 矛 XDM：649

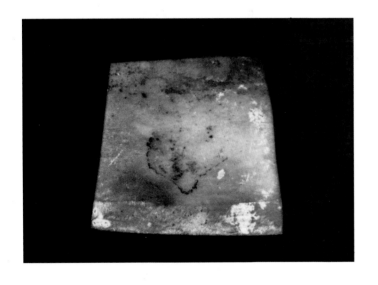

2. 铲 XDM：644

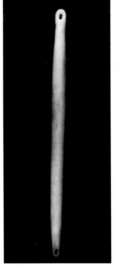

3. 铲 XDM：645

4. I 式笄形坠饰
XDM：657

5. II 式笄形坠饰
XDM：655

玉矛、铲

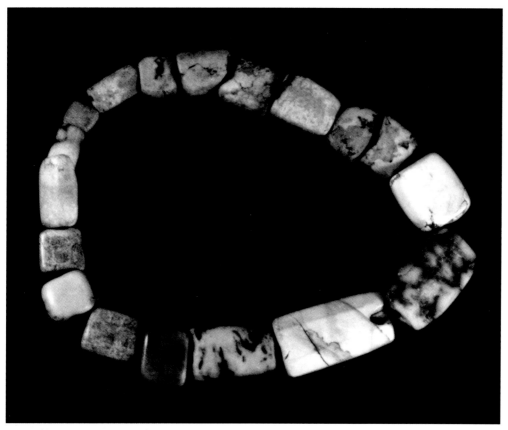

1. 项链 XDM：641（18 颗）

2. 腰带 XDM：642（13 颗）

玉项链、腰带

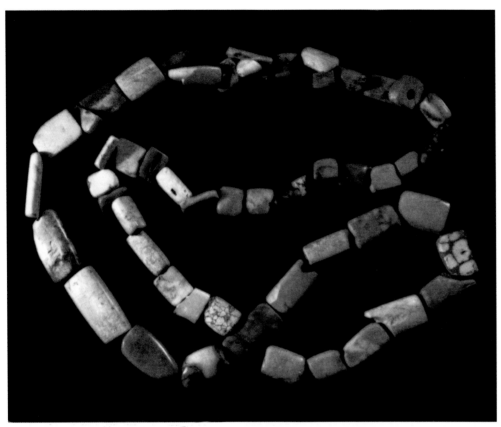

1. 磷铝石串珠 XDM：710
   （53 颗）

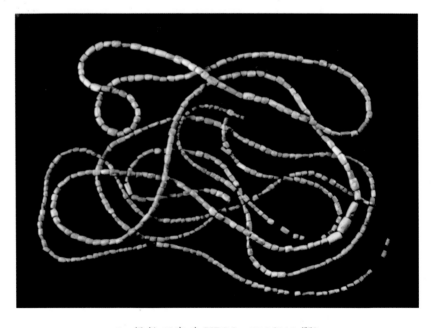

2. 绿松石串珠 XDM：708（349 颗）

玉串珠、绿松石串珠

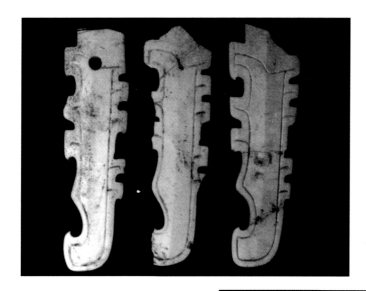

1. 虎形扁足 XDM：634、635、636

2. 镂孔扉棱片 XDM：703
3. 镂孔扉棱片 XDM：704

4. 镂孔扉棱片 XDM：705
5. 镂孔扉棱片 XDM：706

玉足、扉棱片

1. 泡 XDM：670（Ⅱ式）、671（Ⅰ式）、
   676（Ⅱ式）、711（Ⅰ式）、673（Ⅰ式）

2. 绿松石蝉 XDM：672
3. 绿松石蛙 XDM：669

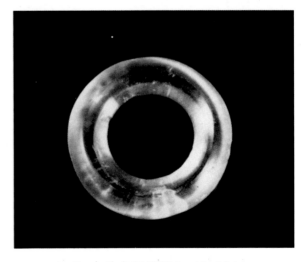

4. 水晶套环 XDM：638（大）

5. 水晶套环 XDM：637（小）

玉泡，绿松石 蝉、蛙，水晶套环

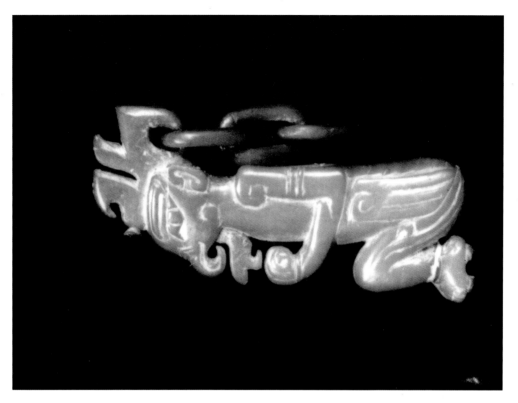

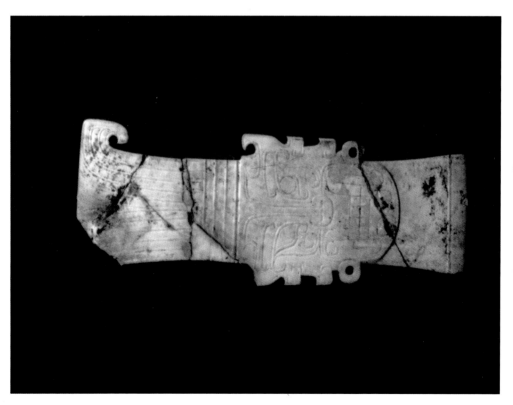

2. 侧身羽人佩饰 XDM：628

1. 神人兽面形饰 XDM：633

玉饰件

1. 分裆鬲 XDM：607
2. 分裆鬲 XDM：608

3. 分裆鬲 XDM：610
4. 分裆鬲 XDM：612

5. 分裆鬲 XDM：618
6. 分裆鬲 XDM：621

陶　鬲

1. 分裆鬲 XDM：604
2. 分裆鬲 XDM：611

3. 分裆鬲 XDM：613
4. 分裆鬲 XDM：620

6. 分裆鬲 XDM：627

陶　鬲

1. 分裆鬲 XDM：614
2. 分裆鬲 XDM：616

3. 分裆鬲 XDM：619
4. 分裆鬲 XDM：622

5. 分裆鬲 XDM：623
6. 分裆鬲 XDM：625

陶　鬲

1. 联裆鬲 XDM：605
2. 联裆鬲 XDM：606

3. 联裆鬲 XDM：609
4. 联裆鬲 XDM：615

5. 联裆鬲 XDM：617
6. 联裆鬲 XDM：626

陶　鬲

1. 鼎 XDM：556

2. 硬陶釜 XDM：557

3. 硬陶折肩罐 XDM：526

4. 原始瓷带盖折肩罐 XDM：517　5. 原始瓷带盖折肩罐 XDM：521

陶鼎，硬陶釜、罐，原始瓷带盖折肩罐

1. 折肩罐 XDM：505
2. 折肩罐 XDM：508

3. 折肩罐 XDM：511
4. 折肩罐 XDM：515

5. 折肩罐 XDM：518
6. 折肩罐 XDM：527

硬陶罐

1. Ⅰ式折肩罐 XDM：501
2. Ⅰ式折肩罐 XDM：502

3. Ⅰ式折肩罐 XDM：503
4. Ⅱ式折肩罐 XDM：504

5. Ⅱ式折肩罐 XDM：506
6. Ⅱ式折肩罐 XDM：509

原始瓷罐

1. Ⅲ式折肩罐 XDM：513
2. Ⅲ式折肩罐 XDM：516

3. Ⅲ式折肩罐 XDM：519
4. Ⅲ式折肩罐 XDM：520

5. Ⅲ式折肩罐 XDM：524
6. Ⅲ式折肩罐 XDM：525

原始瓷罐

3. 原始瓷高领罐 XDM：541

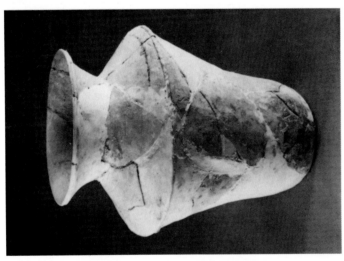

2. 原始瓷高领罐 XDM：543

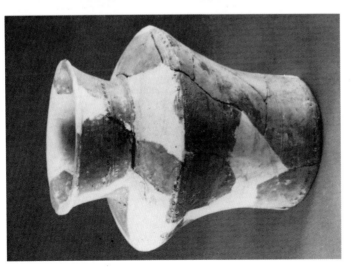

1. 硬陶高领罐 XDM：542

硬陶、原始瓷高领罐

1. 陶瓮 XDM：532
2. 硬陶瓮 XDM：529

3. 硬陶瓮 XDM：531
4. 原始瓷瓮 XDM：530

5. 原始瓷瓮 XDM：533
6. 原始瓷瓮 XDM：534

陶瓮、硬陶瓮、原始瓷瓮

1. 硬陶大口尊 XDM：537

2. 硬陶大口尊 XDM：538
3. 原始瓷大口尊 XDM：536

4. 原始瓷大口尊 XDM：539
5. 原始瓷大口尊 XDM：540

硬陶、原始瓷大口尊

1. 原始瓷筒形器 XDM：569
2. I 式陶豆 XDM：546

3. I 式陶豆 XDM：547
4. I 式陶豆 XDM：548

5. I 式陶豆 XDM：550

6. I 式陶豆 XDM：552

原始瓷筒形器、陶豆

1. 兽面纹虎耳铜方鼎 XDM：12
   耳上虎形附饰的后铸结构

2. 兽面纹虎耳铜方鼎 XDM：12
   底部带纹饰的铜芯撑

3. 乳丁纹虎耳铜方鼎 XDM：8
   鼎足对鼎底的叠压（外侧）

4. 乳丁纹虎耳铜方鼎 XDM：8
   鼎足对鼎底的叠压（内侧）

5. 乳丁纹虎耳铜方鼎 XDM：8
   耳上虎形附饰的后铸结构

6. 乳丁纹虎耳铜方鼎 XDM：8
   鼎底的加强筋

青铜方鼎铸造工艺

1. 兽面纹虎耳铜方鼎 XDM：11
   耳上虎形附饰的后铸结构

2. 兽面纹立耳铜方鼎 XDM：9
   鼎底对四壁的叠压

3. 兽面纹锥足铜圆鼎 XDM：4
   补铸的三足

4. 兽面纹柱足铜圆鼎 XDM：1
   腹部纹饰带上的披缝

5. 铜方卣 XDM：47 底部结构

6. 铜方卣 XDM：47 十字通道边缘的补块

青铜方鼎、圆鼎、方卣铸造工艺

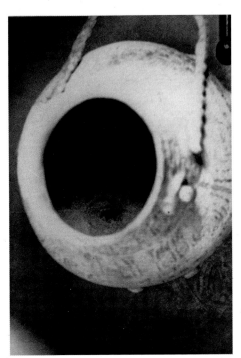

1. 铜三足提梁盲 XDM：49 足部的铸接

2. 铜盘 XDM：43 圈足扉棱的铸接

3. 铜盘 XDM：43 底部铜芯撑

4. 四羊铜罍 XDM：44 羊首形附饰被腹部叠压

青铜提梁盲、盘、罍铸造工艺

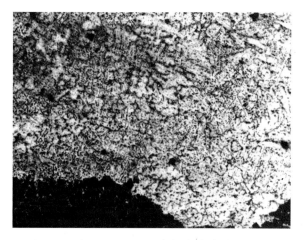

1. 四足铜甗 XDM：38 腹部金相组织　×100

2. 四足铜甗 XDM：38 腹部金相组织　×200

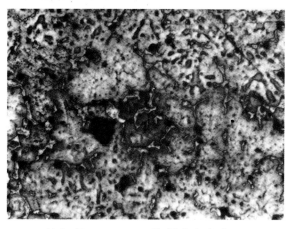

3. 四足铜甗 XDM：38 腹部金相组织　×400

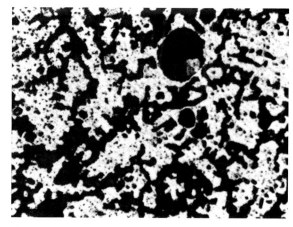

4. 四羊罍 XDM：44 羊首金相组织　×200

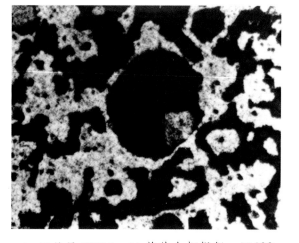

5. 四羊罍 XDM：44 羊首金相组织　×400

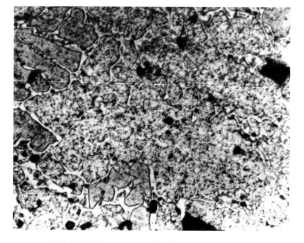

6. 四羊罍 XDM：44 羊首金相组织　×800

青铜甗、罍金相组织

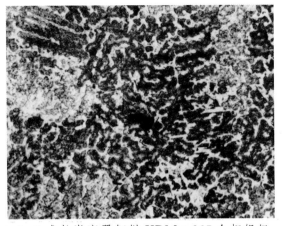

1. Ⅱ式长脊窄翼铜镞 XDM：267 金相组织
×250

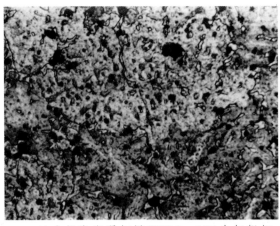

2. Ⅱ式长脊窄翼铜镞 XDM：267 金相组织
×400

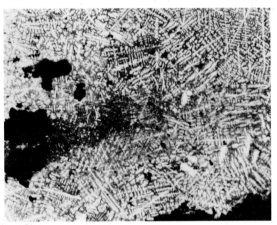

3. Ⅰ式长脊宽翼铜镞 XDM：166 金相组织
×50

4. Ⅰ式长脊宽翼铜镞 XDM：166 金相组织
×100

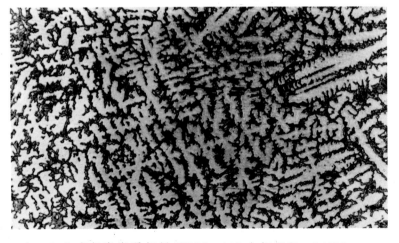

5. Ⅰ式长脊宽翼铜镞 XDM：166 金相组织　×200

青铜镞金相组织

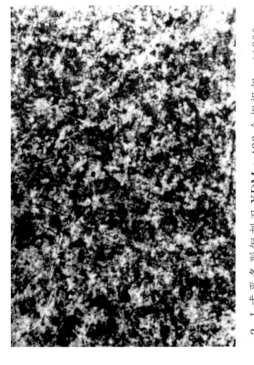

1. I 式平条形铜刻刀 XDM：423 金相组织　×100

2. I 式平条形铜刻刀 XDM：423 金相组织　×800

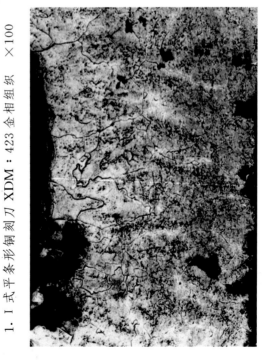

3. 铜修刀 XDM：383 金相组织　×50

4. 铜修刀 XDM：383 金相组织　×500

青铜刻刀、修刀金相组织